Christian Felber

Neue Werte für die Wirtschaft

Eine Alternative
zu Kommunismus und
Kapitalismus

Deuticke

3 4 5   12 11 10 09

ISBN 978-3-552-06072-2
Alle Rechte vorbehalten
© Deuticke im Paul Zsolnay Verlag Wien 2008
Satz: Eva Kaltenbrunner-Dorfinger, Wien
Umschlaggestaltung: Hauptmann & Kompanie Werbeagentur, München–Zürich,
unter Verwendung einer Illustration von betamax/Shutterstock
Druck und Bindung: Ebner & Spiegel, Ulm
Printed in Germany

Inhalt

Allen, die sich für etwas Größeres halten als ihr Ego.

Vorwort

Es wird keine neue Wirtschaftsordnung geben
ohne ein neues Wertesystem.

GIL DUCOMMUN

Der Kapitalismus wurde viel kritisiert, und er hat bisher jede Kritik überlebt. Seine Verteidiger haben stets zugegeben, dass er Ungleichheit schafft, die ökologischen Lebensgrundlagen angreift und nicht allen gleiche Chancen bietet. Doch welche Wirtschaftsform schafft höheren Wohlstand, welche ist effizienter, welche fördert Innovationen stärker und vor allem: Welche Wirtschaftsform bietet dem Individuum größere Freiheit? Auf diese Frage hat es bisher keine überzeugende Antwort gegeben, deshalb sitzt der Kapitalismus trotz aller Kritik fester im Sattel denn je.

Und dennoch: Das Unbehagen im Kapitalismus wächst. Weltweit. Nicht nur, weil die Ungleichheiten wachsen, die ökologische Zerstörung und die Unsicherheiten, sondern auch, weil immer mehr Menschen spüren und erahnen, dass die zentralen Versprechen des Kapitalismus – Freiheit und Glück – gar nicht eingelöst werden. Es handelt sich um tiefsitzende Mythen, die wir im Laufe der Jahrhunderte brav erlernt haben. Heute herrschen diese Mythen, die eine Gesellschaft angeblich frei und glücklich machen, in Gestalt des Wettbewerbs-, Wettbewerbsfähigkeits-, Leistungs- und Wachstumsmythos unumschränkt. Der Kapitalismus befindet sich in einer ethischen Hochkonjunktur. Seine Werte sind die Werte der Gesellschaft.

Und hier liegt der Widerspruch. Denn die kapitalistischen Werte – Leistung, Konkurrenz, Effizienz, Gewinn und Wachstum – passen nicht mit unseren demokratischen und humanistischen Grundwerten zusammen: Freiheit (Selbstbestimmung),

Gleichheit (Gerechtigkeit), Brüderlichkeit (Solidarität), Verantwortung, Vertrauen, Verbundenheit und Mitgefühl. Die Werte der Wirtschaft widersprechen den Werten des Lebens und der Gemeinschaft. Der Vorrang für das Finanzkapital zerstört das ökologische und Sozialkapital – und die Menschenwürde.

Der entscheidende Punkt: Die staatlichen Institutionen und Gesetze prägen den Charakter der Gesellschaft (Erich Fromm). Jedes Gesetz und jede Institution fördert bestimmte Werte und schwächt andere. Daher ist es entscheidend, welcher wirtschaftspolitischen Instrumente wir uns bedienen. Derzeit werden Egoismus, Konkurrenz und Gier gesetzlich gefördert. Mitgefühl, Solidarität und Verantwortung kommen zu kurz. So schwächen wir uns als Gesellschaft selbst. Intelligente Gesellschaften schaffen sich Institutionen und Gesetze, die sie stärken, nicht unterminieren.

Wir begründen diese Entscheidung mit dem Verweis auf eine angebliche »Natur des Menschen«. Konkurrenz und Egoismus seien in unseren Genen zu Hause. Dagegen könnten wir nichts tun, wir sollten uns daher diese »Menschennatur« zunutze machen – auf dem »freien« Markt. Doch diese Sicht von uns ist eine Täuschung, sie ist der ideologische Kern des Kapitalismus. Das sozialdarwinistische Menschenbild ist ebenso überholt wie die Annahme, dass Menschen »von Natur aus« nach Macht und Reichtum strebten. Zwar sind Menschen zweifellos zu Macht- und Gewinnstreben fähig, das haben wir hinlänglich bewiesen; aber genauso fähig sind wir zum Helfen, zum Kooperieren und zum Teilen.

Die Verfolgung kapitalistischer Ziele macht uns nachweislich nicht glücklich. Machtstreben macht krank, höheres Einkommen bringt schon nach der Deckung einfacher Bedürfnisse nicht mehr Zufriedenheit. Wenn Geld zum Lebensinhalt wird und wir unsere Talente nur noch zur Verbesserung des Kontostandes verwenden anstatt zur Verbesserung unserer Beziehungen, werden wir nachweislich unglücklich. Wenn wir materialistische Werte übernehmen – dazu erzieht uns der Kapitalismus –, fühlen wir uns unfrei, weil wir unsere Lebensziele nicht selbst bestimmen und die meiste Zeit und Energie darauf verwenden, nicht-authentische Werte und Ziele zu verfolgen.

In diesem Buch möchte ich die Kernversprechen und die zentralen Werte des Kapitalismus in Ruhe betrachten, um herauszufinden, worauf ihre Anziehungskraft beruht. Sind es reine Mythen, ist nur manches an ihnen falsch, anderes gut? Dieser »Dekonstruktion« gelten die ersten acht Kapitel: Hält das Freiheitsversprechen des Kapitalismus? Bringt der Wettbewerb wirklich Effizienz und Innovation? Ist unser Verständnis von Erfolg und Leistung gesund? Sollen wir wirklich alle versuchen, global wettbewerbsfähig zu werden? Ist das die Kernbedeutung von »Eigenverantwortung«? Dabei trennt sich die Spreu vom Weizen, die humanistische Essenz dieser Werte soll herausgeschält und der kapitalistische Ballast abgeworfen werden.

Sodann erweitere ich die hoffentlich ans Tageslicht gekommene humanistische Ethik um eine ökologische Dimension. Ziel ist, unseren Horizont zu weiten. Das Endprodukt sollte ein stabiles und attraktives Fundament für die Neuordnung des Werteschaffens (Wirtschaftens) sein.

PS: Die Notwendigkeit, dieses Buch zu schreiben, erwuchs direkt aus den »50 Vorschlägen für eine gerechtere Welt«, die im Herbst 2006 erschienen und sich Anfang 2008 in der 6. Auflage befinden. Denn so positiv die meisten Vorschläge aufgenommen wurden, sie alle stoßen auf ein gemeinsames Hindernis: das Gewinninteresse mächtiger Konzerne. Das hat in mir einen tiefgehenden Nachdenkprozess über die Motiv- und Anreizstrukturen in der Welt des Wirtschaftens ausgelöst, dessen Ergebnisse nun vor Ihnen liegen.

1. Freiheit

Im Kapitalismus beutet der Mensch den Menschen aus.
Im Kommunismus ist es genau umgekehrt.
JOHN KENNETH GALBRAITH

Der Westen hat die Freiheit verspielt
und der Osten die Gerechtigkeit.
FRIEDRICH DÜRRENMATT

Gibt es ein stärkeres Versprechen als das der Freiheit?

Seit rund dreihundert Jahren, eine vergleichsweise kurze Zeit-
spanne in der Geschichte der Menschheit, suchen National-
ökonomen nach der idealen Wirtschaftsform. Die Entwürfe pen-
deln zwischen den Polen Kapitalismus und Kommunismus;
dabei fällt auf, dass sie sich stets auf den zentralen Wert Freiheit berufen. Keine Utopie kommt ohne das Freiheitsversprechen aus. John Stuart Mill schrieb »Über die Freiheit«. Karl Marx
wollte die Proletarier aus ihren »Ketten« befreien, und Friedrich
Hayek warnte vor dem »Weg in die Knechtschaft«, bevor er die
»Verfassung der Freiheit« niederschrieb. Sein Schüler Milton
Friedman plante mit seinem Hauptwerk »Kapitalismus und
Freiheit« die beiden Begriffe ein für alle Mal aneinanderzu-
ketten.

Hayek und Friedman prangerten den Freiheitsverlust in
zentralen Planwirtschaften an und stellten den Wettbewerbskapitalismus als die »beste« Wirtschaftsform hin. Folgt man jedoch Schritt für Schritt ihrer Argumentation, entpuppt sich
nicht nur der real existierende Kapitalismus heute als ein Viel-
frontenkrieg gegen die Freiheit, schon die theoretische Begründung wird ihren eigenen liberalen Ansprüchen nicht gerecht. Im

ersten Kapitel werden diejenigen Wegzweigungen aufgespürt, an denen die Neoliberalen vom Pfad der Freiheit abgewichen sind, um von diesen Punkten aus ein neues Wirtschaften anzudenken. Gesucht wird nicht die »beste« aller Wirtschaftsformen – das wäre die Wiederholung des Fehlers von Hayek und Friedman –, sondern eine, die mehr Freiheit bringt als die kapitalistische Marktwirtschaft.

Neoliberale Freiheit

Friedrich A. von Hayek definiert Freiheit zunächst als einen »Zustand, in dem ein Mensch nicht willkürlichem Zwang durch den Willen eines anderen oder anderer unterworfen ist«.[1] Dieses Freiheitsverständnis leitet er von Aristoteles ab: »So wie wir einen Menschen frei nennen, der für seine eigenen Zwecke und nicht für die eines anderen lebt.« Hayek folgert aus dieser Freiheitsdefinition: »Die Aufgabe einer Politik der Freiheit muss es daher sein, Zwang oder seine schädlichen Wirkungen zu verringern.« Die Neoliberalen schließen sich zunächst auch dem liberalen Grundsatz an, dass die Freiheit eines Menschen dort enden müsse, wo die des anderen beginnt. Bei Friedman lesen wir: »Die Freiheit eines Menschen muss beschränkt werden, um die Freiheit eines anderen zu bewahren.«[2] Die entscheidende Abweichung erfolgt, wenn die Neoliberalen innerhalb der verschiedenen Freiheiten eine klare Hierarchie errichten: »Wirtschaftliche Freiheit ist die Voraussetzung für jede andere Art von Freiheit«, schreibt Hayek. Friedman meint: »Die wirtschaftspolitische Organisationsform, die unmittelbar für wirtschaftliche Freiheit sorgt, nämlich der Wettbewerbskapitalismus, sorgt auch für politische Freiheit.« Stärker: »Die Geschichte lehrt, dass der Kapitalismus eine notwendige Voraussetzung für politische Freiheit ist«, glaubt Nobelpreisträger Friedman.

Wirtschaftliche Freiheit lässt sich wiederum auf zwei Grundfreiheiten reduzieren: Privateigentum und Wettbewerb: »Das System des Privateigentums ist der wichtigste Garant für Freiheit«, so Hayek, und: »Wenn wir die individuelle Freiheit nicht zerstören wollen, muss dem Wettbewerb gestattet werden, ungehindert zu funktionieren.«[3] Friedman: »Die Aufgabe der Regierung muss es sein, unsere Freiheit zu schützen, also (...) für Wettbewerb auf den Märkten zu sorgen.«[4]

Der Kern neoliberaler Freiheit ist also das Recht auf Besitz und Konkurrenz. Im Folgenden wollen wir uns ansehen, ob der Vorrang dieser Wirtschaftsfreiheiten a) tatsächlich das Fundament für alle anderen Freiheiten ist, ob dies b) die größtmögliche Freiheit für alle bringt und ob c) damit nicht ganz neue, Freiheit einschränkende Zwänge einhergehen.

Fragwürdiger Freiheitsbegriff

Die These, dass Wirtschaftsfreiheit die Mutter aller Freiheiten, der »Garant« für politische Freiheit sei, lässt sich mit einem einfachen Bespiel widerlegen: Dieses Buch können Sie nur lesen, weil es Meinungsfreiheit gibt. Gäbe es keine Menschenrechte, würden viele Menschen ihrer Existenzgrundlage beraubt werden oder gewaltsam zu Tode kommen. Sie könnten gar keine wirtschaftliche Tätigkeit ausüben. Es braucht zuerst eine (menschen)rechtliche Sicherheit, auf der ökonomische Freiheit gedeihen kann. Was gälte die Eigentumsfreiheit, wenn das Leben nicht geschützt würde? Wem diente der Wettbewerb in einer Sklavenwirtschaft?

Von einem originär liberalen Standpunkt aus darf wirtschaftliche Freiheit persönliche und politische Freiheiten nicht einschränken, umgekehrt schon: Um die persönliche und politische Freiheit zu wahren, müssen dem Wirtschaften klare Grenzen gesetzt werden. Ein Metzger darf kein Menschenfleisch verkaufen. Ein privater Fernsehsender darf in der Hoffnung auf höhere Einschaltquoten nicht zum Mord aufrufen. Ein Arbeitgeber darf eine Frau für die gleiche Arbeit nicht geringer entlohnen als einen Mann, auch wenn ihm das einen höheren Gewinn brächte.

Privateigentum ist im deutschen Grundgesetz deshalb sozialpflichtig, weil die demokratische Gesellschaft den einzelnen Menschen erst das Recht auf Eigentum gibt, dieses schützt und dafür eine Gegenpflicht einfordert. Kurz: Die Wettbewerbs-, Unternehmens- und Eigentumsfreiheit ist den Menschen- und politischen Bürgerrechten nicht übergeordnet, sondern liegt im Wert darunter. Zu diesem Schluss kommt auch der indische Nobelpreisträger Amartya Sen: Freiheit spiegle sich in der »Menge der Verwirklichungschancen«, und politische Freiheiten seien nicht nur ein Mittel dafür, sondern ein »an sich erstrebenswertes Entwicklungsziel«. Hingegen könne die »ungehinderte Nutzung des Privateigentums – das Fehlen von Einschränkungen und Besteuerung – zu anhaltender Armut beitragen«.[5] Die Ansicht, dass Wirtschaftsfreiheiten der »wichtigste Garant« aller anderen Freiheiten seien, ist illiberal.

Vorrang von Wirtschaftsfreiheiten

Entgegen dieser Grunderkenntnis ist heute der Vorrang von Wirtschaftsfreiheiten besonders auf der internationalen Rechtsebene weit gediehen. In der EU genießen die »Binnenmarktfreiheiten« – Kapitalverkehrs-, Warenverkehrs- und Dienstleistungsfreiheit – Vorrang vor den meisten anderen Werten und Freiheiten, wie dem Recht auf Gesundheit und intakten Lebensraum oder dem Recht auf Freiheit von Armut und sozialer Not. Die Welthandelsorganisation WTO gibt dem Handelsrecht Vorrang vor allen anderen Rechten. Sie wurde eigens außerhalb der UNO angesiedelt, um keine Rücksicht auf die Menschen-, Arbeits- und Frauenrechte, soziale Sicherheit, Entwicklung, Umweltschutz, Gesundheitsvorsorge oder Ernährungssicherheit nehmen zu müssen. Sie setzt nur Wirtschaftsfreiheiten durch. Klagen kann man in der WTO die Verletzung der eingegangenen Freihandelsverpflichtungen (sehr wirkungsvoll) und die Verletzung geistiger Eigentumsrechte, nicht aber die Verletzung von Menschenrechten, Zerstörung von Lebensraum, Gesundheitsgefährdung, Geschlechterdiskriminierung, Zerstörung kultureller Vielfalt, Kartellbildung oder Steuerflucht – auch bei keinem anderen internationalen Gericht. Beim Weltbank-Tribunal für Investitionsstreitigkeiten (ICSID) können nur Konzerne klagen, die ihre Investitionsrechte verletzt sehen, nicht aber Menschen, deren Rechte von Investoren verletzt werden. Die vorrangige Durchsetzung globaler Wirtschaftsfreiheiten – mit der Begründung, sie seien die *Grundlage* aller weiteren Freiheiten – hat die Freiheit und die politischen Rechte zahlloser Menschen verletzt:

- In zahlreichen Ländern sinken infolge der *Handelsliberalisierung* die Reallöhne, wachsen Armut, soziale Unsicherheit und Ungleichheit, werden Arbeitsrechte außer Kraft gesetzt; in Sonderwirtschaftszonen grassieren Ausbeutung, Sexismus und sklavenähnliche Arbeitsbedingungen.
- Der *freie Kapitalverkehr* hat schwere Finanzkrisen ausgelöst, darunter die Südostasienkrise, der allein 25 Millionen Arbeitsplätze zum Opfer fielen; die Armut in der Region verdoppelte sich schlagartig.
- Der *Freihandel* hat zahllose Industrien in Lateinamerika und Afrika zerstört, in Lateinamerika spricht man von »De-Industrialisierung« und »Reprimarisierung«, also vom Rückfall höherer Volkswirtschaften in den Agrar- und Rohstoffsektor.
- Der *Freihandel mit Agrargütern* hat Millionen von Kleinbauern und Kleinbäuerinnen weltweit ruiniert, sie verarmen und verhungern. Der Hunger nimmt weltweit zu. Die UNCTAD spricht von »inmisering trade«.
- *Investitionen* in Afrika, Lateinamerika oder Südostasien zerstören den Lebensraum von Tausenden Menschen. Ihre

Existenzgrundlage – Wald, Wasser, Fischgründe, Weideland – wird zerstört. Kulturelle Verarmung und Zwangsmigration stehen auf der Tagesordnung.

- Die *Privatisierung* der essenziellen Bereiche Bildung, Gesundheit, Energie oder Trinkwasser hat zum Ausschluss weiter Bevölkerungskreise von der Versorgung geführt. In Südafrika tranken arme Menschen, die sich sauberes Trinkwasser nicht leisten konnten, verseuchtes Flusswasser, woraufhin eine Cholera-Epidemie ausbrach und Tausende Menschenleben forderte.

- Der globale *Schutz geistigen Eigentums* in Form von Monopolrechten für Pharmakonzerne hat dazu geführt, dass Medikamente für Millionen von Menschen unerschwinglich werden. Täglich sterben 13 000 Menschen an behandelbaren Krankheiten. *Patentrechte* sind auch die Ursache dafür, dass sich die agrarische Gentechnik ausbreitet und zahllose Kleinbauern und -bäuerinnen ruiniert. In Indien begehen Zehntausende mittellos gewordene BäuerInnen Selbstmord.

Der Vorrang für Wirtschaftsfreiheiten schränkt die politischen Rechte und Freiheiten zahlloser Menschen ein. Der liberale Grundsatz, wonach Freiheiten dort ihre Grenze finden müssen, wo die Freiheit anderer beginnt, wird systematisch gebrochen. Das gilt nicht nur für den Vorrang politischer vor wirtschaftlichen Freiheiten; auch die wirtschaftliche Freiheit des einen endet heute nicht dort, wo die des Nächsten beginnt. Die Verabsolutierung ökonomischer Freiheit ist ein totalitärer Reduktionismus. Alles, was nicht ganzheitlich gedacht und gelebt wird, rächt sich früher oder später, weil das Übersehene, mindestens gleich Gültige oder noch Wichtigere integriert werden muss.

Keine freie Wahl der Wirtschaftsform

Noch viel allgemeiner gilt: Der »freie Markt« ist eine politische Regulierung und somit Zwang – wie jede andere Regulierung auch: Ich kann mir nicht aussuchen, ob ich an der Marktwirtschaft teilnehme oder nicht, ich kann nicht wählen zwischen einer globalen Kooperationswirtschaft, die auf Fürsorge, Teilen und Schenken beruht, und dem kapitalistischen Weltmarkt. Ich muss mich in der Regulierung zurechtfinden, die politisch vorgegeben ist: bestimmte Eigentums-, Unternehmens-, Vertrags- und Erwerbsformen. In diese unpersönliche Herrschaft, in diesen »stummen Zwang der Verhältnisse« (Marx) bin ich ohne große Alternative eingebunden. Ich könnte wohl in nachbarschaftlichen Netzwerken unter Verzicht auf Tausch, Geld und Zins wirtschaften; doch diese »Experimente« haben über lokale Zirkel hinaus kaum Erfolgschancen, weil die kapitalistischen Marktgesetze ihnen auf allen Ebenen entgegenwirken. Zentrale Planwirtschaft und die Vergesellschaftung des gesamten Eigentums sind zweifellos ein starrer Zwang, aber das gilt genauso für die Festlegung von Wettbewerb und Gewinnstreben zur universalen Norm.

Der gesetzliche Kapitalismus ist ein gleich strenges Korsett wie der von den Neoliberalen zu recht kritisierte Realsozialismus. Hayek selbst formulierte: »Individuelle Freiheit lässt sich nicht vereinbaren mit dem Vorrang eines einzelnen Zwecks, dem die ganze Gesellschaft dauerhaft untergeordnet wird.«[6] Er kam bloß nicht auf die Idee, dass die Unterwerfung aller Menschen unter das Konkurrenz- und Akkumulationsprinzip die Verordnung eines »einzelnen Zwecks« sein könnte. Für viele Menschen fühlt es sich vermutlich wie Ketten an, dass sie nur dann ohne Armut und Ausgrenzung leben können, wenn sie auf einem »freien« Markt ein »erfolgreiches« Unternehmen gründen und andere verdrängen; oder dass sie, um ein tägliches Brot und ein Dach über dem Kopf zu haben, zu anderen Menschen auf dem Arbeitsmarkt in Konkurrenz treten und oftmals eine

Arbeit annehmen müssen, die sie, wären sie frei von ökonomischer Not, nie und nimmer freiwillig verrichten würden.

Machtfreie Tauschbeziehungen?

Der Freiheitsirrtum der neoliberalen Ideologie reicht bis in die Grundeinheiten des Wirtschaftens: Private Tauschbeziehungen sind in vielen Fällen nicht Keimzellen der Freiheit, sondern des Zwangs. Die Erzählung vom »freien« Markt beruht auf einer falschen Grundannahme: Ökonomischer Tausch – von Arbeit, Waren, Geld – sei stets freiwillig und daher machtfrei. »Kapitalismus bedeutet Freiwilligkeit ohne äußeren Zwang«, glaubt der Verfasser des »Kapitalistischen Manifests«, Johan Norberg.[7] Diese Annahme ist schlicht falsch, denn ökonomische Beziehungen sind ganz wesentlich von Abhängigkeiten und Machtgefällen gekennzeichnet, die so groß sind, dass für viele von der Freiheit wenig übrig bleibt. Machtgefälle resultieren einerseits aus den unterschiedlichen Teilnahmevoraussetzungen am Markt. Manche Menschen starten mit einer großen Erbschaft und zahlreichen Talenten, andere mit chronischen Gesundheitsproblemen und ohne Erbteil. Marios Vater ist Großgrundbesitzer, Marias alleinerziehende Mutter landlose Erntehelferin. Ihre Tauscherfolge werden höchst unterschiedlich ausfallen, weil ihre Tauschvoraussetzungen höchst unterschiedlich sind.

Machtgefälle resultieren zweitens daraus, dass der Grad der Freiwilligkeit an der Teilnahme an ökonomischen Tauschbeziehungen unterschiedlich ist. Viele Menschen haben nicht die Freiheit, auf einen Tausch zu verzichten, sie stehen unter Kaufzwang oder Verkaufszwang. Ich kann es mir beispielsweise nicht leisten, keine Wohnung zu kaufen oder zu mieten. Ich kann es mir auch nicht aussuchen, ob ich Lebensmittel kaufen will oder nicht. Und viele Menschen, die weder geerbt haben noch in der Lage sind, ein erfolgreiches Unternehmen aufzubauen, müssen ihre wertvolle Lebensenergie, ihre Arbeitskraft verkaufen. Wenn ich aber abhängig bin von einem Tausch, bin ich nicht wirklich frei. Für viele ist der freie Markt ein Zwangstauschsystem.

Selbst wenn ich die Wahl habe und von einem Tausch zurücktreten könnte, bleibt zwischen den Rücktrittsmöglichkeiten ein Gefälle. Einer hat immer weniger Spielraum und sitzt dadurch am kürzeren Ast: Ich kann mir nicht mir nichts, dir nichts einen neuen Arbeitsplatz suchen; ich kann nicht mir nichts, dir nichts eine neue Wohnung nehmen; ich kann nicht mir nichts, dir nichts eine neue Supermarktkette beliefern, nur weil mich die, die ich seit zehn Jahren beliefere, im Streben nach höherem Gewinn plötzlich im Preis drückt; ich kann nicht mir nichts, dir nichts meinem Kreditgeber die »freiwillige Kooperation« (Friedman) aufkündigen, weil mir jeder andere ähnlich hohe Zinsen und Sicherheitsgarantien abverlangen wird. Die Kündigung vieler Tauschbeziehungen und der Abschluss neuer Tauschverträge sind mit »Transaktionskosten« verbunden, mit lokalen und sozialen Widerständen. Während »Täusche« auf den digitalisierten Finanzmärkten per Mausklick getätigt werden können, sind zahlreiche Täusche am Boden der Lebensrealität (Arbeitsplatz, Wohnung, Einkauf) von starken sozialen und lokalen Bindungen geprägt und entsprechend schwieriger zu verändern. Sobald ich bei einem Tausch aber auch nur geringfügig schlechtere Karten habe, wirkt sich das schon auf das Ergebnis aus.

Im Kapitalismus ist es üblich, dass die, die am längeren Ast sitzen, dies auch weidlich ausnützen. Dazu werden sie ermutigt: Die eigene Vorteilnahme, das Gewinnstreben gilt als »rational« und »vernünftig«. Es wird angenommen, dass sich das individuelle Gewinnstreben in der Summe aller Einzelsituationen zum maximalen Gesamtwohl fügt, weil die Realisierung des Vorteils erst zur berühmten »Effizienz« des Marktes führt. »Auf Märkten führt das Verfolgen des Eigeninteresses zur Maximierung der Wohlfahrt, obwohl wir dieses Ergebnis nicht bewusst anstreben«, paraphrasiert Nobelpreisträger Vernon Smith 2001 einen legendären Spruch von seinem Namensvetter Adam Smith.[8]

Wer also ein Machtgefälle ausnützt und Schwächere übervorteilt, leistet einen Beitrag zum gesellschaftlichen Wohlstand, lautet seit 250 Jahren die herrschende ökonomische Meinung. Wenn ein Arbeitgeber den niedrigstmöglichen Lohn bezahlt, trägt er zur »Effizienz« des Marktes bei. Wenn ein Kreditgeber den höchstmöglichen Zins einstreift, trägt er zur »Effizienz« des Marktes bei. Wenn ein Zinshausbesitzer die höchstmögliche Miete kassiert, gilt das als »vernünftig«. Wenn Supermärkte ihre Zulieferer bis aufs Blut ausquetschen, frohlocken die Marktökonomen. Es gibt viele Situationen, in denen sich die Mächtigeren – Großhändler, Kreditgeber, Arbeitgeber, Vermieter – nicht durch Absprache, sondern durch die Marktethik in einer kartellähnlichen Situation befinden gegenüber den Schwächeren: MieterInnen, EinzelhändlerInnen, ZulieferInnen, KreditnehmerInnen und der nicht oder schwach organisierte Teil der ArbeitnehmerInnen. Das Kartell ist ein ethisches, weil die Mächtigeren ihren Vorteil, das Machtgefälle, im Regelfall ausnützen und dafür von der Gesellschaft honoriert werden: Wer Vorteile in Tauschgeschäften erkennt und ausnützt, gilt als guter Geschäftsmann.

Die Neoliberalen blenden das Machtgefälle, das aus den unterschiedlichen Tauschvoraussetzungen herrührt, einfach aus. Friedman schreibt: »Da ein Haushalt immer die Alternative hat, direkt für sich selbst zu produzieren, muss er sich ja nicht an dem Austausch beteiligen, es sei denn, er profitiert davon. Daher wird auch kein Austausch zustande kommen, wenn nicht beide Parteien davon profitieren. Die Kooperation wird also ohne jeden Zwang erreicht.«[9] Ohne jeden Zwang also. (Und stets zum beidseitigen Gewinn.) Das klingt nach einer Gesellschaft von selbstversorgenden Großfarmen, wo jeder »Haushalt« nicht nur über Produktionsmittel oder Kapital verfügt, sondern auch über ausreichend davon, weil nach Friedman immer die Möglichkeit eines Verzichtes auf Tauschgeschäfte bleibt, was erst die Freiheit zum Tausch konstituiert. Doch nach dreihundert Jahren Kapitalismus gibt es heute zahllose Haushalte ohne jede Form von

Produktionsmitteln und sogar eine wachsende Anzahl von Menschen ohne Haushalt. Eine Milliarde Menschen leben in Slums. Geschätzte zwei Milliarden in Mietwohnungen – und nicht auf Großfarmen.

Wer keinen Selbstversorgungshaushalt besitzt und kein nennenswertes Kapital, ist zum Tausch gezwungen, in aller Regel der eigenen Arbeitskraft. Auch das sei kein Problem, meint Friedman, denn auch die ArbeitnehmerIn sei frei von jedem Zwang: »Der Angestellte ist vor Nötigung seitens des Arbeitgebers dadurch geschützt, dass er für andere Arbeitgeber arbeiten kann.«[10] Das klingt in den Ohren der aktuell 195 Millionen Arbeitslosen weltweit[11] bestenfalls zynisch. Die locker behauptete Wahlfreiheit – behandelt mich ein Arbeitgeber schlecht, dann geh ich halt zum nächsten – existiert für einen großen Teil der Bevölkerung nicht. Die Hinnahme von Ausbeutung, Kinder-, Sex-, Zwangs- und sogar Sklavenarbeit steht weltweit leider auf der Tagesordnung. Voraussetzung für einen »freiwilligen« Verkauf meiner Arbeitskraft wäre, dass ich Alternativen zum Verkauf habe. Dazu müsste ich entweder eine Subsistenzlandwirtschaft, ein gesichertes staatliches Grundeinkommen, Besitz an Produktionsmitteln oder ausreichend Finanzvermögen für ein Kapitaleinkommen haben. Viele Menschen haben nichts von alledem, der freie Markt sieht hier nichts vor. Die große Mehrheit der Menschen kann daher nicht frei wählen zwischen Subsistenzlandwirtschaft, Unternehmensgründung, Sozialeinkommen, Kapitalrente oder Selbstverdingung. Beim Eingehen vieler Beschäftigungsverhältnisse handelt es sich um Abhängigkeit. Christoph Spehr definiert »erzwungene soziale Kooperation« als Herrschaft.[12]

Prinzipiell ist gegen menschenwürdige Lohnarbeit nichts einzuwenden, jedoch darf niemand gezwungen sein, seine Arbeitskraft zu verkaufen. »Ein Tausch ist nur dann materiell freiwillig, wenn er zwischen prinzipiell Gleichgestellten passiert«, schreibt Gerhard Willke.[13] Gleichheit der Tauschvoraussetzungen ist somit die Voraussetzung für echte Tauschfreiheit. Selbst

Friedman formuliert: »Ein Austausch kann nur dann als wirklich freiwillig betrachtet werden, wenn es annähernd gleichwertige Alternativen gibt.«[14] Wenn ich Alternativen zur Lohnarbeit habe, werde ich nachvollziehbarerweise nur solche Lohnarbeiten annehmen, die ich für sinnvoll und erfüllend oder sonst ausreichend vorteilhaft halte. Schlechtbezahlte, entfremdende und entwürdigende Arbeiten würden in einer Gesellschaft echter Tauschfreiheit nicht angenommen werden. Sie würden entweder verschwinden oder müssten sehr gut bezahlt werden. Es wäre das Ende von Ausbeutung und Zwang, derzeit eine Utopie. Heute verrichten sehr oft Frauen die am schlechtesten bezahlten und entwürdigensten Arbeiten auf der ganzen Welt und werden dafür miserabel bezahlt – weil sie keine Wahl haben.

Wenn eine Tauschbeziehung auf Zwang beruht, dann gibt die VerliererIn das, was sie gibt, unfreiwillig. So etwas nennt man landläufig Diebstahl. Auf dem Markt wird täglich gestohlen, zwar nicht formal, weshalb Polizei und Gerichte nicht eingreifen, aber emotional und physisch-energetisch: menschlich. »Man kann innerhalb des Rahmens eines gültigen Eigentumsrechts sehr wohl anderen etwas stehlen. Viele Vertragsbeziehungen enthalten eine faktische Erpressung, und auch die menschliche Arbeitskraft wird auf vielfältige Weise ausgebeutet: eine Form des Diebstahls von Zeit, Lebensglück, Geld und Gesundheit«, schreibt Karl-Heinz Brodbeck.[15] Die US-Linguistin Genevieve Vaughan sieht im produktiven Mehrwert ein »Geschenk« von den ArbeitnehmerInnen an die KapitalbesitzerInnen.[16] Strukturell erzwungene Geschenke werden individuell als Enteignung wahrgenommen, auch wenn sie »legal« sind.

Vaughan stellt Tauschbeziehungen prinzipiell in Frage, weil nicht das Wohl des anderen (oder aller) im Vordergrund ökonomischer Beziehungen steht, sondern das eigene. Die Befriedigung der Bedürfnisse meines Gegenübers ist im kapitalistischen Markttausch nicht Selbstzweck, sondern Mittel der Befriedigung meiner eigenen Bedürfnisse. Nach Aristoteles wäre das das Ende der Freiheit, denn ein freier Mensch zu sein bedeutet, »nicht für die Zwecke eines anderen« zu existieren, zitiert Hayek. Noch klarer wird der Sachverhalt durch den kategorischen Imperativ. Immanuel Kant sagt, dass wir Menschen einander nicht als Mittel für unsere Zwecke benützen sollen, sondern im Umgang miteinander den anderen Menschen als Selbstzweck achten und dadurch seine Würde wahren sollen. Die Beherzigung dieser Grundregel in ökonomischen Tauschbeziehungen würde dazu führen, dass Machtgefälle nicht ausgenützt werden, weil der Mächtigere den Schwächeren als Menschen wahrnimmt und entsprechend (nach seinen Bedürfnissen) behandelt: als Freund, nicht als Instrument. Davon sind wir Lichtjahre entfernt, nicht nur weil uns die Neoliberalen weismachen, dass es keine Macht gibt am Markt, sondern auch weil das Herausschlagen des eigenen Vorteils aus Tauschbeziehungen als »rational« gilt. Auf diesem Weg kommt erst die »Effizienz« des Marktes zustande: indem alle ihren eigenen Vorteil suchen und die jeweils anderen dabei verzwecken. Die Verletzung der Menschenwürde ist ein Wesensmerkmal kapitalistischer Marktbeziehungen. Das ist nicht nur eine radikale Untergrabung der Freiheit, weil es ohne die systemische Wahrung der Würde keine freien Menschen gibt, das steht in allen Verfassungen, sondern es bringt sämtliche privatwirtschaftlichen Verträge, in denen Machtgefälle ausgenützt werden, in den Verdacht der Sittenwidrigkeit, zumal die Wahrung der Menschenwürde auch der Kern aller Sitten ist. »Versprechen und Verträge müssen gewissenhaft gehalten werden, soweit die eingegangene Verpflichtung sittlich gerecht ist«, schreibt Kardinal Schönborn in seinem Weihnachtskommentar 2006.[17] Heißt das, dass privatwirtschaftliche Verträge, in denen die Würde der schwächeren TauschpartnerInnen nicht gewahrt (sondern der Machtunterschied ausgenützt) wird, null und nichtig sind?

Bei groben und offensichtlichen Verstößen gegen die Menschenwürde zweifelt heute niemand an der Ungültigkeit von Verträgen: im Falle von Sklavenarbeit oder Schuldknechtschaft oder wenn Drogen, Frauen, Kinder oder Organe »gehandelt«

werden. Mehr und mehr in Frage gestellt werden auch Verträge, die heute noch rechtmäßig sind, aber jedem Sittenverständnis widersprechen. Zum Beispiel die Schulden armer Länder, die von korrupten Diktatoren in der Vergangenheit aufgenommen wurden und heute von den westlichen GläubigerInnen von der Bevölkerung zurückgefordert werden. Die Gültigkeit dieser Kreditverträge wird von zahlreichen Organisationen in Frage gestellt. Es verletzt auch jedes Sittenverständnis, wenn westliche Pharmakonzerne sich auf der legalen Basis globaler Handelsabkommen das traditionelle Wissen indigener Bevölkerungen aneignen und jene, die in zahllosen Generationen die »Forschungs- und Entwicklungsarbeit« geleistet haben, von den Gewinnen ausschließen.

Weniger sichtbar sind die Millionen machtverseuchter Kleinverträge zwischen VermieterInnen, ArbeitgeberInnen, KreditgeberInnen und ihren KooperationspartnerInnen. Doch auch hier kann sich die Sittenwidrigkeit von Verträgen, die bis vor kurzem noch als »normal« angesehen wurden, rasch herausstellen. Die österreichische Mietrechtsreform von 2007 brachte zutage, dass Wohnungseigentümer ihre Macht ausgenützt und von den Mietern vertragswidrige Dinge verlangt haben. Die Verträge werden im Nachhinein für ungültig erklärt. Welche Revolution würde wohl stattfinden, wenn die Richter die Menschenwürde im Sinne Kants auszulegen begännen?

Mit der »Erlaubnis«, Machtgefälle in Marktbeziehungen auszunützen, wird in den Grundeinheiten des Wirtschaftens Vertrauen zerstört. Wenn ich damit rechnen muss, dass mein Arbeitgeber, meine kreditgebende Bank, mein Großhändler oder mein Vermieter mich übervorteilt, sobald er die Macht dazu hat, weil das als »vernünftig« gilt, misstraue ich ihm grundsätzlich. Wenn Menschen nicht das Gefühl haben, dass sie von ihren TauschpartnerInnen als Menschen gesehen und ensprechend ihrer Bedürfnisse und ihrer jeweiligen Situation behandelt werden, wächst allerorts das Misstrauen. Eine Gesellschaft schenkt aber umso mehr Sicherheit und Geborgenheit, je stärker das

Vertrauen zwischen den Menschen ist. Vertrauen ist ein öffentliches Gut und ein Bindemittel der Gemeinschaft. Der Kapitalismus zersetzt dieses Bindemittel. Er ist ein Vertrag über die Zerstörung des Gesellschaftsvertrages. Er ersetzt Vertrauensbeziehungen durch fragwürdige Vertragsbeziehungen. Die legalisierte Verletzung der Menschenwürde untergräbt das kollektive Vertrauen. Wer mag behaupten, dass eine Gesellschaft, in der die Menschen einander misstrauen, freier ist als eine, in der das Vertrauen durch ökonomische Beziehungen gestärkt wird?

Das Phänomen, dass Menschen Machtgefälle in Marktbeziehungen ausnützen, ist nicht etwa deshalb so weit verbreitet, weil es in der »Menschennatur« gründet – auch wenn das intensiv behauptet wird, dazu später mehr –, sondern weil wir vom Kapitalismus als ideologischem und institutionellem Anreizsystem dazu erzogen und täglich neu angespornt werden – im Namen der Effizienz und der Rationalität! Die Marktteilnahmevoraussetzungen in Form von Produktionsmitteln und Kapital sind nicht zuletzt deshalb so ungleich verteilt, weil eine Gleichverteilung im Widerspruch zur Hauptantriebskraft des Kapitalismus steht: dem egoistischen Eigennutzstreben. Egoismus führt zu Konzentration von Eigentum und Macht. Wer viel hat, möchte noch mehr, es geht um Maximierung für den Einzelnen, nicht um gesamtgesellschaftliche Optimierung. In einer Tauschbeziehung mit Machtgefälle führt dieses egoistische Streben zu Ungleichheit, welche jedem neuen Tausch zugrunde liegt und ein neues Machtgefälle begründet, das wiederum Ungleichheit hervorruft ad infinitum. Ökonomische Ungleichheit führt zu Unfreiheit und umgekehrt. Je mächtiger MarktteilnehmerInnen werden, desto unabhängiger werden sie von neuen Tauschbeziehungen. Sie können sich tendenziell auf Täusche »spezialisieren«, bei denen sie überproportional günstig aussteigen. Die erste Million ist die schwerste, heißt es. In der Bibel steht: »Wer hat, dem wird gegeben.« Kann aber ein Markt, der strukturell Ungleichheit produziert, ein »freier« sein?

Die Pferdeäpfeltheorie

Die Mächtigen verwenden ihre Macht dazu, ungleiche Verteilungsvoraussetzungen zu konservieren und ihre Vorteile in ökonomischen Beziehungen ständig auszuweiten. Das »Gesetz des Marktes« erweist sich in zahllosen Fällen »nur als das Recht des Stärkeren, sprich: Reicheren«, gesteht der liberale Ökonom Gerhard Willke ein.[18] Damit sich diese Kunde nicht allzu sehr verbreitet, setzen die Mächtigen beharrlich Gerüchte in Umlauf, dass der Reichtum weniger allen nützt. Besonders hartnäckig hält sich der Mythos, dass der Reichtum der Reichen unweigerlich »nach unten« zu den Armen »sickern« würde, da sie ihr Geld ja irgendwann ausgeben müssten. Dieses Gerücht vom Trickle-down-Effekt (englisch trickle = sickern) wurde von einem Wirtschaftsberater Ronald Reagans in die Welt gesetzt. Seine populäre Variante, die »Pferdeäpfeltheorie«, geht von dem Bild aus, dass die Pferde nur reichlich mit Hafer gefüttert werden müssten, damit auch für die Spatzen noch reichlich Korn abfalle – in den Pferdeäpfeln. Je mehr Futter für die Pferde, desto mehr Korn auch für die Spatzen. Man könnte natürlich die Spatzen auch direkt füttern – so wie die Pferde –, doch dann wären die Spatzen nicht mehr von der großzügigen Fütterung der Pferde abhängig … So günstig die Theorie für die Reichen ist, sie wurde »mehrfach widerlegt« und ist heute »wissenschaftlich diskreditiert«, schreibt Joseph Stiglitz, was »interessanterweise« nichts daran ändert, dass sie sich politisch munter am Leben erhält.[19]

Das Prinzip des sinkenden Aneignungswiderstands

Der Pferdeäpfeltheorie möchte ich – auf der Analyseebene – das Prinzip des sinkenden Aneignungswiderstandes entgegenstellen. Es besagt, dass es mit zunehmendem Reichtum leichter wird, noch reicher zu werden; je mehr jemand hat, desto leichter fällt die weitere Aneignung – dank der Spirale aus wachsenden

Machtgefällen und Ungleichheiten. Die Reichsten verzeichnen gegenwärtig die größten Zuwächse. Die Zahl der globalen Milliardäre stieg 2006 laut *Forbes Magazine* um 23 Prozent. Noch stärker stieg ihr Vermögen – um 35 Prozent.[20] Solch ein galoppierendes Wachstum ist nur möglich, wenn andere umso weniger bekommen. Die reichsten zwei Prozent der erwachsenen Weltbevölkerung besitzen heute 51 Prozent des Weltvermögens, während die Hälfte der Menschheit sich ein Prozent teilt.[21] Die Reichsten brauchen nicht mehr arbeiten, sie müssen sich nicht einmal mehr mit der Verwaltung ihrer Vermögen abgeben. Je reicher jemand ist, desto bessere VermögensverwalterInnen kann er sich leisten – ein wichtiger Grund für die überproportionalen Reichtumszuwächse der Milliardäre. Kunden von Privatbanken dürfen mit einer Vermehrung ihres Vermögens von 8,5 Prozent pro Jahr rechnen – ohne einen Finger dafür zu rühren, es arbeitet ja das Geld.[22] Die, die das Geld »beschäftigen«, die vermögensverwaltenden Fonds, schrauben im Namen der Reichen ihre Ansprüche – losgelöst vom Wachstum des realwirtschaftlichen Gesamtkuchens – immer weiter in die Höhe. Von vierhundert befragten internationalen Fondsmanagern wollten 2006 53 Prozent mehr »Bares sehen«, sprich höhere Dividenden, selbst wenn das die Verschuldung der Unternehmen, in die sie »investieren«, erhöhen würde.[23] Ich, dein Eigentümer, zwinge dich, Schulden aufzunehmen, damit du mir eine höhere Eigentumsrendite abliefern kannst. Nirgendwo wird klarer: Die einen werden reicher, indem sie andere ärmer machen. Im Kapitalismus arbeiten Menschen, die wenig oder kein Geld haben, für Menschen, die viel Geld besitzen. (Das steckt hinter dem verharmlosenden Spruch: »Das Geld arbeitet.«) Die Aussicht, dass sich die Manager von Milliardenfonds mit ihren Ansprüchen durchsetzen, steht gut. Heute genügt die Beteiligung an einem Unternehmen von wenigen Prozent, um das Kommando zu übernehmen. Schon können sie Maßnahmen zur Steigerung des Aktienkurses diktieren und den Grad der Ausschüttung bestimmen. Die – sittenwidrigen – Gesetze erlauben es.

Die wachsenden Machtgefälle in ökonomischen Tauschbeziehungen führen dazu, dass der Aneignungswiderstand mit zunehmendem Reichtum sinkt. In der Systemsprache nennt man
das positive Rückkopplung. Trends verstärken sich selbst und
destabilisieren dadurch das ganze System. Stabile Systeme verfügen über »negative Rückkopplungsmechanismen«: Einander
ausgleichende Prozesse verhindern das gefährliche Wachstum
einer Komponente. Wird der menschliche Körper zu heiß, beginnt er zu schwitzen, was ihn kühlt. Werden die Läuse zu zahl-
reich, kommen die Marienkäfer. Kein Baum wächst in den Himmel, überall gibt es ein goldenes Maß. Nur auf dem Markt nicht:
Je reicher oder mächtiger jemand wird, desto leichter wird das
weitere Reichwerden. Umgekehrt müsste es sein: Zu Beginn
geht es kinderleicht, die erste Million geht fast von selbst, aber je
reicher und mächtiger jemand wird, desto stärker werden die
Widerstände. Ab einer gemeinsam definierten Grenze geht gar
nichts mehr. So würden sich Marktgesellschaften stabil halten.
Gibt es diese Hemm-Mechanismen nicht, kollabieren Systeme.
Joanna Macy schreibt: »Jedes System, das seine Rückkopplung
abblockt, begeht Selbstmord.«[24] Der Kapitalismus ist par excellence ein System mit positiver Rückkopplung. Das macht ihn in-
stabil und zerstört Freiheit, weil das grenzenlose Anhäufungs-
recht der Gewinner zur Enteignung der Ohnmächtigen führt.
Wenn »Macht das Gegenteil von Freiheit« ist, wie Karl-Heinz
Grasser schreibt[25], dann sind wachsende Machtgefälle in Marktbeziehungen eine Bedrohung der gesamtgesellschaftlichen
Freiheit. Das grenzenlos gewährte Recht auf Einkommen und
Privateigentum schlägt ab einem gewissen Punkt in Unfreiheit
und Zwang für viele um. Intelligente soziale Organisationen
spüren diese Grenzen auf und bauen Korrektive ein. Ohne Korrektive wird der Kapitalismus nie zum Frieden finden, sondern
immer wieder Gewalt und Konflikte schüren und Teilzusam-
menbrüche auslösen – darin wird Marx auch in Zukunft recht
behalten. Wenn heute »weitgehend Einigkeit darüber besteht,
dass die Marktkräfte eine bestehende Ungleichverteilung der

Einkommen und Vermögen in der kurzen und mittleren Frist noch verstärken«, wie Gerhard Willke die ökonomische Literatur zusammenfasst[26], dann müssen wir konsequenterweise die Marktkräfte aufheben oder zumindest Systemstabilisatoren in Form negativer Rückkopplungsmechanismen »einbauen«. Im Besonderen drei Entwicklungen bedürften der negativen Rückkopplung:

- das Größenwachstum von Unternehmen
- das Wachstum der Einkommensungleichheiten
- die Konzentration von Privateigentum

Größenschranke für Unternehmen

»Wirtschaftliche Macht kann immer wieder weithin zerstreut werden«, glaubte Friedman.[27] Durch den Markt selbst: »Das wettbewerbliche System ist als einziges darauf ausgerichtet, die Macht von Menschen über andere Menschen zu minimieren«, befand Hayek. Heute erleben wir das Gegenteil. Das wettbewerbliche System schafft – in Kombination mit dem Gewinnstreben und dem daraus folgenden Gesetz des sinkenden Aneignungswiderstandes – Personen und Unternehmen von enormer und weiter wachsender Machtfülle. Diese ist so groß geworden, dass sie über politische Intervention zahlreiche gesetzliche Weichen zu ihren Gunsten gestellt haben, zum Beispiel haben sie eine Wettbewerbskontrolle auf globaler Ebene bis heute verhindert.

Hayek hat die Macht des Gewinnstrebens verkannt: Wettbewerb würde nur dann die wechselseitige Macht kontrollieren, wenn er das Ziel der einzelnen Beteiligten wäre. Doch das Ziel der einzelnen Beteiligten ist nicht der Wettbewerb, sondern der Gewinn. Wettbewerb steht dem Gewinnziel im Weg. Je größer und mächtiger Marktakteure werden, desto größer ist nicht nur ihr Bestreben, sondern auch ihre Fähigkeit, den Wettbewerb auszuschalten – durch Schlucken der Konkurrenz, durch Kartellbildung oder durch politische Einflussnahme und die erfolgreiche Abwehr von Anti-Kartellgesetzen. In der Folge bilden sich heute in zahllosen Branchen Oligopole und Monopole – auf globaler Ebene: Zwanzig Braukonzerne dominieren bereits drei Viertel des Weltbiermarktes.[28] Sechs Firmen – Aventis, Dow, Du Pont, Mitsui, Monsanto und Syngenta – kontrollieren 98 Prozent des Weltmarktes für gentechnisch verändertes Saatgut.[29] Die französischen Trinkwasserversorger Veolia und Suez teilen sich rund sechzig Prozent des Weltmarktes. Die chinesischen Container-Fabrikanten Singamas und CIMC achtzig Prozent.[30] Microsoft betreibt das erste globale De-facto-Monopol. Bei Telekom, Post, Strom-, Gas- und Trinkwasserversorgung, Schienenverkehr und Rundfunk schreitet die private Konzentration voran. Wenn, wie vorhergesagt, in wenigen Jahren fünf Energieversorgungsunternehmen in der EU übrig sind, dann ist es mit dem Wettbewerb weitgehend vorbei. Rupert Murdoch erledigt durch seine Einkaufstour auf dem Medienmarkt neben dem Wettbewerb auch die Meinungsvielfalt. Friedmans und Hayeks These von der Zerstreuung von Macht durch Wettbewerb entpuppt sich an der Jahrtausendwende als Wunschtraum. Die fünfhundert größten Konzerne kontrollierten 1994 ein Viertel des Welt-BIP, 2005 war es schon mehr als ein Drittel.[31] Claus Raidl, Chef von Böhler-Uddeholm, räumt freimütig ein: »Jedes Unternehmen will ein Monopol.«[32] Schon bei Smith lesen wir: »Kaufleute sind immer daran interessiert, den Markt auszuweiten und den Wettbewerb einzuschränken.«[33]

Der Unterschied besteht darin: Während im nationalstaatlichen Rahmen die Macht des Souveräns noch ausreichen könnte, den Wettbewerb aufrechtzuerhalten, ist dies auf globaler Ebene bedeutend schwieriger, weil souveräne Nationalstaaten erfolgreich miteinander kooperieren müssten; doch gerade auf globaler Ebene ist der Einfluss der Wirtschaftsverbände überproportional stark. Diese »Hürde« bei der Durchsetzung des globalen Wettbewerbs kehrt das Machtverhältnis zwischen den nationalstaatlichen Regulierern – den Garanten des Wettbewerbs – und den zu Regulierenden, die sich gegen jede »Regulierung« wehren, um. Die EU hat in den letzten fünfzehn Jahren 2230 Fusionen erlaubt.[34] Der Umstand, dass wir keine globale Fusionskontrolle haben, ist kein Flüchtigkeitsfehler in der Konstruktion des Weltmarktes, sondern ein Systemfehler im Kapitalismus: Wenn alle Unternehmen den maximalen Gewinn anstreben, haben die maßgeblichen Akteure kein Interesse am Wettbewerb. Damit schaut es mit der zentralen Voraussetzung zur »Zerstreuung« von Macht ziemlich schlecht aus.

Macht der Großen über die Kleinen

Die Großen maximieren nicht primär Effizienz, sondern Macht: Während sie auf der einen Seite die EndabnehmerInnenpreise anheben, drücken sie auf der anderen die Preise bei den ZulieferInnen. 1990 betrugen die Einnahmen der südlichen Kaffeebauern ein Drittel des globalen Einzelhandelsumsatzes, 2005 nur noch ein Vierzehntel oder fünf von siebzig Milliarden US-Dollar. Die Differenz fließt in die Taschen der (Handels-)Konzerne. Während Nestlé oder Tchibo Rekordgewinne machen, sind 125 Millionen vom Kaffeeanbau abhängige Menschen in ihrer Existenz gefährdet.[35] Globale Unternehmen zeichnen sich durch einen »Riesenbauch« an zuliefernden Kleinunternehmen aus. Das wird als positiv dargestellt, weil dadurch – so wird argumentiert – nicht nur die wenigen Big Player von der Globalisierung profitieren, sondern auch eine Vielzahl Kleiner. Doch die Freiheit dieser vielen Kleinen ist ungefähr so groß wie die des Wellensittichs im Vogelkäfig. Mangels Alternativen sind sie von wenigen oder überhaupt nur einem Riesen abhängig. Wenn ein Markenkonzern von einem chinesischen Textilfabrikanten verlangt, die Jeans anstatt um 4,50 US-Dollar um vier Dollar zu produzieren, kann Letzterer nicht einfach »Nein« sagen, weil die drei anderen Markenfirmen auch nicht mehr zahlen. Die Zulieferer von Supermarktketten können ebenfalls nicht groß auswählen. Wenn Rewe sich für Bioknoblauch aus China entscheidet, haben die österreichischen Bioknoblauchbauern das Nachsehen. Drei Einzelhandelsriesen beherrschen in Österreich 77 Prozent des Marktes. Wer aufmuckt, wird sanktioniert. Wer sich weigert, »Listungsgebühren«, »Jubiläumszahlungen«, »Werbekostenzuschläge« oder sogar »Renovierungsgebühren« zu zahlen (für die Renovierung der Supermarktfiliale), wird ausgelistet.[36] Das kann sich kaum eine ZulieferIn leisten, weil keine Alternative da ist. In Bayern haben die 450 000 privaten WaldbesitzerInnen immer weniger Wahl, an welches Sägewerk sie liefern wollen. Es sind nur noch wenige übrig. Setzen US-Farmer auf Getreide, suchen sie vergebens nach einem Markt. »Wenn jemand Getreide kaufen möchte, hat er keine andere Wahl, als zu uns zu kommen«, meint ein Cargill-Manager.[37] Der Vorsitzende des US-Bauernverbandes sagt über die Oligopolisten: »Sie müssen nicht effizient wirtschaften, um am Weltmarkt zu überleben. Sie sind der Weltmarkt.«[38]

Die große Mehrheit der Wirtschaftreibenden sind Kleingewerbetreibende, KleinproduzentInnen, KleinbäuerInnen, KleinfischerInnen, KleinwaldbesitzerInnen oder industrielle ZulieferInnen, die es nun plötzlich als moderne Freiheit verstehen sollen, für einen globalen Feudalherren produzieren zu dürfen. »Was Neoliberalismus unter Markt versteht, ist ein zugunsten der Konzerne eingerichtetes Privilegiensystem, das der Feudalismus in seinen kühnsten Träumen nicht hatte«, schreibt Hermann Knoflacher.[39]

Das Ösl-Syndrom – das Ebenen-Dilemma

Die Herausbildung globaler Kolosse durch globale Konkurrenz führt zu einem weiteren Dilemma, das am Beispiel der »österreichischen Stromlösung« anschaulich gemacht werden kann: Die geplante Fusion aller österreichischen Energieversorgungsunternehmen wäre die letzte Möglichkeit, in einem liberalisierten europäischen Strommarkt eine Überlebenschance zu haben; andererseits entsteht dadurch ein nationales Monopol mit allen Konsequenzen für die KonsumentInnen. Wettbewerb auf globaler Ebene zwischen ausgewachsenen Global Players bringt zwingend mit sich, dass Wettbewerb auf nationaler oder lokaler Ebene erlischt! Um auf dem Weltmarkt mitspielen zu können, muss ich regionaler Monopolist sein. Den vielbeschworenen »national champion« umgibt der Geruch der ungeteilten »Hausmacht«. Theoretisch könnten sich auch fünf globale Champions in allen Erdenwinkeln heiße Konkurrenzschlachten liefern, doch das ist gar nicht ihr Interesse. Die Praxis zeigt, dass sie sich die Märkte lieber aufteilen. Beispiel Deutschland: Kaum war der Energiemarkt liberalisiert, trafen sich die Vorstandsvorsitzenden von E.ON, RWE, Vattenfall und EnBW, der vier Großen, zur Preisabsprache.[40]

Konkurrenz im globalen Maßstab führt zu freiheitseinschränkender Machtfülle auf lokaler Ebene. Auf dieser Ebene lebt und wirtschaftet aber die große Mehrheit aller Unternehmen. »Die Welt« besteht aus einer Unzahl von lokalen Nischen und Märkten. Es macht einen Unterschied, ob es fünf konkurrierende Unternehmen auf einem regionalen Markt gibt oder auf dem globalen! Wenn in einer Branche sieben Riesenplayer übrig bleiben, es aber 190 Nationalstaaten und Tausende von Regionen gibt, dann kann man sich ausmalen, wie viel lokalen Wettbewerb – und damit Freiheit – es noch geben wird. Allein deshalb braucht es Größengrenzen für Konzerne – oder Märkte. »Um frei von diktatorischen Einflüssen zu sein, muss Macht auch begrenzt sein«, sagt Hayek.[41] Das klingt ganz nach einem Plädoyer für die Begrenzung der Größe von Unternehmen, ihrer Einkaufs-, Handels-, Preisfestsetzungs-, Eigentumsmacht …

Ein negativer Rückkopplungsmechanismus wäre, dass Unternehmen ab einer bestimmten Größe automatisch geteilt werden oder in gesellschaftliche Kontrolle übergehen. Damit wäre ein unwiderstehlicher Anreiz geschaffen, dass juristische Personen nur bis zu einer markt- und machtverträglichen Größe anwachsen. Allerdings würde diese »Notbremse« erst um fünf vor zwölf wirksam werden, deshalb folgen später Vorschläge, die schon früher ansetzen.

Eine »Branche«, die besonders dringend der Zerschlagung bedarf, weil in ihr ökonomische und politische Macht so stark verschränkt sind wie in kaum einer anderen, sind die Medien. Hier stehen ökonomische und politische Freiheit gemeinsam auf dem Spiel, denn mit der Vielfalt der Eigentümer schwindet auch die Meinungsvielfalt.

Größenschranke für Einkommen

Der Reichtum von Unternehmen verwandelt sich irgendwann in den Reichtum von Personen. Sei es über Gehälter, Ausschüttungen oder andere Gewinnbeteiligungen. Durch die zunehmende Marktorientierung steigen die Spitzengehälter ins Astronomische. Die bestbezahlten Manager – Hedge-Fonds-Dirigenten – verdienen heute bis zu zwei Milliarden US-Dollar im Jahr. Kurioserweise produzieren diese Helden der Finanzökonomie gar nichts, sondern machen nur aus Geld noch mehr Geld. Vermehren können dieses Geld letztendlich aber nur andere Menschen, die bei Finanzwetten verlieren, oder arbeitende Menschen, die Produkte herstellen oder Dienstleistungen anbieten. Aus dem Nichts entsteht kein einziger Cent: Geld arbeitet nicht. Das bedeutet wiederum, dass die Akteure auf der Spitze der Machtpyramide im Grunde nur umverteilen, von weniger Mächtigen zu Mächtigeren. Für ihre Umverteilungsarbeit werden sie fürstlich belohnt: Ihr Stundenlohn erreicht bis zu 700 000 US-Dollar, während der Mindestlohn derer, die die Werte herstellen, wie festgezurrt bei 5,15 US-Dollar verharrt. Seit 1968 hat der US-Mindestlohn mehr als vierzig Prozent seiner Kaufkraft verloren.[42] In Deutschland bezogen die oberen zehn Prozent der Bevölkerung 1992 noch 38,8 Prozent aller Markteinkommen. 2001 waren es bereits 41,6 Prozent. Der Anteil der unteren fünfzig

Prozent der Bevölkerung am gesamten Markteinkommen sank im gleichen Zeitraum von 5,4 auf drei Prozent.[43]

Wenn die einen so viel haben, dass den anderen fast nichts bleibt, dann ist das keine freie Gesellschaft mehr, sondern Herrschaft und Knechtschaft. »Unser Verstand sagt uns, dass die große Gefahr für die Freiheit in der Konzentration von Macht beschlossen liegt«, erkannte Friedman.[44] Für ihn ist die »Konzentration von Macht« allerdings nur dann eine Gefahr, wenn es sich um politische Macht handelt. Doch heute wandelt sich ökonomische Macht eins zu eins in politische Macht um – siehe Bush, Berlusconi, Bertelsmann und Bartenstein. Hier liegt das zweite Argument für die Begrenzung der Einkommensungleichheiten: Wenn die einen ökonomisch tausendmal mächtiger sind als die anderen, sind sie es auch politisch. Und das muss die demokratischen Alarmglocken läuten lassen. Denn Demokratien beruhen auf dem Grundsatz, dass niemand zu mächtig werden darf. Das demokratische Urprinzip der Gewaltentrennung hat den Zweck, die Macht aufzuteilen. Es wurde allerdings zu einer Zeit erfunden, als es weder staatengroße Weltkonzerne gab noch individuelle Multimilliardäre. In die Gegenwart übertragen bedeutet Gewaltentrennung, dass niemand im Verhältnis zu anderen ökonomisch zu mächtig werden darf. Das ist ein starkes Argument für die Begrenzung ökonomischer Ungleichheiten.

Größenschranke für Eigentum

Was für Einkommen gilt, gilt auch für Eigentum. Wenn einer allein 23 Schlösser besitzt, bleibt für den anderen nicht einmal eine Kammer. Irgendwo muss Schluss sein mit materieller Aneignung – sowohl absolut, zumal Ressourcen, Wohnraum, Atemluft, global begrenzt sind; als auch relativ, weil mit jedem Prozent, das sich die Reichen vom Kuchen zusätzlich einverleiben, für den »Rest« – die Mehrheit – entsprechend weniger bleibt. Die Pferdeapfel-Behauptung, den Unteren ginge es besser, wenn die Oberen grenzenlos reich werden dürfen, ist doppelt falsch, weil a) die Unteren ärmer werden und b) viele der Obersten nichts leisten: Sie haben geerbt oder lassen ihr Geld von anderen vermehren. Wer eine Milliarde Euro besitzt und diese einer Privatbank zur »Verwaltung« überlässt, muss täglich 230 000 Euro ausgeben, um nicht reicher zu werden. In Deutschland besitzt das reichste Prozent ein Viertel des Vermögenskuchens; den unteren zwanzig Prozent bleiben nur Krümel.[45] In Österreich besitzen die oberen zehn Prozent der Bevölkerung 67 Prozent des privaten Vermögens.[46] Wenn es nach ihnen ginge, könnten es ruhig auch achtzig oder neunzig Prozent sein. Der »Markt« ist in dieser Frage »neutral«, er würde es auch in Ordnung finden, dass eine Person alles besitzt. Daher braucht es ein Korrektiv in Form gemeinsam festgelegter Grenzen für Vermögensunterschiede. Es geht wohlgemerkt nicht um Gleichmacherei und Einebnung, sondern um eine – derzeit breit mehrheitsfähige – Begrenzung der Ungleichheit. In »50 Vorschlägen für eine gerechtere Welt« habe ich als Diskussionseinstieg zehn Millionen Euro als Obergrenze für Privateigentum vorgeschlagen. Damit bräuchte niemand hungern. Es ist so viel, dass es bereits äußerst unwahrscheinlich wäre, dass noch eine Million diese Menschen glücklicher machen würde. Es entspricht ungefähr dem Lebenseinkommen jenes Betrages (100 000 bis 300 000 US-Dollar pro Jahr), oberhalb dessen kein Zusammenhang mehr zwischen höherem Einkommen und mehr Glück nachweisbar ist.[47]

Glück

Aus der psychologischen Glücksforschung wissen wir, dass materieller Reichtum, sobald die wesentlichen Bedürfnisse – Essen, Obdach, Kleidung, Bildung – erfüllt sind, kein nennenswertes zusätzliches Lebensglück bringt. Multimilliardäre sind erwiesenermaßen nicht glücklicher als Multimillionäre. Je größer der Abstand zum Rest der Gesellschaft wird, desto stärker können sogar die Ängste sein, von denen sie geplagt werden, wie zum Beispiel die, dass ihnen andere etwas wegnehmen könnten (was nicht wenige Reiche schlecht schlafen lässt), oder die am Selbstwert zehrende Befürchtung, dass Freundschaften nur aufgrund ihres Reichtums gesucht werden. Das führt dazu, dass sie mit ihresgleichen vorliebnehmen, was zur Entstehung von Elitebewusstsein und Klassendünkel führt, unter denen wiederum die gesamte Gesellschaft leidet. Oft gelingen aber nicht einmal unter Gleichreichen gute Beziehungen, weil die Werte und Motive, die zum Erwerb und Erhalt riesiger Vermögen führen, andere sind als jene, die zum Aufbau und Erhalt von Freundschaften nötig sind. Eine Umfrage unter Österreichs Superreichen ergab, dass sie an chronischem Misstrauen leiden und an Beziehungsarmut. Das Geld wird sprichwörtlich zum besten Freund. Paradoxerweise ist der »größte Wunsch« der reichsten Österreicher, mehr Zeit für sich und ihre Familie zu haben.[48] Ihr bester Freund beschlagnahmt offenbar eifersüchtig die wertvollste Lebenszeit und verhindert Beziehungsglück. Selbst Lottogewinner sind drei Jahre nach dem Glücksfall signifikant häufiger depressiv als der Durchschnitt der Bevölkerung.[49]

Die psychologische Forschung ist sich weitgehend darin einig, dass die wichtigste Voraussetzung für menschliches Glück erfüllende Beziehungen sind. Auf dem (kapitalistischen) Markt gelten jedoch Charaktereigenschaften, die zum Aufbau von Beziehungen nötig sind – Solidarität, Hilfsbereitschaft, Empathie, Fürsorge, Teilen –, als »ineffizient«, während solche Qualitäten belohnt werden, die Beziehungen erschweren oder zerstören: Egoismus, Ichsucht, materielle Erfolgsorientierung und Konkurrenzverhalten. Indem er auf beziehungsschädigenden Werten beruht, entwertet der Kapitalismus das Sozialkapital und zerstört damit die wichtigste Voraussetzung für menschliches Glück. Die Menschen in den USA sind heute weniger glücklich als noch vor fünfzig Jahren, obwohl sich ihr Reichtum mehr als verdoppelt hat. Das Auftreten von Angststörungen stieg dagegen geradezu dramatisch an.[50] Umfassendere Wohlstandsindikatoren als das BIP zeigen, dass seit den sechziger Jahren der gesamtgesellschaftliche Wohlstand abnimmt. Nur noch das Geld wächst, nicht mehr das Glück.

Zeitnotstand statt Zeitwohlstand

Der Kapitalismus versprach, durch steigende Effizienz das »Reich der Notwendigkeit« (Marx) zu minimieren und die Tore zum Reich der Freiheit zu öffnen. Doch auch 150 Jahre nach dem »Kapital« sind viele Beschäftigte nach dem Acht-Stunden-Tag so geschlaucht, dass am Abend die Kraft gerade noch für die Glotze reicht. Die wohlklingende Work-Life-Balance ist für viele ein Wunschtraum. Der Erwerbszwang führt verbreitet zu Zeitnotstand, obwohl Zeitwohlstand für viele eine zentrale Bedingung von Lebensqualität ist. Neuerdings dehnt sich das Reich der Notwendigkeit sogar wieder auf Kosten des Reiches der Freiheit aus. In Europa klagen in neunzig Prozent der Betriebe die Beschäftigten über mehr Arbeit bei weniger Zeit, sie zu bewältigen.[51] In Österreich wird die maximale Wochenarbeitszeit auf sechzig Stunden ausgedehnt. Schon heute arbeitet jede fünfte Person länger als 45 Stunden – zumeist unfreiwillig.[52] Bei der Deutschen Post müssen die Beschäftigten künftig 38 statt 34 Stunden arbeiten. Die abnehmende Zeitautonomie ist vielleicht eine der größten Einschränkungen menschlicher Freiheit.

Zudem wächst seit einigen Jahren der Arbeitsdruck signifikant an. Fünfzehn Prozent der Erwerbstätigen leiden infolge chronischer Überforderung unter Burn-out.[53] In den USA, wo die Menschen besonders lange arbeiten, wird bereits die Hälfte aller Krankheiten durch Stress ausgelöst. Deutsche Krankenkassen schätzen die wirtschaftlichen Folgekosten von Stress und Angst auf 75 Milliarden Euro. Während die körperlichen Schäden durch Arbeit langfristig zurückgegangen sind, nehmen die seelischen Schäden stark zu. Psychopharmaka sind die am schnellsten wachsende Medikamentengruppe. In Niederösterreich gingen 2007 erstmals mehr Menschen aus psychischen Gründen in Frühpension als aus physischen. Sieht so das »Reich der Freiheit« aus?

Am globalisierten Arbeitsmarkt herrscht nicht nur Leistungsdruck und Zeitnot, sondern auch Sinnmangel oder, wie Marx es formuliert: Entfremdung. Wie viele Menschen können von sich behaupten, dass sie die Tätigkeit ausüben, die sie auch dann ausüben würden, wenn sie nicht unter Erwerbszwang stünden? Ein großer Teil der Beschäftigten geht einer Arbeit nach, die sie weder mit Freude noch mit Sinn erfüllt. Das kann man schon bei Adam Smith lesen: Mit »fortschreitender Arbeitsteilung« werde »die Mehrheit derjenigen, die von ihrer Arbeit leben, also die Masse des Volkes (…) so stumpfsinnig und einfältig, wie ein menschliches Wesen nur eben werden kann«.[54] Ist das nicht ein gewichtiger Einwand gegen Arbeitsteilung? Nimmt es dann noch wunder, wenn »die Masse des Volkes« sich im »Reich der Notwendigkeit« als unfrei erlebt, zumal es keine Alternative zum »Stumpfsinn« hat? Gefragt nach ihren Lebenszielen und geheimen Visionen wünschen sich die meisten Menschen Zeit für sich selbst und ihre Liebsten oder für künstlerische und kreative Betätigung. »Die Muße ist die Schwester der Freiheit«, meinte Aristoteles. Pech gehabt im globalen Kapitalismus. Das »Streben nach Glück«, wie es in der Unabhängigkeitserklärung der USA verankert ist, wird durch den strukturellen Erwerbszwang massiv behindert.

Mangelnde Mitbestimmung

Autonomie und Mitbestimmung sind zentrale Kriterien menschlicher Freiheit. Auf den globalen Arbeitsmärkten sind sie von den meisten Menschen nicht gefragt. Die Arbeitsweltrealität im Kapitalismus des 21. Jahrhunderts ist zunehmend durch zentrale Planung und Kommandowirtschaft – in immer größeren Konzernen – gekennzeichnet. Eigenverantwortung und

Mitgestaltung sind nur von einer schmalen Führungsschicht gefragt – im Dienste der Kapitalvermehrung –, von der breiten Masse der Unselbstständigen nicht. Als das Management der deutschen Telekom entschied, 50 000 Beschäftigte in eine Subfirma auszulagern, in der sie für weniger Gehalt länger arbeiten müssen, wurden die Betroffenen nicht gefragt. Das tut dem sozialen Klima innerhalb eines Unternehmens nicht gut – und es steht in krassem Gegensatz zur Demokratie. Wir haben das allgemeine Wahlrecht eingeführt, wir arbeiten gesamtgesellschaftlich daran, die verbleibenden Hierarchien zwischen Männern und Frauen zu beseitigen, wir sind uns als Liberale einig, dass niemand einen anderen bevormunden darf. Nur in der Wirtschaft ist es der ganz normale Alltag, weil das »effizient« oder sogar »gerecht« (im Sinne des Eigentumsrechtes) ist. Doch dürfen Eigentümer und Manager alleine entscheiden, was für alle gut ist, weil angeblich effizient? Müssen bei so weitreichender Betroffenheit nicht alle mitdefinieren am sinnvollen Gesamteffizienzverständnis?

Die saloppe Ansicht, ein Eigentümer könne mit seinem (Unternehmens-)Eigentum machen, was er oder sie will, mag vor zweihundert Jahren für kleine Bäcker, Brauer oder Tischler, die Eigentümer, Manager und Arbeiter in Personalunion waren, nachvollziehbar gewesen sein. Aber in globalen Großkonzernen, wo weder Eigentümer noch Manager heute in der Regel die Firmengründer sind, sondern wechseln wie die Bufettgäste – zwischen 2000 und 2007 wurde in 22 der dreißig DAX-Konzerne der Boss ausgetauscht[55] –, ist es nicht nachvollziehbar, dass die einen alles entscheiden und die anderen nichts. Unternehmen dieser Größe sind nicht beliebiges Privateigentum, das niemand anderen etwas angeht, sondern zentrale Akteure des öffentlichen Lebens mit enormer gesellschaftlicher Verantwortung. Analog muss die gesellschaftliche Teilhabe wachsen. Es kann nicht sein, dass diese Akteure sämtliche Vorteile eines demokratischen Gemeinwesens in Anspruch nehmen, aber dieses im Gegenzug keinerlei Mitbestimmungsrecht genießt. Wenn die maßgeblichen Institutionen in einer Demokratie undemokratisch organisiert sind, wird sie geschwächt und beginnt von innen her zu faulen.

Konsumfreiheit – das neue Volksopium

Die materielle Fülle – zu niedrigen Preisen – ist der große Trost des Kapitalismus für das Fehlen von Autonomie, Mitbestimmung und Menschlichkeit in den ökonomischen Beziehungen. Die schier endlose Welt der Waren soll uns ablenken vom Freiheitsverlust in der Arbeitswelt. Doch selbst beim Konsum gibt es fundamentale Zwänge: Wir dürfen nämlich nicht nur kaufen und konsumieren nach Herzenslust, wir müssen es. Kaufen wir – als Volkswirtschaft – einmal weniger als im Jahr davor oder auch nur gleich viel, ziehen die Ökonomen lange Gesichter und sprechen von einer Krise. Ist das Freiheit, wenn wir nicht autonom entscheiden dürfen, wie viel wir konsumieren wollen?

Der Kapitalismus »versteht« gar nicht, dass ein Mensch auch einmal Lust auf weniger Konsum haben könnte, weil er der Ansicht ist, dass die materiellen oder käuflich stillbaren Bedürfnisse des Menschen unendlich und Menschen umso glücklicher sind, je mehr sie kaufen. Diese Annahme kann schon rein logisch nicht der Menschennatur entsprechen: Niemand kann mehr als 24 Stunden pro Tag konsumieren. Umso mehr entspricht sie der Logik des Kapitalismus, weil dieser nur dann floriert, wenn sich Kapital vermehrt, und das glückt eben nur, wenn jedes Jahr mehr produziert und konsumiert wird. Ein Kapital, das nicht vermehrt werden kann, ist todunglücklich. Es bekommt eine Depression. Doch geht es um das Glück des Kapitals oder das der Menschen?

Die Kombination der Behauptung, Waren machten Menschen glücklich, mit der Forderung, jedes Jahr noch mehr zu produzieren, ist, denkt man ein wenig darüber nach, unlogisch: »Da Verbrauch nichts anderes ist als ein Mittel zum Wohlbefinden des Menschen, müsste das Ziel das Erreichen eines Höchstmaßes an Wohlbefinden mit einem Mindestmaß an Verbrauch sein«, erkannte Ernst Friedrich Schumacher messerscharf.[56] Steigende Effizienz in der Bedürfnisbefriedigung würde bedeuten, dass wir jedes Jahr weniger brauchen, um glücklich zu sein. Aber wir werden auch 250 Jahre nach der Aufklärung noch nicht zur Religionskritik erzogen. Konsum ist im Kapitalismus zur Volksdroge geworden, der Dealer ist aber nicht so leicht zu fassen, weil er eine Wertstruktur ist, eine Systemdynamik, ein Sachzwang.

Das Problem ist, dass das menschliche Wohlbefinden im Kapitalismus nicht das Ziel ist, es wird als Nebeneffekt des Strebens nach Kapitalvermehrung erhofft und behauptet. Das Gewinnstreben bedient sich der Deckung (wie der Weckung) von Bedürfnissen nur als Mittel. Im Zentrum steht nicht das Glück, sondern der Gewinn. So kann es dazu kommen, dass wir mit geballter Werbemacht dazu genötigt werden, mehr zu kaufen, als wir brauchen; oder dass wirklich Lebensnotwendiges gar nicht produziert wird oder nur zu Preisen, die sich viele nicht leisten können. Je stärker die eigentlichen Ziele des Wertschaffens ausgeblendet werden, desto eher führen die Nebenwirkungen oder die Bedingungen der Produktion zu sozialer Zerrüttung, emotionaler Verarmung und Suchtverhalten.

Emotionale Kälte und Beziehungsarmut machen anfällig für materialistische Kompensation – so wird der Kapitalismus zum Teufelskreis. In den reichen Ländern ersticken die Menschen regelrecht in Warenbergen. Dinge besetzen unseren Alltag und lassen immer weniger Raum für »gegenstandslose« Aktivitäten und Beziehungen – nicht zuletzt mit der Natur. Waren versprechen, Bedürfnisse zu befriedigen, die sie gar nicht befriedigen können. Autos, Alkohol, Zigaretten und Süßigkeiten werden symbolisch mit Freiheit, Unabhängigkeit, Liebe, Erfolg, Sex und Sinnlichkeit aufgeladen. Von all dem erhalten wir weder beim Kauf noch beim Konsum etwas, sondern wir bekommen Nikotin, Zucker, Alkohol und eine Tonne Blech auf vier Gummireifen.

Streng genommen werden wir von vielen Warenherstellern betrogen. Die Macht der Werbung schafft es, dass wir das nur teilweise bemerken und bei der Konsumorgie graduell mitmachen – ohne dabei glücklicher zu werden. Glückliche Menschen wären der Tod des Kapitalismus, weil sie nichts brauchen und nichts kaufen würden, zumindest nicht jedes Jahr mehr als im Jahr davor. Der Philosoph Karl-Heinz Brodbeck kehrt das neoliberale Freiheitsversprechen um: »Die Konsumfreiheit ist in Wahrheit die Freiheit für relativ wenige Firmen, die Präferenzen der Konsumenten so beeinflussen zu dürfen, dass sich maximaler Gewinn erzielen lässt. Das ist das Gegenteil einer freien Entscheidung der Individuen.«[57]

Hayek, Friedman und Norberg hätten vermutlich gesagt, selber schuld, wenn jemand eine Ware kauft, die sie/er nicht wirklich benötigt. Niemand zwingt uns dazu. Das ist genauso falsch wie die Annahme, dass ökonomische Beziehungen machtfrei wären. Denn der öffentliche Raum ist voll von penetranter Information. Werbebotschaften sind sinnliche Nötigung, man kann sich ihnen weder optisch noch akustisch entziehen. Auf die durchschnittliche US-BürgerIn hageln täglich 3600 Werbebotschaften ein. Die US-Privatwirtschaft gibt gleich viel Geld für Werbung aus wie die gesamte Gesellschaft für höhere Bildung.[58] In Deutschland sind 350 000 Menschen in der Werbewirtschaft damit beschäftigt, die »freie Entscheidung« von Individuen zu beeinflussen.[59] Schon Josef Schumpeter, eine der Ikonen der »freien« Marktwirtschaft, meinte: »Neue Bedürfnisse werden dem Menschen von der Produktionsseite her anerzogen.«[60] Der Markt ist nicht nur ein freies Entdeckungsverfahren, sondern auch eine mächtige Erziehungsanstalt.

Werbebotschaften arbeiten gerne mit Gruppenzwang-Effekten, um nicht zu sagen sozialer Erpressung: Menschen kaufen Waren, um Anschluss an eine Gruppe zu finden oder Ausschluss zu verhindern; besonders anfällig sind Kinder. Kinder nehmen nicht »freiwillig« an Tauschbeziehungen teil, sondern werden mit aller Kunst und Macht der Werbung manipuliert; das geht oft so weit, dass sie ihre Eltern terrorisieren, etwas zu kaufen, was diese sich gar nicht leisten können, aber ebenso wenig wollen sie ihre Kinder ausgeschlossen wissen; zur unfreiwilligen Entscheidung der Kinder gesellt sich die Unfreiheit der Eltern. Ein Werbefachmann gab zu: »Wir öffnen emotionale Verwundbarkeiten, und das ist mit Kindern sehr einfach, weil Kinder emotional am verwundbarsten sind.«[61]

Kinder werden in die Warenwelt hineinsozialisiert. Sie lernen, Aufmerksamkeits-, Liebes- und Sinndefizite mit Konsum und Kaufen zu stopfen. Einkaufen ist vom Mittel zum Zweck geworden – zum Freizeiterlebnis, zum Event, zur Quelle sozialer Anerkennung und individueller Identität. Es geht nicht mehr darum, dass wir Bedürfnisse befriedigen, sondern dass Menschen das Kaufen mit angenehmen »Erlebnissen« und Freizeitentspannung kurzschließen und dadurch vom Geldausgeben abhängig werden. Laut einer Untersuchung der Arbeiterkammer Wien ist mehr als die Hälfte der jungen Menschen zwischen vierzehn und 24 Jahren in Österreich kaufsuchtgefährdet, bei den Frauen sind es fast zwei Drittel.[62] Sechs Prozent der Bevölkerung zeigen schwere Kaufsuchtsymptome.[63] Nicht alle können sich die Sucht leisten. Nach sechzig Jahren ununterbrochenem Wirtschaftswachstum, also zu einem Zeitpunkt, an dem der Reichtum so groß ist wie nie zuvor in der Geschichte, steigt die Zahl der Privatinsolvenzen rapide an, 2006 in Österreich um 17,3 Prozent[64], in Deutschland sogar um 34,8 Prozent. Dreieinhalb Millionen deutsche Haushalte sind nicht mehr in der Lage, ihre Schulden zu bezahlen.[65] Das ist ein starker Hinweis darauf, dass Menschen durch Warenkauf nicht glücklich werden, sondern unersättlich. 1991 waren achteinhalb Prozent der ÖsterreicherInnen stark übergewichtig (adipös), 2006 bereits dreizehn Prozent.[66]

»Effizienz« im Sinne ganzheitlicher Bedürfnisbefriedigung würde bedeuten, dass wir uns Liebe schenken, wenn uns nach Liebe ist – und nicht Schokolade. Dass wir uns Zeit und Nähe schenken, wenn uns danach ist – und nicht Gameboys oder

Fernreisen. Dass wir in die Naturlandschaft mit Erholungswert gehen, wenn uns nach Re-ligion (Rückbindung) ist – und nicht in Erlebnisparks. Dass wir tanzen, bergsteigen und tauchen und uns spannende Geschichten erzählen, wenn wir körperlich und geistig »mobil« sein wollen – und keine Autos.

Der Kapitalismus hat uns in einen Teufelskreis kultureller Ineffizienz gebracht: Zuerst zerstört er die Voraussetzungen, dass unsere Kinder und wir selbst ausreichend Zeit, Aufmerksamkeit, Liebe und intakte Natur vorfinden, und bringt uns sodann in eine Abhängigkeit von Waren und Konsummustern, die nicht in der Lage sind, diese Ersatzfunktion zu erfüllen. Zeitnotstand, Beziehungsarmut, Konsumabhängigkeit und Sucht: Eine freie Gesellschaft sieht anders aus.

Ökologie

Zu allem Überfluss kommen die Materialberge nicht folgenlos in unseren Alltag. Sie müssen aus der Natur entwendet und wieder dorthin entsorgt werden. Doch die materiellen Ressourcen des Planeten sind begrenzt, schon jetzt verbraucht und emittiert die Menschheit mehr, als der Planet Rohstoffe erneuern und Schadstoffe abbauen kann. Und noch haben längst nicht alle Menschen daran teil. Eine Minderheit – westliche, kapitalistische Gesellschaften – verbraucht den Großteil der planetaren Rohstoffe. In der EU leben acht Prozent der Menschheit, wir verbrauchen aber rund zwanzig Prozent der globalen Ressourcen.[67] Diese Materialsucht zerstört umfassend die Freiheit a) der Minderheit von Überkonsumierenden, weil wir Gefangene unserer Warenwelten werden; b) der Mehrheit der Menschen auf dem Planeten, für die nichts oder zu wenig übrig bleibt; c) aller anderen Arten: Der Mensch eignet sich bereits rund ein Viertel der planetaren Produktion von Biomasse an; seit unserem Auftauchen in der Evolution hat sich die Rate des Artensterbens vertausendfacht; d) zukünftiger Generationen, weil Umweltzerstörung und Schadstoffrückgaben die planetaren Ökosysteme überlasten und einen für Menschen bewohnbaren Planeten in Frage stellen. Die Folgen des Klimawandels treffen am wenigsten die Verursacher und am stärksten die Armen. Malaysia, Tuvalu und die Malediven beginnen angesichts des steigenden Meeresspiegels mit der Evakuierung. Wer möchte den Flüchtlingen erklären, dass die wirtschaftliche Freiheit die Grundlage aller Freiheit ist?

Der Kapitalismus zehrt rauschhaft das globale ökologische Kapital auf, weil er an akutem Autismus leidet, an universaler Beziehungslosigkeit und Unverbundenheit. Er nimmt die natürliche Mitwelt, die eigenen Grundlagen, nicht als lebendig, verletzlich und erschöpflich wahr. Er setzt uns Scheuklappen auf und beraubt uns unserer Verbindung mit der Natur und unserer ökologischen Sinne. Er verwandelt die Erde systematisch in eine Ressource, Ware, Deponie oder Immobilie: in einen Geldwert. Er »objektiviert« unseren vitalen Lebenszusammenhang, unser größeres ökologisches Selbst. Das Lebendige, das Beseelte, das Geheimnisvolle und der Eigenwert alles Seienden in der Natur wird ignoriert und zerstört. Das kapitalistische »Technopatriarchat« (Maria Mies) ist so »erfolgreich« in der Naturabspaltung und -zerstörung, dass es nicht überlebensfähig ist. In Fakten: Die UNO hat in einer breit angelegten Studie aufgezeigt, dass sich der Zustand so gut wie aller Ökosysteme der Erde verschlechtert und dass infolge der Belastungen der letzten Jahrzehnte die Wahrscheinlichkeit stark gestiegen ist, dass es zum Kippen ganzer Ökosysteme kommt. Der Mensch hat bereits fünfzig Prozent der Landoberfläche des Planeten verändert und nutzt fünfzig Prozent aller Süßwasservorräte. Die Waldfläche hat sich seit dem Auftritt des Menschen halbiert, ebenso die Zahl der Feuchtgebiete. Ein Drittel aller Mangrovenwälder ist zerstört, ebenso ein Fünftel aller Korallenriffe. Der Einsatz von Stickstoff(-dünger) hat sich seit 1950 verdoppelt, jener von Phosphor verdreifacht.[68] »Nichtlineare« Veränderungen von Ökosystemen stehen bevor, warnt die UNO: das Kippen von Gewässern, Algenblüten in

Meeren, unerwarteter Schädlingsbefall oder das Auftreten von Krankheiten, plötzliches Massensterben wie derzeit bei den Bienen in den USA und in Europa, das Zusammenbrechen lokaler Klimakreisläufe. Der vierte UN-Klimabericht von 2007 schreibt, dass wir uns infolge des Klimawandels auf einer »Autobahn der Auslöschung« befinden. Der Kapitalismus kränkt den Planeten, und er gefährdet damit unser aller Überleben.

Dieser menschlichen Aneignungs- und ökologischen Enteignungsorgie mag entgegengehalten werden, dass es nicht so sein müsse, dass Kapitalvermehrung auch ohne Umweltzerstörung möglich sei. Das stimmt einerseits praktisch nicht, wir erleben nach vierzig Jahren westlicher Ökologiebewegung immer neue Formen der Naturzerstörung und der Ressourcenerschöpfung. Trotz aller Effizienzgewinne ist von keiner einzigen Schlüsselressource bekannt, dass ihr Verbrauch absolut zurückginge, im Gegenteil. Und entgegen aller Entkopplungsrhetorik stiegen in der EU-15 auch in jüngster Zeit sowohl der Straßentransport als auch der Stromverbrauch schneller als die Wirtschaft.[69]

Es gibt aber auch schwerwiegende theoretische Einwände, die sich aus der Logik und Ethik des Kapitalismus ergeben. Der erste Einwand ist der unendliche und unersättliche Vermehrungsdrang des Kapitals: Je mehr Kapital vorhanden ist, desto mehr Kapital will vermehrt werden, das kann erstens grundsätzlich nicht gutgehen, weil exponentielles Wachstum langfristig nicht möglich ist – es führt in einer materiell begrenzten Welt zwingend zum Kollaps. Zweitens ist nicht anzunehmen, dass wir die grenzenlose Vermehrungssucht des Kapitalismus zwar aufrechterhalten, dieses unersättliche Streben aber von der »Natur« wegverlagern in den immateriellen Bereich, also den Kapitalismus »ergrünen«. Theoretisch wäre es möglich, doch die Totalverlagerung des kapitalistischen Strebens aus der stofflich-sinnlichen Sphäre hinaus in den immateriellen Dienstleistungsbereich wäre ein Verstoß gegen die (behauptete) »Kernkompetenz« kapitalistischer Märkte, nämlich die »effiziente« Verteilung materieller Güter. Davon abgesehen wäre selbst unser

Bedürfnis nach Dienstleistungen irgendwann gesättigt. Irgendwann ist Pause. Und die ist im Kapitalismus nicht vorgesehen.

Die Verschiebung in den immateriellen Bereich wird schon allein deshalb nicht stattfinden, weil sie eine Gesamtsicht der Dinge voraussetzt, derer der eindimensional auf Geldwert fixierte Kapitalismus nicht fähig ist. Die kapitalistische Ethik ist eine rücksichtslose Tunnelblickethik, die alles rund um das Gewinnziel »konzentrisch« ausblendet. So eine Ethik ist nicht in der Lage, umsichtig auf das Ganze zu achten. Sonst gäbe es den Kapitalismus gar nicht. In einer ganzheitlichen Ethik hätte sich das reduktionistische und rücksichtslose Gewinnstreben nie zur dominanten Gesellschaftsform auswachsen können.

Aus diesen Gründen ist der »grüne« Kapitalismus auch eine theoretische Schimäre. Eher ist anzunehmen, dass wir – gemäß einem indianischen Sprichwort – nach dem Absterben des letzten Baumes schmerzhaft erkennen werden, dass man Geld nicht essen kann (Buchgeld noch weniger als Papiergeld), als dass das per definitionem unersättliche Kapitalwachstum einen »nachhaltigen« Bogen um das ökologische Erbe machen wird und in immateriellen Bereichen seine unmögliche Erfüllung sucht. Nachhaltiges Werteschaffen im Einklang mit der Natur und Kapitalismus gehen nicht zusammen.

Fazit: Was uns als Weg zur Freiheit versprochen wurde, entpuppt sich als neue »Hauptstraße zur Knechtschaft.«[70] Dieser denkwürdige Satz von Hayek gegen die Planwirtschaft gilt heute gleichermaßen für seine alternative Utopie, den »freien Markt«. In fast prophetischer Voraussicht hatte er selbst erkannt, dass »überall, wo die Freiheit, wie wir sie kennen, zerstört worden ist, dies im Namen irgendeiner dem Volk in Aussicht gestellten neuen Freiheit geschah«.[71] In Anknüpfung an Max Weber könnte man zuspitzen: Der neoliberale Weg aus der Knechtschaft führt direkt in die »herrenlose Sklaverei« des freien Marktes, in den »Terror der Ökonomie«[72]. Die Wirtschaft hat sich so von unseren Werten abgespalten, dass sie nicht mehr dem Leben dient und unsere Bedürfnisse befriedigt, sondern uns falschen Werten und nutzlosen Waren nachrennen lässt in einer an humanem, sozialem und ökologischem Wert verlierenden Welt. Von der Freiheit bleibt ähnlich wenig wie im Realsozialismus. Wir sollten uns nicht mit einer Wirtschaftsform begnügen, die Freiheitsdefizite historischer Wirtschaftsordnungen behebt, sondern nach einer suchen, die auf einem ganzheitlichen Freiheitsverständnis aufbaut.

Zusammenfassende Thesen

→ Der globalisierte Kapitalismus bedroht die Freiheit zahlloser Menschen. Das neoliberale Freiheitsversprechen erweist sich als ähnlich irreal wie das realsozialistische Freiheitsversprechen.

→ Die Gleichsetzung von Eigentums- und Konkurrenzfreiheit mit ökonomischer Freiheit ist ein voreiliger Kurzschluss.

→ Die Behauptung, ökonomische Freiheit sei die Grundlage politischer Freiheit (demokratische und BürgerInnenrechte), ist falsch.

→ Der freie Markt ist für viele ein Zwangstauschsystem, weil sie keine Alternativen zu essenziellen Täuschen haben.

→ Freiheit hätte zur Voraussetzung, dass Kapital, Grund, Produktionsmittel sowie gesellschaftliche Arbeit gleich verteilt sind und dass echte Wahlfreiheit zwischen Subsistenzlandwirtschaft, Unternehmensgründung, Kapitalrente, Sozialeinkommen und Lohnarbeit besteht.

→ Das Ausnützen von Machtgefällen in Markttäuschen gilt als »rational«, es verletzt aber die Menschenwürde und zerstört Vertrauen.

→ Je größer die Machtgefälle in Tauschbeziehungen, desto größer die sich ergebenden Ungleichheiten.

→ Ungleichheiten führen zu neuen Machtgefällen und zu neuen Ungleichheiten. Je reicher jemand ist, desto leichter wird das weitere Reichwerden. Das Gesetz des sinkenden Aneignungswiderstandes macht aus dem Kapitalismus ein positiv rückgekoppeltes System.

→ Entweder wir schaffen es, ihn negativ rückzukoppeln, oder er schafft die Demokratie ab. Eine gerechte und stabile Wirtschaftsform zeichnet sich durch wachsenden Aneignungswiderstand aus: Die erste Million ist die leichteste, dann wird es immer zäher.

→ Das Streben nach materiellen Werten bringt ab einer gewissen Grenze kein zusätzliches Glück. Hingegen zerstören kapitalistische Werte die Voraussetzung für menschliches Glück: gelingende Beziehungen.

→ (Zeit-)Autonomie und Mitbestimmung sind Mangelware im Kapitalismus. Die meisten Menschen erleben sich in der Arbeitswelt als unfrei und nicht als selbstbestimmt.

→ Emotionale Verarmung und materialistische Kompensation sind die zwei Seiten der kapitalistischen Medaille. Konsum macht nicht Menschen glücklich, sondern das Kapital. Die innerlich verarmten Menschen werden süchtig.

→ Der Preis für den materiellen Überkonsum, der die emotionale Unterversorgung nicht kompensieren kann, ist die Zerstörung unserer ökologischen Lebensgrundlagen.

1 HAYEK (2005), 14 f.
2 FRIEDMAN, 49.
3 HAYEK (2004), 39.
4 FRIEDMAN, 25.
5 SEN, 96, 345 und 79.
6 HAYEK (2004), 25.
7 NORBERG, 63.
8 Neue Zürcher Zeitung, 10. August 2001.
9 FRIEDMAN, 36.

10 FRIEDMAN, 38.

11 ILO-Presseaussendung, 25. Januar 2007 (ILO/07/02).

12 Christoph Spehr: »Gleicher als Andere. Eine Grundlegung der Freien Kooperation«: http://www.nadir.org/nadir/initiativ/agp/de/texte/gleicher1.htm

13 WILLKE, 43.

14 Zitiert in WILLKE, 45.

15 BRODBECK (2002), 129.

16 VAUGHAN, 33.

17 SCHÖNBORN (2006b).

18 WILLKE, 45.

19 STIGLITZ, 17, 45 und 339.

20 Forbes Magazine, 8. März 2007.

21 UNU-WIDER, »The World Distribution of Household Wealth«, präsentiert am
5. Dezember 2006.

22 Die Presse, 30. Juni 2007.

23 Die Presse, 20. Januar 2007.

24 »Die Welt als Geliebte«, Gespräch mit Joanna Macy in VON LÜPKE, 95.

25 Im Vorwort der Readers-Digest-Ausgabe von Hayeks »Weg zur Knechtschaft«, s. HAYEK (2004).

26 WILLKE, 45.

27 FRIEDMAN, 39.

28 Barth-Report/Der Standard, 23. Juli 2007.

29 WUPPERTAL-INSTITUT FÜR KLIMA, UMWELT, ENERGIE, 119.

30 HIRN, 162.

31 Global-500-Listen des Magazins Fortune, berechnet von WOLF, 59.

32 Philosophicum, 31. Mai 2005.

33 SMITH, 213.

34 Der Standard, 15. Oktober 2006.

35 Karin Küblböck: »Der Weg ist noch nicht das Ziel«, in Südwind 4a/April 2005.

36 Kurier, 3. Mai 2007.

37 ACTION AID: Power hungry. Six reasons to regulate global food corporations,
Januar 2005, 13.

38 Pia EBERHARDT: »Dick im Geschäft. Handelspolitik im Dienste des Agrobu-
siness«, WEED-Broschüre, Berlin, Oktober 2005, 11.

39 KNOFLACHER, 50.

40 Spiegel online, 4. November 2007.

41 HAYEK (2004), 25.

42 http://region.princeton.edu, http://www.allcountries.org/uscensus/
699_federal_minimum_wage_rates.html

43 Deutsches Institut für Wirtschaftsforschung, Böcklerimpuls 8/2007.

44 FRIEDMAN, 24.

45 Capgemini und Merrill Lynch, Frankfurter Allgemeine Zeitung, 17. August
2007.

46 Bundesministerium für Soziale Sicherheit, Generationen und Konsumenten-
schutz: »Bericht über die soziale Lage 2003–2004«, Wien 2004, 248.

47 KASSER et al., 13.

48 Format 13/2007.

49 www.glücksarchiv.de/inhalt/geld, zitiert in KLIMENTA, 195.

50 Jean M. Twenge: The age of anxiety? The birth cohort change in anxiety and neuroticism, 1952–1993. Journal of Personality and Social Psychology 2000, Vol. 79, No. 6, 1007–1021.

51 Wirtschafts- und Sozialwissenschaftliches Institut Düsseldorf, Salzburger Nachrichten, 2. Dezember 2006.

52 Arbeitsklima-Index der Arbeiterkammer Oberösterreich, Salzburger Nachrichten, 10. Februar 2007.

53 Salzburger Nachrichten, 2. Dezember 2006.

54 SMITH, 662.

55 Studie von LAB & Company, Der Standard, 18. September 2007.

56 SCHUMACHER, 52.

57 BRODBECK (2002), 143.

58 KASSER et al., 5.

59 KLIMENTA, 198.

60 Zitiert in Karl-Heinz Brodbeck: »Die fragwürdigen Grundlagen der Ökonomie. Eine philosophische Kritik der modernen Wirtschaftswissenschaften«, Wissenschaftliche Buchgesellschaft, Darmstadt 2000, 244.

61 Ron Harris: »Children who Dress for Excess«, Los Angeles Times, 11. Dezember 1989.

62 Dritte österreichische Kaufsuchtstudie, AK Wien, Dezember 2006.

63 Der Standard, 15. Dezember 2006.

64 Der Standard, 9. Februar 2007.

65 dpa, 28. Mai 2007.

66 Kurier, 7. November 2007.

67 WUPPERTAL-INSTITUT, 55.

68 World Ressources Institute: »Ecosystems and Human Well-Being. Synthesis. A Report of the Millennium Ecosystem Assessment«, Island Press, Washington 2005.

69 In der EU-15 lag das Wachstum der Wirtschaft 1990 bis 2004 knapp unter zwei Prozent pro Jahr, das des Stromverbrauchs knapp darüber. 1995 bis 2005 nahm der Straßengüterverkehr um 3,3 Prozent pro Jahr zu, die Wirtschaft um 2,4 Prozent (VCÖ, Eurostat).

70 HAYEK (2004), 24.

71 HAYEK (2004), 29.

72 Viviane Forrester: »Der Terror der Ökonomie«, Zsolnay, Wien 1997.

2. Erfolg

Der Kern der kapitalistischen Ethik ist das Eigennutzstreben, das Sich-selbst-Nützen. Dieses wird nicht nur als zentrale Antriebskraft des Wirtschaftens anerkannt, sondern auch mit »Erfolg« gleichgesetzt: Wer sich selbst nützt, gilt als erfolgreich. Die größte Überraschung aber: Der Egoismus gilt auch als Zaubertrank für das Gemeinwohl. Wenn jeder nur auf seinen eigenen Vorteil achte, sei dies für alle gut. Diese Ethik kam vor dreihundert Jahren in Mode und brach ein historisches Tabu. Bislang galt ausgeprägtes Eigennutzstreben – in Gestalt der Gier – als Todsünde. Das Paradoxon, dass das Eigennutzstreben das beste Mittel zur Erreichung des Gemeinwohls sei, wurde Schritt für Schritt in das kollektive Bewusstsein indoktriniert. Den Grundstein dazu legte der holländische Arzt Bernard de Mandeville 1705 mit der »Bienenfabel«. Im Untertitel seiner provokanten Satire verwandelte er »private Laster« kurzerhand in »öffentliche Vorteile«. Der Text wirbelte damals viel Staub auf, kein Wunder bei Versen wie diesen:[1]

Stolz, Luxus und Betrügerei
Muss sein, damit ein Volk gedeih'.

Auf der so vorgeschriebenen Bahn
Ward nun des Lasters Freund; fortan
Der Allerschlechteste sogar
Fürs Allgemeinwohl tätig war.

Wie hat's ein solches Land doch gut,
Wo Macht ganz auf Verbrechen ruht!

Der Gedanke, dass »der Allerschlechteste sogar« seinen Beitrag zum Gemeinwohl leistet, begründet das »Mandeville-Paradox«, das der Legitimation des Kapitalismus zugrunde liegt: Das Gemeinwohl erwächst aus dem rücksichtslosen Gegeneinander egoistischer Individuen. Schon wenig später erhielt der holländische Fabulierer Unterstützung vom »Urvater« der Nationalökonomie, Adam Smith: »Nicht vom Wohlwollen des Metzgers, Brauers oder Bäckers erwarten wir unsere Mahlzeit, sondern davon, dass sie ihre eigenen Interessen wahrnehmen«, schrieb er im »Wohlstand der Nationen«.[2] Ein Unternehmer wird »von einer unsichtbaren Hand geleitet, um einen Zweck zu fördern, den zu erfüllen er in keiner Weise beabsichtigt hat (…) Gerade dadurch, dass er das eigene Interesse verfolgt, fördert er häufig das der Gesellschaft nachhaltiger, als wenn er wirklich beabsichtigt, es zu tun. Alle, die jemals vorgaben, ihre Geschäfte dienten dem Gemeinwohl, haben meines Wissens niemals etwas Gutes getan.«[3] An diesem Zitat werden drei Dinge deutlich: 1. Letztendlich geht es (auch Smith) um das Allgemeinwohl. 2. Das Eigennutzstreben ist der bessere Weg dorthin als die direkte Gemeinwohlorientierung aller Beteiligten. 3. Smith drückt seine tiefe Skepsis gegenüber der menschlichen Fähigkeit aus, für das Gemeinwohl zu wirken, weil er offenbar schlechte Erfahrungen machte. Sein persönliches Menschenbild prägte seine Theorie, mit dieser Methode könnte er heute kein Studium abschließen.

Aber ganz ohne Polemik: Eigennutz führt nicht einfach deshalb zum größtmöglichen Gemeinwohl, weil die Summe aller Akkumulationen den höchstmöglichen Geldberg ausmacht, obwohl das bei Smith noch so klingt: »Wenn jeder Einzelne so viel wie nur möglich danach trachtet, sein Kapital zur Unterstützung der einheimischen Erwerbstätigkeit einzusetzen und dadurch diese so lenkt, dass ihr Ertrag den höchsten Wertzuwachs erwarten lässt, dann bemüht sich auch jeder ganz zwangsläufig, dass das Volkseinkommen im Jahr so groß wie möglich werden wird«[4]; sondern auch, weil sich die Eigennutzstrebereien dank

Wettbewerb gegenseitig in Schach halten. Denn in einem vollkommenen Wettbewerb kann kein Unternehmer seinen Eigennutz beliebig maximieren, weil er sonst umgehend von der Konkurrenz unterboten würde.

Das gegenseitige In-Schach-Halten aller Akteure sorgt dafür, dass übermäßiges Gewinnstreben im Keim erstickt wird und immer nur eine hauchdünne Gewinnspanne übrig bleibt. Die Effizienzvorteile werden durch die Konkurrenz sofort »verteilt« – über niedrigere Preise. Dass diese Annahme oft nicht mit der Realität übereinstimmt, dass Märkte weniger zum perfekten Funktionieren als zur Vermachtung neigen, dass Informations- und Machtgefälle sowie Rationalitätsdefizite an der Tagesordnung sind, dass der reale Markt bestenfalls ein Zerrbild des idealen Marktes abgibt, ist Gegenstand der jüngsten Nobelpreise. Betrachten wir aber zuerst die Theorie oder besser: den klassischen ökonomischen Glauben.

Ist das Gewinnerzielen prinzipiell gut, weil es allen nützt, dann kann mehr vom Guten nur besser sein. Je »erfolgreicher« die Individuen ihren Eigennutz verfolgen, desto höher muss logischerweise das Gemeinwohl sein. Friedman ging so weit zu behaupten, dass die »soziale Verantwortung« der Unternehmen darin liege, »so viel Gewinn wie möglich für ihre Aktionäre zu erwirtschaften«.[5] Würden sie versuchen, selbst wohltätig zu sein, müssten sie auf einem Gebiet herumstümpern, auf dem nicht ihre Kernkompetenz liege, akzentuiert er Smith. Deshalb sollten sie sich darauf konzentrieren, wofür sie überhaupt »da« sind, nämlich Profite zu machen. Das nütze ja schließlich allen, wie wir seit Mandeville wissen.

Friedman ebnete in den siebziger Jahren des 20. Jahrhunderts den Weg für die Ethik der Gewinnmaximierung und den Shareholdervalue, den Einsatz der Manager für das größtmögliche Wohl der Aktionäre. Diese »Ethik« ist heute auf dem Höhepunkt angelangt, in Form von Rekordgewinnen und Rekordgehältern, der Heroisierung von »Investmentbankern« und Fondsmanagern. Erfolgsmenschen und Erfolgsunternehmen gelten als Grundlage des allgemeinen Wohlstandes: »Letztendlich handeln nicht jene Manager am sozialsten, die das Gewissen der Deutschen vordergründig am besten befriedigen, sondern jene, die aufgrund ihres unternehmerischen Erfolgs dauerhaft gut bezahlte Arbeitsplätze schaffen«, meint Jörg Eigendorf in der *Welt*.[6] Unternehmerischer Erfolg ist gleich Wohlstand für alle. Auch der aktuelle Slogan der österreichischen Wirtschaftskammer, »Geht's der Wirtschaft gut, geht's uns allen gut«, betätigt den paradoxen Gedanken wieder: Das Gewinnstreben der Einzelakteure führt automatisch zum Gesamtwohl. Und zwischen den Zeilen wird wirtschaftliche Freiheit – déjà vu – als Voraussetzung jeder anderen Freiheit behauptet. Der Inhalt des Wirtschaftskammerslogans schlägt sich auf geradezu schmerzhafte Weise mit der Realität: Gerade jene Kapitalgesellschaften, die die höchsten Gewinne machen, minimieren gleichzeitig ihren Beitrag zum Gemeinwohl: Sie bauen Arbeitsplätze ab, lobbyieren gegen soziale Sicherungssysteme und vermeiden Steuern, wo es nur geht. Der behauptete Automatismus vom Wohl der Einzelakteure zum Gemeinwohl ist nicht gegeben, die unsichtbare Hand verteilt fleißig von der Allgemeinheit zu einigen wenigen. Die Rekordgewinne der Konzerne fließen weder über private Investitionen in private Arbeitsplätze noch über Steuern und öffentliche Investitionen in öffentliche Arbeitsplätze, sondern in die Taschen der Aktionäre. Sie machen Millionäre zu Multimillionären, während sich die Armut ausbreitet. Peter Ulrich bezeichnet die Annahme, dass der individuelle Egoismus allen nütze, als »marktmetaphysische Gemeinwohlfiktion«[7]. Wir können sie auch die Lebenslüge des Kapitalismus nennen. Sie bildet den Kern seiner Legitimation und Akzeptanz.

Die kapitalistische Ethik wird verständlicher, wenn wir das Wesen des Kapitalismus erfassen. Der Kapitalismus ist eine Wirtschafsform, in der die Vermehrung des Kapitals, das Aus-Geld-mehr-Geld-Machen, das Ziel ist. (Und Geld zum Maßstab aller Werte wird.) Ziel sind nicht die universale Bedürfnisbefrie-

digung, die optimale Versorgung aller Menschen mit Grund-
gütern, das materielle und immaterielle Gemeinwohl in der umfassenden Gestalt der Menschenrechte – sondern die Mehrung
des Kapitals. Da die Vermehrung des Kapitals angeblich allen
nützt, ist es legitim und gewünscht, dass Kapitalbesitzer die Vermehrung ihres Kapitals als Zweck an sich verfolgen – und nicht
als Mittel zum allgemeinen Wohl. In dieser Weltanschauung ist
es legitim, andere Menschen als Mittel zum eigentlichen Zweck
– der Mehrung des Kapitals – zu benützen. Nach dessen größtmöglicher Anhäufung kommt es ja den »Mitteln«, den verwen-
deten Menschen, zugute. Friedman konstatiert jedenfalls die
»auffallende Tatsache«, dass »die Entwicklung des Kapitalismus das Ausmaß der Ungleichheiten deutlich verringert hat«.[8]
Na dann – können wir uns ja ruhig den Luxus leisten, vorüber-
gehend die Menschen in Produktions- und andere Mittel zu verwandeln, weil hernach der Zweck uns allen (dann wieder als
freien Menschen) zugute kommt. Es nützt uns jedenfalls mehr,
als würden wir auf unsere kurzfristige Instrumentalisierung
verzichten. Dank dieser Konstruktion kann es sich der Kapitalismus leisten, mit dem aristotelischen Freiheitsverständnis
und dem kategorischen Imperativ zu brechen.[9] Kant leitet sein
Instrumentalisierungsverbot von der Menschenwürde ab. Diese
ist die Grundlage der Menschenrechte und unantastbar, das
heißt durch keinen höheren Zweck außer Kraft setzbar. Der
Kapitalismus setzt die Menschenwürde per definitonem außer
Kraft. Ziel des Arbeitgebers, Vermieters, Kreditgebers oder
Großhändlers ist nicht eine möglichst gute Beziehung zur Mit-
arbeiterIn, MieterIn, KreditnehmerIn oder ZulieferIn; nicht
das gemeinsame Wohl der am Tausch Beteiligten, das Gemeinwohl, sondern die bestmögliche – »effizienteste« – Verwendung
der anderen Menschen für den Zweck der Kapitalvermehrung.
Das ist rational und legitim, weil es zum maximalen Geldkuchen
führt, der schlaraffenhaft allen zur Verfügung steht, angeblich:
Geht's der Wirtschaft gut, geht's uns allen gut. Auch den ArbeitnehmerInnen, ZulieferInnen, KundInnen, SchuldnerInnen und

MieterInnen. Nicht vom Wohlwollen des Kapitalisten erwarten wir unsere Mahlzeit, sondern von seiner Gier.

Heute sind breite Kreise der abendländischen Bevölkerung von der marktmetaphysischen Gemeinwohlfiktion benommen. Die Spitze der Sozialdemokratie stellt nicht das Gewinnstreben an sich in Frage, sondern thematisiert nur die Verteilung nach der großen Akkumulation. Gegen Gewinne an sich sei nichts einzuwenden, schreibt die Arbeiterkammer Steiermark in derselben Presseaussendung, in der sie sich über die maßlosen Gewinne der Börsenunternehmen echauffiert: »Die Balance zwischen der sozialen Verantwortung, die jedes Unternehmen selbstverständlich auch wahrzunehmen hätte, und der Gewinnmaximierung ist schwer gestört.«[10] Gewinn ist also schon gut, nur zu viel davon ist schlecht. Auch die katholische Amtskirche predigt das Profitstreben: »Gewinn« und »Erfolg« zählen zu den »ganz normalen Grundvollzügen des wirtschaftlichen Lebens einer menschlichen Gesellschaft«, meint der Wiener Kardinal Christoph Schönborn in einer Weihnachtsbotschaft.[11] »Ohne eine gewisse Gewinnorientierung und ohne Erfolgsinteresse kann eine Wirtschaft weder im Kleinen noch im Großen gedeihen.« Gläubige Menschen sollten von einer »Dämonisierung« Abstand nehmen. Damit hat Schönborn der ehemaligen Todsünde nicht nur das Kleid einer christlichen Tugend umgehängt, sondern auch einen zentralen kapitalistischen Kurzschluss gesegnet: den zwischen Gewinn und Erfolg. Die beiden Begriffe sind heute synonym. Menschen, die die Eigennutzethik pur praktizieren, gelten als erfolgreich, das heißt, dass es dafür das begehrteste aller Güter gibt: gesellschaftliche Anerkennung. Wer zehn Millionen hat und zwanzig möchte, landet heute weder im Beichtstuhl noch in der Klapsmühle, sondern auf Zeitungscovers und in Talkshows. Die Helden der Gegenwart sind Multimillionäre und Multimilliardäre. Die haben es geschafft und gelten als strahlende Vorbilder. Ein Unternehmen – eine juristische Person – gilt als »erfolgreich«, wenn es Gewinne macht. Das ist heute sein Zweck, kaum einer fragt, um welchen Preis und auf wessen Kosten. Und ob wir den Erfolg juristischer Personen nicht ganz anders definieren könnten.

Die Reduktion des Erfolgsbegriffs auf Geldgewinn ist ein Feldzug gegen die Freiheit, weil alle anderen Bedeutungen von Erfolg unterbelichtet und diskriminiert werden: persönliches Wachstum, Erkenntnis und Einsicht, gelingende Beziehungen, globale Kooperation, ökologische Verbundenheit ... Die Knechtschaft im Kapitalismus liegt darin, dass wir Lebenserfolg mit wirtschaftlichem Erfolg gleichsetzen und wirtschaftlichen Erfolg auf betriebswirtschaftliche Effizienz und Gewinn reduzieren. Die kapitalistische Kurzschlusskette hat folgende Glieder: Erfolg = Eigennutzstreben = Gewinn = Gemeinwohl. Im Folgenden soll gezeigt werden, dass das heutige Verständnis von »Erfolg« ein untaugliches Instrument für die Erreichung des Gemeinwohlzieles ist, es führt vielmehr – über zahlreiche Fronten – zum Gemein-Unwohl.

Maßlosigkeit

Das Gewinnstreben, das uns angeblich zum Gemeinwohl führt, hat einen fatalen »Anlagefehler«: Es ist maßlos. Streng logisch kann es das – seit einigen Jahren von immer mehr Seiten geforderte – »gemäßigte Gewinnstreben« nicht geben, dies wäre ein anderes Streben: nach dem Wohl vieler, tendenziell nach dem Gemeinwohl.

Wenn wir gewinnorientierte Unternehmensformen zulassen, schaffen wir Akteure, die Gewinn als Ziel verfolgen. Solche Unternehmen nützen heute alle legalen und vielfach auch illegalen Mittel und Möglichkeiten, den Gewinn zu maximieren – und nicht zu »mäßigen«. Verwundern darf uns das nicht: Denn genauso wenig, wie es das Ziel einer Ehe ist, eine mäßig gute Ehe zu führen, sondern eine bestmögliche; genauso wenig, wie es das Ziel der Bildungspolitik ist, eine mäßige Bildung sicherzustellen, sondern die bestmögliche; genauso wenig, wie es das

Ziel des Gärtners ist, dass der Garten halbwegs in Ordnung ist, sondern dass der Garten so schön wie möglich gedeiht – genauso wenig ist es Ziel eines gewinnorientierten Unternehmens, mäßigen Gewinn zu machen, sondern eben so viel wie möglich. Nur so überlebt es überhaupt, denn im Gegensatz zu Ehen, Gärten oder Schulen stehen Unternehmen zueinander in tödlicher Konkurrenz.

Es ist die Konkurrenz, die gewinnorientierte Unternehmen zur Gewinnmaximierung zwingt (und soziale Verantwortung erschwert). Im globalen Wettbewerb kann es sich kein Unternehmen leisten, nicht den maximalen Gewinn anzustreben; theoretisch könnten es sich außergewöhnliche Unternehmen leisten, deren Produkte überdurchschnittlich gut und qualitätsvoll sind; aber das gilt eben nur für das Ausnahmeunternehmen und nicht für das Regelunternehmen. Die Regel lautet: Wer nicht frisst, wird gefressen. »Wenn einer draußen den anderen nicht schlägt, weil er das Gefühl hat, er sollte Jesus spielen, wird er selbst geschlagen«, formulierte der Ex-Generaldirektor von Nestlé, Helmut Maucher.[12] Der Widerspruch liegt darin begründet, dass wir Unternehmen mit dem Ziel »Gewinn« zueinander in Konkurrenz setzen und von diesen verlangen, ihr Ziel nicht mit ganzer Kraft zu verfolgen. Das klappt nicht. Genauso gut könnten wird einen Hundert-Meter-Lauf veranstalten und die Läufer bitten, nicht so schnell wie möglich zu laufen, sondern nur so schnell, dass zum Beispiel der Rasen nicht leidet. Das würde nur funktionieren, wenn sich alle im gleichen Maß daran hielten, oder wenn wir allen die Schuhe ausziehen und die Hände binden würden.

Es liegt in der Natur eines Wettbewerbs, dass sich alle in Richtung des Ziels des Wettbewerbs entwickeln. In der kapitalistischen Marktwirtschaft ist das Ziel der Konkurrenz der größte Gewinn. Das »erfolgreichste« Unternehmen ist das mit dem höchsten Profit. Produktqualität, Löhne, Arbeitsbedingungen, Steuerleistung, Ökoeffizienz – das Gemeinwohl – sind Nebenbedingungen des Gewinnstrebens, die sich in hoher Qualität ergeben können, aber nicht müssen. Denn die Konkurrenz spielt sich nicht um diese Nebenbedingungen ab, sondern um das Hauptziel: die höchste Profitabilität. Das Unternehmen mit dem besten Produkt oder den fairsten Arbeitsbedingungen hat keine Chance im Wettbewerb, wenn es keinen Gewinn macht oder einen geringeren als das Konkurrenz-Unternehmen mit dem schlechteren Produkt und unfairen Arbeitsbedingungen; es liefe sofort Gefahr, übernommen zu werden. Umgekehrt überlebt das Unternehmen mit dem schlechteren Produkt problemlos, wenn es ausreichend Gewinn macht. Das Tagträumen vom »mäßigen« oder »gezügelten« Gewinn verkennt das Wesen des Kapitalismus. Der Fresszwang verhindert die Koexistenz von Profitmaximierern und gewinnschwachen Gemeinwohl-dienerInnen. Marx hat diese Systemlogik, die in der globalen Konkurrenz zunehmend sichtbar wird, beschrieben: »Die Konkurrenz herrscht jedem individuellen Kapitalisten die immanenten Gesetze der kapitalistischen Produktionsweise als äußere Zwangsgesetze auf. Sie zwingt ihn, sein Kapital fortwährend auszudehnen.« Die Folge: »Je ein Kapitalist schlägt viele tot.«[13]

Mancher mag einwenden, dass der Kapitalismus in den Nachkriegsjahrzehnten erfolgreich gebändigt wurde – im rheinischen Kapitalismus oder der sozialen Marktwirtschaft. Doch die Vereidigung aller Unternehmen unter einem strengen Ethik-Kodex, der wie ein gesetzlicher Zügel wirkte, funktionierte nur in einer überschaubaren, sozialpartnerschaftlichen und kirchlich eingebetteten Aufbaugeneration; das Familienunternehmen, in dem sich der Patriarch für das Wohl aller verantwortlich fühlte, war das Modell in einer lokalen Ethik-Gemeinschaft; in der globalen Konkurrenz des 21. Jahrhunderts gibt es diese Ethik-Gemeinschaft nicht. Das Weltethos, an das sich auch alle Konzerne verbindlich halten würden, ist nicht erfunden, geschweige denn durchgesetzt. Ließe sich ein so starkes Ethos global einrichten, könnte man fragen, warum dann überhaupt noch Gewinnstreben, warum den Wettbewerb auf eine Rahmenbedingung hin ausrichten? Wo doch das Gemeinwohl das Ziel ist und Unternehmen – juristische Personen – nur ein Mittel dafür sein sollten. Einer juristischen Person ist es egal, worauf sie programmiert ist.

Es gibt auch noch einen zweiten Grund, warum das »mäßige« Gewinnstreben ein frommer Wunsch ist: Das Gewinnstreben prägt den Charakter der Gewinner – umso mehr, als es mit »Erfolg« gleichgesetzt wird. Wenn jemand fürs Gewinnemachen sozial anerkannt und belohnt wird, kann man schwerlich von ihm oder ihr erwarten, dass er/sie ab einer gewissen Erfolgshöhe in einer weiteren Steigerung des Erfolgs keinen Erfolg mehr sieht, sondern das Gegenteil. Wir pflegen heute das Paradoxon, dass wir Manager erst dazu ermutigen, »normalen« Gewinn zu machen, und halten sie dafür für »erfolgreich«; gleichzeitig wollen wir sie sodann vom weiteren Gewinnemachen abhalten und auf Gemeinwohlorientierung einschwören, wenn sie übers – nicht definierte – Ziel schießen. Das geht nicht zusammen. Schlüssig wäre, wenn wir ihnen von vornherein Gemeinwohlorientierung abverlangen und »Erfolg« mit der sukzessiven Annäherung an dieses Ziel gleichsetzen.

Widerspruch ist der schlechteste Anreiz: Wir rufen einerseits nach »Leistungsträgern« und »Champions«, die sich in der globalen Konkurrenz durchsetzen; aber gleichzeitig pfeifen wir sie zurück, sobald sie zu erfolgreich sind, weil es ja – ach du meine Güte! – auch noch das Gemeinwohl gibt. Das funktioniert so nicht, weil Menschen sich nicht am Nachmittag für etwas strafen lassen, wofür sie am Vormittag noch belohnt wurden.

Und weil sie zueinander in Wettbewerb stehen. Würde ein Manager, dessen Unternehmen in globaler Konkurrenz steht, ab einem gewissen Gewinngrad plötzlich höhere Löhne zahlen, zusätzliche Sozialleistungen einführen, die Steuerleistung freiwillig anheben oder die Zulieferer fair entlohnen, würde sein Unternehmen augenblicklich ins Hintertreffen geraten, die Gewinne würden im Vergleich zur Konkurrenz sinken, das Rating sich verschlechtern, die Übernahmegefahr würde steigen, die Fonds zum Sprung ansetzen: »Ethik kann sich in einer Welt, in der schnell gefressen werden muss, weil man sonst selbst schnell gefressen wird, wirklich niemand mehr leisten.«[14] Wer nicht Vollgas gibt, scheidet aus dem Rennen. Einen »mäßigen« Gewinn anzustreben, wäre zwar gesamtgesellschaftlich richtig, aber aus individueller (Wettbewerbs-)Perspektive unverantwortlich. Hingegen ist das Streben nach maximalem Gewinn sozial verantwortungslos. Die Bibel wusste schon: Du kannst nur Gott oder dem Mammon dienen. Beides geht nicht. Sehen wir uns an, wozu das »Mandeville-Paradox« heute führt.

Unternehmen suchen maximalen Gewinn

Als die Deutsche Bank 2006 einen neuen Rekordgewinn (den vierten in Folge) über sechs Milliarden Euro verkündete, hieß es nicht: »Jetzt ist Schluss, jeder weitere Euro Gewinn wird in Arbeitsplätze investiert oder in Wohlfahrtsfonds gesteckt oder freiwillig dem Finanzamt abgeliefert, damit Schulen, Spitäler und Universitäten modernisiert werden können.« Nein, im Gegenteil, der Rekordgewinn gab nur Anlass dafür, im nächsten Jahr denselben erneut zu übertrumpfen. Die Bank baute in den letzten Jahren fast ein Viertel der Arbeitsplätze ab. Stellen wir uns vor, alle Unternehmen – und nicht allen geht es so gut – würden diesem Beispiel folgen, um den Gewinn zu erhöhen: Dann wäre in wenigen Jahren ein Viertel aller Arbeitsplätze zerstört! Andere »Erfolgreiche« folgen: Der Rekordgewinnsprung 2006 der BA-CA von 1,3 auf 3,3 Milliarden Euro lässt die Bank ihr Jobabbauprogramm nicht beenden, vielmehr geht der Rückbau im Ausmaß von jährlich vier bis fünf Prozent der Beschäftigten weiter.[15] Auch beim Versicherungsriesen Allianz müssen trotz Rekordgewinnsprungs von 4,4 auf 6,5 Milliarden Euro 7500 Beschäftigte gehen. Die Vorstandsgehälter stiegen 2006 um über dreißig Prozent.[16] Der Rekordgewinn von Nestlé über 5,7 Milliarden Euro veranlasste den Nahrungsmittelkonzern nicht dazu, den mexikanischen KaffeebäuerInnen endlich höhere ErzeugerInnenpreise zu zahlen.[17] Der Rekordgewinn von Adidas nahe einer halben Milliarde Euro führte nicht dazu, die mehr als zweitausend ArbeiterInnen in El Salvador und in der Dominikanischen Republik angemessen zu entschädigen, deren Standorte geschlossen wurden. Adidas zahlte 36 000 US-Dollar in einen Fonds ein, obwohl allein den salvadorianischen Gekündigten nach Schätzung der Fair Labour Organization knapp eine Million US-Dollar zustehen.[18] Der Anlagenbauer Andritz nimmt seinen Rekordgewinnsprung von plus 54,4 Prozent im ersten Halbjahr 2007 nicht zum Anlass, endlich Abstand vom umstrittenen Megastaudamm Ilisu in der Osttürkei zu nehmen, für den Tausende KurdInnen zwangsumgesiedelt werden müssten und 289 archäologische Fundorte überflutet würden.[19] Der Rekordgewinn von RWE über 6,1 Milliarden Euro wurde nicht dazu verwendet, die Gas-, Strom- und Wassertarife für sozial schwache Haushalte zu senken. Als der Reifenhersteller Conti 2002 das profitable Werk in Traiskirchen schloss (und das schwedische), verbuchte er einen Rekordgewinn, ebenso in den Jahren 2003, 2004, 2005 und 2006. Der Rekordgewinn von ExxonMobile 2006 im Ausmaß von vierzig Milliarden US-Dollar war kein Anlass, jeden weiteren Cent in die Erforschung und Verbreitung erneuerbarer Energien zu stecken, sondern die Ausschüttung an die Aktionäre zu erhöhen. Pfizers Rekordprofit von neunzehn Milliarden US-Dollar veranlasste den Pharma-Riesen nicht, in die Erforschung von Schlafkrankheit, Tuberkulose oder Malaria zu investieren, sondern »die Phase der Kostensenkung zu beschleunigen«.[20] Auch Novartis nützte 2006 seinen zehnten Rekordgewinn in Folge über 7,2 Milliarden US-Dollar nicht, um die Armen dieser Welt mit Medikamenten zu versorgen, sondern klagte im Gegenteil Indien auf strengeren Patentschutz, trotz wütender Proteste von Tausenden InderInnen und einer Petition von Ärzte ohne Grenzen, die von 420 000 Menschen unterschrieben wurde.[21] Palmers erzielte 2006 laut Konzernsprecherin »das beste Ergebnis seit Jahren«. Gleichzeitig stellte das Unternehmen das Entlohnungssystem um. Mitarbeiterinnen werden aufgefordert, auf zwanzig Prozent ihres Gehalts zu verzichten, andernfalls droht die Kündigung. Betroffen sind vor allem über fünfzigjährige Frauen.[22] Conti schloss das Werk in Hannover trotz Rekordgewinns und vorangegangener Zugeständnisse seitens der ArbeitnehmerInnen. Conti-Chef Manfred Wennemer rechtfertigte sich, er wolle nicht »Arbeitnehmer in einem Teil der Welt gegenüber denen in einem anderen Teil bevorzugen«. Das war erstens von den Gewerkschaften gar nicht angestrebt worden, gefordert war lediglich, dass bei Rekordgewinnen keine Standorte geschlossen werden sollten, also »mäßiges Gewinnstreben«. Zum anderen hätten die Gewerkschaften gegen eine Gleichbehandlung durch Angleichung nach oben nichts einzuwenden gehabt – was im Gegensatz zur Anpassung nach unten ein Gewinn für alle Beschäftigten gewesen wäre. Die Rechtfertigung Wennemers ist zynisch. Er versteckt die Gier seiner Aktionäre hinter einem Nichtdiskriminierungsvorwand.

Die *Frankfurter Allgemeine Zeitung* schreibt im Jahresrückblick 2005, dass es längst nicht mehr nur Unternehmen in der Krise seien, die Jobs im Inland streichen und ins Ausland verlagern, sondern: »Unter dem Druck der Kapitalmärkte gehen vermehrt auch hochprofitable Unternehmen diesen Weg.«[23] Der »Druck der Kapitalmärkte« ist nichts anderes als die grenzenlose Gier der Aktionäre.

Je nach Perspektive handelt es sich hier um Erfolg. Die Umwandlung der Österreichischen Bundesforste in eine Aktiengesellschaft führte zum radikalen Kahlschlag bei den Beschäftigten, zwischen 1996 und 2005 wurden mehr als vierzig Prozent der Arbeitsplätze abgebaut; bei Kontrollen wurden nicht-sozialversicherte Leiharbeitskräfte an Arbeitsplätzen gefunden, wo einst gut abgesicherte öffentliche Forstbedienstete beschäftigt waren. Die Privatisierung der Post brachte in zahlreichen Ländern einen dramatischen Verlust an Arbeitsplätzen, Entlohnung und sozialer Sicherheit. Nach der Privatisierung verdienten MüllarbeiterInnen in Sachsen statt 12,35 Euro nur noch 6,73 Euro pro Stunde.[24] Aus Sicht der Industriellenvereinigung sind die privatisierten Unternehmen aber »erfolgreicher denn je«.[25] Weil nur der Gewinn zählt.

Dass Gewinnstreben zur Maßlosigkeit neigt, wenn es der Unternehmenszweck ist, zeigt sich heute ganz besonders auf den – anonymen – globalisierten Finanzmärkten. Investment-, Hedge- und Private-Equity-Fonds werden ausschließlich zu dem Zweck gegründet, Renditen von weit über dem Wirtschaftswachstum zu erzielen. Sie produzieren selbst nichts und bieten keine persönliche Dienstleistung an außer der, aus Geld mehr Geld zu machen, und das schneller als im Durchschnitt der Wirtschaft, was weder langfristig noch für alle funktionieren kann. Ihr größtes Kapital ist weder ihre soziale Kompetenz noch ihr technologisches Know-how, sondern ihre Anlagemacht. Sie können durch ihr Gewicht Preistrends auf den Finanzmärkten beeinflussen, die größten Unternehmen aufkaufen und das Kommando übernehmen – ohne Begründung, das muss ein Eigentümer im Kapitalismus nicht, der darf mit seinem Besitz machen, was er will, auch wenn es sich dabei um einen Global Player mit 100 000 Beschäftigten handelt.

Finanzinvestoren geht es in der Regel nicht darum, die Produkte eines Unternehmens zu verbessern, die Beschäftigen besser zu qualifizieren oder die Innovation zu beschleunigen; es geht ihnen ausschließlich darum, ihr Kapital rasant zu vermehren, weil nur dafür werden sie bezahlt! Entsprechend machen sie in vielen Fällen nichts besser, sondern nützen nur ihre Milliardenmacht, um Unternehmen zu zerlegen, zu schröpfen und sogar zu liquidieren. Mehrere Hochrenditefonds übernahmen den deutschen Armaturenhersteller Grohe und pumpten das gesamte Eigenkapital ab: von 55 auf 1,6 Prozent.[26] Volvo musste nach dem Einstieg des Hedge-Fonds Cevian das Gewinnziel anheben und die Aktionäre bevorzugter bedienen.[27] Permira zerstörte beim Tiefkühlkosthersteller Birds Eye und beim Autopannendienst AA Tausende von Arbeitsplätzen.[28] Bei Sat1 muss nach der Übernahme durch Permira und Kohlberg Kravis

Roberts (KKR) die halbe Redaktion den Hut nehmen, die Nachrichtenschiene wird niedergefahren.[29] Noch bevor die Bawag rechtlich in das Eigentum von Cerberus überging, drängte der riesige Fonds bereits auf eine Änderung des Geschäftsplans. Ziel: »Mehr Geld. Höhere Gewinne in kürzerer Zeit.«[30] An die vierhundert MitarbeiterInnen sollen nicht bis 2011, sondern schon 2008 wegrationalisiert werden.[31] Der britische Investmentfonds TCI ließ 2005 die Übernahme der Londoner durch die Frankfurter Börse platzen, die Kriegskassa wurde an die Eigentümer ausgeschüttet, Börsenchef Werner Seifert wurde in die Wüste geschickt. Die niederländische Bank ABN Amro durfte sich 2007 aussuchen, ob sie auf Druck von Hedge-Fonds an Barclays verkauft würde, was »jedem zehnten der 220 000 MitarbeiterInnen den Job kosten dürfte«[32], oder ob sie an ein Konsortium um die Royal Bank of Scottland ginge, die ihre Rivalin zerschlagen will.[33] Maxxam vergriff sich nach der Übernahme von Pacific Lumber an den firmeneigenen Pensionsfonds, um die Kredite zurückzuzahlen, mit denen der Ankauf finanziert wurde. Diese Methode wurde in den USA bis Mitte der neunziger Jahre zweitausendmal angewandt. Firmeneigene Rentenfonds wurden um insgesamt 21 Milliarden Dollar erleichtert.[34] Bei CeWe stieg ein Hedge-Fonds mit nur 8,7 Prozent ein und forderte eine »kreditfinanzierte Sonderausschüttung« von 37 bis 120 Millionen Euro.[35] Einfach so. Weil wir jetzt die Bosse sind. Motiv ist einzig das maßlose Gewinnstreben, die perverse »Erfolgsorientierung« derjenigen, die schon mehr Kapital haben als alle anderen und damit nichts anderes anzufangen wissen, als es von Verwaltern – den Fonds – noch weiter vermehren zu lassen, zum Wohle weniger, nicht aller. KKR-Gründer Henry Kravis spricht ab einer Rendite von dreißig Prozent von »Erfolg«.[36] (Als sein Vorbild nennt er Napoleon.[37]) Michael Tojner, Eigentümer von Global Equity, legt die Latte noch etwas höher: »Fürs Verdoppeln des Kapitals sind wir nicht angetreten.« In fünf Jahren müsse schon das Dreifache herausschauen.[38] Je erfolgreicher die Fonds sind, desto schneller wächst das Geld nicht nur infolge der Veranlagungsgewinne, sondern auch weil sie umso mehr »frisches« Kapital anziehen – allein in den ersten vier Monaten 2007 strömten ihnen zweihundert Milliarden US-Dollar zu, das ist beinahe die österreichische Wirtschaftsleistung eines Jahres. Das heißt aber auch, dass umso mehr Kapital mit überdurchschnittlichen Renditen vermehrt werden möchte und den Fondsmanagern ein Mandat zur Erreichung dieses rücksichtslosen Ziels erteilt. »Wir haben das Geld unserer Investoren und müssen daraus etwas machen. Wir wollen in dem Geschäft nicht die sehr Netten sein«, erkennt Michael »Mister 300 Prozent« Tojner dieses Mandat.[39] Die Machtgefälle in »Tauschbeziehungen« helfen, die hochgeschraubten Ziele zu erreichen, die Eigentümer, die »Shareholder«, nützen dieses Machtgefälle in der Regel aus, weil sie dafür von der Kirchenhierarchie gesegnet und von der Sozialdemokratie freigesprochen werden.

Ausweglos angetrieben wird diese Spirale wieder durch die Konkurrenz: Die Manager von Hochrenditefonds können es sich gar nicht leisten, nicht die maximale »Performance« zu erzielen, weil sie in Konkurrenz zu anderen Fonds stehen. Die einzige »Produktqualität«, von der die »KundInnen« hier profitieren können, ist die Kapitalrendite. Wenn der Nachbarfonds 21 Prozent Rendite macht, während ich nur vierzehn Prozent bringe, weil ich vielleicht den Unternehmen gegenüber, in die ich investiere, nachgiebiger bin und zumindest bei Rekordgewinnen keinen Beschäftigtenabbau und keine Standortschließung einfordere, kurz, weil ich nicht maximales Gewinnstreben an den Tag lege, sondern »mäßiges«, dann bin ich weg vom Fenster. Das ist das Amoralische an der Existenz von Hochrenditefonds und die klarste Zuspitzung des Widerspruches zwischen der Befürwortung von »normalem« Gewinnstreben und der nachgereichten Forderung, dieses nicht zu übertreiben.

Die Konkurrenz zwischen gewinnorientierten Unternehmen verwandelt die Gewinnorientierung unweigerlich in maßloses Gewinnstreben. Deshalb ist Gewinnstreben in einer konkurrenzgetriebenen Marktwirtschaft mit dem Gemeinwohl

unverträglich und nicht »normal«, Herr Kardinal. Gott und
Mammon schließen als Ziele einander aus.

Es fällt auf, dass sich bisher niemand von den Freunden des
mäßigen Gewinnstrebens die Mühe machte, den heißen Punkt
zu benennen, an dem das maßvolle Gewinnstreben in maßloses
umschlage. Ab wann darf der Gewinn der Deutschen Bank nicht
mehr weiterwachsen? Ab der wievielten Milliarde sind die Er-
folge von Pfizer, Novartis, ExxonMobile und Conti unmoralisch?
Wie viel Prozent Rendite darf ein Investmentfonds anstreben?
Fünf Prozent? Zehn Prozent? Zwanzig? Ab welcher Höhe wird
der »Erfolg« von KKR zur Gier? Wer auf moralische Appelle
setzt, macht die Rechnung ohne die Systemdynamik. Eine Ge-
winnmäßigungsforderung an Unternehmen »mit sozialem Gewissen« wäre der Aufruf zum Selbstmord in der globalen Konkurrenz. Wenn, dann müsste eine Gewinnmäßigungsregel für
alle verbindlich gelten. Das wäre der Hundert-Meter-Wettlauf
mit den bloßen Füßen. Ein Maß könnte sein, dass Gewinne so
stark besteuert werden, dass die Ungleichheiten in einer Gesellschaft nicht zunehmen. Bei einem Anstieg der gesellschaftlichen Ungleichheit steigen auch die Steuern auf Spitzeneinkommen, Vermögen und Unternehmensgewinne automatisch mit,
um öffentliche Investitionen, Arbeitsplätze, Daseinsvorsorge-
leistungen und Sozialtransfers zu finanzieren. Solche Maßnahmen der »Umverteilung« leiden gleich an drei Achillesfersen:
1. Sie ändern nichts an der falschen Zielsetzung juristischer
Personen und der damit einhergehenden Systemdynamik. 2. Sie
ändern auch nichts an der ungleichen Verteilung von Produktionsmitteln, gesellschaftlicher Arbeit und Chancen und somit
an den Voraussetzungen der Ungleichheitsproduktion. 3. Sie
sind nur schwer oder gar nicht durchsetzbar, solange die Eigennutzethik grundsätzlich nicht in Frage gestellt wird, weil genau
sie es ist, die jeden Versuch der Umverteilung eifersüchtig im
Keim erstickt. Nirgendwo ist das Geheul der Neoliberalen lauter
als beim Thema Eigentum und Steuern. Vielleicht ist das der
springende Punkt: Wenn man ihnen erst einmal erlaubt hat, sich

zu bereichern und sich übermäßig große Stücke des Kuchens anzueignen, dann betrachten sie das als ihr »Verdienst«, als ihr legitimes Eigentum und geben es umso unwilliger wieder her: »Enteignung!«

Vielleicht sollte deshalb eine intelligente Wirtschaftform von vornherein die *Ver*teilung von »sozialen Primärgütern« (Rawls) – Einkommen, Eigentum, Rechte und Freiheiten – so gerecht organisieren, dass nur noch ein Mindestmaß an *Um*verteilung nötig ist. Ökonomische Gerechtigkeit kommt vor sozialer Gerechtigkeit. Soziale Gerechtigkeit repariert, was ökonomische Gerechtigkeit verabsäumt hat zu schaffen.

Suchtcharakter

Die verhängnisvolle Erfolgsethik betrifft Personen gleichermaßen wie Unternehmen. Sobald persönliches Gewinnstreben als »Erfolg« anerkannt wird, möchten die meisten so viel wie möglich davon. Erfolg macht bekanntlich süchtig, wenn kein tieferer Sinn dahinter liegt. Die wenigsten lehnen sich nach ökonomischen Anfangserfolgen zurück und sagen: »Es reicht. Ich habe genug geschafft.« Wenn wir nun Erfolg mit Geldverdienen kurzschließen, dann gibt es eben hier – gleich wie bei anderen Kompensationen – keine Sättigung. Wer Geld hat, möchte mehr; umso mehr, als es für dieses Suchtverhalten auch noch gesellschaftliche Anerkennung in Form einer perversen Bedeutung von Erfolg gibt. PsychologInnen haben herausgefunden, dass das Streben nach Geld überwiegend kein selbstgewähltes Lebensziel ist, sondern ein fremdbestimmtes – eine extrinsische Motivation. Bei näherem Hinsehen hat die endlose Jagd nach Geldvermehrung tatsächlich etwas Getriebenes. Die 101. Million bringt erwiesenermaßen keinen Zuwachs an Lebensglück. Dennoch wollen fast alle Multimillionäre Multimilliardäre werden.

Suchtverhalten ist in der Regel ein Hinweis darauf, dass eine Ersatzbefriedigung stattfindet, weil die Befriedigung des eigentlichen Bedürfnisses nicht glückt. Menschen sehnen sich nach Liebe, Zuwendung, Zärtlichkeit und sozialer Anerkennung oder Sinn. Da sie nicht in der Lage sind, diese Bedürfnisse direkt – »effizient« – zu befriedigen, versuchen sie es auf Umwegen: Erfolg, Geld, Macht. Da aber auch mit drei Motor-Jachten, fünf Vorstandsposten oder dem Eingang in die *Forbes*-Liste das eigentliche Bedürfnis nicht gestillt wird, ist es nie genug, der Hunger bleibt, der Sättigungsversuch schlägt fehl, verwandelt sich in Unersättlichkeit. Während im Durchschnitt der Bevölkerung drei Prozent suchtkrank sind, sind es bei den Managern zwölf Prozent. Der Kriminalpsychiater Reinhard Haller meint, dass »Persönlichkeitsstörungen – wenn man verbissen, gefühllos, egozentrisch, narzisstisch ist – vorzügliche Charaktereigenschaften zum Karrieremachen sind«.[40] Keynes war kein Psychologe, aber so viel verstand auch er: »Eines Tages wird man erkennen, was die Liebe zum Geld als Besitz in Wahrheit ist: nämlich eine ziemlich abstoßende Krankheit, eine jener halb kriminellen, halb pathologischen Veranlagungen, die man schaudernd den Spezialisten für Geisteskrankheiten anvertraut.«[41] Ist das nicht absurd, dass wir unseren ökonomischen Erfolgsbegriff auf Suchtphänomenen und Charakterstörungen aufbauen? Wenn Erfolg krank macht, ist dann nicht unser Verständnis von Erfolg krank?

Säuglingsgesellschaft

Der Kapitalismus beruht nicht auf »universalen« und Gemeinschaftswerten wie Fürsorge, Hilfsbereitschaft, Teilen, Empathie und Solidarität; sondern auf Materialismus, Eigennutzstreben und Konkurrenz. Schon Maslow hat darauf hingewiesen, dass eigennützige Werte eher unreifen Persönlichkeiten entsprechen, während universale und Gemeinschaftswerte Ausdruck reiferer Persönlichkeiten sind. Unreife Menschen achten primär auf sich selbst, während reifere Persönlichkeiten auch das Wohl anderer und der Erde in den Blick nehmen. Erich Fromm verweist 1976 auf eine Studie, die ein »erschreckendes Bild emotionaler Unterentwicklung« bei den Managern erfolgreicher US-Unternehmen zutage brachte.[42] Der kapitalistische Markt ist ein fataler Selektionsmechanismus: Auf der einen Seite ist er eine mächtige Ideologie, ein Glaubenssystem, eine Religion; und auf der anderen ein rechtliches und institutionelles Anreizsystem zur Verhinderung menschlicher Reife. Zentrale Instrumente der Wirtschaftspolitik sind darauf ausgerichtet, unreifes, egoistisches Verhalten zu belohnen und reiferes, fürsorgliches zu bestrafen. Überspitzt formuliert, treibt uns der Kapitalismus in die Säuglingsgesellschaft, in der jede/r brüllt, man möchte ihn versorgen, selbst aber weder die Bereitschaft noch die Fähigkeit besitzt, für andere zu sorgen. Die Säuglingsgesellschaft ist gut getarnt, weil die kapitalistischen Säuglinge ältere Herren mit seriösen Anzügen und hohen Kontoständen sind. Doch wenn man ihnen die 21. Million nicht vergönnen möchte, damit andere vom Hungertuch wegkommen, brüllen sie mit all ihrer Macht und ohne jede Empathie – wie Säuglinge eben.

Im Jahr 2005 stiegen die Gehälter der 26 Top-Hedge-Fonds-Manager in den USA um 45 Prozent. Der bestbezahlte, James Simon von Renaissance Technologies, kassierte 1,5 Milliarden US-Dollar, Boone Pickens von BP Capital Management 1,4 Milliarden US-Dollar. Der dritte, George Soros, 840 Millionen US-Dollar.[43] 2006 durchbrachen die ersten Manager mit ihren Jahreseinkommen die Zwei-Milliarden-Dollar-Marke: James Simons und der 33-jährige John Arnold von Centaurus Energy.[44] Gegen solche Gagen nimmt sich das Gehalt von Deutsche-Bank-Chef Josef Ackermann wie ein Hungerlohn aus: 13,2 Millionen Euro? Ärmster! Wir sollten wenigstens auf hundert Millionen aufrunden. Es passt ins Bild, dass es europäischen Spitzenverdienern, wenn man nach ihren Motiven fragt, angeblich gar nicht ums Geld geht. »Ich mache mir nicht viel aus Besitz«, behauptet Österreichs Topmanager Andreas Treichl bei einer Jahresgage von 4,5 Millionen Euro 2004 und drei Millionen 2006. Seiner Ansicht nach »muss man Leute, deren ausschließliches Bestreben ist, viel Geld zu machen, extrem bedauern, weil sie ein völlig hohles, blödes Leben führen«.[45] Der 2,4 Milliarden schwere Ronny Pecik meint: »Ich messe Reichtum nicht in Geld.«[46] Vielleicht in Freizeit? Oder in schönen Gefühlen? Für Spitzenmanager Boris Nemšić ist »Erfolg eine sehr persönliche Sache«, etwa wenn er als Segler »einen Blick aufs Meer genießt«. Und weiter: »Natürlich gibt es Leute, die Erfolg in Geld messen, da gibt's schon eine Beziehung – no na –, aber für mich keine ausschlaggebende.«[47] Nemšić verdoppelte sein Einkommen 2006 gegenüber 2005 auf mehr als zwei Millionen Euro. Der Schriftsteller Michael Köhlmeier empfiehlt mehr Ehrlichkeit: »Ich hätte ja am liebsten, dass sich so ein Manager einmal offen hinstellt und sagt: ›Ich bin geldgeil, ich habe zwei Mercedes, aber ich will einen dritten.‹«[48] Das trifft wohl eher zu, denn unfreiwillig werden Treichl und Nemšić ihre Prämien und Aktienoptionen nicht akzeptiert haben. Auch Ronny Pecik könnte aufhören, aus Millionen noch mehr Millionen zu machen, sie tun es aber alle nicht, sondern klagen unisono über Zeitmangel. Der Reichtum, der »ursprünglich« angestrebt wird, um Zeit für sich selbst und die Familie zu haben, hält die Reichen von diesem Ziel ab. Carlos Slim, der reichste Mann der Welt, möchte »bis ins Grab« arbeiten.[49] KKR-Gründer Henry Kravis hat in den letzten 31 Jahren 150 Firmen gekauft und die meisten wieder verkauft, er könnte sich auf seinen Milliarden bequem ausruhen, er denkt nicht daran: »Ich werde hierbleiben und noch eine Menge Spaß haben.«[50] Nemšić verrät: »Je mehr Erfolg man hat, desto weniger kritisieren einen die Leute. Das ist gefährlich.« Die größte Gefahr liegt vielleicht darin, dass die Erfolgreichen, selbst wenn ihnen nur am »Blick aufs Meer« liegt, dieses perverse Erfolgsverständnis nicht in Frage stellen – und dabei nicht nur die eigenen unbefriedigten Grundbedürfnisse aus den Augen verlieren, sondern auch all jene, die heute und hier Realeinkommenseinbußen hinnehmen müssen und in die Armut rutschen, damit die Spitzengagen weiter nach oben klettern können. In Wien gab die Caritas

2006 um 47 Prozent mehr warme Mahlzeiten in den Straßen aus als 2001[51], immer mehr Mittelschichtangehörige stellen sich um ein Gratis-Abendessen an. In Deutschland stieg die Einkommensarmut von zwölf Prozent der Bevölkerung 1999 auf 17,5 Prozent 2005[52], nach fünfzig Jahren Wirtschaftswachstum ist eine »Unterschicht« am Entstehen. In Japan war das Wort »Unterschiedsgesellschaft« ein Wort des Jahres 2006.[53] In Großbritannien kann einer von zwölf alleinerziehenden Elternteilen den Kindern keine tägliche warme Mahlzeit und keine regenfeste Kleidung kaufen.[54] In New York stieg die Zahl der ausgespeisten Menschen in Armenküchen 2006 um elf und 2007 um weitere zwanzig Prozent.[55]

Dass Geldgeilheit und Suchtverhalten zum Gemeinwohl führen, leuchtet nicht ein. Die Süchtigen werden selbst nicht glücklich, und auf ihrem fragwürdigen »Erfolgsweg« machen sie sehr oft anderen das Leben schwer. Im Zeitalter des Shareholdervalue – Symptom des global entfesselten Kapitalismus – geht der Erfolg der Globalisierungsgewinner zwingend auf Kosten anderer. Ohne Massenkündigungen und Sozialabbau keine Spitzenboni und Rekordgewinne. Hayek versuchte diesen Zusammenhang mit dem Lieblingsargument der Besitzstandswahrer aufzulösen: »Diejenigen, die die Reichen attackieren, vergessen, dass die meisten von ihnen im Verlaufe des Reichwerdens Arbeitsplätze schufen und so mehr Leuten geholfen haben, als wenn sie ihr Geld den Armen gegeben hätten.«[56] Zum einen differenziert Hayek nicht zwischen demjenigen Reichtum, der Arbeitsplätze schafft, und demjenigen, der nur zu neuer Reichtumsvermehrung führt und dabei Arbeitsplätze zerstört – Hedge-Fonds werden heute selbst im Mutterland des Kapitalismus Großbritannien als »Jobkiller« bezeichnet. Der Fonds Avenue Capital (105 Beschäftigte, verwaltetes Kapital: zehn Milliarden US-Dollar) fuhr den übernommenen Dortmunder Sanitär-Großhändler Schulte gegen die Wand: 1700 Menschen verloren ihren Job.[57] Reichtum kann Arbeitsplätze genauso gut zerstören wie schaffen, daher sollte Reichtum nicht undifferenziert gefördert, sondern seine Sozialpflichtigkeit in Form von Steuern, Investitionsanreizen oder durch die Begrenzung reiner Finanzinvestments sichergestellt werden. Auch das beliebte Argument »Irgendwann geben die Reichen das Geld aus« wird selten zu Ende gedacht. Der Haken ist das »irgendwann«. In der Zwischenzeit nämlich lassen die Reichen andere Menschen für sich arbeiten, die ihnen produktiven Mehrwert, Miete oder Zinsen und damit neuen Reichtum bescheren, ehe sie den alten ausgeben können. Während die Reichen reicher geworden sind, haben viele von denen, die den zusätzlichen Reichtum kraft ihrer Arbeit geschaffen haben, so wenig »verdient«, dass sie keine Chance haben, zu ihnen aufzuschließen. Sie kommen lebenslänglich zu keinem relevanten Besitz an Kapital oder Produktionsmitteln, bleiben bis zur Rente oder zum Tod vom Verkauf ihrer Arbeitskraft abhängig.

Die reichsten Männer der Welt, Carlos Slim (Telmex) und Bill Gates (Microsoft), sind auf sehr fragwürdige Weise zu ihren Milliarden gelangt: Gates, indem er die schlechtere Qualität klüger vermarktet hat (als die Konkurrenz) und von einer Einschränkung des Wettbewerbs profitiert, die es ihm erlaubt, Monopolpreise einzuheben. Carlos Slim, indem er das auf über zehn Milliarden US-Dollar geschätzte staatliche mexikanische Telekomunternehmen Telmex um den korruptionsverdächtigen Schnäppchenpreis von 1,8 Milliarden US-Dollar erstand. Seither ist auch er De-facto-Monopolist. Mexikos Telefontarife zählen zu den höchsten in Lateinamerika.[58] Der drittreichste Mann der Welt, Warren Buffet, hält unter anderem Aktien an Coca-Cola und am umsatzstärksten Unternehmen der Welt: Wal-Mart. Der US-Einzelhandelsriese, der zu den »most hated companies« zählt, hat sich mit Hilfe von massivem Lohn- und Sozialdumping auf Kosten Tausender Kleinunternehmen ausgebreitet. Das Lohnniveau liegt um zwanzig bis dreißig Prozent unter dem der Konkurrenz, 46 Prozent der Kinder von Wal-Mart-Beschäftigten sind nicht krankenversichert, weil sich ihre Eltern die betriebseigene Versicherung nicht leisten können. Ein Kongressbericht besagt, dass jede Wal-Mart-Beschäftigte die SteuerzahlerInnen 2103 US-Dollar für diverse Beihilfen kostet.[59] 2005 musste Wal-Mart 116 000 ehemaligen Beschäftigten 57 Millionen US-Dollar Strafe zahlen, weil es ihnen eine gesetzlich vorgeschriebene Arbeitspause verbot. Anfang 2006 gab ein Berufungsgericht in San Francisco einer Sammelklage von bis zu 1,5 Millionen Frauen statt, die seit 1998 in Wal-Mart-Filialen bei der Beförderung behindert und schlecht bezahlt worden waren.[60]

Ungleichheit nimmt zu

Die Ansicht, dass der Erfolg der einen auf Kosten der anderen geht, ist noch nicht allzu verbreitet. Neben dem Pferdeäpfelgleichnis gibt es auch das Bild von der steigenden Flut, die alle Boote, auch die kleinsten Nussschalen, mithebt. Dieses Bild soll uns sagen, dass Wirtschaftswachstum allen nützt. Es ist doppelt falsch, weil es unterstellt, dass a) alle gleich schnell reicher werden – der Meeresspiegel behandelt alle Schiffe gleich – und b) das Größenverhältnis zwischen Ozeandampfern und Nussschalen gleich bleibt; allein durch das Steigen des Meeresspiegels verändert sich diese Relation nicht.

Gerne wird auch argumentiert, dass die Armen zwar nicht so schnell reicher würden wie die Reichen, aber eben auch nicht ärmer. Der Verfasser des »kapitalistischen Manifests«, Johan Norberg, zitiert einen (!) schwedischen Ökonomen, der glaubt, dass »in den Ländern, die ihre Wirtschaft seit 1985 liberalisiert haben, die Gleichheit *gewachsen* ist«[61]. Die meisten Zahlen sprechen eine andere Sprache. Laut UNO sank zwischen 1980 und 1997 das Pro-Kopf-Einkommen in 59 Ländern.[62] Achtzig Prozent der Menschen leben in Ländern, in denen die Ungleichheit in den neunziger Jahren zugenommen hat.[63] In Lateinamerika sanken die Reallöhne in den neunziger Jahren infolge der Liberalisierung um zwanzig bis dreißig Prozent.[64] In den USA sanken die Einkommen der durchschnittlichen Mittelschichtfamilien zwischen 1999 und 2004 um 1500 US-Dollar.[65] Ein Prozent der US-BürgerInnen bezog 1975 acht Prozent der Bruttoeinkommen, 2000 waren es siebzehn Prozent. In New York stieg die Zahl der Armen zwischen 2000 und 2006 um 151 000. 2007 wurden um ein Drittel mehr Menschen in den Armenküchen ausgespeist als 2005. Die reichsten 64 Personen konnten ihr Vermögen 2006 um 148 Milliarden US-Dollar oder 270 Prozent mehren, die 1,7 Millionen New YorkerInnen, die unter der Armutsgrenze leben, verdienten zusammen 3,45 Milliarden US-Dollar.[66] In Deutschland lagen die Reallöhne 2004 um 0,9 Prozent unter dem Niveau von 1995.[67] Die Nettorealeinkommen der unselbstständig Beschäftigten lagen in Österreich 2006 gleich hoch wie 1992,[68] in diesem Zeitraum stieg die Flut – das BIP – um 37 Prozent: ganz offenbar nicht für alle. In Berlin bieten heute Arbeitslose an Straßenkreuzungen das Waschen der Autoscheiben an – ein Phänomen, das bisher nur in den ärmsten Ländern zu beobachten war. Auf dem Arbeitsstrich in Wien sind Stundenlöhne von vier Euro keine Seltenheit.[69] Während das Eigennutzstreben zum Wohlstand einiger führt, bleiben viele andere an der Armutsgrenze oder darunter hängen. Das ist schon bei Karl Marx nachzulesen: »Die berauschende Vermehrung von Reichtum und Macht (…) ist ganz und gar auf die besitzenden Klassen beschränkt«, zitiert er den britischen Finanzminister 1863, und weiter: »Dass die äußersten Grade der Armut sich verändert haben, wage ich nicht zu sagen.« Kein Wunder: Die offizielle »Pauperliste« umfasste 1855 in England und Wales 851 000 Menschen; 1863 war es über eine Million.[70] In London wuchs zur Zeit von Karl Marx die Zahl der Hungertoten. Mitte der 1980er Jahre begann die – von Friedman und Hayek inspirierte – Politik in Großbritannien und den USA zu greifen und die Lebenserwartung der armen und schwarzen Bevölkerung zu sinken. Richard Wilkinson zeigt mit eindrücklichem Datenmaterial, dass Gesellschaften, in denen »die Ungleichheit zunimmt und die soziale Kluft sich vertieft, signifikant höhere Sterblichkeitsraten durch Alkoholmissbrauch, Unfälle, Mord, Verbrechen, Gewalt« aufweisen.[71]

Macht

Das Eigennutzstreben wird umso stärker zum Bumerang gegen das Gemeinwohl, je mächtiger die Akteure im Kapitalismus werden. Es besteht ein entscheidender Unterschied, ob kleine Bäcker, Brauer und Metzger versuchen, ihr Eigenwohl zu maximieren (unter nationalstaatlicher Aufsicht und Regulierung), oder ob transnationale Konzerne und einflussreiche Milliardäre dies auf globaler Ebene machen. Letztere verfügen über enorme finanzielle Ressourcen und Zugang zu (oder Eigentum an) Medien, um die öffentliche Meinung zu beeinflussen; über Kontakte zu PolitikerInnen, die sie lobbyieren oder bestechen. Sie verhindern nicht nur Gesetze, die ihrem »Eigeninteresse« entgegenstehen, sondern sie bringen selbst ungerechte Gesetze auf Schiene und setzen sie durch. Dabei handelt es sich nicht um Einzelfälle, darauf ist der Weltmarkt in seiner heutigen Konstruktion – die Spielregeln der Globalisierung – aufgebaut. Die optimistische Verkündigung von Angela Merkel, »Die Globalisierung ist politisch gestaltbar«[72], ist hochgradig irreführend, weil die Globalisierung schon bisher von der Politik gestaltet wurde: einseitig, zugunsten westlicher Konzerne. Beispiele:

- Das Dienstleistungsabkommen der Welthandelsorganisation WTO, das GATS, geht auf das Interesse der großen westlichen Dienstleistungskonzerne an den Märkten des Südens zurück. Sie forcieren die Privatisierung der Bereiche Telekom, Banken, Energie, Trinkwasserversorgung mit den dazugehörigen gigantischen Gewinnen.
- Das WTO-Abkommen zum Schutz geistiger Eigentumsrechte (TRIPS) wäre ohne intensives Lobbying westlicher Pharmakonzerne gar nicht aufs Tapet gekommen. Das TRIPS gefährdet das Menschenrecht auf Gesundheit, indem es lebensnotwendige Medikamente für die Armen unerschwinglich macht; es gefährdet das Menschenrecht auf Ernährung, indem es KleinbäuerInnen von Gentechnik-Saat-

gut-Konzernen abhängig macht; und es legalisiert die Enteignung von indigenem Wissen aus jahrhundertelanger Forschungs- und Entwicklungsarbeit: Biopiraterie.

- Das multilaterale Abkommen über Investitionen (MAI) sollte die Rechte der Investoren gegenüber Staaten extrem stärken. Durch das Engagement globalisierungskritischer Bewegungen konnte es zu Fall gebracht werden, doch die Rechte der Investoren werden auch so auf suprastaatlicher und globaler Ebene immer stärker geschützt: im nordamerikanischen Freihandelsabkommen NAFTA, beim Weltbankschiedsgericht ICSID und in den WTO-Abkommen TRIMS und GATS.

- Der EU-Binnenmarkt in seiner heutigen Konstruktion, dass der freie Waren-, Kapital- und Dienstleistungsverkehr durchgesetzt wurde, hingegen die Arbeits-, Sozial- und Steuerstandards uneinheitlich geblieben sind und ökologische Kostenwahrheit keine Integrationsvoraussetzung darstellt, ist weitgehend ein Lobbyingerfolg der europäischen Großindustrie rund um den European Round Table of Industrialists (ERT), der intensiv für einen »gemeinsamen Heimatmarkt« nach neoliberaler Fasson warb.

- Die Transeuropäischen Netze, hochrangige Straßen und Autobahnen durch ganz Europa, finanziert mit Steuergeldern auf Kosten von Gesundheit, Umwelt, regionaler Wirtschaft und zukünftiger Generationen, sind ebenfalls ein Lobbyingerfolg des ERT, der sie in den achtziger Jahren als »missing links« konzipiert hatte und seither gebetsmühlenhaft als Kerninfrastruktur des Binnenmarktes einfordert.

An dieser beliebig verlängerbaren Liste prominenter Lobbyingerfolge wird deutlich: Ökonomische Macht wird durch Wettbewerb nicht »minimiert«, wovon Hayek träumte. Sie schlägt vielmehr in politische Macht um. Große und mächtige Unternehmen benützen ihre Macht zur Gestaltung der Globalisierung in ihrem Interesse. In Brüssel machen fünftausend hauptamtliche Industrie-LobbyistInnen nichts anderes, als die Gesetzgebung im Interesse der mächtigsten Konzerne zu beeinflussen. Es geht nicht um die Findung des maximalen Gemeinwohls, sondern um die Maximierung von Eigeninteressen. Die Ethik des Eigennutzstrebens und die Zulassung gewinnorientierter Unternehmensformen auf globaler Ebene untergraben die Demokratie. Schon Marx beobachtete, dass »die rechtlichen Verhältnisse aus den ökonomischen« erwachsen. Frank Stronach bestätigte: »Wer das Gold hat, macht die Regel.«[73]

Die Geister, die wir riefen ...
Das Regulierungsdilemma des Kapitalismus

Derzeit ist vermutlich die große Mehrheit der Menschen der Ansicht, dass der globalisierte Kapitalismus über die Stränge geschlagen hat und »gebändigt« – eingehegt, reguliert – gehört. Von der Politik wird erwartet, dass sie den »Primat« – die Regulierungshoheit – über die Wirtschaft zurückerobert. Diese Erwartung geht in der Regel mit der Überzeugung Hand in Hand, dass der Kapitalismus an sich nicht schlecht sei (Gewinnstreben und Konkurrenz sind ganz normal), sondern lediglich sozial und ökologisch reguliert gehöre. Es brauche nur »Öko- und Sozialstandards« für den Weltmarkt.

Und genau hier wird es naiv. Denn die gegenwärtige Entwicklung, dass die Globalisierung Ungleichheit, Armut und Umweltzerstörung schafft, ist eine Folge des kapitalistischen Kernprinzips: dass jeder sich selbst nützen soll. Dieses Prinzip hat zu Unternehmen von globaler Größe und Macht geführt, die die Demokratie ausgehöhlt haben. Sie haben ihr »eigenes Interesse« so konsequent verfolgt, dass von den Interessen der Mehrheit und von der Demokratie immer weniger übrig bleibt.

Das Ja zu einer globalen Konkurrenz zwischen gewinnorientierten (eigennützigen) Unternehmen und der Ruf nach einer sozialen und ökologischen Regulierung derselben sind ein peinlicher Widerspruch, weil sich global gewinnorientierte Akteure mit ihrer ganzen Macht gegen jede Regulierung zur Wehr setzen. Derzeit gibt es keinerlei globale Pflichten für transnationale Unternehmen. Der Chef der Investmentbank Lehman Brothers in Deutschland, Michael Bonacker, bezeichnet die Regulierung von Hedge-Fonds als »Wunschdenken« der Politik.[74] Percy Barnevik, Ex-Verwaltungsratsvorsitzender von ABB und Ikone der neoliberalen Globalisierung, definierte »Globalisierung als die Freiheit unserer Firmengruppe, zu investieren wann und wo sie will, zu produzieren wo und was sie will, zu kaufen und zu verkaufen wo und was sie will, und alle Einschränkungen durch Arbeitsgesetze oder sonstige gesellschaftliche Regulierungen möglichst gering zu halten«[75]. Nicht so gering wie nötig, sondern so gering wie möglich! Absolute Freiheit für die Konzerne, keine Pflichten oder Regeln. Im Gegenteil: De-Regulierung lautet der Schlachtruf der Globalisierungsgewinner. Und Barnevik ist nicht irgendjemand, er war viermal hintereinander Europas »Manager des Jahres«. Das schafft Werte! Die Globalisierungsgewinner setzen sich also nicht einfach gegen jede Form der Regulierung zur Wehr, sondern sie sind es, die die heute geltende Regulierung überhaupt durchgesetzt haben: freier Kapitalverkehr, Freihandel, globaler Investitions- und Eigentumsschutz. Die Eigennutzethik bewirkt, dass der Kapitalismus sich nicht regulieren und einhegen lässt, sondern dass er die Nationalstaaten und die Demokratie für sein Ziel – die Freiheit des Kapitals, sich auf Kosten aller anderen Ziele zu vermehren – instrumentalisiert. Es ist müßig, »Signale an den Markt zu senden«, weil es der Markt ist – in Gestalt seiner mächtigsten Akteure –, der die Signale an die Politik sendet, wo diese noch mehr »freien« Markt zu schaffen und diesen zu schützen habe. Die zu Regulierenden sind zu Regulierern geworden, die Einzuhegenden hegen uns, die Gesellschaft, ein. Die Entbetteten wollen die gesamte Gesellschaft in die Logik der Kapitalvermehrung einbetten. Den Geist, den wir riefen, werden wir nun nicht mehr los. Das Mittel Kapital hat sich selbst zum Zweck gemacht.

Wer darin eine Gefahr für die Demokratie erkennt, darf nicht nach »ökologischen und sozialen Leitplanken« für den »freien« Weltmarkt oder nach einer Mäßigung des Gewinnstrebens rufen, sondern muss das Gewinnstreben selbst, die nicht zu bändigende Eigennutzethik als Kern des Kapitalismus in Frage stellen.

Nein zum Wettbewerb

Wie sehr das Gewinnstreben zum Bumerang gegen das Gemeinwohl wird, lässt sich auch an der systematischen Behinderung des Wettbewerbs beobachten. Wettbewerb steht dem Ziel des maximalen Profits im Weg. Unternehmen versuchen daher die Konkurrenz zu schlucken (siehe Kapitel 1) oder mit ihr zu paktieren. Das Bemühen zur Aufrechterhaltung des Wettbewerbs wird im Kapitalismus zur Sisyphusarbeit: Kaum ist ein Kartell zerschlagen und aufgelöst, kristallisiert es von neuem. Eine kleine aktuelle Auswahl: Heineken, Bavaria, Grolsch und InBev (Beck's) wurden vom EuGH verurteilt, weil sie ein Brauereikartell gebildet hatten. Wettbewerbskommissarin Neeli Kroes nannte das Kartell »schockierend«. Unter Codenamen hätten geheime Treffen in teuren Hotels stattgefunden, Briefe wurden in Geheimsprache zwischen den höchsten Führungsebenen ausgetauscht.[76] InBev wurde bereits, als es noch Interbrew hieß, gemeinsam mit Danone wegen eines Bierkartells in Belgien zu einer Millionen-Strafe verurteilt.[77] Nicht weniger als elf Konzerne: Siemens, VA Tech, ABB, Alstom, Areva, Fuji, Hitachi, Mitsubishi, Schneider und Toshiba bildeten ein Kartell bei Schaltanlagen für Umspannwerke. Laut EU-Kommission betrogen sie öffentliche Versorgungsunternehmen und die Verbraucher mehr als sechzehn Jahre lang.[78] Ein europäisches Vierer-Kartell für Aufzüge und Rolltreppen – ThyssenKrupp, Kone, Otis und Schindler – teilte zwischen 1995 und 2004 die Märkte unter sich auf. Die Vereinbarung, einander nicht zu konkurrenzieren, verschaffte jedem ein sicheres Monopol. »Öffentlichen Stellen, Steuerzahlern, privaten Bauherren und vielen anderen entstanden große Schäden«, kommentierte EU-Sprecher Jonathan Todd. Die Auswirkungen dieser Kartelle könnten noch zwanzig bis fünfzig Jahre zu spüren sein, weil die Wartungsarbeiten häufig von jenen Unternehmen durchgeführt werden, die die Anlagen auch errichtet haben.[79] »Wiederholungstäter« ThyssenKrupp wurde mit einer Strafe von 480 Millionen Euro bedacht, das ist etwas mehr, als der Pharmakonzern Hoffmann-La Roche 2001 für sein Bemühen, den Wettbewerb zu anästhesieren, bezahlen musste: 462 Millionen Euro. Siemens kam mit 423 Millionen Euro Strafe davon, BASF für ein Vitaminkartell mit 236 Millionen Euro und Shell für ein Kautschukkartell mit 160 Millionen.[80] Telefónica musste 2007 wegen Machtmissbrauchs 152 Millionen zahlen, die vorangegangenen Strafen gegen die Deutsche Telekom und Wanadoo waren nicht Abschreckung genug.[81] Microsoft kann die jüngsten 777 Millionen Euro EU-Wettbewerbsstrafe aus der Portokasse bezahlen.

»›Erfolgreich‹ ist, wer ein Monopol, ein Kartell oder einen Trust bilden kann«, meint der Kasseler Professor für Wirtschaftsrecht, Bernhard Nagel, süffisant.[82] Damit berührt er einen wunden Punkt: Es liegt in der Funktionslogik des Kapitalismus, das stärkste Argument für die Marktwirtschaft – funktionierenden Wettbewerb – auszuschalten.

Patente

Ein besonders beliebter Weg, den Wettbewerb zu beenden, sind Monopole, die nicht von Unternehmen gebildet, sondern vom Gesetzgeber gewährt werden: Patente. Patente sind exklusive Rechte für die kommerzielle Nutzung von Erfindungen. Sie schützen »geistiges Eigentum«. Das ist problematisch, denn: Wissen ist nicht ein Eigentum wie jedes andere. Es ist ein öffentliches Gut: Jede/r schöpft aus dem Vorhandenen und speist –

nach dem kreativen Moment – selbst ein wenig Neues ein. Jede/r baut auf unbezahlten Vorleistungen auf. Wenn Wissen universal zugänglich und anwendbar bleibt, ist die beste Voraussetzung für Innovationen gegeben. Dennoch wird es zunehmend privatisiert – in Form von exklusiven Nutzungsrechten für »geistiges Eigentum«. Patente werden mit der Begründung vergeben, dass ErfinderInnen sonst keinen Anreiz hätten, etwas zu erfinden, und Unternehmen ohne Belohnung in Form von Monopolrenten die Kosten für aufwändige Forschung scheuen würden. Das ist aus mehreren Gründen strittig. Zum einen, weil Menschen kreative Wesen sind und schon aus purer Lust und Freude – ganz ohne ökonomischen Anreiz – forschen, tüfteln und Probleme lösen. Werden sie auch noch dafür anerkannt, ist der Anreiz in vielen Fällen schon groß genug, wie die Geschichte vielfach beweist. Zum anderen, weil Patente auch den genau gegenteiligen Effekt haben können: Sie begründen ein zwanzigjähriges Monopol, wodurch die kommerzielle Nutzung des Wissens für alle anderen verschlossen bleibt und die Anschlussforschung blockiert wird. Je großzügiger geistiges Eigentum geschützt wird, desto stärker wirken Patente als »Innovationsbremse«. Joseph Stiglitz warnt daher vor überzogenem Patentschutz: »Die Volkswirtschaft verliert kurzfristig, weil die höheren Monopolpreise das allgemeine Wohlergehen beeinträchtigen, und langfristig, weil auch die Innovationen zurückgehen.«[83] Das Argument, dass Volkswirtschaften ohne Patentschutz keine Innovationen hervorbrächten, weist er zurück: »Länder, die geistiges Eigentum nicht schützten, wie die Schweiz bis 1907 und die Niederlande bis 1912, waren hochinnovativ.«

Es spricht nichts dagegen, dass – bestimmte – Ideen auch materiell belohnt werden; die Belohnung des Erfinders soll nur nicht in Form eines Monopolrechtes erfolgen, weil das den Wettbewerb einschläfert und die Forschung blockiert. Stattdessen könnten öffentliche Forschungsfonds die ErfinderInnen für gesellschaftlich wertvolle Innovationen entlohnen und das Wissen umgehend der Allgemeinheit zur Verfügung stellen.

Eine gewinnorientierte Wirtschaft verhindert diesen Gemeinwohlansatz. Viele Großunternehmen legen Wert auf eine möglichst großzügige Auslegung geistiger Eigentumsrechte, sie versuchen ihre Patente so weit wie möglich zu definieren, um die Konkurrenz auf Abstand zu halten. Sie melden auch gerne »Sperrpatente« an, das sind Patente, die gehalten, aber nicht genützt werden, um das eigene Monopolrevier abzudichten. Schließlich kaufen Konzerne, die an einer alten Technologiegeneration gut verdienen, Patente einer neuen Generation auf, um den – vielleicht ökologischen – Generationenwechsel bewusst zu verzögern. Obwohl wir seit Jahrzehnten wissen, dass die Abhängigkeit von fossilen Ressourcen unser Überleben gefährdet, kommen wir nicht und nicht von ihnen los. Summa summarum gibt es im Kapitalismus starke Anreize, Innovation zu blockieren. (Und die Kleinen zu schädigen: Großunternehmen schließen Nichtangriffspakte, indem sie wechselseitig auf Patentklagen verzichten; die Kleinen zahlen dabei drauf – einer der vielen Gründe, warum Gewinnstreben die Märkte ineffizient macht und der Bessere oft verliert.)

In einem aktuell sehr dynamischen Bereich entfalten Patente eine besonders hohe Sperrwirkung: Software. Software ist ein Sonderfall, weil wenig erfunden, sondern vielmehr gefunden wird (zum Beispiel Algorithmen) und Softwareprogramme besonders eng aufeinander aufbauen. Die Entwicklung ist so schnell und logisch, dass viele gleichzeitig auf dasselbe draufkommen. Würden Softwarepatente gewährt, könnte man kaum ein Programm entwickeln, ohne Hunderte von Patenten zu missachten. »Wenn ein Unternehmen gerade eine neue Technik entwickelt, weiß es nie, welches Patent es gerade verletzt«, meinte Tim Berners-Lee, einer der Mit-Entwickler des Internet und Direktor des World Wide Web Consortium. »Das Web darf nicht über Software-Patente stolpern«, warnt er.[84] Im Interesse des Gemeinwohls läge, dass Computerprogrammwissen frei von Patentschutz bleibt und nicht privatisiert werden kann. So wäre maximale Innovation gesichert. Dennoch machen große

Unternehmen massiv Druck auf die Gewährung von geistigen Eigentumsrechten in der Softwareentwicklung – weil die Gewinnorientierung sie dazu treibt, nur auf ihr »Eigenwohl« zu achten. Fortschritt egal, KonsumentInnen egal, Gemeinwohl egal. »Patente sind das Mittel, mit dem öffentliches Wissen am effizientesten in privaten Gewinn umgewandelt werden kann«, schreibt Fritz Kofler.[85] Das ineffiziente und innovationsfeindliche »Anreizsystem« namens Patente gibt es nicht, weil wir kein besseres wüssten[86], sondern weil es ein Interesse an der Ineffizienz gibt. Dank Eigennutzethik.

Produktversagen

Ginge es den Unternehmen um das Wohl aller, würden sie nur solche Produkte herstellen, für die es ein real vorhandenes Bedürfnis gibt. Gleichzeitig würden sie von der Herstellung solcher Produkte absehen, die niemand wirklich benötigt. Heute erleben wir in beiden Fällen das Gegenteil: Da es vielen Unternehmen nicht um die Bedürfnisse von Menschen geht, sondern um Profit, tendieren sie einerseits dazu, nicht-benötigte Produkte mit Hilfe von Werbung und Marketing erfolgreich an den Menschen zu bringen, und andererseits vorhandene Bedürfnisse, mitunter lebensnotwendige, zu ignorieren, weil sie nicht mit der nötigen Kaufkraft ausgestattet sind.

Zum ersten Fall: Bedürfnisse werden erst geweckt, dann gedeckt. Hier ist die Werbung behilflich, indem sie Produkte mit Bedeutungen auflädt, die nichts mit den Produkten zu tun haben, zum Beispiel Lebensfreude, Sicherheit, Erotik, Erfolg oder Individualität. Streng genommen handelt es sich um Betrug, weil ja weder Sex noch Freude verkauft werden, sondern Konsumgüter. »Jemand anzulügen heißt, seinen Geist zu vergewaltigen«, meint Karl-Heinz Brodbeck.[87] Werbung muss sich diesen Vorwurf systematisch gefallen lassen. Das liegt aber nicht daran, dass Werbung an sich schlecht ist, sie muss ja nicht lügen, sondern am Motiv hinter der Werbung. Wenn das Motiv hinter der Werbung die Maximierung des eigenen Nutzens ist, dann greifen Werbende auch zum Mittel der Manipulation und der Lüge. Wäre das dahinter liegende Motiv das Wohl aller, würden sie vom Instrument der Manipulation Abstand nehmen und mit Werbung ausgewogen und sachlich über das Produkt informieren.

Die Konsumgesellschaft wird von den Vergewaltigern des Geistes miterschaffen: In Österreich ist jede zweite Frau kaufsuchtgefährdet. Die Spiel- und Schlucksucht sind auf dem Vormarsch. Adipositas wird zur Pandemie. Das widerspricht der ökonomischen These, dass Bedürfnisse immer real seien: Sie sind in wachsendem Maß pathologisch. Hayek nannte den Markt ein »Entdeckungsverfahren«. Dem müsste man nun hinzufügen, dass er genauso ein Erweckungsverfahren ist und sogar ein Verdeckungsverfahren. Wir werden mit Trost-Produkten zugepflastert, die von unseren eigentlichen Bedürfnissen ablenken, uns aber nicht wirklich befriedigen. Menschliche Schwächen werden systematisch für das Ziel der Kapitalvermehrung missbraucht. In diesen Fällen ist die KonsumentIn nicht frei.

Die Blindheit des Marktes gegenüber dem Menschen besteht auch darin, dass real vorhandene Bedürfnisse, zum Teil lebenswichtige, komplett ignoriert werden, wenn sie nicht über die nötige Kaufkraft verfügen. Pharmakonzerne investieren so gut wie nichts in die Forschung und Entwicklung von Heilmitteln gegen tödliche Epidemien in den armen Ländern: Malaria, TBC, Flussblindheit, Schlafkrankheit … Sie entwickelt lieber »Lifestyle-Produkte« oder »Heilmittel« für »Zivilisationskrankheiten« wie Übergewicht, Zellulitis, Haarausfall oder Impotenz. Auch dafür wird Kreativität eingesetzt, die anderswo fehlt. Wäre das Unternehmensziel das Wohl aller, dann würden Produktentwicklung und Bedürfnisse viel besser zusammenpassen. Wir wären dem Gemeinwohl – und einer effizienten Wirtschaft – einige Schritte näher.

KonsumentInnen als Mittel

Im Kapitalismus ist die Vermehrung des Kapitals das Ziel. Der Mensch ist nur ein Mittel zu diesem Zweck: der Mensch als Arbeitskraft, der Mensch als MieterIn oder der Mensch als KonsumentIn. Selbstverständlich heißt das nicht, dass Arbeitskräfte, MieterInnen und KundInnen immer »unmenschlich« behandelt werden. Im Gegenteil, das Gutbehandeln von Arbeitskräften kann ihre Motivation erhöhen, das Gutbehandeln von KundInnen lässt diese am ehesten wiederkommen. Doch genau hier liegt auch schon der Hund begraben: Der »menschliche« Umgang mit Beschäftigten und KundInnen ist kein Ziel an sich, sondern Mittel zum eigentlichen Ziel des Gewinnemachens. Ab dem Moment, ab dem das »Menschlichsein« nicht mehr für den Gewinn nötig ist, kann es jäh umschlagen in eine sehr ungemütliche Tonart. Wir finden uns in der Situation der Abhängigkeit aufgrund mangelnder Freiwilligkeit wieder. Sobald das Machtgefälle ausreichend groß ist, um die KonsumentInnen zu übervorteilen oder schlecht zu behandeln, wird dies in der Regel auch gemacht – weil das Ziel nicht das Wohl aller ist, sondern der maximale Profit, der wiederum die Voraussetzung für das Überleben am Markt ist. In kapitalistischen Märkten passiert systematisch Folgendes:

- Preise werden nicht in der Höhe veranlagt, in der das Unternehmen seine – legitimen – Kosten decken und ausreichend investieren kann, sondern so hoch wie möglich festgesetzt. Sobald der Wettbewerb auch nur ein bisschen nachlässt, gibt es höhere – ineffiziente und ungerechte – Preise. (Hier sieht man, wie »abhängig« faire Preise vom funktionierenden Wettbewerb sind.)
- Produkte werden mit Ablaufdatum und Sollbruchstellen versehen, damit die KonsumentInnen nach kurzer Zeit ein neues Produkt kaufen müssen. Zum Schaden der KonsumentInnen und der Umwelt. Wenn das Gemeinwohl das Ziel

wäre, würden die Produkte von vornherein nach den Kriterien Ökologie, Qualität, langfristige KundInnenzufriedenheit und Reparaturfreundlichkeit entwickelt werden.

- Der Innovationszwang infolge der Konkurrenz lässt Produktgenerationen auf den Markt kommen, die noch nicht ausgereift und fehlerhaft sind. Und die immer kurzfristigere Gewinnorientierung der Aktionäre führt zu Einsparungen in Forschung und Entwicklung, was ebenfalls auf Kosten der Qualität geht. Ausdruck dafür sind die sich häufenden Rückrufaktionen, nicht nur bei Autos. Der weltgrößte Spielzeughersteller Mattel musste im August 2007 gleich zweimal hintereinander insgesamt neunzehn Millionen Puppensets und Autos vom Markt nehmen, weil sie gefährlich hohe Bleiwerte aufwiesen oder abtrennbare Magnetteile beinhalteten, die von Kindern verschluckt werden können. In den USA mussten neunzehn Kinder notoperiert werden, für zwei kam jede Hilfe zu spät.[88] Wenig später rief Simplicity Kinderbetten vom Markt zurück, nachdem sich zwei Babys in den Holzgittern erhängt hatten.[89]

- Besonders in der Werbung wird gelogen und getäuscht. (Weil nicht die zwischenmenschliche Beziehung und der Wert der Ehrlichkeit im Vordergrund stehen, sondern der Gewinn mit Hilfe von Menschen.) Coca-Cola brachte »pures« Wasser unter der Marke Dasani auf den Markt – in Großbritannien um sündteure 0,95 Pfund je 0,5 Liter. Das Wasser stammte aus der öffentlichen Londoner Trinkwasserversorgung. Der japanische Pharmakonzern Takeda bewarb Schlafmittel für Schulkinder wie bunte Bonbons, ohne auf die schweren Nebenwirkungen hinzuweisen. Es ist bezeichnend, dass viele KonsumentInnen den »Öko«-Gütesiegeln nicht vertrauen.

- Chronisch werden von den Produktanbietern Kosten verschleiert, etwa in der privaten Rentenvorsorge: Welcher Teil der Prämien letztendlich von Depotverwaltungsgebühren, Transaktionskosten, Provisionen, Ausgabeaufschlag, Verrentungsgebühren und Kapitalgarantiekosten von der Bank oder Versicherung einkassiert wird, ist in einem normalen Beratungsgespräch nicht zu erfahren. »Wer herausfinden möchte, was seine Lebensversicherung kostet, hat es nicht leicht.«[90] So als KönigIn KundIn.

Da der Wettbewerb nur allzu oft nicht »perfekt« ist und Machtgefälle die Regel sind, steigen KonsumentInnen oft schlecht aus. Das Ziel sollte aber nicht sein, den Wettbewerb zu perfektionieren, weil KonsumentInnen dann nicht deshalb besser behandelt würden, weil sie Menschen sind, deren Würde und Wohl den AnbieterInnen am Herzen liegt, sondern aus Angst, von der Konkurrenz übertroffen zu werden. »Perfekter« wäre es, wenn das Wohl der KonsumentInnen das Ziel der ProduzentInnen wäre. Das wäre eine humane Wirtschaft und kein Kapitalismus.

Ökologie

Dasselbe gilt für die Umwelt. Solange das Wohl aller, der gesamten Ökosphäre, nicht das Ziel des Wirtschaftens ist, sondern der Gewinn, werden bestenfalls die geltenden »Umweltgesetze« eingehalten. Auch hier wird noch abgewogen, ob das Brechen des Gesetzes und die Strafzahlung nicht billiger kommen als der Verzicht auf die umweltverschmutzende Tätigkeit. Es handelt sich ja bei Pflanze, Tier und Erde nicht um Mitwesen, die mit Würde ausgestattet sind, sondern um »Mittel« für den eigenen Zweck. Die darf man wie Kostenfaktoren behandeln und einer rationalen Kosten-Nutzen-Kalkulation unterwerfen. Das wird auf Universitäten (die vergessen haben, was »universal« bedeutet) heute so gelehrt. Es gilt nicht nur als rational, dass man Umweltgesetze bricht, sobald sich das rentiert, sondern sich schon zuvor mit aller Macht dafür einsetzt, dass die Gesetze erst gar nicht zustande kommen, damit ein möglichst hohes Maß an Umweltzerstörung legal bleibt. Effektiver als jedes Lobbying ist die

Drohung mit dem Verlust von Wettbewerbsfähigkeit. Wenn ihr uns nicht verschmutzen lasst, gehen wir wohin, wo wir so richtig Dreck machen dürfen. Dann habt ihr gar keine Arbeitsplätze mehr!

Nicht, dass Wirtschaft und Ökologie in einem grundlegenden Widerspruch zueinander stünden – im Gegenteil: Beide kommen ursprünglich vom »oikos«, vom Haus, das es unter sparsamer Verwendung der Ressourcen zu »organisieren« (hier passt das Wort) galt. Nicht »Wachstum« war das Ziel oder »Wettbewerbsfähigkeit«, sondern das Wohl aller im Haus und rundherum: das Wohl des Ganzen. Wenn heute die fossilen Industriebranchen so tun, als stünden Wirtschaft und Umwelt in einem grundsätzlichen Gegensatz zueinander; wenn sie UmweltschützerInnen zu »Wirtschaftsfeinden« stilisieren, dann ist das teils ein medialer Schachzug, teils ein Hinweis darauf, wie abgespalten die kapitalistische Wirtschaft von der Ökosphäre, vom Lebensganzen schon ist. Nicht »der Wirtschaft« schaden Umweltgesetze, sondern einer beschränkten Gruppppe fossiler Besitzstandswahrer – neun der zehn weltgrößten Konzerne sind Öl- oder Autofirmen –, die in der konsequenten Anwendung der Eigennutzlogik sinnvolle Gesetze verwässern oder verhindern. Beispiele:

- Das vom Erdölmulti ExxonMobil finanzierte American Enterprise Institute bot Wissenschaftlern zehntausend US-Dollar an, um den Bericht des UN-Klimabeirates in Zweifel zu ziehen.[91] Schon zuvor hatten mediale Klimaskeptiker saubere Arbeit geleistet: Die Universität Kalifornien untersuchte tausend wissenschaftliche Publikationen über den Klimawandel: Keine einzige bestritt den Beitrag des Menschen zum Klimawandel; hingegen räumten 53 Prozent der Medienberichte der These, dass der Mensch keine Verantwortung am Klimawandel trage, gleich viel Platz ein wie der These seiner Mitverantwortung.[92]
- Die Autokonzerne der EU verhinderten 1998 eine gesetz-

liche Begrenzung des Schadstoffausstoßes. Als die freiwillige Vereinbarung 2007 ihr Ziel verfehlte, wollte die EU-Kommission den CO_2-Ausstoß bis 2012 auf 120 Gramm pro Kilometer senken, das wären rund fünf Liter auf hundert Kilometer. Auch das gelang nicht, die Grenze wurde auf Druck der Autolobby – Porsche-Chef Wendelin Wiedeking sprach in der *Bild-Zeitung* vom »Wirtschaftskrieg«[93] – abermals auf 130 Gramm angehoben. Und das 22 Jahre nachdem der österreichische Bundeskanzler Franz Vranitzky das Drei-Liter-Auto als gesetzlichen Standard gefordert hatte, was technisch schon damals kein Problem gewesen wäre. Umfragen zufolge steht die Mehrheit der Menschen hinter solchen Umweltgesetzen …

- Ökologisierung des Steuersystems – eine relevante Verschiebung von Steuerlast vom Faktor Arbeit zum Faktor Umweltverbrauch – wird seit mittlerweile zwanzig Jahren von Mineralölfirmen und Energieversorgern verhindert, obwohl das volkswirtschaftlich eindeutig postive Effekte haben würde: Die Beschäftigung würde zunehmen, der Energieverbrauch sinken.

- Im neuen Agrarumweltprogramm Österreichs wurde die Obergrenze für Stickstoffeintrag pro Hektar kurzerhand hinaufgesetzt, obwohl das Trinkwasser vielerorts gefährlich durch Nitrat belastet ist. Ökologisch und gesundheitspolitisch notwendig wäre eine Herabsetzung der Grenze gewesen. Doch die industriellen (Groß-)Bauern haben es geschafft, Markt und Gewinn Vorrang vor Ökologie und Gesundheit einzuräumen. Dieses Beispiel zeugt von der universalen Wirksamkeit der kapitalistischen Ethik. Die Bauern und Bäuerinnen könnten wertvolle TrägerInnen von Naturwissen und LehrerInnen für Naturverbundenheit sein. Von ihnen sollten eigentlich Initiativen für strengere Umweltgesetze ausgehen – und nicht für die Anhebung von Schadstoffgrenzwerten oder die Legalisierung der Massentierhaltung.

- In der Welthandelsorganisation WTO ist es bis heute nicht möglich, das Vorsorgeprinzip, Standard in allen UN-Umweltschutzabkommen, oder das Prinzip der ökologischen Kostenwahrheit, das beste Mittel gegen Transit und Transportwahnsinn, als Voraussetzung für die Handelsfreiheit zu etablieren.

Der schon zitierte UN-Bericht über den ökologischen Zustand des Planeten zeigt, dass wir unsere Lebensgrundlagen systematisch zerstören. Der Klimawandel ist nur eines von zahlreichen ökologischen Symptomen einer Wirtschaftsform, die nicht dem Wohl aller – inklusive des Planeten – dient, sondern der blinden Kapitalmehrung. Betriebswirtschaftlicher »Erfolg« und astronomische Vergütungen für die »verantwortlichen« Manager sind perfekt verträglich mit zu Ende gehenden Ressourcen, steigenden Emissionen, Zerstörung von Lebensräumen und dem Kippen ganzer Ökosysteme: eine verhängnisvolle Erfolgsethik.

Gesellschaft der Zu-kurz-Gekommenen

Moderne ökologische Forschung zeigt, dass im »Netz des Lebens« alles miteinander verbunden ist, Menschen und andere Lebewesen sind vielfach voneinander abhängig. Die Einstellung, jeder solle nur auf sich selbst achten, und sei es »nur« in der »ökonomischen Sphäre« (was aus ökologischer Sicht eine absurde Abspaltung darstellt), hat gravierende Auswirkungen auf das menschliche Zusammenleben. Menschen werden zu rücksichtslosen Ellbogen-EgoistInnen. Keine Lebensgemeinschaft kann so florieren. Wenn wir alle nur nach unserem eigenen Wohl streben, wächst eine Gesellschaft unverbundener und empathieloser Egos heran, die Gemeinschaft erlischt. So gesehen erhält Margaret Thatchers Ausspruch »Es gibt keine Gesellschaft« einen makaberen Sinn. Als verbundenheitsverweigernde, egoistische Individuen werden wir aber nicht lange überleben, weil Menschen voneinander abhängig und auf funktionierende Beziehungen angewiesen sind.

Wenn wir als Kinder nach dem Motto »Geiz ist geil« großgezogen werden, lernen wir, möglichst viel zu nehmen und möglichst wenig zu geben. Wenn aber alle geizen, kommen alle zu kurz. Tatsächlich leben wir heute in einer Warenüberflussgesellschaft der emotional Zu-kurz-Gekommenen. Robert Lane spricht von einer emotionalen Hungersnot in der materialistischen Gesellschaft.[94] Soziale Beziehungen aller Art werden vernachlässigt, Kinder erhalten zu wenig Aufmerksamkeit, Ältere zu wenig Betreuung, Menschen finden kaum Zeit für sich selbst und auch nicht für intensive Verbundenheitserfahrungen mit der Natur. Der Kapitalismus ist eine Beziehungs- und Seelenkrankheit der Gesellschaft. Seine Symptome führen langfristig zum sozialen Verfall und zu ökologischer Auflösung. Nach langen Jahren des »Praktikums« gibt das so mancher zu: »In zwanzig Jahren als Vorstandsvorsitzender habe ich gelernt, dass Märkte im Prinzip seelenlos sind«, erkannte Deutsche-Post-Chef Klaus Zumwinkel.[95]

Werte-Widerspruch

Funktionierende zwischenmenschliche und ökologische Beziehungen bauen auf Werte wie Empathie, Vertrauen, Fürsorge, Großzügigkeit, Teilen und Heilen. Wer hat nicht die Erfahrung gemacht, dass Großzügigkeit zu weiterer Großzügigkeit anstiftet? Der Kapitalismus steht diesen Werten systemlogisch entgegen. Indem er diese Werte abwertet und gegenteilige befördert, vermindert er unsere Beziehungsfähigkeit und nagt an den Voraussetzungen eines gelingenden Zusammenlebens.

Die neoliberale »Ökonomisierung« aller Lebensbereiche ist ein Zeichen dafür, dass die Wirtschaft vom restlichen Leben abgespalten wurde und in ihr eigene Werte herrschen, sonst könnte »der neue Gott nicht so turbulent in alle Lebensbereiche drängen«[96]. In den meisten menschlichen Beziehungen gelten aus guten Gründen ganz andere Werte. Stellen Sie sich vor, zwischen Freunden und Verwandten würden alle gewinnorientiert agieren, miteinander materiell konkurrieren und nur auf ihr eigenes Wohl achten. Wäre das eine lebenswerte Gesellschaft? Warum sollte es dann in der Wirtschaft gesund sein? Die Wirtschaftsethik bleibt nicht auf die zwischenmenschlichen Marktbeziehungen beschränkt, sie strahlt auf alle menschlichen Beziehungen aus und »infiziert« den Charakter der Menschen. Was in der Wirtschaft als großer Erfolg zählt, kann im täglichen Leben nicht als »krank« verworfen werden. Das ist das Perverse und gleichzeitig Überraschende an der kapitalistischen Ethik: Sie steht in völligem Widerspruch zu unseren Alltagswerten. Doch Ethik ist »unteilbar«. Hier trifft der Kardinal den Nagel auf den Kopf: »Es gibt nur ein Ethos: das des Menschen. Die Wirtschaftsethik ist nicht eine Sonderethik.«[97]

In unseren Freundschafts- und Verwandtschaftsbeziehungen ist es essenziell, dass wir einander vertrauen, helfen, teilen und heilen. Damit geht es uns gut. Versagt uns jemand die Hilfe oder gibt nichts von seinem Überfluss ab, kündigt er die Zusammenarbeit oder missbraucht unser Vertrauen, dann sind die Beziehungen und damit das Glück in Gefahr. Und dennoch beruht unsere Wirtschaftsform genau auf diesen Werten. Ist das nicht grotesk?

Sollten wir nicht alle Lebensbereiche nach den Werten gestalten, mit denen wir uns wohl fühlen und – als Gesellschaft – »erfolgreich« sind, indem wir glücklich sind? Brauchen wir nicht eine ganz neue Definition von Erfolg, nämlich das gemeinsame Wohl aller als finaler Zweck nicht nur der Gesamtveranstaltung, sondern auch der unmittelbaren Initiative der EinzelakteurInnen. Sollten wir nicht die wirtschaftspolitischen Anreize so umpolen, dass Menschen in den Grundeinheiten des Wertschaffens dann belohnt werden, wenn sie das Wohl aller suchen, anstatt einander in rücksichtsloser Ichsucht zu konkurrenzieren?

Zusammenfassende Thesen

→ Der Mythos, dass Eigennutzstreben zum Gemeinwohl führe, ist die zentrale Legitimationsgrundlage des Kapitalismus. Sie ist seine Lebenslüge.

→ Das Eigennutzstreben führt zum maximalen Wohlstand einiger und zum Gemein-Unwohl. Es macht eine Gesellschaft insgesamt nicht glücklich.

→ Es gibt kein mäßiges Gewinnstreben, wenn wir gewinnorientierte Unternehmen global zueinander in Konkurrenz setzen.

→ Wir machen uns zu Komplizen der Ethik des *maßlosen* Gewinnstrebens, wenn wir von Unternehmen und Managern Erfolg und »normalen« Gewinn einfordern, weil sie in der globalen Konkurrenz nicht anders können, als den Gewinn zu maximieren.

→ Die Rechnung, dass wir zuerst über Gewinnstreben einen großen Kuchen backen und diesen hernach verteilen, geht aus zwei Gründen nicht auf: Die Oberkuchenbäcker werden a) durch das große Lob für das »erfolgreiche« Kuchenbacken in der Eigennutzethik bestärkt und wollen nicht teilen. Sie suchen
b) mit all ihrer Macht Besteuerung und Rückverteilung zu verhindern.

→ Das Eigennutzstreben schwächt eine der wichtigsten Voraussetzungen, durch die es zum Gemeinwohl führen könnte: den Wettbewerb.

→ Die Privatisierung von Wissen in Form von Patenten blockiert Innovation. Monopolrechte sind eine kontraproduktive Form der Belohnung von Ideen.

→ Im Kapitalismus sind weder das Wohl des Menschen noch hochwertige Produkte das Ziel, sondern das Gewinnemachen. Die KonsumentIn gewinnt nur bei perfektem Wettbewerb, den es meist nicht gibt.

→ Wenn es für ein dringend benötigtes Produkt keinen Markt gibt, wird es nicht hergestellt. Unnötige Produkte werden den KonsumentInnen mit der Macht der Werbung und anderen unfairen und illegalen Mitteln anerzogen.

→ Das Eigennutzstreben führt dazu, dass die zu Regulierenden sich nicht regulieren lassen und stattdessen die Regulierer instrumentalisieren, um die gesamte Gesellschaft in ihrem Interesse zu formen.

→ Wenn das Ziel das Gemeinwohl ist, dann wäre es doch sinnvoller, dass alle ökonomischen Akteure dieses Ziel direkt anstreben und nicht über den Umweg des Gegenteils.

→ Die maximale Liebe kommt nicht dadurch zustande, dass sich alle um die Wette hassen. Der umfassende Reichtum einer Gesellschaft kommt nicht dadurch zustande, dass alle um die Wette geizen.

1 http://www.isf-freiburg.org/verlag/leseproben/stapelfeldt-merkantilismus_lp.html
2 SMITH, 17.
3 SMITH, 371.
4 SMITH, 370/371.
5 FRIEDMAN, 165.
6 Die Welt, 27. November 2006.
7 ULRICH, 36.
8 FRIEDMAN, 201.
9 »Nun sage ich: Der Mensch und überhaupt jedes vernünftige Wesen existirt als Zweck an sich selbst, nicht bloß als Mittel zum beliebigen Gebrauche für diesen oder jenen Willen.« Immanuel Kant: Grundlegung zur Metaphysik der Sitten.
10 Arbeiterkammer Steiermark, 7. April 2005.
11 SCHÖNBORN (2006b).
12 http://www.zitate.de/detail-kategorie-10734.htm

13 Zitiert in KURZ (2000), 130 und 345.
14 profil 13/2007.
15 Der Standard, 23. März 2007.
16 Der Standard, 4. November 2006 und 17. August 2007.
17 http://www.woz.ch/artikel/archiv/14847.html
18 CCK-Rundbrief, 26/2007, 5.
19 ORF online, 3. August 2007.
20 Handelsblatt, 22. Januar 2007.
21 https://www.aerzte-ohne-grenzen.de/Medikamentenkampagne/Aktuelles/
    Online-Kampagne-Novartis.php
22 Der Standard, 29. März 2007.
23 dpa/Frankfurter Allgemeine Zeitung online, 16. Dezember 2005.
24 Monitor, WDR, 18. Januar 2007.
25 Markus Beyrer, Generalsekretär der Industriellenvereinigung, Kurier,
    26. März 2007.
26 http://www.bueso.de/seiten/wahl/btw0501.htm
27 Financial Times Deutschland, 8. September 2006.
28 Süddeutsche Zeitung, 29. Juni 2007.
29 Frankfurter Allgemeine Zeitung, 21. Juni 2007.
30 Kurier, 24. April 2007.
31 Der Standard, 7. August 2007.
32 Der Standard, 24. April 2007.
33 Financial Times Deutschland, 30. Juli 2007.
34 KORTEN, 209 f.
35 dpa-AFX, 3. Februar 2007.
36 Die Presse, 21. April 2007.
37 Süddeutsche Zeitung, 16. Juli 2007.
38 trend 11/2007.
39 trend 11/2007.
40 Der Standard, 23. Dezember 2006.
41 Zitiert nach ALBERT, 163.
42 FROMM, 146.
43 Institutional Investor's Alpha/Handelsblatt, 2. Juni 2006.
44 Traider Monthly April/Mai 2007.
45 Der Standard, 22. September 2007.
46 Format 13/2007.
47 Kurier, 19. November 2006.
48 Der Standard, 31. Dezember 2005.
49 Reuters, 12. April 2007.
50 Süddeutsche Zeitung, 16. Juli 2007.
51 Der Standard, 22. September 2006.
52 Studie des Deutschen Instituts für Wirtschaftsforschung, Spiegel online,
    21. März 2007.
53 Der Spiegel 23/2007, 50.
54 EU-Bericht, faz.net, 25. Februar 2007.
55 ORF online, 23. November 2007.

56 WirtschaftsWoche, 11. Januar 1996/Neuveröffentlichung vom Februar 1981.

57 Ver.di: Finanzkapitalismus. Geldgier in Reinkultur! Broschüre, Berlin, Oktober 2007, 8.

58 Der Standard, 8. August 2007.

59 Manfred E. A. Schmutzer: »Mächte des Marktes«, in Karl Kollmann/Manfred E. A. Schmutzer: »Mächte des Marktes … der ohnmächtige Verbraucher?« Verlag Österreich, Wien 2007, 9–40.

60 ORF online, 7. Februar 2007.

61 NORBERG, 86.

62 UNDP (1999), 31 und 37.

63 UNDP (2005), 25.

64 UNCTAD: Least Developed Countries Report 2002, 17.

65 STIGLITZ, 71.

66 New York City Coalition against Hunger, Brief an den City Council, 20. November 2007 und ORF online, 23. November 2007.

67 WSI/Der Spiegel 6/2006.

68 WIFO/APA, 25. September 2007.

69 Falter 31/2007.

70 MARX, 578–580.

71 WILKINSON, 260.

72 Kurier, 5. September 2007.

73 Falter 48/2005.

74 dpa-AFX/finanznachrichten.de, 5. September 2007.

75 Tagesanzeiger, 15. Januar 2001.

76 Der Standard, 19. April 2007.

77 Frankfurter Allgemeine Zeitung, 8. Februar 2007.

78 Der Tagesspiegel, 25. Jänner 2007.

79 Frankfurter Allgemeine Zeitung, 21. Februar 2007 und Der Standard, 22. Februar 2007.

80 dpa/tagesschau.de, 24. Januar 2007.

81 Pressemitteilung von Wettbewerbskommissarin Neelie Kroes, 4. Juli 2007.

82 NAGEL, 5.

83 STIGLITZ, 148.

84 Silicon.de, 1. Oktober 2004.
    http://www.silicon.de/enid/business_software/10677

85 Obmann der Fachgruppe UBIT in der Wirtschaftskammer Wien.

86 S. a. Kapitel »Technologietransfer statt globalem Patentschutz« in FELBER, 199–218.

87 BROBECK (2002), 82.

88 ORF online, 15. August 2007.

89 Reuters, 22. September 2007.

90 Walter Schuster, Vertriebsleiter von Standard Life in Österreich, Der Standard, 8. Januar 2007.

91 The Guardian, 2. Februar 2007.

92 Stefan Rahmstorf/Hans Joachim Schellnhuber: Der Klimawandel, C. H. Beck, 4. Aufl., 2007, 83.

93 Bild-Zeitung, 28. Januar 2007.

94 Robert Lane: The loss of happiness in market democracies, New Haven, CT: Yale University Press, 9.

95 Financial Times Deutschland, 7. Mai 2007.

96 NICOLINI/ROSIK-KÖLBL, 6.

97 SCHÖNBORN (2006a), 21.

3. Wettbewerb

Wettbewerb hat sich zum Leitwert der Gegenwart entwickelt. Kein anderer Wert leuchtet im Moment stärker. Wettbewerb gilt als das Natürlichste in der Welt, niemand kann sich dem Wettbewerbsdenken entziehen. Benchmarks und Rankings, Castings und Listings halten Einzug in alle Lebensbereiche. »Ich liebe den Wettbewerb«, meinte Österreichs Ex-Finanzminister Karl-Heinz Grasser.[1] »Wir müssen den Menschen deutlich machen, dass Eigenverantwortung, Eigeninitiative und Wettbewerb jene Faktoren sind, die unsere Volkswirtschaften groß gemacht haben«, betont Ex-SPD-Arbeitsminister Wolfgang Clement.[2] Im deutschen Regierungsprogramm von 2005 kommt »Wettbewerb« 27 Mal vor, »Solidarität« kein einziges Mal. Im österreichischen Regierungsprogramm von 2007 schaffte die »Solidarität« zwei Nennungen, »Wettbewerb« deren 47. Im Werte-Dreieck der französischen Revolution »liberté – egalité – fraternité« hat sich die »liberté« klar an die Spitze gesetzt; unter Freiheit verstehen wir heute jedoch nicht die Freiheit des autonomen und sozialen Menschseins, sondern die Freiheit des Einander-Konkurrenzierens.

Die breite Zustimmung zur Konkurrenz beruht auf einem dreifachen Versprechen. 1. Sie treibt alle Beteiligten zu sonst nicht erzielbaren Leistungen und dadurch zu niedrigen Preisen: *Effizienz*. 2. Sie zwingt alle zur Erfindung immer neuer Produkte und Dienstleistungen: *Innovation*. 3. Durch das gegenseitige In-Schach-Halten der Konkurrenten kann keiner überzogene Gewinne einfahren, wodurch die Effizienz allen zugute komme: *Gemeinwohl*. Zusammen wirken die drei Versprechen so überzeugend, dass heute die meisten Großparteien den Wettbewerb grundsätzlich befürworten. Doch halten sie einer näheren Betrachtung stand?

Effizienz und Leistung

Das erste Versprechen des Wettbewerbs ist die Effizienz. »Wettbewerb stellt die effizienteste Methode dar, die wir kennen«, schreibt Hayek.[3] »Der Markt ist wahrscheinlich die klügste Institution zur Ermittlung von Bedürfnissen, und Wettbewerb ist ein nützliches Instrument zum Leistungsanreiz«, meint der Wiener Caritas-Direktor Michael Landau.[4] »Nichts wirkt besser als der Markt!«, lautet der erste Grundsatz der Ökosozialen Marktwirtschaft, die der »Global Marshall Plan« weltweit umgesetzt sehen möchte.[5]

Ohne Wettbewerb kein Leistungsanreiz und ohne diesen keine Effizienz, lautet offenbar der Konsens. Doch die Annahme, Menschen würden nur unter (Wettbewerbs-)Druck etwas leisten, entspringt einem fragwürdigen Menschenbild: dass Menschen von Natur aus faul und untätig seien und aus Eigenantrieb nicht leistungswillig; es sei denn, die Peitsche der Konkurrenz treibe sie voran. Diese Sicht des Menschen hält offensichtlich nicht viel von der »Krone der Schöpfung«. Sie baut auf extrinsische (äußere) Motivation, weil sie intrinsische Motivation (von innen her) offenbar nicht für ausreichend hält. Das ist realitätsfern. Ich kenne Menschen in aller Welt als tätige und unternehmungslustige Wesen – sobald sie frei sind und einen Sinn in einer Tätigkeit erkennen: Forschung, Spiel, Gemeinschaftsdienst, Nachbarschaftshilfe, Gartenarbeit. Kein Mensch liegt den ganzen Tag in der Hängematte. Wenn wir ausgeruht sind, fiebern wir nach neuen Erlebnissen und Abenteuern, nach sinnvoller Betätigung und Beschäftigung, nach persönlicher Herausforderung und Bewährung. Es verhält sich wohl eher umgekehrt: Man muss Menschen daran hindern, tätig, unternehmungslustig und kreativ zu sein. Das sieht man bei Kindern generell, und bei Erwachsenen, die »ihres« gefunden haben, verhält es sich nicht anders. Sobald der Sinn da ist, sind Menschen intrinsisch motiviert. Wir brauchen daher nicht den externen *Anreiz* des Wettbewerbs, sondern eine Form der Arbeitsteilung, in der möglichst viele Menschen Sinn finden. Wenn Menschen aus innerem *Antrieb* handeln, dann stellen sich Leistung und Effizienz von selbst ein. Der von Arbeitgeberseite immer wieder beklagte »mangelnde Leistungswille« in der kapitalistischen Marktwirtschaft kann nur damit zusammenhängen, dass Menschen nicht tun können/dürfen, was sie wollen, und stattdessen gezwungen werden, etwas zu tun, das ihnen nicht liegt, das ihrem Wesen, ihren Neigungen und Bedürfnissen widerspricht und sie daher unfrei macht. Menschen durch äußeren Druck zu Leistung anzuspornen, ist wie einen überladenen Packesel mit Peitschenhieben anzutreiben – mit der Begründung, dass er von alleine nicht gehen würde, weil er ein »faules« Tier sei.

Die Überzeugung, dass Wettbewerb der wirkungsvollste Anreiz für Leistung sei, sitzt so tief, dass wir sogar darauf verzichten, ihn mit anderen Motivationen zu vergleichen. Die Neurophysiologie hat herausgefunden, dass »der Kern aller menschlichen Motivation« im Finden und Geben von »Anerkennung, Wertschätzung, Zuwendung und Zuneigung« liegt.[6] Die »stärkste Droge für den Menschen ist der andere Mensch«, schreibt Joachim Bauer – und nicht der Wettbewerb. Geht es aber letztlich um das Gesehenwerden und die Wertschätzung durch andere Menschen, ist es gleichgültig, ob mir diese Zuwendung für kooperatives Verhalten oder für Konkurrenz zuteil wird. Hauptsache, ich werde »geliebt«. Auch wer Belohnung sucht, dem ist es egal, wofür er belohnt wird. Das ist allerdings kein Weg zur Freiheit. Wer um der Belohnung willen handelt, handelt nicht aus sich selbst heraus. Intrinsisch motivierte Menschen sind freier – und erbringen deshalb auch höhere Leistungen als Menschen, die von externen Anreizen gesteuert sind. Intrinsisch motivierte Menschen brauchen keinen Anreiz namens Wettbewerb, sondern Freiheit im Sinne umfassender »Verwirklichungschancen« (Amartya Sen). Es fragt sich, wieso wir diese Forschungsergebnisse ignorieren. Müsste nicht die Wirtschaftswissenschaft danach trachten, die stärksten Motivationen zu nützen, um die Ziele des Wirtschaftens – Bedürfnisbefriedigung und Gemeinwohl – zu erreichen?

Der Kapitalismus setzt auf negative extrinsische Motivation. Wettbewerbsdruck ist aus seiner Sicht der beste Weg zu Leistung und Effizienz. Allerdings geht es ihm nicht um ganzheitliche Leistung und Effizienz, sondern nur um solche, die Geldkapital vermehren. Dafür ist jedes Mittel recht. Dafür müssen die Produktionsmittel so effizient wie möglich eingesetzt werden, das ist die Wirkung des Wettbewerbs. Der Mensch ist aus der Sicht des Kapitals ein Produktionsmittel, das wie jedes andere Mittel so effizient wie möglich eingesetzt werden muss. Der Wettbewerb zwingt mich sogar dazu. Die betriebswirtschaftlich möglichst effektive Verwendung des Produktionsfaktors Mensch geht aber auf Kosten seiner gerechten Entlohnung, seiner sozialen Sicherheit, seiner Mitbestimmung, seiner Motivation, letztlich auf Kosten seines Eigenwertes als Mensch: seiner Würde. Ist die Verletzung der Menschenwürde einmal als »effizient« etabliert, ist der Weg frei für eine systematische Verletzung der Menschenrechte im Dienste ökonomischer Effizienz. Die Wertschöpfungskette wird in der »freien« Marktwirtschaft zu einer Menschenrechtsverletzungskette.

Viele Wirtschaftsakteure sähen anstelle der brutalen Kostenkonkurrenz lieber einen Qualitätswettbewerb, doch wenn wir den »freien Wettbewerb« zwischen Ländern mit unterschiedlichen Arbeits-, Sozial-, Menschenrechts-, Steuer- und Umweltstandards zulassen, dann führt dies automatisch zur gnadenlosen Kostenkonkurrenz. Global Players suchen die Standorte mit den niedrigsten Löhnen, den geringsten Sozialleistungen, den billigsten Rohstoffen, den dürftigsten Umweltauflagen und den geringsten Steuerpflichten. Wenn dasselbe Produkt in einem Land hergestellt wird, in dem die Mindestlöhne unter dem Existenzminimum liegen, gilt das als »effizienter«; wenn sich das gleiche Produkt fünftausend Kilometer entfernt auf endlosen Monokulturen mit Kunstdünger und Pestiziden herstellen lässt, gilt das als »effizienter« (und »ineffizientere« lokale Biobauern müssen weichen); wenn in einem Land produziert werden kann, in dem geringere oder gar keine Steuerpflichten gelten und das Unternehmen deswegen absiedelt, macht es gar nichts effizienter, außer sich um die soziale Verantwortung zu drücken. Wenn das gleiche Produkt in einem Land hergestellt wird, wo es keine Kranken- und Altersversicherung gibt, keinen Mutterschutz und keinen Urlaub, gilt das als »effizienter«. Wenn die Produktion an Zulieferer ausgelagert wird, die Gewerkschaften verbieten und nur junge Frauen beschäftigen, zum Beispiel Näherinnen in lateinamerikanischen Sonderwirtschaftszonen, die beim ersten Anzeichen von Schwangerschaft gefeuert werden, ist das »effizienter«.

Das eigentliche Ziel hinter der Effizienzsteigerung ist die Erhöhung des Gewinns, um den es in der globalen Konkurrenz geht, aber vorgeschoben wird das angebliche Bedürfnis der KonsumentInnen nach niedrigen Preisen. Mit Geiz-ist-geil-Parolen und einem Dauerfeuer aus Sonderangeboten wird den VerbraucherInnen unterstellt, sie würden nur den niedrigsten Preis wollen und sich keinen Deut für die Menschen, die die Produkte herstellen, und die Bedingungen, unter denen sie dies tun müssen, interessieren. Das ist zutiefst zynisch, weil a) die Geiz-ist-geil-Philosophie den KonsumentInnen mit übermächtiger Werbe-Propaganda indoktriniert wird; weil b) die KonsumentInnen nicht über die Entstehungsbedingungen der Produkte informiert werden, wodurch sie gar keine Möglichkeit haben, eine freie und mündige Wahl zu treffen; und weil c) die »Effizienzpeitsche« einen verhängnisvollen Bumerang-Effekt hat: Wenn die Löhne durch Wettbewerb weltweit gedrückt werden, hat ein immer größerer Teil der Menschen gar keine Wahl mehr und ist gezwungen, zum billigsten – und somit unethischsten – Produkt zu greifen. Das Preisdumping führt in einer Spiralwirkung dazu, dass immer mehr BezieherInnen niedriger Einkommen auf Dumpingpreise angewiesen sind.

Diesen Zwang als »Präferenz« der KonsumentInnen für niedrigstmögliche Preise darzustellen, ist perfid; es dient dazu, das eigene Gewinnstreben hinter den angeblich unethischen KonsumentInnen zu verstecken. Zu allem Überdruss dürfen wir »der Globalisierung« dann noch dankbar sein für die »billigen« Waren.

Globale Konkurrenz bewirkt einseitig Kosteneffizienz, die den Wohlstand vieler Menschen verringern kann. Ein historisches Beispiel für den Irrgang des marktwirtschaftlichen Effizienzverständnisses liefert die Welthandelsorganisation WTO. Sie setzt sich für internationale Konkurrenz und Arbeitsteilung ein, weil dies angeblich zu höherer Effizienz und dadurch zu mehr Wohlstand für alle Beteiligten führe. Jedes Land solle sich auf die Herstellung bestimmter Produkte spezialisieren und diese nachher handeln. Hören wir die WTO: »Angenommen, Land A ist besser im Autobauen als Land B, und Land B ist besser im Brotbacken. Dann ist es offensichtlich (Akademiker würden sagen ›trivial‹), dass beide davon profitieren, wenn Land A sich auf die Herstellung von Autos spezialisieren würde und Land B auf Brot, und beide ihre Produkte miteinander handelten.«[7] Versuchen wir, uns dieses Lehrbeispiel anhand von China und Indien vorzustellen. China produziert Autos, und Indien bäckt Brot. Oder, es muss ja nicht gleich so groß sein, zwischen Deutschland und Frankreich. Angenommen, die Franzosen würden effizienter Brot backen als die Deutschen, dann sollten sie laut Effizienzverständnis der WTO ganz Deutschland damit beliefern. Deutschland täte hingegen gut daran, seine volkswirtschaftlichen Ressourcen nicht in Bäckereien zu verschwenden, sondern flotte Autos zu bauen und diese gegen leckere französische Brötchen zu tauschen.

Es schmerzt, hier überhaupt noch argumentieren zu müssen, aber die WTO zwingt uns mit ihrem Schulbeispiel dazu; sie befreit uns vom letzten Zweifel daran, dass WTO-Ökonomen geistig abgeschottete Handelsmathematiker sind, die vom Brotbacken, vom Getreideanbau, von der Ökologie, von der Kultur, von der Nahversorgung, von funktionierenden Dörfern und vom ganzheitlichen Leben keine Ahnung haben. Die WTO-Theorie ist ein klassisches Beispiel für die lebensgefährdende Abgespaltenheit mechanistischer Wissenschaft. ChinesInnen, seid bereit, nur noch Brot zu backen und indische Autos zu kaufen, wenn es die Effizienz gebietet. Der heutige Effizienzbegriff ist, ganz »trivial« gesprochen, gemeingefährlich. Blinde »Effizienz« kann nicht das Ziel sein und somit auch keine zentrale Rechtfertigung für den Wettbewerb, vor allem nicht auf globaler Ebene.

Manche werden an dieser Stelle einwenden, dass es »dem Markt« egal sei, in welche Richtung er seine »ungeheuer starken und durch nichts zu ersetzenden Kräfte« (Ökosoziale Marktwirtschaft)[8] entfalte, zum Beispiel könnten sich genauso gut die ökologischeren Produkte durchsetzen, wir müssten »nur« den Rahmen ändern. Genau das gelingt aber nicht, wie wir in Kapitel 2 gesehen haben, weil die Erfolgreichen ihre Macht dafür verwenden, einen fairen Rahmen zu verhindern. Sie haben selbst den Rahmen gezimmert: die globale Zwangskonkurrenz in Gestalt der Freihandelsgesetze. In diesem Rahmen geraten ökologische, soziale, Steuer- und Lohnstandards weltweit unter Druck. Im Namen der Effizienz zerstören wir die soziale Sicherheit, die ökologische Nachhaltigkeit, die kulturelle Vielfalt und die Menschenwürde. Die internationale Arbeitsteilung ist nicht so harmlos, wie sie klingt. »Der globale Wettbewerb verschärft den Raubbau an der Natur«, erkannte selbst Angela Merkel.[9] Warum forcieren wir ihn dann?

Innovation durch Wettbewerb

Der zweite Aspekt, der für den Wettbewerb ins Treffen geführt wird, hängt eng mit dem ersten zusammen. Nur wer unter Druck stehe, die Nase vorne zu haben, lasse »sich etwas einfallen«, erfinde neue Produkte. »Wenn ein Unternehmen auf Dauer bestehen und fortschrittlich bleiben will, gibt es nichts Schlimmeres, als keine Wettbewerber zu haben«, meint der erfolgreiche Unternehmensgründer Robert Bosch. Auch hier wird dem Wettbewerb etwas zugeschrieben, was dem Menschen ohnedies eigen ist: etwas Neues zu erfinden oder zu erschaffen. Doch erstens ist Innovation kein Selbstzweck. Angenommen, es stünden täglich neue Produkte in den Supermarktregalen, wir wären heillos überfordert und hätten keine Zeit, die Waren kennenzulernen, zu verstehen, anzuwenden; unsere Lebensqualität würde sinken. »Zu wenig und zu viel ist dem Narren sein Ziel«, lautet ein Sprichwort. Innovation ist ebenso wenig ein Selbstzweck wie einseitige Kosteneffizienz; sie sollte einem menschen-, nicht einem marktgerechten Rhythmus folgen und – zweitens – würdigen Zielen dienen: der Lebensqualität, dem Gemeinwohl, dem menschlichen Maß. Der Kapitalismus hat die Innovationsdynamik in einigen Bereichen erhöht, doch die Richtung ist äußerst fragwürdig. Viele Produktneuheiten folgen keinen realen Bedürfnissen, sondern der Konkurrenzlogik und dem Bedürfnis des Kapitals zu wachsen. Dass nach »Red Bull« mit »Frank's« nun ein weiterer Energydrink auf dem Markt landet, hat weniger mit Durst oder Trinkgenuss zu tun als mit der narzisstischen Rivalität zweier österreichischer Multimillionäre. Nicht, weil Menschen es brauchen, sondern um am Markt die Nase vorn zu behalten, erfindet Nestlé das 34. Fruchtjoghurt mit Zusatzstoffen und Zucker, dessen Qualität schlechter ist als das Naturjoghurt vom Biobauern, aus dem aber die maßgebenden Akteure in der Marktwirtschaft keinen Profit schlagen können und es deshalb nicht bewerben.

Manche technologischen Erfindungen gefährden unser Leben oder sogar unser Überleben, vom Privatauto über Pestizide und Gentechnik bis zur Atomkraft. Im Falle der Gentechnik wird der europäischen Bevölkerung – via EU-Binnenmarktrecht und WTO-Handelsregeln – eine neue Technologie aufgenötigt, die nachweislich von der Mehrheit abgelehnt wird. In Verbindung mit dem Gewinnstreben führt der Wettbewerb zur Durchsetzung von Innovationen, die der Allgemeinheit schaden, die den demokratischen Mehrheitswillen verletzen, und sogar zu solchen, die den Wettbewerb ausschalten. In der Landwirtschaft haben BäuerInnen Jahrtausende davon gelebt, dass sie Saatgut selbst nachgebaut und getauscht haben. Auf diese Weise haben sie hochwertiges Saatgut über Hunderte von Generationen herangezüchtet, eine für die Zukunft der Lebensmittelversorgung unschätzbar wertvolle genetische Vielfalt. Weder Gewinnstreben noch Vernichtungskonkurrenz waren im Spiel, sondern Kooperation und Schenken. Am kreativen Prozess haben sich Hunderte Millionen BäuerInnen beteiligt. Der »Wettbewerb« war eine Kooperation, die die Zucht des besten Saatguts zum Ziel hatte, das allen offenstand. Keine BäuerIn konnte das Saatgut privatisieren und andere von der Nutzung ausschließen. Das Ziel der Gentechnik-Konzerne ist dagegen das Saatgut-Monopol. Sie wollen die BäuerInnen vom Entwicklungsprozess ausschließen und von sich abhängig machen. Diese sollen Jahr für Jahr schön brav bei Monsanto und Co. kaufen. Kapitalistisch motivierte Innovation führt in diesem Fall zur Auslöschung von Kooperation und Innovation und zur totalen Abhängigkeit: globale Feudalherrschaft.

Auf der anderen Seite finden auf kapitalistischen Märkten dringend benögtige Innovationen nicht statt. Seit Jahren wissen wir, dass wir uns von der fossilen Abhängigkeit in der Energieversorgung lösen müssen: Der Kapitalismus findet dafür keinen Weg, er versperrt ihn vielmehr, weil mächtige Eigeninteressen an den veralteten Technologien hängen. Menschliche Kreativität wird weder dafür verwendet, die Symptome der Büro- und Autogesellschaft erst gar nicht entstehen zu lassen, noch dafür, lebensrettende Medikamente gegen Epidemien in armen Ländern zu entwickeln, weil dort essenzielle Bedürfnisse nicht mit Kaufkraft versehen sind: eine systematische Fehlleitung von Innovationskraft. Die Zielvorgabe für den Wettbewerb ist falsch: Den TeilnehmerInnen geht es nicht primär darum, reale Bedürfnisse möglichst effizient zu befriedigen, sondern um den höchsten Unternehmensgewinn.

Ein maßgeblicher Sektor der Wirtschaft zeigt, dass der Wettbewerb keine zwingende Voraussetzung für Innovationen ist:

»Öffentliche Güter« wie das Bildungswesen, die Gesundheitsversorgung, die Alterssicherheit, die Eisenbahn, die Energie-
oder Trinkwasserversorgung werden vom Markt gar nicht wahrgenommen, weil sie nicht gewinnbringend zu organisieren sind.
Genauer, sie sind es sehr wohl, allerdings nur um den Preis, dass
ein relevanter Teil der Menschen von dieser Grundversorgung
ausgeschlossen wird, was – in liberalen Gesellschaften – das
Prinzip der (Chancen-)Gleichheit so stark verletzen würde, dass
die meisten westlichen Staaten diese Aufgaben seit dem Zweiten Weltkrieg in die (sichtbare) öffentliche Hand genommen
haben. In all diesen Bereichen hat es auch ohne Gewinnorientierung und Marktkonkurrenz laufend Innovationen und Ver-
besserungen gegeben – was uns derzeit nicht davon abhält,
diese Gemeinschaftsgüter zu privatisieren, oft gegen den Mehrheitswillen der Bevölkerung, die dabei enteignet wird (ein weiteres Beispiel dafür, dass die ökonomischen Verhältnisse die
Rechtsverhältnisse bestimmen).

Viele lebensnotwendige Innovationen finden abseits des
Marktes statt. Bruno Jonas fand die Impfung gegen Kinder-
lähmung – und schenkte sie der UNO. Das Internet entstand als
Nebenprodukt der staatlich finanzierten militärischen Grund-
lagenforschung. Die Open-Source-Bewegung entwickelte nicht
nur die vielgenützte Online-Enzyklopädie Wikipedia, den Web-
browser Firefox und das Mailprogramm Thunderbird, sondern
mit Linux auch eine – in den Augen vieler bessere – Alternative
zum monopolistischen Microsoft-Betriebssystem. Bill Gates
selbst, der Inbegriff der Innovation, hat seine große Leistung
nicht als Unternehmer im Wettbewerb zu anderen vollbracht,
sondern als tüftelnder Student in seiner Garage, aus Freude am
Entdecken und Problemlösen. Seit er als Unternehmer am
Markt agiert, verwendet er große Energieressourcen darauf, den
Wettbewerb zu paralysieren und innovativeren KollegInnen das
Leben schwerzumachen. Der Konkurrenzkapitalismus ist seine
Waffe gegen die Innovationskraft und Kreativität anderer.

Die prominente Verknüpfung von Innovation und Wettbewerb lenkt schließlich von der historischen Tatsache ab, dass es Innovation in jeder historischen Phase vor dem Kapitalismus gegeben hat. Feuerstein, Ackerbau, Fernrohr, Kompass, Papier, Pyramide, Schießpulver … Es ist eine Geschichtsverfälschung, dem Wettbewerb exklusive Innovationskraft zuzuschreiben. Es stimmt, dass das Tempo höher sein kann als in anderen Wirtschaftsordnungen, dafür ist die Richtung mit Sicherheit falsch. Und Menschen sind keinesfalls umso glücklicher, je schneller sich ihre Lebensumstände oder die Dinge des Alltags ändern. Das macht das Innovationsargument in Summe sehr schwach. Der gewichtigste Einwand aber ist Folgender:

Hinter aller Innovation, der Schaffung von Neuem, steckt letztlich Kreativität. Und die gehört zum Wesen des Menschen: »Kreativität ist etwas, das vorhanden ist, sie findet immer und überall statt. Wir müssen sie weder antreiben noch anreizen, sondern nur zulassen«, meint Ingrid Hörlezeder.[10] Jede Handlung, jeder Satz, jede Berührung, jeder Moment der Stille und der Verbundenheit kann Neues schaffen, dazu braucht es weder Zuckerbrot noch Peitsche. »Ein Grashalm wächst nicht schneller, wenn man daran zieht«, weiß ein afrikanisches Sprichwort. Die Freude an der Schaffung von Neuem, am Problemlösen, an der kreativen Kooperation braucht keinen Anreiz, sie ist – intrinsischer – Anreiz genug. Überall, wo Menschen in Ruhe und Freiheit nachdenken, forschen, experimentieren, basteln und kooperieren dürfen, kommen sie zu überraschenden Ergebnissen, finden sie Neues. Fundamentale wissenschaftliche Einsichten wurden von Forschern gewonnen, die keinerlei Konkurrenzdruck ausgesetzt waren, wie zum Beispiel Charles Darwin. Die wichtigste Rahmenbedingung für Kreativität lautet Freiheit – und nicht Wettbewerb.

Die grundlegende Anlage zur Kreativität im Menschen zu übersehen und sie dem Wettbewerb zuzuschreiben, zeugt von Ignoranz des Menschlichen. Unsere Schöpfungskraft wird genauso ausgeblendet wie unsere intrinsische Motivation. Vielleicht, weil sie nicht zur Sicht des Menschen als Produktionsmittel passt. Die kapitalistische Marktwirtschaft befördert nur solche Innovationen, die Geldgewinn auf dem Markt versprechen. Das ist eine der größten Fehlleitungen, ein schwerer Missbrauch der menschlichen Kreativität. Geforscht wird nicht frei, sondern nach dem Kriterium Profit, weitgehend unabhängig davon, ob dies dem Gemeinwohl und den Menschen dient und ob nicht alternative Produkte viel notwendiger wären.

Hier taucht wieder das totalitäre Freiheitsverständnis der Neoliberalen auf: Kreativität ist nur erwünscht, solange sie sich in die allgemeinen Regeln des Kapitalismus einschreibt – instrumentelle Kreativität –, aber nicht per se; genauso wenig wie echte Freiheit in ökonomischen Beziehungen erwünscht ist, sondern Abhängigkeits- und Konkurrenzverhältnisse, die als freiwillig behauptet und als »effizient« verbrämt werden.

Der – berechtigte – Einwand, dass zentrale Planwirtschaften weniger innovativ sind als kapitalistische Marktwirtschaften, übersieht, dass die wichtigste Bedingung dafür, dass Menschen in Freiheit kreativ sein dürfen, dort auch nicht gegeben war. Das Individuum und seine Kreativität – mehr noch: seine Autonomie – zählten nichts: eine ebenso sträfliche Ignoranz des Menschlichen, eine nicht mindere Verletzung der Menschenwürde wie im Konkurrenzkapitalismus.

Gemeinwohl durch Wettbewerb

Das dritte Versprechen der Konkurrenz ist das größtmögliche Gemeinwohl: Die Effizienz des Marktes komme allen zugute, heißt es, weil der Wettbewerb auch dafür sorgt, dass niemandes Gewinnspanne zu groß werden kann. Kurz zur Erinnerung: 1. Die aus dem Wettbewerbskapitalismus resultierende »Effizienz« kann gemeinwohlgefährlich sein. 2. Das Gewinnstreben blockiert erfolgreich den Wettbewerb, besonders mit fortschreitender Globalisierung und Aufteilung lokaler Märkte. 3. Das Gesetz des sinkenden Aneignungwiderstandes ist stärker als die

»Umverteilungswirkung« des Wettbewerbs; es bewirkt ein globales Anwachsen der Ungleichheiten. Armut und Reichtum wachsen sowohl zwischen den Staaten als auch innerhalb fast aller Länder. Die fragwürdigen Effizienzgewinne aus dem Wettbewerb »sickern« nicht automatisch durch, sondern fallen oben an und bleiben oben. Eine letzte Zahl dazu: In den armen Ländern leben bis zu neunzig Prozent der Menschen von der Landwirtschaft. Für die globale Konkurrenz ist die große Mehrheit von ihnen nicht gerüstet. Wer dem Wettbewerbsdruck nicht standhalten kann, ist oft zum Hungertod verurteilt. Die weltweite Zahl der Hungernden stieg laut Welternährungsorganisation FAO seit 1996 von rund achthundert Millionen auf 864 Millionen 2006 an.[11]

Wettbewerb und Eigennutzstreben führen nicht zum Wohl aller, sondern zum Überfluss einer Minderheit und zum Unwohlsein wachsender Bevölkerungsteile. Somit sind alle drei Versprechen der Konkurrenz grundsätzlich in Frage gestellt.

Perfekter Wettbewerb ist Illusion

Abgesehen von pessimistischen Menschenbildern gründet die Hoffnung auf Effizienz und Innovation durch Wettbewerb auf der Annahme, dass es den vollkommenen Markt überhaupt gibt. Die jüngsten ökonomischen Erkenntnisse haben jedoch bewiesen, dass »effiziente« Märkte über weite Strecken ein ausgeprägter Mythos sind, weil a) Menschen sehr oft nicht rational handeln, b) Informationen nicht für alle gleich zugänglich sind und vor allem c) die Macht auf den Märkten sehr unterschiedlich verteilt ist.

Kriterium c) haben wir in Kapitel 1 diskutiert: Es kommt regelmäßig vor, dass der Bessere aufgibt, weil der Schlechtere mächtiger ist. Dass der Wettbewerb ein vielseitig gelähmter ist, liegt nicht nur am heißen Bemühen der Teilnehmer, denselben zum Erliegen zu bringen; der freie Wettbewerb leidet auch an der ungleichen Verteilung von Information, wodurch eine Schlüsselvoraussetzung für rationale Entscheidungen fehlt. KonsumentInnen kaufen regelmäßig teurere und schlechtere Produkte, weil sie sich schlicht nicht alle Informationen aneignen können, die für eine vernünftige Entscheidung nötig wären. Nachweislich werden nicht die Fondsprodukte mit der besten Performance am häufigsten gekauft, sondern diejenigen, die am intensivsten beworben werden.[12]

Je komplexer Marktinformationen und je überforderter KonsumentInnen sind – die Fülle der Waren ufert aus, allein der Tarifvergleich im liberalisierten Telekommarkt zehrt so manchen Urlaubstag auf –, desto leichter wird es für die Anbieter, zu täuschen und zu lügen. Eigennutz- und Gewinnstreben führen dazu, dass Anbieter nicht »objektiv« über ihre Produkte informieren, sondern verzerrend.

Ganz besonders ausgeprägt sind Informations- und Machtasymmetrien auf den Finanzmärkten. Sie sind ein Grund für die hohe Umverteilungswirkung zugunsten der Reichen – Stichwort Insiderinformation – und für die hohe Krisenanfälligkeit: Wären alle TeilnehmerInnen perfekt informiert, würde niemand auf die falsche Aktie setzen.

Selbst wenn alle Informationen vollkommen verteilt wären, würden Märkte nicht die maximale Effizienz entfalten, weil Menschen irrtumsanfällig sind. Der Glaube an den Homo oeconomicus geht davon aus, dass Menschen stets rational entscheiden und daher immer Entscheidungen treffen, die zu mehr Effizienz führen. Um das zu falsifizieren, muss man gar nicht auf die Börsen oder Derivatemärkte schielen, es genügt eine kurze Erinnerung an die Monsterfusion von Daimler, Chrysler und Mitsubishi: Wo hier die Rationalität oder Effizienz der Märkte wirksam geworden ist, ist bis heute verborgen geblieben. Einer Studie der Boston Consulting Group zufolge brachten Unternehmensfusionen zwischen 1992 und 2006 den (Langzeit-)Aktionären überwiegend Verluste, es gewannen nur die Banken, die diese Deals einfädelten, und die Topmanager.[13] »Märkte führen von sich aus nicht zu Effizienz«, erschüttert der US-Ökonom Joseph Stiglitz, der für seine Forschungsergebnisse den Nobelpreis erhielt, den Marktglauben.[14]

Vielleicht hängt der Hang zu Fehlentscheidungen mit psychosozialen Rahmenbedingungen des Wettbewerbs zusammen. Vielleicht ist das zwischenmenschliche Klima, das die globale Konkurrenz hervorruft, ganz besonders dazu angetan, Menschen irren und falsche Entscheidungen treffen zu lassen?

Angst ist das falsche Motiv

Die persönlichen Motive, welche die Menschen in der globalen Konkurrenz antreiben, sind ein fragwürdiges Gespann: hinten die Angst und vorne Geltungsbedürfnis und Gier. Die Angst dürfte der Hauptmotor sein. Wer sich nicht permanent und immer noch mehr anstrengt und flexibel bleibt, geht unter. Ökonomische Leistungen erwachsen nicht primär aus der Schaffensfreude, der spontanen Kreativität, der Unternehmungslust oder dem Dienst am Gemeinwohl, sondern sehr oft aus der nackten Furcht. Menschen verkaufen sich am Arbeitsmarkt oder sehen sich gezwungen, ein Unternehmen zu gründen, weil sie sonst zur Armut verurteilt wären. In den unteren Einkommenstälern mischt sich zur Konkurrenzangst die Existenzangst; aber auch auf den höchsten Sprossen der Leiter herrscht noch Verfolgungswahn: Man könnte im Ranking einen Platz verlieren, wenn man nicht wieder ein Rekordergebnis vorlegt und eine noch bessere Leistung erbringt als im Vorjahr. Jeder falsche Tritt kann den Anlass zu einer feindlichen Übernahme geben. PsychotherapeutInnen erzählen häufig, dass Spitzenmanager ganz entscheidend von Ängsten getrieben sind. Kurios: Sowohl die Gewinner als auch die VerliererInnen der Konkurrenz landen in der Seelenwerkstatt.

Ist es aber wirklich sinnvoll, dass die Effizienz der Wirtschaft daraus resultieren soll, dass sich alle fürchten? Ist angstgetriebene Leistung der goldene Weg zum Gemeinwohl? Ist nicht gerade die Abwesenheit von Angst die Voraussetzung für Freiheit und Wohlbefinden – und für wertvolle Leistungen? Sollten wir nicht danach trachten, dass alle möglichst frei von Existenzangst und dadurch frei für Kreativität sein können? Trauen wir uns so eine Wirtschaftsform nicht zu? Reichen unsere Fantasie und unsere Innovationskraft dafür nicht aus? Unsere Menschlichkeit?

Mangel an Selbstwert

Angst rührt daher, dass Konkurrenz heute als »sich gegenseitig ausschließende Zielerreichung«[15] gelebt wird: Du kannst nur gewinnen, wenn ich verliere. Dein Siegen macht mein Versagen erforderlich. Das Versagen des anderen anzustreben, ist aber ein schmähliches Motiv. Hier kommt der pathologische Kern des Wettbewerbs zum Vorschein. Konkurrenz ist ein durch Mangel motiviertes Verhalten – Mangel an eigenem Wert. Wer sich selbst zu wenig achtet, versucht Selbstwert daraus zu beziehen, dass er/sie besser ist als andere. Die eigene Aufwertung entsteht aus der relativen Abwertung anderer. (Das gilt makabererweise ganz parallel für unseren Wert als Menschen und unseren Marktwert.) Menschen neigen umso stärker zum Konkurrieren, je geringer ihre Selbstachtung ist. Wer zur Überdeckung innerer Armut auf das Siegen und die daran geknüpfte soziale (oder materielle) Anerkennung angewiesen ist, wird allerdings nicht glücklich werden. Da ein Sieg über andere das eigentliche Bedürfnis, die Selbstliebe, nicht ersetzen kann, ist kein Sieg jemals wirklich befriedigend. Der Konkurrenzcharakter muss ewig weiterkämpfen: Sucht (schon wieder). Das Heilmittel gegen dieses mangelgetriebene Verhalten wäre ausreichend Selbstliebe. Diese können Kinder nur entwickeln, wenn sie bedingungslos geliebt werden, aufgrund ihres Menschseins – und nicht aufgrund ihrer Leistung. Wenn Kinder primär für ihre

Leistung belohnt werden und dafür, dass sie »besser« sind als andere Kinder, legen wir den Grundstein für die Leistungs- und Konkurrenzgesellschaft. Die schafft makabre Widersprüche: Auf der einen Seite ist Wettbewerb heute der höchste Wert in der Wirtschaft. Auf der anderen Seite gehen uns Konkurrenzneurotiker, die sich zwanghaft mit anderen messen und ständig unter Beweis stellen müssen, dass sie stärker, schöner, klüger als andere sind, unendlich auf den Geist. Möchten Sie mit der »konkurrentesten Person« im Dorf befreundet sein? Eben. Wettbewerbsmärkte fördern und belohnen aber genau diese Charaktere, sie sind ihr ideales Milieu. Passt das zusammen?

Manche/r LeserIn mag einwenden, dass viele UnternehmerInnen nicht deshalb gute Leistungen erzielen und erstklassige Produkte anbieten, weil sie besser sein möchten als andere, sondern weil sie »ihre« Geschäftsidee gefunden haben, aus Sinn, Schaffensfreude und Unternehmungslust. Genau! Das beweist, dass es für gute Leistungen den Wettbewerb nicht braucht! (Und dass intrinsische Motivation zu guten Leistungen führt.)

Die heutige Vernichtungskonkurrenz hinterlässt tiefe Spuren in unserer Gefühlswelt. Wenn ich meine/n Nächste/n nicht als potenziellen KooperationspartnerIn wahrnehme, sondern als KonkurrentIn, sind wir FeindInnen: Die Wirtschaftssprache strotzt nur so vor kriegerischem Vokabular: Preisschlacht, Markteroberung, Kriegskasse, feindliche Übernahme, Konkurrenzkampf. Wettbewerb wird heute nicht als kooperativer Suchprozess verstanden, sondern als Kampfstrategie, den anderen mit allen (unfairen) Mitteln auszuschalten. Microsoft betrachtet Netscape nicht als Trainingspartner, sondern als Todfeind. Der »keltische Tiger« – so wird das aufstrebende Irland genannt – ist kein Sportsfreund; von einem Tiger wird man gefressen, außer man tötet ihn selbst. Der chinesische Drache ist auch kein »pet«. Und Heuschrecken kommen nicht zum Küssen. Töten oder getötet werden: Die »Wirtschaftskrieger« (Christine Bauer-Jelinek) zeigen mit ihrer Metaphorik sehr treffend, worum es (unbewusst) geht.

Kriege bleiben nie folgenlos. Kriege erzeugen Kriegsschäden und Kriegstraumen. Geschlossene Standorte, liquidierte Arbeitsplätze, zerstörte Existenzen – das universale Gegeneinander nährt ein Klima der Feindseligkeit. Wenn wir lernen, einander zu bekämpfen, weil wir existenzielle KonkurrentInnen sind, erwecken wir das Hobbes'sche Wahnbild vom »bellum omnia contra omnes« zu neuem Leben. Jeder bekriegt jeden. Charles Darwin bezeichnete den großartigen Prozess der Evolution als »Kampf ums Dasein«, was später die neoliberalen Ökonomen einlud, sich auf seine »Funde« bei der »Natur des Menschen« zu berufen. (Das tat übrigens auch Hitler.) Wolf, Tiger, Drache: Es ist ein unsäglicher Rückschritt, wenn wir an der Wende zum dritten Jahrtausend die ökonomischen Beziehungen zunehmend nach dem Vorbild von Raubtiertheoretikern und Gesellschaftsphobikern gestalten. Das ist schon für die ökonomische Sphäre traurig genug, umso bitterer ist die Übertragung auf alle anderen Lebensbereiche – noch dazu unter der Flagge der »Freiheit«.

Darwin und der Markt

Für seine Beiträge zum Verständnis der Evolution und der Artenentwicklung gilt Charles Darwin bis heute als einer der herausragendsten Biologen. Bedauerlicherweise hat er aber Begriffe geprägt, die von Sozialdarwinisten und Wissenschaftlern anderer Disziplinen für eine Verrohung des Menschenbildes benützt werden. »Krieg der Natur« und »Kampf ums Dasein« eignen sich nur allzu gut, um Machtstrukturen, ungerechte soziale Verhältnisse und unfeine menschliche Züge scheinbar biologisch zu legitimieren. Schon Darwins Lehrer hatte vorausgeahnt, was die Thesen seines Schülers bewirken würden: »Die Menschlichkeit könnte einen Schaden erleiden, der zu einer Brutalisierung der Menschheit führen könnte.«[16] Darin sollte er recht behalten, auch wenn man Darwin nicht die Schuld dafür geben kann, dass Rassentheoretiker und neoliberale Ökonomen seine Erkenntnisse missverstanden und missbraucht haben. Allerdings wird nicht nur die Wortwahl Darwins von einigen zeitgenössischen WissenschaftskollegInnen kritisch gesehen, manche legen auch Wert darauf, dass Kooperation sich über Millionen von Jahren bewährt hat und ein bestimmendes Prinzip der Evolution sei. Die US-Biologin Lynn Margulis weist darauf hin, dass schon die Entstehung des Lebens und seine Entwicklung hin zu komplexeren Strukturen primär kooperative Prozesse erfordern; dass in der Natur gekämpft und gefressen wird, sind möglicherweise nur sekundäre Phänomene innerhalb des übergeordneten Prinzips der Kooperation.[17] Peter Kropotkin kam zur Ansicht: »Konkurrenz beschränkt sich unter Tieren auf Ausnahmezeiten. Bessere Zustände werden geschaffen durch die Überwindung der Konkurrenz durch gegenseitige Hilfe.« Auch der Zoologe Marvin Bates schrieb: »Der Wettbewerb oder Kampf ist ein Oberflächenphänomen, das eine im Wesentlichen wechselseitige Abhängigkeit überlagert. Das Grundthema in der Natur ist eher die Kooperation.«[18] Joachim Bauer resümiert seine Forschungen: »Ohne das Gelingen von Kooperation kann nichts entstehen, was lebenstüchtig ist.«[19] Darwin selbst schreibt allerdings, dass er den Kampf ums Dasein »in einem weiten und metaphorischen Sinne« meint, und verweist auf die »Abhängigkeit der Wesen von einander«.[20] Mit seiner Kampfrhetorik hat er offenbar bloß den Blick auf die Kooperation verstellt. Margulis bemerkt, dass in Darwins Hauptwerk »Über die Entstehung der Arten« die Begriffe »Kooperation«, »Zugehörigkeit« oder »Gemeinschaft« überhaupt nicht auftauchen, während Worte wie »Zerstörung«, »Auslöschung« oder »Tötung« dutzend- bis hundertfach vorkommen.[21] Sie vermutet, dass die begriffliche Brille, die Darwin aufhatte, eine ökonomische gewesen sei: Konzepte wie »Konkurrenz« und »Überlebenskampf« seien menschliche Konstruktionen, die aus dem Wirtschaftsleben kämen und von außen an die Biologie herangetragen worden seien.[22] Das Dumme ist, dass genau diese

Sprache – und nicht Darwins Thesen – von den Sozialdarwinisten aufgegriffen wurde. Sie begründeten mit Darwins Begriffen ein neues Menschenbild. Sie verliehen dem Homo oeconomicus eine scheinbar biologische und natürliche Grundlage, was seine unausrottbar tiefe Verwurzelung in unseren Köpfen (im Abendland) bis heute erklärt.

Die Sozialdarwinisten haben es sogar geschafft, unseren Blick auf die Natur zu verzerren, indem sie Darwins Begriffe wörtlich nahmen, denn: 1.»Krieg« ist in der Natur die Ausnahme und Kooperation die Regel. Zum Beispiel fressen Löwen einander nicht auf, und Kühe stechen sich nicht gegenseitig ab, sondern bilden Herden. Auch Ameisen oder Bienen bringen einander nicht um im Kampf um wertvolle Bissen. Pelikane formen beim Fischen Halbkreise und waten gemeinsam auf Buchten zu, wodurch alle zu reichlich Fisch kommen. Danach fliegt der ganze Zug zum Schlafplatz, um sich mit den Ausgeruhten abzulösen. Sie konkurrieren weder um Nahrung noch um den Schlafplatz. Solche Kooperationen umfassen oft 40 000 Tiere[23] – das passt nicht ganz zum Kampf eines jeden gegen jeden. Was im biologistischen Eifer der Ökonomiedebatten fast immer übersehen wird: Die globale Konkurrenz findet innerhalb einer Art statt: zwischen Menschen. Allein das macht den sozialdarwinistischen Vergleich mit dem großen Fressen in der Natur haltlos. 2. Innerhalb einer Art setzen sich – in der Natur – oft nicht die stärksten und brutalsten Individuen durch, sondern die umsichtigsten und kooperativsten: Affenrudel werden – bei Primaten – von denjenigen Tieren angeführt, die Gefahren am frühesten erkennen und Streit am besten schlichten können. Wer am besten für das Wohl der Gruppe sorgt, führt. 3. Aggressionen dienen oft dem Erhalt der Kooperation: Wer sich unsolidarisch verhält, wird abgestraft. Klammeraffen beginnen einander zu umarmen, wenn sie auf andere »Gangs« treffen, um ihre Aggressionen unter Kontrolle zu halten.[24] Das wär' doch was für Fußballrowdys. 4. Auch zwischen den Arten herrscht vielfach kein gnadenloses Killen, sondern Kooperation. Ein allen vertrautes Beispiel ist die Symbiose aus Bienen, Blumen und Menschen. Obwohl die Bienen von den Obstblüten leben und die Menschen von den Obstfrüchten und vom Honig, stirbt niemand im Kampf: Alle überleben. Das entscheidende Kriterium für Selektion heißt nicht Kampf, sondern Anpassung (Darwin). Dafür ist die Kooperation ein mindestens so probates Mittel wie die Konkurrenz. 5. Selbst Räuber-Beute-Beziehungen, also das Lieblingsbeispiel für »Konkurrenz« zwischen den Arten, beruhen nicht auf der Auslöschung der Beute, sondern auf einem Gleichgewicht, Räuber und Beute hängen voneinander ab. Wer überräubert, verhungert. Auf dem Markt hingegen strömen die Gewinne erst so richtig, wenn der letzte Konkurrent gefressen ist: Man ist dann mit den KonsumentInnen oder ZulieferInnen allein. 6. Lineare Nahrungsketten gibt es in der Natur überhaupt nicht, sonst würde Müll anfallen: Haimüll, Löwenmüll, Tigermüll. In der Natur gibt es nur Nahrungskreisläufe. Der »König der Tiere« – eine sehr unbiologische menschliche Konstruktion – wird genauso gefressen wie die Blattlaus. Der sterbende Baum wird noch während des Abbauprozesses durch neue Pflanzen ersetzt. Durch diese zyklische Form des Stoffwechsels bleiben Ökosysteme im Gleichgewicht – im Gegensatz zum Markt: Unternehmen ist weder eine natürliche Wachstumsschranke eingebaut, noch werden sie nach einer bestimmten Lebenszeit von kleineren Unternehmen zersetzt (was ihr Wachstum und ihre Macht begrenzen würde).

Nach heutigem Erkenntnisstand hat Darwin ökonomische und politische Begriffe – Wettbewerb und Krieg – in die Biologie exportiert, von wo aus sie von den Sozialdarwinisten als die vertrauten Metaphern von Konkurrenzkampf und Raubtierkapitalismus in die Wirtschaftssprache reimportiert wurden. Die »Naturbegründung« des Neoliberalismus steht auf einem wackeligen Fundament.

Das wichtigste Argument ist aber ein anderes: Selbst wenn die Natur ein brutaler »bellum omnia contra omnes« wäre, hätte der Mensch aufgrund seiner Vernunft und seines freien Willens die Möglichkeit, sich für »pax omnes cum omnes« zu entscheiden. Das tun wir auch ganz prominent, sonst wäre es zum Beispiel nicht logisch, dass wir Demokratien eingerichtet und die Menschenrechte universal erklärt haben, die würden ja genauso gegen eine angeblich raubtierhafte Menschennatur verstoßen. Die neoliberalen Ökonomen, die so unerschütterlich an das Ego-Gen glauben, treten jedenfalls genauso überzeugt für die Demokratie ein wie für die globale Konkurrenz. Sie behaupten sogar, wie wir sahen, dass der Konkurrenzkapitalismus die Voraussetzung für Demokratie sei. Wie aber eine angeblich selbstsüchtige und kriegerische Menschennatur ausgerechnet zur Demokratie führen soll, wäre eine spannende Frage an Milton Friedman gewesen.

Der Glaube an die heilende Kraft des Wettbewerbs ist heute so universal geworden, dass selbst Bereiche wie die Bildung, die eigentlich auf Freiheit und Muße beruhen sollten – das Wort Schule kommt vom griechischen »scholé« und bedeutet »Innehalten von der Arbeit«[25] –, immer stärker auf internationale Vergleichbarkeit ausgerichtet werden und das Ziel der Wettbewerbsfähigkeit anstreben. Alle wollen »exzellent« werden. Doch »Exzellenz« heißt wieder nur besser sein als andere, die dadurch logischerweise schlechter sein müssen. Vergessen sind die humanistischen Ideale und die Freiheit der Forschung, die auf Kooperation und Austausch beruht, man unterwirft sich freudig den Vergleichen und Rangordnungen und stellt die so erhobene Fitness in den Dienst der Kapitalvermehrung. Konrad Paul Liessmann spricht von der »schleichenden Transformation von freier Wissenschaft in ein unfreies Dienstleistungsgewerbe«[26].

Die gleiche Entwicklung ist im Sport zu beobachten: Die olympische Idee wurde zugunsten der ökonomischen Wettbewerbslogik verworfen. In »Olympia« ging es ums Mitmachen, um die Völkerverständigung, die interkulturelle Begegnung. Im kapitalistischen Sport geht es um den Sieg. Doping macht nur Sinn, wenn es um Preisgeld geht, nicht ums Dabeisein. Die olympische Idee war der lateinischen Bedeutung von Konkurrenz viel näher. »Concurrere« heißt zusammen laufen, gemeinsam auf ein Ziel hinlaufen; nicht, dass jemand siegen muss. Das Siegenwollen über andere ist Ausdruck der kapitalistischen Kampfethik (und des Selbstwertdefizits). Auf dem Weltmarkt geht es nicht um »con-currere«, sondern um »contra-currere«. Es ist ein kriegerischer Verdrängungs- und Vernichtungsansatz. Bertram Burian meint zu Recht, Krieg sei »die Fortsetzung des Konkurrenzkampfes mit anderen Mitteln«[27]. Krieg und Kontrakurrenz sind aber eine denkbar schlechte Grundlage für eine freie und friedliche Gesellschaft. Wollen wir wirklich alle Wolf und Tiger sein? »Nur« im Wirtschaftsleben, und privat zahm wie Hauskätzchen?

Psychosoziale Folgen

Die Kontrakurrenz ist emotional höchst anstrengend und erzeugt hohe Reibungsverluste. Man könnte die These wagen, dass der Dauerstress, die Nase vorn zu haben und nur ja nicht zu unterliegen, die größte emotionale Ressourcenvergeudung ist, die der Menschheit je eingefallen ist. Wer in sozialen Organisationen schon einmal beides, Konkurrenz und Kooperation, erlebt hat, weiß, um wie viel ineffizienter die Kontrakurrenz ist – weil sie materielle Bedürfnisbefriedigung über einen Mechanismus zu erreichen versucht, der Knappheit an Liebe erzeugt! Die Rechnung – das Materielle überlassen wir dem Markt, um das Immaterielle kümmern wir uns selbst – geht nicht auf, weil die Marktbeziehungen, die kapitalistische Ethik der Gier und des Geizes, unsere Fähigkeit, die immateriellen Bedürfnisse zu befriedigen, korrumpiert. »Gemeinschaften, welche die Ressourcen Liebe und Anerkennung zu knapp halten, vergeuden einen großen Teil ihrer Energie durch Konflikte«, schreibt Joachim Bauer.[28] Gesellschaftsenergetische Ineffizienz, emotionale Insuffizienz und soziale Inkompetenz sind der Preis, den wir für die Befriedigung unserer materiellen Bedürfnisse über kapitalistische Märkte zahlen müssen. Gewinnstreben und Konkurrenz sind soziale Gifte, die in unser Wesen einsickern. »Bedenkt man, wie sehr der Wettbewerb die Menschen prägt, so muss man nach der Wirkung dieser Prägung auf Verfassungsgrundsätze wie Gleichheit und Solidarität fragen«, merkt Bernhard Nagel dazu an.[29] Aber wer stellt heute schon solche Fragen? Adam Smith beantwortete sie indirekt bereits 1776: »Die Alltagsbeschäftigung formt ganz zwangsläufig das Verständnis der Menschen.«[30]

Je stärker wir die neoliberalen Werte in der »Alltagsbeschäftigung« anwenden, desto mehr Menschen verarmen also emotional. Allerorten trifft man Menschen mit einem Defizit an Zuwendung, Aufmerksamkeit und Liebe. Die Psychologin Rotraut A. Perner etwa berichtet, dass »die Kids mit einem so ungestillten Bedarf an Gespräch und Zuwendung in die Schule kommen«, dass gar nichts in sie hineingeht, weil erst so viel heraus müsste.[31] Kinder, die zu wenig Zuwendung erfahren, reagieren mit Aggression. Auch hier zeigt sich: Menschen sind nicht so sehr von Natur aus aggressiv, sondern sie werden es, wenn ihre Grundbedürfnisse nicht erfüllt werden und die Solidarität verletzt wird.

Burian stellt einen schlauen Vergleich an: Angenommen, die ganze Welt wäre eine Firma, dann würde allen einleuchten, dass Kooperation die zu wählende Umgangsform sein soll und nicht Konkurrenz. Schon George Bernard Shaw machte diesen Vergleich mit der britischen Volkswirtschaft: »Stellen wir uns das ganze Land als einen großen Haushalt und die Nation als eine große Familie vor (...) Was erblicken wir? Unterernährte, zerlumpte Kinder unter unsagbaren Wohnbedingungen (...) Das Geld, mit dem sie ernährt, gekleidet, untergebracht werden müssten, wird für Parfümfläschchen, Perlenketten, Schoßhunde, Wintererdbeeren, die wie Korken schmecken, und Rennwagen ausgegeben (...) Eine Nation, die ihr Geld für Champagner ausgibt, ehe sie ihre Babys ausreichend mit Milch versorgt hat, oder die ihren Selyham-Terriern und Schäferhunden erlesene Mahlzeiten vorsetzt, während (…) Tausende von Kindern an Mangelernährung sterben – eine solche Nation ist schlecht regiert, dumm, eitel, töricht und ignorant.«[32]

Das Grausame an der Kontrakurrenz-Ethik ist, dass sie nicht nur breite Schichten von Verlierern erzeugt, sondern dass die Verlierer der sozialdarwinistischen »Auslese« auch gesellschaftlich verachtet werden. Nicht der Systemdynamik wird die Schuld gegeben, sondern den Individuen, die auf der Strecke bleiben. Die waren zu wenig »tüchtig« und »fleißig«, die haben zu wenig »geleistet«, sie seien »faul« und müssten sich entsprechend mehr anstrengen und schneller laufen. Die Faulheit-Stigmatisierung arbeitet mit der völlig irrationalen Unterstellung, dass bei einer Konkurrenzveranstaltung alle gewinnen könnten. Die VerliererInnen eines Wettbewerbs zu »Schuldigen« zu stempeln, ist zynisch. Es verrät die menschenverachtende Disziplinierungsfunktion der Konkurrenzideologie. Damit wir nicht aufmucken oder uns solidarisch verbünden, werden wir in materielle und seelische Existenzkämpfe verstrickt, was unsere Fähigkeit zur Solidarität unterminiert. Divide et impera.

Kooperation

Das Erstaunliche an der Wettbewerbsethik ist, dass sie sich trotz dieser umfassenden Schwächen gegen den Wert der Kooperation so souverän durchgesetzt hat. Grasser würde nie sagen: »Ich liebe die Kooperation«, und Ex-SPD-Arbeitsminister Wolfgang Clement hätte den Satz »Kooperation und Solidarität haben unsere Wirtschaft groß gemacht« vermutlich nur unter schweren Zungenverletzungen über die Lippen gebracht.

Das ist umso erstaunlicher, als die Kooperation gegenüber der Konkurrenz klar überlegen ist. David und Roger Johnson sichteten alle Studien in den USA und Kanada zwischen 1924 und 1980, die die »Performance« kooperativer, kompetitiver und individueller Strategien miteinander verglichen. 65 Studien belegten die Überlegenheit der Kooperation, nur in acht Studien gewann die Konkurrenz. Gegenüber individuellen Strategien schnitt die Kooperation noch besser ab: 106 Mal gewann die Kooperation, nur sechsmal die Einzelstrategie.[33] Ein wichtiger Grund für die Überlegenheit der Kooperation: Menschen fühlen sich wohler, wenn sie zusammenhalten und sich gegenseitig helfen, als wenn sie sich bekämpfen und existenziell konkurrieren. Die Spieltheorie hat gezeigt, dass der Motivationsfaktor freiwilliger Kooperation gleich hoch ist wie der der Konkurrenz: Während Letzterer jedoch ein negativer ist, ist Ersterer ein positiver: Es fallen keine (emotionalen bis kriegerischen) Reibungsverluste an. Konkurrenzsysteme hemmen sich gegenseitig, das macht sie ineffizienter. Auf den Einwand gegen – freiwillig – kooperatives Verhalten, dass jeder Vertrauensvorschuss von Egoisten ausgenützt werden könne, haben Experimentserien eine klare Antwort gefunden. Vertrauensbrüche müssen sofort und spürbar, aber nicht nachtragend bestraft werden. Kooperative Systeme, die mit diesen beiden Elementen arbeiten – Vertrauensvorschuss, sofortige Sanktion bei Bruch –, sind Konkurrenzsystemen klar überlegen. Gehören solche Erkenntnisse nicht in jede Einführungsvorlesung für Ökonomie?

Natürlich hat innerhalb kooperativer Strukturen auch Konkurrenz ihren Platz, aber nicht so wie im Wettbewerbskapitalismus, wo die Sieger alles einsacken dürfen und die Verlierer um ihre Existenzgrundlage zittern müssen, sondern im Sinne von »con-currere«. Innerhalb von übergeordneten Kooperationsstrukturen findet Wettbewerb um die besten Ideen und Lösungen statt. Individuelle Kreativität wird geschätzt und gefördert, aber sie führt nicht zu materiellen Monopolen. In buddhistischen Klöstern wird beispielsweise das intellektuelle Streitgespräch gepflegt, eine Form von Wettbewerb. Dem Sieger gehört danach jedoch nicht das Kloster, sondern er genießt soziale und fachliche Anerkennung, das ist Anreiz genug, kreativ und fleißig zu sein. Ähnlich funktionierten die längste Zeit Wissenschaft und Sport: Anerkennung durch andere Menschen war ausreichender Ansporn. Preisgelder waren sogar verboten.

Rudolf Steiner schlug vor, dass die Konkurrenz dem ökonomischen Prozess vorgelagert werden solle: Wettbewerb um die beste Idee, die dann gemeinsam – solidarisch – umgesetzt wird. So habe ich auch Marx verstanden: Wir sollten das »Reich der Notwendigkeit« kooperativ organisieren, um es so gering wie möglich zu halten; um im Reich der Freiheit dann angstfrei und materiell abgesichert je unsere individuellen Wege gehen zu können. Aus der Tatsache, dass uns für diese attraktive Idee bisher keine adäquate Umsetzung im großen Maßstab gelungen ist, sollten wir nicht die Lehre ziehen, Marx' Bücher zu verbrennen, sondern aus den Umsetzungsfehlern zu lernen.

Vielleicht so: Wettbewerb im Sinne von »auf ein gemeinsames Ziel hinlaufen« ist gut, der Ideenwettbewerb sollte aber direkt für das Ziel des Gemeinwohls genützt werden, anstatt den »Umweg« über die Maximierung des Eigennutzes zu nehmen. Wir haben vorhin gelernt, dass jeder Wettbewerb bewirkt, dass alle dem Ziel des Wettbewerbs näher kommen wollen und müssen, das ist im Kapitalismus der private Gewinn. Die logische Erkenntnis für eine neue Wirtschaftsform lautet, dass wir das eigentliche Ziel des Wirtschaftens, das Gemeinwohl, zum Ziel des Wettbewerbs machen sollten (anstatt es als Abfallprodukt davon zu erhoffen). Das wäre eine wirklich sinnvolle Innovation. Die der Kapitalismus nicht schafft, was zeigt, wie begrenzt seine »Kreativität« ist. Wenn wir wissen, dass der stärkste Anreiz für Menschen soziale Anerkennung ist, dann wären wir sozial dumm und ökonomisch ineffizient, wenn wir uns diese Erkenntnis nicht zunutze machten und Anerkennung weiterhin für Kontrakurrenz und Ichsucht schenkten anstatt für Gemeinwohlstreben und Kooperation.

Zusammenfassende Thesen

→ Leistung, Effizienz und Innovation gibt es auch ohne ökonomischen Wettbewerb.

→ Wenn Menschen Sinn in einer Tätigkeit finden, sind sie intrinsisch motiviert. Wer intrinsisch motiviert ist, bringt die besten Leistungen.

→ Die stärkste Motivation von Menschen sind Achtung und Wertschätzung durch andere Menschen und gelingende zwischenmenschliche Beziehungen.

→ Kreativität ist immer da, wir brauchen sie nur zuzulassen. Freiheit ist die wichtigste Rahmenbedingung.

→ Effizienz im Sinne einseitiger Kosteneffizienz ist gemeinwohlgefährlich.

→ Wenn die Geldmehrung das Ziel ist, wird die Innovation richtungsblind, der Markt zum Erweckungs- und Verdeckungsverfahren.

→ Bedürfnisse, die mit keiner Kaufkraft ausgestattet sind, werden nicht befriedigt. Bedürfnislose Kaufkraft wird mit künstlichen Bedürfnissen ausgestattet.

→ Angst ist eine entscheidende Beeinträchtigung der Lebensqualität und des Zusammenlebens: ein denkbar schlechter Anreiz für das Werteschaffen.

→ Die Suche nach Konkurrenz im Sinne sich ausschließender Zielerreichung – ich gewinne, indem du verlierst – ist ein durch Mangel motiviertes Verhalten. Je geringer jemandes Selbstachtung, desto stärker die Neigung zur Konkurrenz und der notorische Drang, besser sein zu müssen als andere. Je stabiler das Selbstwertgefühl, umso geringer das Bedürfnis zu konkurrieren.

→ Freiwillige Kooperation bringt bessere ökonomische und emotionale Ergebnisse als die Kontrakurrenz.

→ Wir sollten als Einzelakteure das richtige Ziel (Gemeinwohl) anstreben, dafür die besten Mittel (Kooperation) wählen und dabei auf die stärksten Anreize (Sinn, soziale Anerkennung) setzen. Und nicht das falsche Ziel (Eigennutz) verfolgen, dabei fragwürdige Anreize (Angst, Selbstwert-Kompensation, Gier) suchen und Instrumente wählen, die sozialen Schaden anrichten und im Widerspruch zum Ziel stehen (Wettbewerb).

1 Der Standard, 8. April 2006.
2 Die Presse, 20. Januar 2007.
3 HAYEK (2004), 22.
4 Der Standard, 20. Januar 2007.
5 http://www.oesfo.at/osf?cid=498
6 BAUER, 21.
7 WTO, 15.
8 Grundsatz Nr. 1 der Ökosozialen Marktwirtschaft, eingesehen am 30. August 2007. http://www.oesfo.at/osf?cid=498
9 Der Standard, 25. Januar 2007.
10 Ingrid Hörlezeder arbeitet künstlerisch und therapeutisch mit Kindern, Erwachsenen und MusikerInnen.
11 FAO: »The State of the Food Insecurity in the World 2006«, Rom 2006, und Food Security Statistics.
12 FELBER, 77.
13 Financial Times Deutschland, 26. Juni 2007.
14 STIGLITZ, 51.
15 HEULER, 1.
16 BAUER, 15.
17 Zitiert in BAUER, 153.
18 Zitiert in HEULER, 2.
19 BAUER, 166.
20 DARWIN, 82.
21 Lynn Margulis/Dorion Sagan: Acquiring Genomes, Basic Books, New York, 32. Zitiert in BAUER, 124.
22 BAUER, 18/19.
23 Peter Kropotkin: Gegenseitige Hilfe in der Tier- und Menschenwelt, Ullstein-Taschenbuch, Berlin 1985, 41.
24 Aggression and conflict management at fusion in spider monkeys, in: The Royal Society, Biological Letters, Volume 3/Number 1, 22. Februar 2007.

25 LIESSMANN, 62.

26 LIESSMANN, 91.

27 BURIAN, 3.

28 BAUER, 84.

29 NAGEL, 8.

30 SMITH, 662.

31 Rotraut A. Perner: »Identität zwischen Arbeit und Freizeit«, Die Presse, 25. August 2007.

32 Zitiert nach ALBERT, 198.

33 Zitiert in Alfi Kohn: No Contest. The Case against Competition. Why we lose in our race to win, Houghton Mifflin Books, Boston 1992, 47–48.

4. Leistung

Alles, was dir der Nationalökonom an Leben nimmt und an
Menschheit, das alles ersetzt er dir in Geld und Reichtum.
KARL MARX

Leistung ist die Vierte im Bunde des neoliberalen Wertekanons.
Der Wert eines Menschen bemisst sich heute in seiner Leistung:
Gefragt sind Leistungsträger. Österreichs Bundeskanzler Alfred Gusenbauer schwebt eine »solidarische Hochleistungs-
gesellschaft« vor – da und dort liest man bereits von »Hochleis-
tungsträgern«. Sein Finanzstaatssekretär Christoph Matznetter
möchte die »wahren Leistungsträger« steuerlich entlasten.[1]
Muße ist out: Der deutsche Arbeitgeberpräsident Dieter Hundt
fordert von den Deutschen, sie müssten »wieder mehr leisten«[2].

Auf der Suche nach dem Kern der Leistung, um die sich alles
dreht, wird es eng: Im zeitgenössischen Kapitalismus wird nur
solche Leistung gesehen und bewertet, die in Geld gemessen
werden kann. Es zählen Arbeiten, die finanziell entlohnt werden,
und Maßnahmen, die den Gewinn von Unternehmen erhöhen.
Je höher die Leistung, desto höher das Geldeinkommen und umgekehrt: Je höher der Geld-Verdienst, desto höher die Leistung,
die dahinter vermutet und gesellschaftlich geschätzt wird. Automatisch wird angenommen, dass diese Leistungen Wohlstand
erzeugen, losgelöst davon, ob das tatsächlich der Fall ist. Analog
zu der Ansicht, dass die Vermehrung von Kapital in jedem Fall
ein Beitrag zur allgemeinen Wohlstandsmehrung ist. Die zentrale Leistung im Kapitalismus ist die, ein Kapital zu vermehren.
Ein Leistungsträger ist in einer kapitalistischen Gesellschaft jemand, der aus Kapital mehr Kapital macht und damit – dank der
»unsichtbaren Hand« – auch den gesellschaftlichen Wohlstand
mehrt, selbst wenn er dies »in keiner Weise beabsichtigt hat«.

In Kapitel 1 haben wir den äußerst prekären Zusammenhang zwischen Kapitalvermehrung und Wohlstand untersucht: Kapitalvermehrung kann einhergehen mit Naturzerstörung, wachsender Ungleichheit, der Verletzung von Menschenrechten, weniger Freiheit und Glück. Es besteht kein zwingender, sondern ein im wahrsten Wortsinne »unheiler« Zusammenhang zwischen Kapital- und Wohlstandsvermehrung: Ziel der Kapitalvermehrung ist der eigene Vorteil und nicht das allgemeine Wohl. Sobald die Kapitalvermehrung zum Selbstzweck wird – Kapitalismus –, wird der allgemeine Wohlstand nicht zwingend erhöht, weil der Weg der Mehrung des Kapitals mit zerstörerischen Methoden genauso gut funktioniert wie mit konstruktiven. Daher ist der Wohlstand in Warenbergen und Geldwerten im Kapitalismus zwar ein beeindruckender und historisch zweifellos unerreichter, aber aus ganzheitlicher Perspektive – emotionaler, sozialer, kultureller, ökologischer, spiritueller – ist der Wohlstand einseitig, exklusiv und destruktiv. Das führt dazu, dass heute immer mehr Menschen in den Industrieländern sich »unrund« fühlen, sie bemerken in wachsendem Maße, dass Geldreichtum, Eigennutzstreben, Konkurrenz und Konsum umso unglücklicher machen, je stärker sie zu unseren Leitwerten werden.

Das Problem mit der heute anerkannten Leistung liegt darin, dass sie exakt auf die Erzeugung dieses Geldwert-Warenberg-Unwohlstandes zugeschnitten ist. Nur solche ökonomischen Tätigkeiten werden heute als Leistung anerkannt und bezeichnet, die dieses schiefe Wertesystem speisen. Umgekehrt werden alle Leistungen, die den ganzheitlichen Wohlstand einer Gesellschaft erhöhen, die aber außerhalb des kapitalistischen Wertesystems erbracht werden, systematisch ausgeblendet, sie werden nicht anerkannt, indem sie erst gar nicht in Geld bewertet werden und Wert auf Geldwert reduziert wird. Der Ausschluss dieser Leistungen von gesellschaftlicher Anerkennung findet statt, obwohl sie großteils für das Funktionieren der Wirtschaft unverzichtbar, ja ihre Voraussetzung sind.

- Die Leistung der Frauen, Kinder teils unentgeltlich, teils gegen Sozialtransfers in der Höhe von HilfsarbeiterInnen zu gebären, zu säugen und großzuziehen. Die Reproduktion ist die Grundlage der Produktion. Alle sogenannten Leistungsträger werden von Frauen ausgetragen, geboren, gestillt und (mit) großgezogen. Warum gilt das so wenig im Vergleich zu marktfähigen Leistungen?
- Die Pflege der älteren und alten Menschen, die aus eigener Kraft nicht mehr leben können, ist für die Gesellschaft eine hochwertvolle Leistung, weil jeder und jede in Würde altern und sterben möchte. Doch die Pflege wird unter großer Zusatzbelastung wiederum fast ausschließlich von Frauen übernommen, oft neben Kinderbetreuung und Erwerbsberuf. Insgesamt würden die Leistungen der Frauen, wenn wir sie angemessen bezahlen würden, das BIP um rund ein Drittel erhöhen.
- Was ist mit der »unsichtbaren« ehrenamtlichen Leistung von Hilfsorganisationen, Rettungskräften, BürgerInneninitiativen, ErwachsenenbildnerInnen oder KonfliktmanagerInnen? Sie alle leisten einen erheblichen Beitrag zur Stabilisierung und zum Wohlergehen der Gesellschaft. Auf ihrem Lohnzettel steht jedoch: null.
- Viele KünstlerInnen führen ein karges Leben am Rande der Armut, weil sie viel Zeit für Muße brauchen, aus der heraus Kunst erst entstehen kann. Ihre Leistungen sind für viele Menschen sehr wertvoll, bringen Erkenntnis, Entwicklung und Heilung, und dennoch: Nur die wenigsten KünstlerInnen können frei von existenziellen Nöten ihre Werke ausbrüten und schaffen.
- Wer im Garten erfolgreich Heilkräuter anpflanzt oder im Wald Pilze sammelt und damit Nachbarn und andere Menschen versorgt, leistet nichts, weil er kein Geld dafür verlangt. Wer in seiner Freizeit mit Kindern spielt und diesen schöne Stunden schenkt, leistet marktökonomisch nichts. Die Liste der Nicht-Leistungen ist endlos: Was ist mit den

Menschen, die mit Ruhe, Zentriertheit und Kraft durch den Alltag gehen, Bedürftigen helfen, Traurigen zulächeln, Situationsintelligenz besitzen und anderen Menschen, die vielleicht gerade gekündigt wurden, zumindest den Tag retten? Sind das keine Leistungen? Warum werden sie nicht belohnt?

Die Leistungsgesellschaft übersieht all diese äußerst wertvollen Leistungen, weil sie keinen Blick dafür hat, da sie nicht ihrem Leistungskriterium – Geld – entsprechen. Das wäre so, als würde der zoologische Garten nur Esel ausstellen, weil alle anderen Tiere nicht seiner Definition von »Tier« entsprechen. Den Frauen, HelferInnen, HeilerInnen, LebenskünstlerInnen und MüßiggängerInnen, ohne die eine stabile und blühende Gesellschaft weder Fundament noch Ornament hätte, wird Leistung abgesprochen, während die Hersteller von Gummibärchen, Spielzeugwaffen und Sportautos als Träger (und Generatoren) des Wohlstandes angesehen werden, sofern sie nur am Markt »Erfolg« haben. Wer den Wald als totes Rohstofflager sieht und in eine Baumplantage verwandelt, gilt als Leistungsträger. Wer den Wald und seine Wesen kennt, mit ihnen kommuniziert und die Früchte des Waldes so nützt, dass dieser keinen Schaden nimmt, gilt als verschrobener Wurzelsepp oder als Kräuterhexe. Wer Pflegepersonal aus den osteuropäischen Ländern gegen horrende Provisionen an westeuropäische Pflegebedürftige vermittelt, gilt als Leistungsträger, als »Gründer«; die Pflegekräfte, die oft ihre ganze Liebe in die Pflege der alten Menschen geben, aber von ihrem Makler einen Hungerlohn erhalten, gelten nichts. Wer Saatgut gentechnisch manipuliert und dieses zu saftigen Preisen auf dem Markt verkauft, gilt als Leistungsträger; wer Zeit seines Lebens als Bauer oder Bäuerin Saatgut vermehrt und es mit den Nachbarn getauscht hat, gilt als unproduktiv und »vormodern«. Geld sollte ursprünglich dazu da sein, den Wert von Leistungen auszudrücken. Heute messen wir in der Tendenz nur noch solchen Waren und Leistungen Wert zu, die vom Geldmaß erfasst sind. Die Blindheit dieses Wertverständnisses – das Maß selbst wird zum Wert – hat uns auch ein fatales Fehlverständnis von Leistung beschert.

Wer nicht arbeitet, soll verhungern

In der heutigen kapitalistischen Verformung des Leistungsbegriffes verbirgt sich eine ganze Kaskade unappetitlicher Entwicklungen. In dem Maße, in dem Leistung an Geldwert gebunden wird, werden Menschen danach be*wert*et, wie viel sie leisten. Im »Leistungsträger« findet diese Wertschätzung ihren sprachlichen Niederschlag. Diese Personen sind es angeblich, die die Leistung tragen, ohne die eine Volkswirtschaft nicht voränkäme. Ihnen wird ein überproportionaler Anteil an der gesamtgesellschaftlichen Wohlstandserzeugung zugeschrieben. Doch im gleichen Maße, in dem die Leistung der Leistungsträger hochgewürdigt wird, werden die Leistungen aller anderen relativ abgewertet; wenn der eine angeblich so viel »trägt«, ist der Beitrag anderer entsprechend kleiner; wird der Scheinwerfer der gesellschaftlichen Anerkennung auf eine bestimmte Form von Leistung gerichtet, verschwinden alle anderen Formen von Leistung in ihrem Schatten. Das Problematische ist nicht, dass eine Gesellschaft sich dafür entscheidet, bestimmte Leistungen wertzuschätzen und Anreize zu setzen, dass diese Leistungen erbracht werden; das Problem liegt darin, dass diese Leistungen, wie beschrieben, in einem äußerst fragwürdigen Zusammenhang mit einem gesamtgesellschaftlichen Nutzen und Wohlsein stehen. Die Gesellschaft honoriert heute Leistungen, die sie in vielfältiger Weise schädigen; und ignoriert umgekehrt Leistungen, die Wohlstand, Glück und Freiheit begründen.

Der falschen Be*wert*ung folgt die Diskriminierung: Wir achten und schätzen Leistungsträger nicht nur höher, wir behandeln sie auch besser. Wir privilegieren sie mit der Kraft des Gesetzes, umgekehrt werden Nicht-LeistungsträgerInnen schlechter behandelt. Leistungsträger genießen beispielsweise höhere Reisefreiheit – sie erhalten Aufenthalts- und Arbeitsgenehmigungen, die anderen Menschen gleicher Herkunft nicht gewährt werden. Leistungsträger werden steuerlich entlastet. Die Spitzensteuersätze, in der Wiederaufbauzeit durchweg in der Sechzig-Prozent-Zone, liegen heute in vielen Ländern nur noch bei vierzig Prozent, obwohl die Einkommen der Spitzenverdiener schneller gewachsen sind als die aller anderen. In Großbritannien zahlen Hedge-Fonds-Manager auf ihre persönlichen Veranlagungsgewinne nicht den Höchstsatz von vierzig Prozent, sondern nur zehn Prozent. In den USA sind Private-Equity-Fonds mit lachhaften fünfzehn Prozent besteuert.[3] In Österreich sind Aktienoptionen für Topmanager, ihre höchsten Gehaltsbestandteile, steuerbegünstigt.

Im Umkehrschluss zur Gleichsetzung von Bestverdienern mit Leistungsträgern werden Menschen, die vierzig Stunden für wenig Geld arbeiten, geringer geschätzt; sie können Kohlesäcke schleppen, auf Baustellen Höllenlärm und Staub ausgesetzt sein oder in Copyshops monotone Tätigkeiten erfüllen – egal, sie leisten im Verhältnis zu den Leistungsträgern nichts. Weil sie nichts verdienen.

Menschen ohne Erwerbseinkommen werden zunehmend sogar als »Leistungsverweigerer« gebrandmarkt. Ob diese Personen andere wertvolle Leistungen erbringen, wird erst gar nicht gefragt. Wer keine Gelderwerbsleistung vorzeigen kann, hat es zunehmend schwer, muss mit Schmähung und Schikane rechnen. Besonders zynisch wird diese Behandlung, wenn Menschen grundsätzlich bereit sind, sich am Erwerbsarbeitsmarkt zu engagieren, aber erfolglos bleiben. Trotz hoher Arbeitslosigkeit wird heute, wer keine Arbeit findet, zunehmend als jemand behandelt, der keine Arbeit annehmen will. Die Zumutbarkeitsbestimmungen werden verschärft, obwohl die Arbeitslosigkeit strukturell steigt. Das ist so, als würden Kleidergeschäfte zu Winterbeginn dünnere Stoffe anbieten. Es sei denn, man erklärt sich den Anstieg der Arbeitslosigkeit dadurch, dass plötzlich ganz viele Menschen extrem faul geworden sind. Das ist nicht nur angesichts sinkender Arbeitslosengelder unplausibel, sondern auch, weil alle Menschen nach sozialer Anerkennung streben und Arbeitslosen diese nicht zuteil wird: Arbeitslose leiden nachweislich unter Selbstwertverlust, viele sind »extrem unzufrieden«[4]. Wären sie freiwillig arbeitslos, würden sie mit Stolz ihr Los zeigen, Arbeitslosenvereine gründen und ihre Entscheidung zum Schick erklären. Es mag Fälle zufriedener Arbeistloser geben, doch die große Mehrheit erfährt den unappetitlichen Neid, der paradoxerweise gegen die Schwächsten der Gesellschaft geschürt wird, zu Unrecht.

Als Ausdruck der Pauschalverdächtigung und Stigmatisierung von Menschen ohne Erwerbsarbeit wird die Sozialhilfe nur unter Murren und verächtlichen »Sozialschmarotzerrufen« gewährt. Von einem Recht auf ein Existenzminimum, das der Würde des Menschen entspräche, ist keine Rede. Böhler-Uddeholm-Chef Claus Raidl, der 2006 rund eine Million Euro verdiente[5], weiß: »Die Grundsicherung ist keine gute Sache, weil dahinter die Idee einer leistungsfreien Gesellschaft steht.«[6] Seine Logik: Wer kein Geld verdient, leistet nichts. So einfach ist das. Deshalb werden auch Leistungsträger motiviert, indem man sie steuerlich *ent*lastet, und Leistungsverweigerer dadurch, dass man sie mit neuen Zumutungen *be*lastet. Verschärft sich das Klima weiter, werden Leistungsverweigerer vielleicht bald zu Wirtschaftsfeinden oder sogar – in einer neoliberalen Marktgesellschaft – zu Staatsfeinden erklärt. So abwegig ist das nicht. Der Rassismus gegen Arme erfreut sich einer langen Tradition. »In einer Nation, wo Sklaven nicht erlaubt sind, besteht der sicherste Reichtum in einer großen Zahl arbeitsamer Armer«, meinte Bernard de Mandeville, der Bienenfabulierer. De Sade empfahl, die Armenhäuser »gnadenlos abzureißen«[7]. Darwin verlangte, dass sich die »minderwertigen Glieder der Gesellschaft« der Heirat enthielten.[8] Und Hayek hätte es als »vernünftig« empfunden, wenn »alle Empfänger von öffentlichen Unterstützungen vom Wahlrecht ausgeschlossen wären«[9]. Warum nicht gleich Wahlrecht nur für die Reichen? Solche Dünkel und Vorschläge können umso leichter wieder erwachen, je stärker die Leistung der Gelderwerber fetischisiert und Menschen, die keinen Erwerbsarbeitsplatz besitzen, die Schuld dafür zugeschoben wird. »Wer nicht arbeitet, soll auch nicht essen«, meinte Franz Müntefering – bei einem Stand von fünf Millionen Arbeitslosen in Deutschland.[10] Nicht essen heißt wörtlich: verhungern. So will es der damalige SPD-Vizekanzler sicher nicht gemeint haben, aber gesagt hat er es. Er verwies scheinheilig auf die Bibel. Doch in der Bibel findet sich auch die Weinberg-Geschichte: Auch derjenige, der nur die letzte Stunde des Tages arbeitet, erhält den gleichen Lohn wie der, der den ganzen Tag geschuftet hat. Eine Auslegung von Franz Müntefering würde interessieren.

Die Ein-Euro-Jobs dienen weder der beruflichen Weiterbildung noch der Nächstenliebe, sie haben demütigenden und strafenden Charakter; sie wirken wie Spott und Hohn auf die, die nicht geerbt oder von Mami und Papi das Gewinnen gelernt haben.

Nach der Diskriminierung und Demütigung der »Leistungsverweigerer« wäre der letzte Schritt die Verfolgung. »Hart wie Kruppstahl, zäh wie Leder, flink wie die Windhunde«, lautete eine der Devisen Hitlers. »Tüchtig wie die Leistungsträger«, gilt heute. Nicht der Wert als Mensch zählt an erster Stelle, sondern die ökonomische Leistung. Man möchte meinen, dass wir als schmerzliche Lehre aus der jüngeren Geschichte die Menschenrechte gezogen haben, deren Kern darin besteht, dass niemand aufgrund von Geschlecht, Herkunft, Hautfarbe oder Alter diskriminiert werden darf; und schon schleicht sich durch die ökonomische Hintertür (und Kapitalismusbrille) die Unterscheidung in nützliche und unnütze Menschen ein. Wertvoll sind die, die Kapital vermehren (lassen) – egal wie – und entsprechend weniger wertvoll all jene, die dies nicht vermögen. Von hier ist es nur ein Schritt zur Unterscheidung in »wertvolles« und weniger wertvolles oder gar »unwertes« Leben. Der

Präsident der österreichischen Industriellenvereingung, Veit Sorger, wünscht sich in der Einwanderungsdebatte, dass »die richtigen Leute zur richtigen Zeit da sind«[11]. Aber wer sind die falschen Menschen? Die falschen Menschen sind Wanderer und Wanderinnen, die ohne fixen Job im Handgepäck über die Grenze wollen. Während das Kapital vollkommene Reisefreiheit genießt, auch wenn es enormen Schaden anrichtet und Millionen Menschen in die Armut stürzt, wie bei der Südostasienkrise 1997/98, werden für Menschen Barrieren und Grenzzäune hochgezogen. Menschen dürfen nicht selbst bestimmen, wo sie leben wollen, sondern sie werden danach selektiert, ob sie dem Wirtschaftsstandort (ehemals: Demokratie) einen Gewinn bringen oder für ihn eine finanzielle Last darstellen.

Wenn es heute darum geht, den Standort konkurrenzfähig zu machen, braucht es Hochqualifizierte und Leistungsträger. Manager sind gefragt, die die Aktienkurse hochjagen und den Standort gegen den »Angriff aus Asien« verteidigen. Die Heroisierung der Krieger war früher rassistisch, heute ist sie ökonomisch motiviert. Früher brauchte man leistungsfähige Männer für die kriegerische Volksgemeinschaft, heute für den Standort im globalen Wirtschaftskrieg.

Wo der Homo oeconomicus das gesellschaftliche Ideal abgibt, stehen die Aktien der ganzheitlichen Menschen, für die Geld und Macht nur Mittel zum Gemeinwohl sind und die sich kooperativ, solidarisch und gemeinsinnig verhalten, schlecht. Der ökonomische Einzelkämpfer zeichnet sich gerade nicht durch Kooperationsfähigkeit, Voraussicht, Ganzheitlichkeit, Heilkraft oder Weisheit aus, sondern dadurch, dass er egozentrisch und rücksichtslos agiert und enorm viel Geld verdient.

Wert der Leistung

Leistungsträger verdienen heute bis zu zwei Milliarden US-Dollar im Jahr. Das ist das 195 000fache des Mindestlohnes. Der »Markt« gibt das her. Der Markt ist großzügig mit den einen – und sehr knauserig mit den anderen. In Berlin verdienen BäckereiverkäuferInnen und FloristInnen weniger als tausend Euro brutto im Monat, in Thüringen GartenarbeiterInnen und FriseurInnen weniger als siebenhundert Euro brutto, und ausländische Spül- und Küchenhilfen in zahlreichen Bundesländern weniger als fünfhundert Euro brutto im Monat.[12] Für die volle Arbeitszeit, wohlgemerkt. Davon kann man kaum leben, geschweige denn eine Familie ernähren. Sind diese Arbeiten tatsächlich nichts wert? Wieso wird diese Leistung nicht gewürdigt? Ist der Markt wirklich die richtige Instanz zur Beurteilung von Leistung? Für Erste-Bank-Chef Andreas Treichl definitiv, er spricht sich gegen gesetzliche Grenzen aus: »Ich glaube nicht, dass man das über Regeln verbessern kann.« Die Gehälter würden »vom Markt und vom Aufsichtsrat« festgelegt, »Transparenz« würde ausreichen.[13] Doch wem ist geholfen, wenn »transparent« gemacht wird, dass der Erste-Bank-Chef das Dreihundertfache des österreichischen Mindestlohnes verdient und George Soros das 80 000fache des US-Mindestlohnes? Dass die Gehälter der DAX-Bosse von 2003 bis 2006 um fünfzig Prozent gestiegen sind[14], während die durchschnittlichen Löhne und Gehälter nicht vom Fleck kamen? Wer gegen gesetzliche Grenzen für Einkommensungleichheit ist, gibt zu: Was eine Leistung ist, weiß letztlich nur der Markt. Doch das ist absurd und totalitär, denn der Markt ist weder eine moralische noch eine demokratische und schon gar keine vernünftige Instanz. In den USA verdienten Manager vor vierzig Jahren das Fünfzigfache ihrer MitarbeiterInnen, heute im Schnitt das Fünfhundertfache und im Extremfall eben das 195 000fache. Nicht weil sie heute im Verhältnis um so viel mehr leisten als ihre KollegInnen, sondern weil wir schlicht die Spielregeln zu ihren Gunsten verändert haben. Die »Leistung« von Ex-Daimler-Chrysler-Chef Jürgen Schrempp bestand darin, den Wert des von ihm geführten Unternehmens um 25 Milliarden US-Dollar zu verringern. Dennoch wurde er mit Aktienoptionen belohnt, die Mitte 2007 fünfzig Millionen Euro wert waren.[15] Merrill-Lynch-Chef Stan O'Neal verantwortete den größten Verlust in der Firmengeschichte der Bank: Acht Milliarden US-Dollar wurden in faulen Hypothekenkrediten versenkt. Bei seinem Abgang erhielt er 161,5 Millionen US-Dollar als Lohn[16] – ein Hohn für all jene, die keine epochalen Fehlentscheidungen getroffen haben und dennoch nur eine Rente am Existenzminimum erhalten. Andreas Treichl verschanzt sich hinter einer anonymen Instanz. Doch »der Markt« besteht am Ende immer aus realen Menschen, die unvernünftige und ungerechte Entscheidungen treffen. Wenn wir weiterhin dieser anonymen Instanz vertrauen, dann werden die Reichsten irgendwann das Fünfmillionenfache und Fünfmilliardenfache der Ärmsten verdienen. Die Instanz hätte kein Problem damit.

Systemische Leistung

Wer für grenzenlose Ungleichheit eintritt, übersieht, dass die Leistung einer Volkswirtschaft oder eines Unternehmens durch alle Beteiligten zustande kommt. Andreas Treichl kann ohne seine MitarbeiterInnen, die Jahr für Jahr stärker finanziell diskriminiert werden, keinen Tag arbeiten. Ohne HaustechnikerIn kann Josef Ackermann nicht einmal ein E-Mail schreiben, ohne Putzpersonal nicht aufs Klo gehen. Und die SekretärInnen, BuchhalterInnen, FitnesstrainerInnen und ÄrztInnen? Wenn ein Spitzenmanager in einen Verkehrsunfall verwickelt ist, ist er in vielen Ländern auf Menschen angewiesen, die ihn freiwillig und kostenlos ins Krankenhaus bringen. (Weil der Markt es bezeichnenderweise nicht schafft, einen Rettungsdienst zu organisieren.) Hat er viel Blut verloren wird ihm durch die unentgeltliche Blutspende anderer Menschen das Leben gerettet. – Wenn die Solidarität zwischen Menschen selbst dort funktioniert, wo der Markt versagt, fragt sich, warum wir sie nicht generalisieren? Um das Licht der Welt zu erblicken, muss jeder Leistungsträger von einer Frau neun Monate lang im Bauch getragen und oft jahrelang mit Muttermilch gestillt werden. Alle dürfen im Schoß der Gesellschaft aufwachsen und groß werden. Wer verrechnet diese Leistung? Die Aufspaltung in produktive und reproduktive Sphäre und die extreme Aufspreizung der Markteinkommen übersieht, dass alle werteschaffenden Leistungen ein Gemeinschaftsprodukt sind, zu dem viele beitragen.

Die menschliche Gesellschaft ist Teil des planetaren Ökosystems, das nicht nur aus Individuen, sondern vor allem aus Beziehungen zwischen ihnen besteht und so erst das Lebensganze ergibt. Es ist ein Unsinn, einzelne Individuen hervorzuheben und ihnen eine tausendmal größere Gestaltungskraft zuzuschreiben als anderen. Das Lebensgewebe gedeiht und floriert nicht durch die besondere Anstrengung einer Leistungsoberschicht, sondern durch den Beziehungsreichtum, die Interaktion und Ko-Evolution aller. Am Anfang aller Bedürfnisbefriedigung stehen Geschenke – von der Natur an die Menschen; und von den Eltern an die Kinder.

In der Natur wäre es Unsinn, die Haie oder die Löwen als Leistungsträger der Evolution anzusehen und alle anderen Arten und ihre Beziehungen untereinander als weniger wichtig einzustufen. Es wäre Unsinn, die Bienenkönigin als Leistungsträgerin zu bezeichnen und die Rolle der anderen Bienen und der Blumen bei der Produktion von Honig auszublenden. Es sind nicht die Sonne allein und nicht der Regen, nicht allein die Mineralien und nicht der Sauerstoff, die für das Gedeihen des Ganzen hauptverantwortlich zeichnen: Das Leben ist ein großer Zusammenhang. Die Isolierung von Einzelelementen ist eine pathologische Fantasie Margaret Thatchers (»Es gibt keine Gesellschaft«), sie geht an der Realität eines Ökosystems genauso vorbei wie an der einer Volkswirtschaft. Diejenigen, die behaupten, ein Mensch könne in der gleichen Arbeitszeit bei gleichem Einsatz das Tausendfache eines anderen leisten, sind 1. in aller Regel Spitzenverdiener, die sich selbst bewerten; sie hängen 2. einem abspalterischen, mechanistischen Weltbild an – sie trennen Zusammengehörendes; und 3. denken sie ihre eigene Trennungsfantasie nicht zu Ende. Denn wenn eine Volkswirtschaft um drei Prozent wächst, dann kann dies in ihrer Sicht logischerweise nur an den »Leistungsträgern« liegen, die anderen »tragen« ja nichts, weshalb ihnen auch dieser Titel verwehrt wird. Doch wenn das Geschick einer Volkswirtschaft tatsächlich in den Händen der Leistungsträger läge, dann müssten sie ebenso für deren Misserfolge verantwortlich gemacht werden. Was, wenn die Volkswirtschaft in einem Jahr einmal nicht wächst oder um drei Prozent schrumpft? Sind dann die Leistungsträger zu belangen oder die Zumutbarkeitsbestimmungen gegen sie zu verschärfen – verpflichtende Hundert-Stunden-Woche für Spitzenverdiener, Gehaltsmalus, häufigere Kontrollen durch das Leistungsamt? An den Leistungsverweigerern kann es nicht liegen, sie können am Einbruch des Wirtschaftswachstums nicht schuld sein, denn sie leisten ja per definitionem nichts.

Umgekehrt müssten in China derzeit die leistungsfähigsten Leistungsträger beheimatet sein, weil China am schnellsten wächst. Doch finden die ausländischen Direktinvestitionen wegen der formidablen chinesischen Managementleistungen statt? Oder ist nicht vielmehr der Hauptgrund des Investitionsbooms das tiefe Lohnniveau? Das wird ja offen argumentiert, wir haben permanent froh zu sein, dank der niedrigen chinesischen Löhne so billige Schuhe und Elektrogeräte zu erhalten – dann sind aber die wahren Träger des chinesischen Wachstums nicht die Manager, sondern die BilliglohnarbeiterInnen: Menschen, mehrheitlich achtzehn- bis 25-jährige Frauen, die bis zu sechzehn Stunden am Tag arbeiten, aber fast kein Geld dafür erhalten; das Geld erhalten die, die hochwertige Arbeitsplätze in Europa zerstören und durch minderwertige in China ersetzen: »Leistungsträger«.

Vermögensteuern

Dass der Leistungsträgerdebatte möglicherweise ganz andere Motive zugrunde liegen als Leistung zu identifizieren, zu ehren und zu entlohnen, wird an der Debatte über Vermögensteuern sichtbar. Wer heute Substanzsteuern auf Vermögen aufs Tapet bringt, wird im Handumdrehen mit einer rostigen Argumentekette gefesselt: Vermögen seien das Ergebnis vorangegangener Leistung und wären »im Aufbau« schon hinreichend (wenn nicht übermäßig) besteuert worden, deshalb wäre eine »erneute« Besteuerung zutiefst ungerecht. Sie würde jeden Leistungsanreiz zerstören und die Leistungsträger aus dem Land vertreiben, weshalb schon das Nachdenken darüber dem Standort schade und einen verantwortungslosen Angriff auf die Volkswirtschaft darstelle. Uff.

1. Wie wir in Kapitel 1 gesehen haben, bewirkt das Gesetz des sinkenden Aneignungswiderstandes, dass das Erwerben von Vermögen mit zunehmendem Vermögen leichter wird, die 21. Million erwirbt sich unvergleichlich leichter als die erste, die dafür nötige Leistung nimmt ab. Folglich müsste schon aus Gründen der Leistungsgerechtigkeit die Besteuerung von Einkommen und Vermögen und den daraus erzielten Einkommen stark progressiv sein – und nicht nur aus Gerechtigkeits- und Stabilitätsgründen, um den Konzentrationsmechanismus des »freien« Marktes negativ rückzukoppeln.

2. Für Einkommen aus Vermögen (Kursgewinne, Dividenden, Zinsen, Mieteinnahmen) ist eine vergleichsweise geringe Anstrengung nötig, weil andere Menschen sie erarbeiten und nicht der Kapital- oder Immobilienbesitzer (abgesehen von der Verwaltungsarbeit, die in der Regel Dritte machen). Vermögenseinkommen sollten daher – aus Leistungsgründen – höher besteuert werden als Arbeitseinkommen. Sie sind Einkommen, die bisher unversteuert waren. Das Argument, dass zur Schaffung der Voraussetzung dieser Einkommen (Vermögen) schon einmal Steuern fällig waren, ist unhaltbar. Denn abgesehen davon,

dass die Voraussetzung für viele Vermögen nicht arbeiten war, sondern erben, wie wir gleich sehen werden, werden die schon einmal versteuerten Arbeitseinkommen, die nicht gespart, sondern ausgegeben werden, sofort erneut besteuert, mit der Mehrwertsteuer. Die vermeintlich ungerechte »Doppelbesteuerung« ist also für die Geringverdienenden heute Realität. Warum sollte jemand, der so viel verdient, dass er einen Teil seines Einkommens sparen und Vermögenseinkommen erzielen kann, dafür steuerlich bessergestellt werden als jemand, der sein ganzes Arbeitseinkommen für Konsumzwecke ausgeben muss?

3. Die steuerliche Besserstellung von Kapitaleinkommen ist umso ungerechter, als die Reichen schon heute in Summe gar keine höhere Steuerquote aufweisen als die Armen: In Österreich weisen alle Einkommensgruppen eine ähnlich hohe Abgabenbelastung auf. Denn nur die Einkommensteuer ist progressiv gestaffelt; sowohl die Konsumsteuern als auch die Sozialversicherungsabgaben wirken regressiv: Menschen mit geringeren Einkommen müssen einen höheren Teil ihres Einkommens für Konsumsteuern aufwenden; und die Sozialversicherungsbeiträge sind nach oben gedeckelt. Gemessen am Einkommen leistet ein Spitzenverdiener in Österreich sogar weniger Abgaben als eine Supermarktkassiererin![17]

4. Die derzeitigen Steuersysteme schaffen es nicht, das Anwachsen der Ungleichheiten zu verhindern. Arm und Reich wachsen parallel, Vermögen sind noch deutlich ungleicher verteilt als Einkommen. Zehn Prozent der Bevölkerung besitzen zwei Drittel des Gesamtvermögens – niemand mit Verstand kann behaupten, dass sie zwei Drittel der volkswirtschaftlichen Leistung erbracht hätten. Vermögensteuern sind deshalb der logische »zweite Gang«, der dazugeschaltet werden muss, wenn mit dem »ersten Gang«, den Einkommensteuern, ein Auseinanderdriften von Arm und Reich nicht verhindert werden kann. Je stärker die Ungleichheiten, desto höher die Vermögensteuern, sollte das logische Kriterium lauten.

Winzige Beiträge würden schon ausreichen, um große

Steuererfolge zu erzielen: In Österreich würde ein Prozent Vermögensteuer auf die reichsten zehn Prozent der Bevölkerung rund sieben Milliarden Euro einspielen und damit die meisten Budgetprobleme mittelfristig lösen.

Eine globale Besteuerung der High Net Worth Individuals mit einem Prozent ergäbe ein jährliches Steueraufkommen von 350 Milliarden US-Dollar, das Fünffache der aktuellen Entwicklungshilfe. In nur acht Jahren könnte damit die gesamte Auslandsschuld aller armen Länder getilgt werden. Die Superreichen würden das kaum bemerken, da ihre Vermögen statt jährlich um sieben oder acht nur noch um sechs bis sieben Prozent wachsen würden, was immer noch zur Folge hätte, dass andere verarmen: Es wäre noch zu wenig.

Wirklich gerechte Vermögensteuern müssten zwei grundlegende Lenkungsziele verfolgen. Zum einen muss die Erarbeitung der ersten Million leichter werden als die jeder weiteren Million! Leistung muss gegenüber Besitz steuerlich bessergestellt werden. Heute werden nichts leistende KapitalbesitzerInnen gegenüber leistungswilligen Besitzlosen privilegiert, das konserviert Ungleichheit, bestraft Einsatz und verhindert Chancengleichheit. Gerechte Vermögensteuern müssten zweitens so effektiv sein, dass damit definierte Gleichheitsziele erreicht werden: Ab einem gesellschaftlich definierten Ausmaß der Ungleichheit (gemessen zum Beispiel mit dem Gini-Koeffizienten) steigen die Vermögensteuern so stark an, dass die Ungleichheit nicht weiter wächst. Ab einer Höchstgrenze – zum Beispiel zehn Millionen Euro – geht die Vermögensteuer auf hundert Prozent: negative Rückkopplung. Der Yale-Professor Robert Shiller und sein Kollege Leonard Burman arbeiten bereits an einem Steuersystem, in dem die Progression mit wachsender Ungleichheit anzieht.[18]

Gegner hoher Spitzensteuersätze auf Einkommen und Vermögen lehnen diese in Bausch und Bogen ab, völlig unabhängig davon, wie die Einkommen und Vermögen erzielt wurden. Das ist eine leistungsfeindliche Diskriminierung innerhalb der

Geldeinkommen. Erben und Erbinnen zeichnen sich dadurch aus, dass sie schlagartig hohe Einkommen erzielen, ohne dafür auch nur einen Finger zu rühren. Sie werden aber a) beim Erbvorgang steuerlich deutlich bessergestellt als jene, die für ihre Einkommen hart arbeiten und dafür den vollen Steuersatz bezahlen müssen; und b) bei allen weiteren Einkommen auf ihr Erbe mit jenen gleichgestellt, die sich ihr Vermögen aus eigener Kraft erarbeitet haben. Die Gleichbehandlung von Ungleichen heißt Diskriminierung. Kann jemand erklären, welche Leistung es darstellt, ein Erbe anzutreten? Diejenigen, die Vermögensteuern so leidenschaftlich mit dem Argument der »Leistungsfeindlichkeit« ablehnen, haben noch nie dazugesagt, dass Erben sehr wohl besteuert werden sollten. Mit Totalblockade-Aussagen wie »Ich schließe jede Möglichkeit für eine Besteuerung auf Vermögen aus«[19] zeigt der ÖVP-Finanzsprecher Günter Stummvoll, dass er unfähig zur Differenzierung ist.

Unter den Allerreichsten befinden sich sogar auffallend wenige Leistungsträger: Von den globalen Milliardären haben laut *Forbes Magazine* 43 Prozent ihr Vermögen nicht erarbeitet, sondern geerbt. Sie will Stummvoll mit jenen gleich behandeln, die für ihre Millionen gearbeitet haben. Die Steuerbegünstigung von Erbschaften gegenüber Arbeitseinkommen ist der schwerste Anschlag auf die (eingebildete) »Leistungsgesellschaft«. »Weil Erben vom Finanzamt verschont werden, trifft es die Fleißigen umso härter«, schreibt der *Spiegel*.[20]

Einige Reiche, denen es wirklich um Leistung – wenn auch im Sinne der blinden Kapitalmehrung – geht, erkennen zumindest das. Als Präsident George W. Bush die Erbschaftssteuer 2001 abschaffen wollte, schrieben ihm 120 Millionäre einen Brief, um ihn vor diesem »terrible mistake« zu warnen. Die Superreichen argumentieren, dass dieser Schritt gegen das Leistungsethos verstoße und dass sie es schlicht nicht nötig hätten. Zudem seien sie um den Verlust an Staatseinnahmen besorgt. Warren Buffett unterzeichnete den Brief im Unterschied zu George Soros nicht, weil er seines Erachtens nicht weit genug

ging. Er fand dafür einen denkwürdigen Vergleich. Die Steuer-
politik der Bush-Regierung, die eine »Vermögensaristokratie«
anstelle einer Meritokratie« fördere, sei, als würde sie »das
Olympiateam von 2020 aus den ältesten Söhnen der Olympia-
sieger von 2000 zusammensetzen«[21].

Eine wahre Leistungsgesellschaft

In seinem lesenswerten Buch über partizipatives Wirtschaften
(Parecon) identifiziert der Autor Michael Albert vier Möglichkeiten, nach denen Leistung honoriert werden kann. 1. Nach Besitz:
Wer Kapital besitzt, infolge eines Erbes, eines Lotteriegewinns,
durch Heirat oder eigene Anstrengung, kann andere für sich arbeiten lassen. Er/sie wird reicher, ohne selbst zu arbeiten.
2. Nach Marktwert: Eine Arbeitsstunde wird mit 5,15 US-Dollar
belohnt, wenn es sich um den Mindestlohn handelt, oder mit
700 000 US-Dollar im Falle der derzeit bestbezahlten Hedge-
Fonds-Manager. Wie viel welche Leistung wert ist, entscheidet
der Markt. 3. Nach Talent: Wer mit guten Genen ausgestattet ist,
hat es auf dem Arbeitsmarkt leichter als VerliererInnen der biologischen Lotterie und wird entsprechend höher honoriert.
4. Nach persönlichem Einsatz: durch Engagement, Opfer und
eben Leistung. Michael Albert schlägt vor, nur die vierte Möglichkeit als Kriterium für Leistung und Entlohnung anzuerken-
nen und anzuwenden, weil die ersten drei ungerecht wären: Kapitalbesitz soll nicht ohne eigenes Zutun zu – leistungslosem –
Einkommen führen. Auch der Markt soll nicht entscheiden, wer
wie viel erhält, weil sein »Urteil« in der Bewertung von Stundenlöhnen irrational und ungerecht sein kann. Und für das Geschenk, dass jemand mit Talenten gesegnet ist, muss sie oder er
nicht auch noch mit einem höheren Einkommen belohnt werden als jene, die genetisch weniger Glück hatten.

Allein wer sich – unabhängig von den Startbedingungen –
voll einsetzt, soll belohnt werden, egal, was der Markt zu der

Leistung sagen würde. Wer länger arbeitet als andere, wer schwerer arbeitet oder wer eine schwierigere Ausbildung in Kauf nimmt, erhält eine höhere Entlohnung. Einkommensunterschiede gibt es auch in der Parecon, aber nur aufgrund von persönlichem Einsatz: eine echte Leistungsgesellschaft!

Verschiebung von Werten

Das neoliberale Leistungsethos ist blind und ungerecht. Leistungsloser Besitz wird hoch honoriert und steuerlich entlastet (wer nimmt oder hat, dem wird gegeben), während hoher Arbeitseinsatz und körperliche und psychische Schwerarbeit miserabel entlohnt werden (wer gibt, dem wird genommen). Die Bewertung von Arbeit durch den Markt und die Mächtigen ist ungerecht und leistungsfeindlich. Gänzlich blind ist das kapitalistische Leistungsethos für das soziale und ökologische Kapital. Gesellschaftlich wertvolle und Wohlstand fördernde Leistungen werden nicht als solche erkannt und daher gar nicht in Geld bewertet und vergütet – weil die Welt nicht mehr ganzheitlich betrachtet, sondern durch die enge Geldmaßbrille gesehen wird, was die Sehkraft für alle anderen Werte schwächt. So verarmt die Leistungsgesellschaft an essenziellen Ressourcen: Naturwissen, Überlebenswissen, Konfliktbeilegungswissen, pädagogisches Wissen, Kinder- und Altenbetreuungskompetenz, Heilungswissen.

Diese blinden Kontinente der »Leistungsgesellschaft« führen uns zu einem großen Dilemma: Besteht die Lösung darin, dass alle gesellschaftlich wertvollen Leistungen in Geld gemessen und abgegolten werden sollen? Von der Schwangerschaft über die Tradierung von Naturwissen bis zur Betreuung alter Menschen? Oder wäre nicht gerade das die Verabsolutierung des Geldmaßes und Übersetzung aller Werte in Geldwert, was unsere Blindheit gegenüber dem Leben befördern würde?

Vielleicht nähern wir uns einer Lösung in mehreren Schrit-

ten: Als Erstes sollten wird die Einteilung von Menschen in Leistungsträger und Nichtleistungsträger oder sogar Leistungsverweigerer unterlassen und von der Besserbehandlung der einen
und der logischen Diskriminierung aller anderen Abstand nehmen. Der Wert eines Menschen darf sich nicht primär darin bemessen, welchen Geldwert er erzeugt oder besitzt. Das gebietet
die Menschenwürde.

Zweitens sollten die Einkommensungleichheiten wie vorgeschlagen begrenzt werden. Die extremen Bewertungsunter-
schiede von Erwerbsarbeiten würden verschwinden, der Abstand zu den nichtbezahlten Leistungen kleiner; wir könnten
beginnen, über das Parecon-Modell zu diskutieren.

Drittens sollte der Erwerbsdruck durch gesellschaftliche
Solidarität verringert werden: Wenn wir eine breite Palette öffentlicher Güter anbieten, die gesetzliche Arbeitszeit radikal
verkürzen und allen Menschen für eine bestimmte Zeit ein be-
dingungsloses Grundeinkommen gewähren, verschieben wir
Wert vom Reich der Notwendigkeit ins Reich der Freiheit. Wir
lindern den Erwerbszwang und öffnen Freiraum für außer-
marktliche und ehrenamtliche Leistungen, die wiederum die gesamte Gesellschaft stärken.

Viertens könnte ein Teil jener wertvollen Leistungen, die
heute gering oder prekär entlohnt werden (zum Beispiel die
SeniorInnenbetreuung) oder die der Markt gar nicht erkennt, in
qualitätsvolle öffentliche Arbeitsplätze umgewandelt werden.
Für die Finanzierung könnten die unverdienten Einkommen –
große Erbschaften – und Vermögensteuern herangezogen werden. Dadurch würde aus einer leistungsfeindlichen Erbenge-
sellschaft eine Gesellschaft mit höherer Chancengleichheit. Die
Sozialpflichtigkeit des Eigentums, die in der katholischen Sozi-
allehre ebenso prominent verankert ist wie im deutschen
Grundgesetz, würde ein Stück weit in die politische Realtität
umgesetzt.

Zusammenfassende Thesen

→ Die kapitalistische Gesellschaft setzt Wert mit Geldwert gleich und reduziert Leistung auf Tätigkeiten, die Geldwert schaffen.

→ Volkswirtschaftlich und gesellschaftlich wertvolle Leistungen, die nicht in Geld bemessen werden, werden geringgeschätzt oder gar nicht gesehen.

→ Frauen werden in einer kapitalistischen Leistungsgesellschaft per definitionem diskriminiert.

→ In einer »Leistungsgesellschaft« wird der Wert eines Menschen darin bemessen, wie viel Geldwert er »verdient« oder besitzt.

→ Personen mit hohen Einkommen und Vermögen können diese lukriert haben, indem sie soziale und ökologische Zerstörung angerichtet haben (zum Beispiel Produzenten von Waffen, Pestiziden, gentechnisch verändertem Saatgut).

→ Personen mit hohen Einkommen und Vermögen können diese lukriert haben, indem andere für sie gearbeitet oder sogar ihren Arbeitsplatz verloren haben (Aneignung von produktivem Mehrwert, Gewinnanteilen, Zinsen, Mieten).

→ Personen mit hohen Einkommen und Vermögen können gar keinen Finger dafür gerührt haben. 43 Prozent der globalen Milliardäre haben geerbt.

→ Personen, die wertvolle gesellschaftliche Leistungen erbracht haben, können ohne hohe Einkommen und Vermögen, fallweise sogar erwerbseinkommenslos sein.

→ Egal, wie sehr wir Fleißaufgaben belohnen und freiwillige Mehrleistung honorieren: Niemand kann das Tausendfache eines anderen leisten. Wo immer in der Geschichte über Grenzen der Ungleichheit demokratisch diskutiert wurde, kam in der Regel das Dreifache, Fünffache oder höchstens Zehnfache heraus.

→ Das Konzept des »Leistungsträgers« in seiner heutigen Bedeutung ist ein diskriminierendes und im Kern faschistoides und sexistisches Konstrukt. Es dient der Zementierung patriarchaler und ökonomischer Machtverhältnisse.

→ Google identifizierte Ende 2007 1 130 000 Millionen Leistungsträger gegenüber 9345 Exemplaren der Gattung Leistungsträgerin.

1 Der Standard, 27. Dezember 2006.
2 Der Standard, 27. August 2004.
3 Handelsblatt, 9. Mai 2007.
4 Uwe Jean Heuser und Rüdiger Jungbluth: »Schneller? Reicher? Glücklicher!«, Die Zeit 28/2007.
5 Österreich, 15. August 2007.
6 Die Presse, 6. Dezember 2006.
7 KURZ (2005), 56 und 61.
8 Joachim Bauer: »Darwins unmenschliches Erbe«, Die Welt, 10. September 2006.
9 HAYEK (2005), 135.
10 Die Zeit, 10. Mai 2006.
11 Die Furche 28/2007.
12 KLIMENTA, 134.
13 Ö1 Saldo, 2. Februar 2007.
14 dpa, 26. Juli 2007.
15 Handelsblatt, 4. Juni 2007.
16 WELT online, 31. Oktober 2007.
17 Markus Marterbauer: »Erfolgreiche Verteilungspolitik«, Solidarität, Mai/Juni 2007.
18 Der Spiegel 23/2007, 54.
19 Österreich, 24. August 2007.
20 Der Spiegel 6/2007, 24.
21 New York Times und BBC, 14. Februar 2001.

5. Wettbewerbsfähigkeit

Für den Menschen gibt es
nur einen Standort: die Erde.

Welch zentralen Wert der Wettbewerb heute darstellt, haben wir schon in Kapitel 3 gesehen. Nirgendwo zeigt sich das deutlicher als im Streben von Staaten nach globaler Wettbewerbsfähigkeit. Jeder möchte besser sein als die anderen, alle machen mit beim weltweiten Standortkrieg. Die Sicherung des Standortes wird zur höchsten politischen Priorität. Die EU möchte seit dem Rat in Lissabon 2000 zum »wettbewerbsfähigsten Wirtschaftsraum der Welt« werden. Das wollen jedoch alle, weshalb sich das Konkurrenzkarussell immer schneller dreht: »Europa muss immer einen Schritt schneller und auf vielen Gebieten absolute Weltspitze sein. Nur so können wir im globalen Wettbewerb bestehen«, meint Ex-SPD-Arbeitsminister Wolfgang Clement.[1] Wer nicht schnell genug läuft, scheidet aus. Den globalen Wettbewerb stellt niemand in Frage, weil:»Den gibt es nun einmal«, glaubt der Präsident der österreichischen Wirtschaftskammer, Christoph Leitl.[2] Hannes Swoboda, Vizepräsident der SPE-Fraktion im Europaparlament, formuliert das neue Naturgesetz: »Wettbewerb ist unvermeidbar.«[3] Ist damit die Debatte beendet? Oder fängt sie erst an?

Standorte werden selektiert

Nur zur Erinnerung: Die EU wurde als Friedensprojekt gegründet. »Die EU versteht sich zutiefst als Friedensmacht. Das Friedensmotiv ist das Hauptmotiv europäischen Handelns in der Welt«, betonte die österreichische Außenministerin Ursula

Plassnik bei den Alpbacher Gesprächen 2007.[4] Auch die UNO verfolgt den Frieden in der Welt als eines der obersten Ziele. »Über den Nationen steht die Menschheit«, schrieb bereits Goethe. Kant ersehnte den »ewigen Frieden«. Es scheint, als seien sich diesmal alle einig. Und trotzdem führen wir in der Wirtschaft täglich Krieg. In der globalen Standortkonkurrenz versuchen alle, sich gegen die anderen durchzusetzen – auf Kosten der anderen. Es werden nicht nur Individuen oder Unternehmen selektiert, sondern ganze Standorte, das heißt Staaten oder Erdregionen. In der begleitenden Kriegsrhetorik wird China zum Drachen stilisiert und die aufstrebenden Länder in Südostasien zu Tigern – und nicht zu Geschwistern im Sinne von »fraternité«. »Nur wenn wir die besseren Produkte als die Asiaten herstellen, können wir auf Dauer überleben«, schreibt Bestseller-Autor Wolfgang Hirn.[5] Der globale Wettbewerb ist also ein Kampf ums »Überleben«, ums Dasein.

Ziel der ökonomischen Globalisierung ist nicht die Ko-Evolution aller und schon gar nicht die Kooperation, sondern das Einander-Übertreffen und Besser-Sein. Wer an einer Konkurrenz teilnimmt, möchte üblicherweise gewinnen. Doch die Nase kann immer nur einer vorne haben, alle anderen haben zwangsläufig das Nachsehen. Das ist das Gegenteil von friedlicher Partnerschaft. »Für mich ist Partnerschaft ein – wenn nicht der wesentliche – Leitbegriff des 21. Jahrhunderts«, bekannte Außenministerin Plassnik in Alpbach. Wie passt das zum strategischen Leitziel der EU, den Sieg in der globalen Konkurrenz davonzutragen, sprich besser zu sein als alle anderen? Ist es »Partnerschaft«, wenn alle 190 Staaten genötigt sind, wettbewerbsfähiger zu sein als alle anderen, um selbst nicht zu unterliegen? Besser sein heißt ökonomisch, a) mehr Investoren anzuwerben als die anderen, b) mehr zu exportieren als zu importieren. Wenn ich den anderen Investoren abwerbe und ihnen mehr verkaufe, als ich ihnen abkaufe, gewinne ich den Wettbewerb. Das führt aber zwingend dazu, dass sich die anderen bei mir verschulden, je länger ich »wettbewerbsfähiger«

bin als sie, desto tiefer, auf Dauer verarmen sie und gehen bankrott.

Die Konsequenz dauerhaft höherer Wettbewerbsfähigkeit und des »Sieges« in der globalen Kontrakurrenz ist Herrschaft. Das Erreichen des Lissabon-Zieles würde zum Primat der EU über den Rest der Welt führen, denn die EU möchte nicht gleich gut sein wie die anderen, das wäre ein egalitärer Ansatz im Geiste der Aufklärung, sondern eben »besser« und dadurch die anderen erniedrigen, verschulden und knechten. Das Lissabon-Ziel ist die Konterkarikatur des »Friedensprojektes«. Zwischen einem »Besseren« und einem Schlechteren kann es keinen Frieden geben.

Zwei-Fronten-Krieg

Im Standortkrieg gibt es neben der globalen Außenfront auch die Front nach innen. Wenn Demokratien um die Gunst der Investoren buhlen, um die höhere Anziehungskraft für das Kapital, profitiert davon nicht »der Standort«, sondern es gewinnt oft nur eine Minderheit, während die Mehrheit draufzahlen kann. Die Konzentration der Politik auf die Bedürfnisse des globalisierten Kapitals führt zur Vernachlässigung der Bedürfnisse der ortsgebundenen Standortbevölkerung. Jeder Standort bettelt das Kapital an: »Bitte, bitte, komm zu mir und nicht zum Nachbarn. Du erhältst auch süße Zuckerstücke dafür.« Doch die Zuckerstücke für das Kapital erweisen sich oft als bittere Pillen für die Bevölkerung. Zurückhaltende Löhne, schlanke soziale Sicherheitsnetze, möglichst keine Kapitalsteuern und länger und rascher arbeiten. Je wohler sich das Kapital fühlt, desto ungemütlicher kann es für die Menschen werden. Wenn die Löhne trotz Wachstums stagnieren, die Arbeitslosigkeit steigt und die Menschen »flexibler« werden müssen, um vom wählerischen Kapital nicht verschmäht zu werden, dann wird der Standortwettbewerb von der Mehrheit als Bedrohung erlebt und nicht als Chance. Die explodierenden Konzerngewinne und Manager-gehälter schaffen kein Vertrauen, wenn gleichzeitig die Armut wächst.

Die Vertröstung, dass die Menschen kurzfristig Verschlech-terungen in Kauf nehmen müssten, damit es ihnen langfristig besser gehe, wird zunehmend als Lüge empfunden – und als Er-pressung. »Wir müssen wettbewerbsfähig sein, wenn wir gut le-ben wollen«, bläst Telekom-Austria-Chef Boris Nemšić unver-drossen in das »Motivationshorn«, das bei genauem Hinhorchen ein Drohhorn ist: nicht wettbewerbsfähig: schlechtes Leben.[6] Die Gewinner betonen zum einen die Chancen und gleichzeitig die Alternativlosigkeit des Wettbewerbs: »Vieles, was wir jetzt erleben, ist erst der Anfang«, verheißt Günter Verheugen: »Europas Wirtschaft darf und kann nicht vor Wettbewerb ge-schützt werden.«[7] Merkwürdig: In den Jahrzehnten nach dem Zweiten Weltkrieg konnten wir spürbare Wohlstandsgewinne ohne internationalen Wettbewerbsterror verbuchen, warum muss das jetzt anders sein? Haben wir jemals für diese globale »Ökonomie der Erpressung«[8] gestimmt?

Alle Politik ist Standortpolitik

Das Volk wird nicht gefragt, sondern mobilisiert. Alle haben ihr Schärflein zum gemeinsamen Ziel der Standortsicherung beizu-tragen: Die Sozialpartner müssen »verantwortungsvoll« darauf achten, dass die Löhne nicht schneller steigen als anderswo (wo jedoch das Gleiche gilt). Steuersysteme haben nicht länger die Aufgabe, diejenigen öffentlichen Leistungen zu finanzieren, die vom Souverän gewünscht werden, sondern sie müssen »wettbe-werbsfähig« sein, sprich schlanker. Sozialsysteme dürfen eben-falls nicht mehr frei das Ziel der sozialen Sicherheit verfolgen, sondern müssen stets die Fitness des Standortes im Auge behal-ten, lieber weniger vom sozialen Speck. »Nationale Champions« sollen auf dem »Weltmarkt« [sic!] reüssieren. (Wenn meine

Champions gewinnen, verlieren deine, und der Nationalismus blüht.) Exzellenz-Universitäten erhalten den Auftrag, die Nicht-Exzellenz bloßzustellen und auf die Plätze zu verweisen. Auch am eigenen Standort, denn ohne Bildungsunterschicht kann sich keine Bildungselite distinguieren. Wozu Elite? Um den Menschen menschlicher zu machen? Leider nein, sondern um im globalen Wettbewerb die Nase vorne zu haben und um Spitzentechnologien zu entwickeln, mit denen man wiederum die anderen in den Schatten stellen kann. Das Bildungssystem dient nicht dazu, Menschen mündig und frei zu machen und universal gebildet, sondern die besten Humanroh- und -feinstoffe für die globale Konkurrenz zu produzieren. »Investitionen in ganz junge Kinder machen ökonomisch den meisten Sinn«, meint der US-Wirtschaftsnobelpreisträger James Heckman.[9] Juchei: Nicht für das Leben lernen wir, auch nicht für die Schule, sondern für die globale Wettbewerbsfähigkeit.

Der Einberufungsbefehl gilt für alle Produktionsfaktoren, denn alle Produktionsfaktoren werden zum Wettbewerbsfaktor. »Investitionen in Human-, Sozial- und ökologisches Kapital sind die Vorausbedingung für langfristige Wettbewerbsfähigkeit«, steht in der Nachhaltigkeitsstrategie der EU.[10] Ausgerechnet. Beim Erdgipfel in Rio de Janeiro 1992 galt die Nachhaltigkeit noch als Zweck an sich, dem sich alle anderen Politikfelder zu fügen hatten. Im neuen Regime der totalen Konkurrenz ist es umgekehrt, denn was nützt die sauberste Natur, wenn dann gar keine Unternehmen mehr darin stehen, weil sie an Standorte auswandern, wo sie mehr Schmutz machen dürfen? Die Annahme, dass es immer Orte gibt, an denen sich Unternehmen übler aufführen dürfen, ist die logische Voraussetzung für die Wirksamkeit der Abwanderungsdrohung. Die Möglichkeit gemeinsamer globaler Umweltschutzstandards – wodurch der Standortwettbewerb beendet wäre – kommt in der ideologischen Debatte gar nicht vor; das würde einen Riss in dem »Film« darstellen, dass wir uns in einem globalen Kampf ums Dasein befinden.

Reduktion auf einen einzelnen Zweck

Kurz: Die Wettbewerbsfähigkeit ist heute zur obersten politischen Priorität geworden, alle Politik wird auf Standortpolitik reduziert. Bei einer Relektüre von Hayek entpuppt er sich als unvermuteter Kritiker dieser Entwicklung: »Individuelle Freiheit lässt sich nicht vereinbaren mit dem Vorrang eines einzelnen Zwecks, dem die ganze Gesellschaft dauerhaft untergeordnet wird (...) Wir erleben diese Tatsache in Kriegszeiten, wenn die nahezu vollständige Unterordnung unter die unmittelbare und dringende Notwendigkeit der Preis ist, um den wir unsere Freiheit in längerer Frist bewahren.«[11] Mit dem »einzelnen Zweck« und der »Unterordnung unter die unmittelbare und dringende Notwendigkeit« meinte Hayek allerdings nicht die Konkurrenzfähigkeit, sondern die zentrale Planwirtschaft. Die Grundaussage gilt dennoch. Heute stellt keine etablierte Partei die Herrschaft des »einzelnen Zwecks« in Frage, weder Rot noch Schwarz noch Grün noch Blau oder Gelb. Hat jemand in den letzten Jahren auch nur eine PolitikerIn sagen gehört: Das höchste Lissabon-Ziel ist falsch. Dieser Wert oder jenes Ziel sei wichtiger als die größte globale Wettbewerbsfähigkeit der EU? Ist die Konkurrenzfähigkeit nicht zur Letztbegründung aller Politik und somit zum Endzweck der Demokratie aufgestiegen?

Ende der Demokratie

Bevor wir der Demokratie einen neuen Zweck verpassen, sollten wir kurz innehalten: Wettbewerbsfähigkeit mag ein schlüssiges Ziel von Unternehmen in einem kapitalistischen Konkurrenzmarkt sein. Wer keine ausreichend hohen Gewinne erzielt, geht bankrott oder wird geschluckt. Aber für Demokratien? Ist eine Demokratie ein Unternehmen? Steht eine Demokratie in Konkurrenz zu anderen Demokratien, muss sie Gewinne erzielen? Welche Verpflichtung hat sie gegenüber ihren EigentümerInnen? Die InhaberIn einer Demokratie ist der Souverän. Ihr einziger »Unternehmenszweck« besteht darin, den Willen des Souveräns umzusetzen, der Auftrag der Demokratie lautet Demokratie. Und nicht Wettbewerbsfähigkeit. Wer es geschafft hat, Demokratien dazu zu bringen, dass sie wettbewerbsfähig sein wollen, dass sie »wettbewerbsfähige« Löhne und Sozialstandards anstreben, dass sie in der globalen Kontrakurrenz siegen wollen, hat es geschafft, sie ihrem Zweck zu entfremden, sie zu instrumentalisieren, damit: sie abzuschaffen. Die zentrale These der »Postdemokratie« lautet: Formal leben wir noch in Demokratien, doch die Menschen spüren, dass an dieser Fassade etwas faul ist, dass die Entscheidungen hinter den Kulissen fallen. Sie werden nicht gefragt, sie werden vor vollendete Tatsachen gestellt und mit dem Verweis auf Naturgesetze und »Sachzwänge« von der Mitbestimmung ausgeschlossen. Der Souverän muss zur Kenntnis nehmen, dass sein Wille leider nicht durchführbar ist, weil das dem Standort schaden würde. Doch wenn der Souverän nicht mehr entscheiden darf, was er will, ist er kein Souverän mehr. Die Verwandlung einer Demokratie in einen Standort ist das Ende der Demokratie.

Lissabon-Ziel

Zum fünfzigsten Geburtstag der EU ergingen sich alle FestrednerInnen in Elegien auf das gelungene Friedensprojekt. Die »europäischen Werte« wurden beschworen, von der Einheit in der Vielfalt bis zur Solidarität. Und dann kam der Glückwunsch von Ursula Plassnik: »Das europäische Lebensmodell mit seiner einzigartigen Kombination aus Wettbewerbsfähigkeit, Solidarität, Nachhaltigkeit, Freiheit hat alle anderen Lebensmodelle an Attraktivität eindeutig abgelöst.«[12] Der Schock saß tief. Abgesehen von der beängstigenden Absolutheit dieser Aussage – »alle anderen Lebensmodelle« sind »eindeutig abgelöst« –, trägt die Ministerin ganz offiziell die Wertetrias der französischen

Revolution – Freiheit, Gleichheit, Geschwisterlichkeit – auf den Friedhof; nunmehr ist die Wettbewerbsfähigkeit allen Werten vorangestellt. Auf der Wirtschaftsuniversität in Wien prangen in der Eingangshalle noch die drei Werte – noch. Vielleicht lässt sie die Ministerin demnächst demontieren. Wer bei ihrem Zitat genau hinsieht, entdeckt, dass die Gleichheit unter den Tisch gefallen ist. Das ist wenigstens ehrlich, weil die Neoliberalen die Gleichheit im Konfliktfall mit der (Gewinn-)Freiheit bekanntlich entbehren können. Im globalen Wirtschaftsdarwinismus dürfen die Grundrechte (die machen uns zu Gleichen!) außer Kraft gesetzt werden, denn ohne Konkurrenz- und Überlebensfähigkeit wären sie ohnehin nichts wert. Wie meinte noch Milton Friedman: »Die Geschichte lehrt, dass der Kapitalismus eine notwendige Voraussetzung für politische Freiheit ist.« Diese Lektion haben die EU und Ursula Plassnik gelernt!

Angriff auf Standort verboten

Wer die neue Wertehierarchie nicht anerkennt, wird selbst attackiert. Politische Maßnahmen, die nicht der Sicherung des Standortes dienen, werden nicht nur vernachlässigt, sondern zunehmend als Angriffe auf diesen umgedeutet. Wer heute für Umwelt- und Klimaschutz, soziale Sicherheit, Arbeitszeitverkürzung, Verteilungs- oder Steuergerechtigkeit oder die Förderung lokaler Vielfalt und kleiner Strukturen eintritt, macht sich der Gefährdung der Wettbewerbsfähigkeit schuldig, die angeblich die Voraussetzung für »unseren« Wohlstand ist. »Der Kanzler schadet dem Standort«[13], echauffierte sich Österreichs Wirtschaftsminister Martin Bartenstein und hebt damit die Standortschädigung erstmals in den Rang des Vaterlandsverrates. Vor zehn Jahren wäre so eine politische Aussage noch undenkbar gewesen. Wer den Standort schädigt, schädigt das Gemeinwohl – welch gelungener Kurzschluss! Für CSU-Generalsekretär Markus Söder sind »die Gewerkschaften die eigentlichen Standorthindernisse in Deutschland«[14]. Eine perfide Doppelbotschaft: 1. Die Gewerkschaften gefährden den Wohlstand. 2. Menschen sind »Hindernisse« bei der Durchsetzung des »freien« Wettbewerbs, das zeigt wiederum klar, was Vorrang hat: der stumme Sachzwang, von dem bestimmte Gruppen profitieren. Umgekehrt lassen sich alle Maßnahmen gegen die Mehrheitsbedürfnisse der Bevölkerung nun eingängig unter dem Titel »Standortsicherung« verkaufen, welche als im Interesse der Mehrheit der Bevölkerung behauptet wird, wenn Nemšić, Verheugen, Swoboda und Clement ins gleiche Horn blasen. »Alles, was wir umsetzen, tun wir für die Standortsicherung«, begründete ÖVP-Budgetsprecher Günter Stummvoll Steuergeschenke für Kapitalgesellschaften, die gerade Rekordgewinne schrieben.[15] Alles, was wir machen, machen wir für euer (langfristiges) Wohl, das in der Konkurrenzfähigkeit liegt, lautet die Botschaft. Im Ausnahmezustand der globalen Konkurrenz darf man – zum Wohle der Bevölkerung – alle demokratischen Errungenschaften außer Kraft setzen. Man darf Löhne kürzen, soziale Sicherheit abbauen, den Reichen die Steuern erlassen, öffentliche Güter privatisieren und Arbeitszeiten verlängern. Was – ohne globale Drohkulisse – nie und nimmer demokratisch mehrheitsfähig wäre, lässt sich mit dem Hebel der »Standortsicherung« geschmeidig durchpressen. Der Standortwettbewerb ist der effektivste Hebel zur Außerkraftsetzung der Demokratie. Er wird bedient von einer globalen Elite der Gewinner.

Die VerliererInnen werden gegeneinander ausgespielt. Entweder die deutschen ArbeitnehmerInnen üben sich in Lohnzurückhaltung, oder sie können gleich den Arbeitsplatz an die ChinesInnen abgeben. Doch den chinesischen ArbeiterInnen wird Ähnliches erzählt: Entweder sie bescheiden sich mit Hungerlöhnen und arbeiten bis zu sechzehn Stunden am Tag oder sie haben gar keine Chance auf dem Weltmarkt. Entweder wir arbeiten wieder länger und verzichten auf einen Teil unseres Urlaubes, droht man uns, oder die anderen unterbieten uns. Doch

»den anderen« wird genau das auch erzählt: länger arbeiten, weniger Urlaub – oder gar kein Job. Wir müssen lebenslänglich lernen (um uns als Produktionsmittel zu perfektionieren) oder wir werden von der Konkurrenz überholt. Doch lebenslänglich gelernt wird in Litauen und Laos schon längst; im Gegensatz zu den wohlstandsverwahrlosten Kids in Europa und den USA gelten die jungen AsiatInnen geradezu als »lernbegierig« und sogar »lernbesessen«[16]. Das ist das Grausame am Standortspiel: Gegenüber irgendjemandem ist man immer im Hintertreffen. Mittelklasse sein bedeutet schon Untergang.

Wie absurd der Standortwettbewerb ist, zeigt folgender Gedanke: Angenommen, alle Staaten verbessern ihre Wettbewerbsfähigkeit um zehn Prozent: Sie kürzen die soziale Sicherheit um zehn Prozent, ebenso die Löhne, und verlängern die Arbeitszeit um zehn Prozent. Sind dann alle um zehn Prozent wettbewerbsfähiger? Sehen Sie.

Die Geschichte der Solidarität

Dazu noch eine kleine Geschichte: Am 27. August 2004 richtete der deutsche Arbeitgeberpräsident einen beherzten Appell an die deutschen ArbeitnehmerInnen: »Die Deutschen arbeiten im internationalen Vergleich zu wenig. Wir müssen wieder mehr leisten.«[17] Dieser flammende Appell löste eine Welle der internationalen Solidarität aus. Am 28. August proklamierte der brasilianische Arbeitgeberpräsident: »Die Brasilianer arbeiten im internationalen Vergleich zu wenig. Wir müssen wieder mehr leisten.« Am 29. August folgte der chinesische Arbeitgeberpräsident: »Die Chinesen arbeiten im internationalen Vergleich zu wenig. Wir müssen wieder mehr leisten.« Am 30. August verkündeten der US-amerikanische, der indonesische und der nigerianische Arbeitgeberpräsident in einer konzertierten Aktion: »Die Amerikaner, Indonesier, Nigerianer arbeiten im internationalen Vergleich zu wenig. Wir müssen wieder mehr leisten.« Am

31. August richtete der Weltarbeitgeberverband einen brandenden Appell an die globale ArbeitnehmerInnenschaft: »Die Menschen auf der ganzen Welt arbeiten viel zu wenig. Wir müssen wieder mehr leisten.«

An dieser Geschichte wird – hoffentlich – deutlich, dass die Standortkonkurrenz neben einer sozialdarwinistischen Fantasie eine geniale Inszenierung ihrer Gewinner ist, ein hochwirksamer Erpressungs- und Disziplinierungsmechanismus, um die VerliererInnen in Schach zu halten. Angst ist die zentrale Existenzbedingung in der globalen Wirtschaft. Aber das Gegenteil von Freiheit – und Frieden.

Falsches Ziel aufgeben

Wer auf seine Freiheit und Würde hält, müsste laut rufen: Ich will nicht wettbewerbsfähig sein! Ich will nicht besser sein müssen als andere, um überleben zu dürfen. Was ist das für ein schauriges Existenzrecht, für ein perverser Zwang? Ich weigere mich, gegen meinen Standortnachbarn in eine Drachen-Schlacht zu ziehen, in einen Fight mit dem Tiger. Wir sollten uns das Recht nehmen, friedlich zusammenzuleben, partnerschaftlich zu kooperieren und uns gemeinsam weiterzuentwickeln als eine Menschheit. Die Selektion von Menschen und Standorten nach ökonomischen Kriterien muss beendet werden. Jede Demokratie, jeder Kulturkreis, jeder Mensch ist einzigartig und verdient dafür Achtung und Toleranz. Alle sind von gleichem Wert – in ihrer Verschiedenartigkeit. Die Idee von Höherrangigkeit und Niederrangigkeit verstößt gegen die Menschenwürde und das liberale Gleichheitsprinzip.

Wir sollten uns dagegen wehren, dass unser Lohn, unsere soziale Sicherheit, unser Arbeitsplatz, unsere Lebens- und Umweltqualität und unsere Würde plötzlich eine Gefahr für die Standortsicherheit darstellen und dass die demokratischen Errungenschaften der letzten 150 Jahre nun wieder wackeln, weil sie dem Gott der Wettbewerbsfähigkeit nicht gefallen. Demokratisch gesinnte Menschen sollten sich diesen Angriff auf die Demokratie nicht gefallen lassen. Eine Demokratie darf sich nicht in ökonomische Konkurrenz zu anderen Demokratien begeben. Die Demokratie ist selbst ein Vertrag, eine Kooperation, keine Konkurrenz. Menschen haben sich darauf verständigt, dass alle von gleichem Wert sind. Es wäre unvereinbar mit dem Wesenskern der Demokratie, dass der Souverän selbst »besser« sein möchte als ein anderer Souverän. Es ist geradezu nationalistisch. Wehrhafte Demokratien sollten sich gegen diese paradoxe Instrumentalisierung wehren und immunisieren. ZeitgenossInnen, die uns in diese globale Selektion hineinhetzen, sollten dafür geächtet und ihr kriegstreiberisches Ansinnen entlarvt werden.

Kooperieren

Umfassende Freiheit schließt ein, dass ich mich einer unfairen und undemokratischen Globalisierung versagen darf. Was für die individuelle Ebene gilt – ein Tausch ist erst dann frei, wenn er zwischen zwei »prinzipiell gleichgestellten« Menschen stattfindet –, muss genauso für Staaten gelten: Handel kann nur als frei bezeichnet werden, wenn die Partner gleichwertig sind, und zwar sowohl in ihrem ökonomischen Entwicklungsstand als auch in den Rahmenbedingungen für das Wirtschaften: Menschenrechts-, Arbeits-, Sozial-, Steuer- und Umweltstandards. Gibt es keine Gleichheit, kann es auch keine Freiheit des Austausches geben. Ein Land darf sich daher mit Fug und Recht ungleicher Konkurrenz entziehen und die Grenzen differenziert öffnen. Das gilt sowohl für die nicht-industrialisierten Länder, die sich gegen die überlegene industrielle Konkurrenz oder gegen Agrardumping des Nordens schützen dürfen; als auch für Länder mit hohen Sozial-, Arbeits-, Steuer- und Umweltstandards, die sich kein Dumping aufnötigen lassen müssen.

Ziel sollte neben dieser »individuellen Flexibilität« auch »gemeinsame Stabilität« sein: ein globaler Rahmen für fairen Handel, den ich in »50 Vorschlägen für eine gerechtere Welt« detailreich ausgeführt habe. So sehr die Nationalstaaten auf einen fairen globalen Rahmen, in Form umfassender sozialer, ökologischer, menschenrechtlicher und kultureller Standards drängen sollten, so wenig müssen sie darauf warten: Gerade die EU kann jederzeit einseitig aus der unfairen Konkurrenz aussteigen. Eine Möglichkeit zur Beendigung unfairer Konkurrenz bestünde darin, dass für Waren das gleiche Reise-Prinzip angewandt wird wie für Menschen. Wenn sich eine Person aus China oder Mexiko in einem EU-Land niederlässt, gelten für sie ganz selbstverständlich die jeweiligen deutschen, französischen oder österreichischen Gesetze, nicht die chinesischen oder mexikanischen. Wenn aber eine Ware aus China oder Mexiko einreist, dann muss sie sich heute – im Regime des »freien« Handels – nicht an die österreichischen, deutschen oder französischen Arbeits-, Sozial- oder Umweltgesetze halten, selbst dann nicht, wenn sie von einem französischen, deutschen oder österreichischen Unternehmen in China oder Mexiko hergestellt wurde. Zwei Drittel der Exporte Chinas in die USA werden von US-Firmen getätigt! Diese profitieren nicht nur von Hungerlöhnen, sie umgehen auch westliches Arbeits-, Steuer- und Umweltrecht. Das ist Dumping. Solange es (für die Global Players) keine verbindlichen Standards gibt, keinen fairen Rahmen für den Welthandel, müssen die einreisewilligen Produkte die nationalen Vorschriften respektieren. Das wäre echter »Freihandel«, indem der Wille des Souveräns der Handelspartner geachtet wird, indem die miteinander handelnden Souveräne ihre Autonomie wahren dürfen.

So legitim das Recht auf individuelle Flexibilität ist, Ziel sollte ein internationales Abkommen sein, das hohe Arbeits-, Sozial-, Steuer-, Umwelt- und VerbraucherInnenschutzstandards allen verbindlich vorschreibt. Ohne faire Regeln für die Globalisierung gibt es kein »freies« Wirtschaften. Transnationale Unternehmen sollten eigentlich an einheitlichen Regeln Interesse haben, dann müssten sie in wichtigen Bereichen nicht in jedem Land andere Gesetze befolgen. Ein erster Normenkatalog für transnationale Unternehmen wurde bereits von der Menschenrechtskommission der UNO ausgearbeitet. Die »draft norms on the behaviour of transnational corporations« kombinieren Arbeits-, Umwelt-, Sicherheits-, Gesundheits- und KonsumentInnenschutz- und Transparenzstandards und machen sie rechtsverbindlich. Der Clou: Globale Konzerne haften für die gesamte Zulieferkette, weil – logischerweise – die Einkaufsmacht bei ihnen liegt. Einziges Manko des zukunftsweisenden Pflichtenkatalogs: Die Mitgliedsstaaten der UNO haben sich bisher nicht erwärmt, ihn in gültiges Völkerrecht umzusetzen.

Hier setzt der Lieblingseinwand gegen faire globale Regeln für den Handel an: Staaten seien auf globaler Ebene nicht zur Kooperation bereit, deshalb seien globale Standards eine Illusion. Es werde immer Staaten geben, die sich aus dem Veto gegen gerechte Abkommen einen Vorteil erhoffen und die anderen vor den Kopf stoßen. Wer so argumentiert, übersieht zwei wichtige Tatsachen: 1. Dass wir die globale Kontrakonkurrenz heute haben, ist Ergebnis der Kooperation von Staaten. Sie haben gemeinsame Sache gemacht, allerdings nicht für die Menschenrechte und fairen Handel; sondern für »Freihandel«, freien Kapitalverkehr und grenzüberschreitendes Investieren – mit den bekannten Folgen. Die Fähigkeit zur globalen Kooperation wurde also bereits erfolgreich unter Beweis gestellt. Sie wird nur im Dienste des falschen Ziels angewandt. Das hat wiederum (siehe Kapitel 2) mit dem Gewinnstreben der Unternehmen zu tun: Sie haben in ihrem grenzenlosen Eigennutzstreben die Staaten instrumentalisiert und für eine schädliche Form der Kooperation gewonnen. Deshalb sollten sich nicht nur die Ziele der Kooperation ändern, sondern auch jenes Motiv eliminiert werden, das Konzerne dazu treibt, Nationalstaaten für ihr Eigeninteresse zu instrumentalisieren. 2. Auf globaler Ebene wurden bisher zwar vorrangig Freihandelsgesetze eingerichtet, aber auch sinnvolle Abkommen in vielen anderen Politikfeldern: von der Allgemeinen Erklärung der Menschenrechte über das Klimaschutzprotokoll und die Artenvielfaltskonvention bis hin zum Strafgerichtshof. Die drei letzten Beispiele zeigen, dass in der UNO gar nicht auf den Letzten gewartet werden muss, alle drei sind ohne die Supermacht USA zustande gekommen. Das wäre in der WTO undenkbar! Als nächstes »Projekt« sollte sich die EU deshalb für die »draft norms« einsetzen, auch wenn die USA – derzeit – nicht mitziehen. Das kann sich morgen schon ändern: Die Mehrheitsposition in den USA ist kein Naturgesetz, sondern selbst stetem Wandel unterworfen. Schon heute sind zwei Drittel der US-BürgerInnen für strengeren Klimaschutz.[18]

Der gegenwärtigen meinungsbildenden Generation, die mit sozialdarwinistischen Menschen- und Gesellschaftsbildern aufgewachsen ist, wird es vermutlich schwerfallen, sich Nationalstaaten als uneigennützig und solidarisch vorzustellen; und doch ist keineswegs gesagt, dass sich das nicht ändern kann. Wenn eine Generation mit einem ausgewogeneren Menschenbild und anderen Werten groß wird, nämlich dass globale Kooperation für mehr Demokratie, Ökologie und Solidarität höheres Wohlbefinden erzeugt und allen Beteiligten nützt, dann könnten internationale Beziehungen sehr bald schon ganz anders aussehen. Es müssten sich jedoch alle, die das wollen, auch dafür einsetzen, die hohe Politik allein wird es voraussichtlich nicht für uns machen.

Obwohl, wenn sie sich zur Abwechslung die Erkenntnisse der Spieltheorie zu eigen machen würde anstelle der neoliberalen Doktrin, dann stünden die Chancen gar nicht so schlecht. Zum Lernen bietet sich ein »Schulbeispiel« an: Österreich senkte 2005 die Gewinnsteuern für Kapitalgesellschaften. Dadurch entgehen dem Staat seither jährlich Steuereinnahmen im Ausmaß von über einer Milliarde Euro von jenen Kapitalgesellschaften, die ohnehin Rekordgewinne schreiben. Deutschland ließ nicht lange auf sich warten und senkte ebenfalls ab. Als Grund nannte Staatssekretär Axel Nawrath den »brutalen Steuerwettbewerb«[19]. Jetzt ist wieder Österreich an der Reihe. Zug um Zug verlieren beide ihre Steuerbasis. Die Spieltheorie hat den Ausweg aus diesem »Gefangenendilemma« gewiesen: Bei egoistischem (nationalistischem) Vorgehen verlieren beide. Mit einer kooperativen Strategie würden hingegen beide gewinnen. Deutschland und Österreich könnten Konzerngewinne und Vermögenserträge gleich hoch besteuern und Steuerflüchtlinge gegenseitig melden. Dieser Pakt könnte auf die EU und über sie hinaus ausgeweitet werden. Dann würde die Akzeptanz der Europäischen Integration steigen, und die EU könnte glaubwürdigen Druck auf Drittländer wie die Schweiz ausüben. Globalisierte Unternehmen hätten den Vorteil, dass sie überall den gleichen Steuersatz zu entrichten hätten und in ihrer ohnehin schon komplexen Standortentscheidung das Kriterium Steuern ausscheiden könnten. Die Mitgliedsstaaten hätten mehr Geld in den Staatskassen und müssten weder privatisieren noch die sozialen Sicherungsnetze beschneiden. Der Staat könnte wieder aktiv investieren, was mehr Menschen zugute kommen würde als der gegenwärtige Sparwahn.

Einzige Voraussetzung: Kooperation müsste den Wettbewerb als politischen Leitwert ablösen. Dank neoliberaler Konkurrenzphilosophie war es bisher schick, kooperative Strategien zu boykottieren: »Ich liebe den Wettbewerb«, bekannte Finanzminister Karl-Heinz Grasser bei Inkrafttreten der österreichischen Steuersenkung.[20] Der zuständige EU-Kommissar László Kovács ist sogar »aus persönlicher Überzeugung für Steuerwettbewerb«[21]. Mit solchen Politikern ist kein »Gefangenendilemma« zu lösen. Aber wir müssen nicht annehmen, dass der EU-Steuerkommissar auf alle Ewigkeit ein Homo oeconomicus sein wird. Wir dürfen auf eine weitsichtigere Politikergeneration hoffen, die die Kooperation genauso leidenschaftlich lebt und bewirbt, wie die gegenwärtige Generation auf Konkurrenz schwört.

Ein Paradebeispiel für globale Kooperation, die ethisch und strategisch sinnvoller ist als das egoistische Gegeneinander, ist die Behandlung von Wissen als öffentliches Gut. Wie schädlich

Patente wirken können, wurde schon erläutert (siehe Kapitel 2). Um diesen ineffektiven und ungerechten Zustand zu beenden, könnte die Staatengemeinschaft einen globalen Innovations- fonds einrichten, der wichtige Zukunftsideen belohnt. Der Fonds würde zum einen Forschungs- und Entwicklungsprojekte bei internationalen Kooperationsteams in Auftrag geben und die Ergebnisse der Allgemeinheit zur Verfügung stellen. Ausge- schrieben würden Lösungen für »Menschheitsprobleme« wie zum Beispiel erneuerbare Energien oder lebenswichtige Medi- kamente. Zum anderen könnte dieser Fonds sozial und ökolo- gisch wertvolle Patente aufkaufen und ebenfalls der Weltge- meinschaft – öffentlichen Stellen und privaten Unternehmen – gratis zur Verfügung stellen. Erfreulicherweise wurde bei der UN-Klimakonferenz in Bali im Dezember 2007 ein solcher Fonds diskutiert.

Standort Erde

Ich hege große Hoffnung, dass die kommende Generation mit einem ganz anderen globalen Bewusstsein groß wird als diejeni- nige, die heute Politik macht. Ich selbst, 35, habe in der Schule noch fast nichts von globalen Problemen und noch weniger von globalen Problemlösungen erfahren. Von »Erdpolitik« oder »Weltinnenpolitik« hat mir niemand erzählt, weder die Medien noch die LehrerInnen.

Nur zwanzig Jahre später wächst die neue Generation mit einem ganz anderen Bewusstsein auf. Es gibt nur eine Mensch- heit auf einer Erde mit sehr verletzlichen Ökosystemen und en- denden Ressourcen. Rohstoffkonflikte, Umweltschäden und Mi- gration bedrohen alle Länder. Der egoistische Ansatz, dass jedes Land nur auf sein Eigenwohl achtet, gefährdet die Freiheit aller, das wird immer mehr (jungen) Menschen klar. Deshalb könnte auch die Einsicht wachsen, dass es für uns Menschen nur einen Standort gibt: die Erde. Und dass es ein absurdes Unterfangen ist, diesen künstlich in völkische Wettbewerbseinheiten zu unterteilen, wo das Kapital längst globalisiert und verbrüdert ist.

Ziel der globalen Wirtschaftsbeziehungen sollte eine globale ökonomische Symbiose sein, in der wir uns gegenseitig füttern und nicht ausbeuten. Wenn wir schon im »Globalen Dorf« angekommen sind, dann sollte die Konsequenz daraus sein, dass alle BewohnerInnen kooperieren, füreinander sorgen und Nachbarschaftshilfe leisten, anstatt sich als Drachen, Tiger oder Konkurrenten zu bekriegen. Das sollten wir in den Bereich der Legenden verbannen, als die Welt noch kein Dorf – und im »Kampf ums Dasein« – war.

Zusammenfassende Thesen

→ Wettbewerbsfähigkeit ist zum höchsten politischen Ziel in der EU und den meisten Mitgliedsländern geworden. Die Wertetrias Freiheit – Gleichheit – Brüderlichkeit wird unterlaufen.

→ Wettbewerbsfähigkeit anzustreben ergibt für konkurrierende Unternehmen Sinn, aber nicht für Staaten.

→ Unter dem Vorwand der Standortsicherung wird die Demokratie ausgehebelt. Beim Standortwettbewerb verlieren alle Standorte, es gewinnen globale Eliten.

→ Das Lissabon-Ziel der EU ist völkisch-nationalistisch. Es konterkariert das Grüdungsmotiv der Europäischen Union: Frieden.

1 Die Presse, 20. Januar 2007.
2 Die Furche 35/2006.
3 Vorwort zu Jürgen Bozsoki: Der neoliberale Großangriff auf Europa, EDITION VA bENE, Wien–Klosterneuburg 2007.
4 Die Furche spezial, 6. September 2007.
5 HIRN, 281.

6 Der Standard, 10. März 2007.
7 Der Standard, 21. Juli 2005.
8 LIESSMANN, 74.
9 HIRN, 43.
10 Nachhaltigkeitsstrategie der EU, 9. Juni 2006, 10117/06, Rn 9.
11 HAYEK (2004), 25.
12 Salzburger Nachrichten, 24. März 2007.
13 Der Standard, 24. März 2007.
14 ZDF heute, 22. Oktober 2006.
15 Der Standard, 28. Oktober 2005.
16 HIRN, 46 und 190.
17 Der Standard, 27. August 2004.
18 ORF online, 2. April 2007.
19 Der Standard, 5. Februar 2007.
20 Der Standard, 8. April 2006 und Handelsblatt, 19. April 2006.
21 Neue Zürcher Zeitung, 18. März 2007.

6. Chancengleichheit

All animals are equal,
but some are more equal.
GEORGE ORWELL

Mehr als neunzig Prozent der Menschen würden die Frage
»Sind Sie für Chancengleichheit?« heute vermutlich mit einem
klaren Ja beantworten – nicht ahnend, was das tatsächlich und in
letzter Konsequenz bedeutet. Der Grundkonflikt aller Wirt-
schaftsdebatten besteht in der Frage, ob Gleichheit wichtiger ist
als Freiheit oder umgekehrt. Während dem politischen Libera-
lismus die Gleichheit (vor dem Gesetz und im Sinne der Gleichwertigkeit aller Mitglieder einer demokratischen Gemeinschaft)
wichtiger ist, weil sie die Voraussetzung für Freiheit ist, hält es
der Neoliberalismus umgekehrt. Zwar ist die Gleichheit auch für
die Neoliberalen ein zentraler Wert, doch wenn es zum Konflikt
zwischen den beiden komme, müsse man sich entscheiden.
»Man kann nicht zugleich liberale und egalitäre Ansichten ver-
fechten«, meint Milton Friedman.[1]

Innerhalb der Liberalen hat sich heute die Meinung durchgesetzt, dass ökonomische Gleichheit – bei Einkommen und Besitz – unerwünscht ist. Soziale Unterschiede werden als positiv
angesehen, als Ausdruck der persönlichen Freiheit, des Leis-
tungsanreizes und der gesamtgesellschaftlichen Effizienz. »Ungleichheit ist nicht schlecht, sondern höchst erfreulich«, meint
Hayek.[2] Allerdings müsse jeder und jede zumindest die gleiche
Chance erhalten, ökonomisch erfolgreich zu sein und ein hohes
Einkommen und Vermögen zu erreichen, was die Gleichheit am
»Start« zur Voraussetzung für wirtschaftliche Freiheit macht.
Chancengleichheit ist der Preis für ökonomische Ungleichheit,
könnte man sagen. Oder anders: Eine Gesellschaft, die ökono-

mische Ungleichheit zulässt, ist nur dann frei, wenn alle gleiche Chancen vorfinden. Dieser scheinbar harmlose Satz birgt gewaltigen Sprengstoff.

Nichtdiskriminierung und Eigenverantwortung

Das Konzept der Chancengleichheit genießt hohe Attraktivität, weil »das Schicksal der Menschen von ihren Entscheidungen und nicht von ihren Lebensumständen bestimmt wird«. In einer Gesellschaft mit Chancengleichheit »hängt mein Erfolg oder Misserfolg von meiner Leistung ab und nicht von meiner Hautfarbe, Klasse oder meinem Geschlecht«, meint der Philosoph Wim Kymlicka.[3] Nicht auf das unbeeinflussbare Schicksal soll es ankommen, sondern auf persönliche Entscheidungen. An der Basis der Chancengleichheit sind wir sehr nahe beim Wert der Eigenverantwortung.

Da die Umstände keine Rolle spielen dürfen, bedeutet Chancengleichheit ein umfassendes Diskriminierungsverbot. Und Diskriminierung hat viele Gesichter. Dass Hautfarbe oder Geschlecht keine Gründe für ungleiche Behandlung sein dürfen, darüber herrscht mittlerweile Konsens. Dennoch ist dieser grundlegende menschenrechtliche Anspruch vielerorts noch nicht erreicht – oder geht wieder verloren. In den USA landen Weiße überproportional in den Reichen-Listen und Schwarze überproportional in den Gefängnissen. In Europa verrichten MigrantInnen aus aller Welt die am schlechtesten bezahlten Jobs. Die »Plastikfelder« in Spanien sind ebenso auf illegale Arbeitskräfte angewiesen wie die britische Gastronomie. In Deutschland und Österreich verrichten MigrantInnen die unangenehmsten Arbeiten, vom Bau über das Tellerwaschen bis hin zum Sex. Wichtige Teile der EU-Wirtschaft sind auf Menschenrechtsverletzungen angewiesen. Auf die Frage, welche Faktoren ihre Karriere behindern, antworten weltweit 26 Prozent der Frauen: ihr Geschlecht.[4] Allen Beteuerungen der Chancengleichheit zum

Trotz sind offenbar Justiz, Regierungen und Parlamente nicht willens oder in der Lage, diesen Diskriminierungen auf der fundamentalen menschenrechtlichen Ebene ein Ende zu bereiten. Obwohl der Kapitalismus nun schon bald dreihundert Jahre alt ist, ist es um die Chancen vieler Menschen schlecht bestellt.

Verengung auf Bildung

Heute konzentriert sich die Debatte über Chancengleichheit tunnelhaft auf die Bildung. Wenn eine hochqualitative Ausbildung für alle zugänglich ist, haben gescheite Kinder aus armen Familien gleiche Chancen auf dem Arbeitsmarkt wie die Kinder reicher Eltern, lautet die Annahme. Die Realität schaut leider anders aus. Die Kinder armer Eltern besuchen nur selten höhere Schulen und Universitäten, umgekehrt kommt für wohlbestallte Sprösslinge gar nichts anderes in Frage als die Universität, auch wenn der IQ niedriger ist als der Kontostand. Im Schulsystem spiegeln sich oft die Ausbildungswege der Eltern: Wohlhabende Eltern übertragen das Selbstvertrauen auf ihre Kinder, während der Bildungsehrgeiz bei Kindern aus armen Haushalten nur schwach ausgeprägt ist, selbst wenn sie das Zeug zum Doppelstudium haben. Da die größten Schranken im Kopf bestehen, bleibt die soziale Mobilität – der Aufstieg von einer ärmeren Schicht in eine wohlhabendere – die Ausnahme. In Österreich erreichen nur fünf Prozent der Kinder von PflichtschulabsolventInnen einen Universitätsabschluss. Bei AkademikerInnen-Haushalten sind es 46 Prozent.[5] »Sag mir, welche Schule und Ausbildung du absolviert hast, und ich sage dir, welche Schule und Ausbildung deine Kinder absolvieren«, beschreibt Wifo-Leiter Karl Aiginger den Ist-Zustand in Österreich.[6]

Anfang 2007 kreidete der UN-Sonderbeauftragte für das Recht auf Bildung, Vernor Muñoz, schwere Mängel im deutschen Schulsystem an. Vierzehn Pädagogen hatten in einem offenen Brief angeprangert, dass es in Deutschland »keine Chancengleichheit« gebe. Stein des Anstoßes ist die frühe Trennung von Kindern in Hauptschule, Realschule und Gymnasium. Die frühe Selektion diskriminiere Kinder, die etwas länger brauchen, um sich zu entwickeln. Wenn sie loslegen, finden sie sich bereits in der dritten Klasse des Bildungszuges, mit geringeren Chancen, es doch noch bis zum Hochschulabschluss zu schaffen. Gleichzeitig ist die Hauptschule ein Sammelbecken für Arme: Für Kinder aus dem einkommensstärksten Viertel der Bevölkerung ist der Besuch des Gymnasiums – bei gleicher Leistung – sechsmal so wahrscheinlich wie für ein Kind aus dem einkommensschwächsten Viertel. »Kinder lernen auf der Hauptschule, dass sie Verlierer sind«, schreibt der SPD-Abgeordnete Karl Lauterbach.[7] Auch die ÖVP-Bildungspolitikerin Katharina Cortolezis-Schlager kritisiert, die Selektion der Kinder für verschiedene Schullaufbahnen im Alter von zehn Jahren widerspreche allen Erkenntnissen der Entwicklungspsychologie und Hirnforschung.[8] Grün-Politiker Christoph Chorherr meint, das frühe Sortieren der Kinder käme in der Stadtplanung dem Vorsatz gleich, Banlieues zu bauen.[9]

Die Befürwortung des Trennschulsystems entspringt einem Standesdünkel reicher Eltern, die fürchten, ihre edlen Sprösslinge würden von den faulen und dummen Fratzen der Unterschicht angepatzt. Welche Farbe dieser Dünkel trägt, zeigt die aktuelle migrationsbedingte Trennung der Kinder: In Deutschland besucht jedes zweite MigrantInnenkind nur die Hauptschule.[10] Nur noch jedes vierte erhält einen Ausbildungsplatz! In Österreich haben zwei Drittel aller arbeitslosen Jugendlichen Migrationshintergrund, obwohl nur ein Drittel aller Jugendlichen aus MigrantInnenfamilien kommt.[11] Das ist weniger Chancengleichheit als Rassentrennung.

Eine weitere Bedrohung für das gleiche Recht auf Bildung ist der Trend zur Privatisierung. Privatschulen und -universitäten zeichnen sich durch hohe Gebühren aus, was Arme vom Zugang zu hochwertiger Bildung ausschließt. In Ländern, in denen es ein Zwei-Klassen-System aus hochqualitativen privaten Instituten und öffentlichen »Restschulen« gibt, gibt es keine Chancengleichheit, das demonstrieren die USA sehr deutlich. Ausgerechnet im Land der unbegrenzten Möglichkeiten sind die Chancen weiter Bevölkerungskreise klar begrenzt. Der American Dream wird für die meisten Menschen in den USA nicht Realität, weil eine zentrale Voraussetzung dafür fehlt: ein nichtdiskriminierendes, hochwertiges öffentliches Bildungsangebot. Während die wohlhabenden Weißen angesehene Institute besuchen, konzentrieren sich farbige und Kinder von MigrantInnen in den öffentlichen Getto-Schulen. Anspruch und Realität der Chancengleichheit klaffen weit auseinander. Ein Bronx-Spross kann sich im wahrsten Sinn des Wortes mit größerer Wahrscheinlichkeit nach oben boxen als büffeln.

Zwar sind Deutschland und Österreich von angelsächsischen Zuständen weit entfernt, doch der Trend geht in diese Richung, die Anzeichen einer Kommerzialisierung des Bildungssektors häufen sich auch in Mitteleuropa: Studiengebühren, Schulautonomie, Drittmittelfinanzierung, Bologna-Prozess, PISA. Die Dienstleistungsverhandlungen in der Welthandelsorganisation (GATS) ebnen den Weg für den globalen Bildungsmarkt. In Salzburg eröffnete eine medizinische Privatuniversität – mit öffentlichen Subventionen. Die Privatunis mögen gnadenhalber einige Stipendien vergeben, in deren Genuss auch Sprösslinge der ärmsten Familien kommen, aber gesamtgesellschaftlich gesehen sind das Feigenblätter. Privatisierung verstärkt die Chancen*ung*leichheit. Läge einer Gesellschaft Chancengleichheit durch Bildung wirklich am Herzen, müsste sie ein umfassendes öffentliches Angebot bereitstellen inklusive kostenloser Bildungsberatung, die auch das Selbstvertrauensdefizit armer Haushalte ausgleicht. Das deutsche Ausbildungsförderungsgesetz mag in diesem Geiste entstanden sein, allein seine Wirkung bleibt bescheiden. Seit der Einführung 1971 stieg der Anteil der Arbeiterkinder, die in die Mittelschicht aufsteigen, von drei auf sieben Prozent. Seit 1990 sinkt er wieder.[12]

Ungleicher Start

Doch selbst wenn der Bildungszugang vollkommen frei wäre und ein gleich hoher Anteil von armen wie von reichen Kindern studieren würde, gäbe es noch lange keine Chancengleichheit. Denn die Herkunft übt in verschiedener Hinsicht bestimmenden Einfluss auf den Karriereerfolg des Nachwuchses aus. Während Kinder aus armen Familien voller Schranken im Kopf sind, lernen Reiche systematisch, sich Strickleitern zu legen. Vitamin B ist immer noch das beste Doping für den Arbeitsmarkt. Es macht einen entscheidenden Unterschied, ob Papi Kommerzialrat und Mitglied im örtlichen Rotary Club ist oder Schichtarbeiter in der Vorstadtfabrik, dessen Saufkumpane Hartz IV beziehen. Floriert der elterliche Familienbetrieb, ist es sehr unwahrscheinlich, dass Söhnchen oder Tochter den entwürdigenden Gang zum Arbeitsamt antreten muss. Die Potsdamer Elitestudie von 1995 hat ergeben, dass 82 Prozent der Chefs in Deutschland einen Chef zum Vater haben. »Zum Manager wird man geboren«, schreibt der *Spiegel*: »Eine Oberschicht besetzt Generation für Generation die Führungspositionen.« Seit den zwanziger Jahren habe sich daran wenig geändert.[13] Donald J. Trump, US-Milliardär und Turmbauer zu New York, weiß aus eigener Erfahrung: »Es gibt viele Möglichkeiten, Karriere zu machen, aber die sicherste ist noch immer, in der richtigen Familie geboren zu werden.«[14] Trumps Papa war Multimillionär im Immobiliengeschäft.

Damit sind wir bei einem Herkunftsaspekt, in dem ein ganz besonders hohes Diskriminierungspotenzial schlummert: dem Startkapital. Wenn die Aussage aus Kapitel 1 gilt, dass das Annehmen einer Lohnarbeit nur dann eine wirklich freie Entscheidung ist, wenn ich eine Alternative dazu habe, dann teilt das Erbrecht die Gesellschaft in freie, halbfreie und unfreie Menschen. Einige Glückliche erben so viel, dass sie vom Zwang, eine Erwerbsarbeit annehmen zu müssen, gänzlich befreit sind. Sie können entweder darauf verzichten oder nur solche Lohnarbeiten annehmen, die ihnen wirklich Sinn und Erfüllung geben. Halbfreie Menschen erben zwar ein wenig, aber nicht ausreichend, um davon leben zu können. Sie ergattern mit Glück eine Eigentumswohnung und sind sämtliche Mietsorgen los, nicht aber die Arbeitsplatzsorgen. Die dritte Klasse hat Pech: Sie erbt gar nichts und bleibt mit allen Miet- und Arbeitsplatzsorgen auf sich selbst gestellt. Mit Chancengleichheit ist dieser Zustand nicht vereinbar. Da hilft auch der knallgelbe Dreißig-Tonnen-Truck der Europäischen Union nicht, der im Jahr der Chancengleichheit 2007 mehr als 18 000 Kilometer durch die Mitgliedsländer tourte und nur die Diskriminierung am Arbeitsplatz zum Thema machte. Die Diskriminierung durch unterschiedliche Vermögensverhältnisse ist in der EU tabu.

Derzeit sind Börsenspiele sehr beliebt. Zeitungen, Internet-Plattformen und Fernsehsender veranstalten bei großem Publikumsinteresse Anlagewettbewerbe. Wer das Startkapital mit der geschicktesten oder glücklichsten Anlagestrategie am stärksten vermehrt, gewinnt. Die Investmentstrategien beruhen auf freien Entscheidungen und nicht auf vorgegebenen Umständen, das macht den Reiz des Spiels aus. Und nun stellen Sie sich vor, dass in einem solchen Wettbewerb SpielerIn A mit einem Startkapital von 500 000 Euro ausgestattet wird, SpielerIn B mit 100 000 Euro und SpielerIn C mit null Euro. Gewinnen würde unterschiedslos, wer am Ende das größte Kapital besitzt. Würde das nicht alle Ihre Gerechtigkeitsnerven zum Aufschreien bringen? Würden Sie angesichts dieser eklatanten Diskriminierung nicht wütend anrufen, ob die Veranstalter noch bei Trost seien? Das Dumme: Im realen Leben ist es genau so – dank Erbrecht. Die einen »starten« mit Millionen, andere ohne einen Cent. Solange aber nicht alle dasselbe Startkapital vorfinden, ist Chancengleichheit leeres Gerede und bleiben sowohl Freiheit als auch Gerechtigkeit eine Illusion.

Genetische Lotterie

Die Reduktion der Chancengleichheit auf Bildung und Arbeitsmarkt ist auch deshalb eine Augenauswischerei, weil Menschen nicht nur höchst unterschiedlich mit »Sozialgütern« (Erbe, Elternhaus) ausgestattet sind, sondern auch mit »Naturgütern«: von der Gesundheit über den Intellekt bis hin zu Talenten aller Art. Nach dem herausragenden Gerechtigkeitstheoretiker John Rawls dürfen »unverdiente Nachteile« keine Rolle im Zugang zu sozialen Primärgütern wie Freiheiten, Rechte, Einkommen und Besitz spielen. Mit diesem Kriterium öffnet Rawls ein – vielleicht ungewollt – weites Feld: Da ist zunächst die unterschiedliche gesundheitliche Verfassung der Menschen. Wir gewähren Menschen mit schweren körperlichen oder geistigen Einschränkungen eine Rente und versichern Unfälle am Arbeitsplatz kollektiv, aber das ist nur die Spitze des Eisberges. 1. Wenn jemand mit körperlichen Beeinträchtigungen eine Invalidenrente erhält, besteht noch lange keine Chancengleichheit! (Diese Person erhält eine »Abfindung«, die mit Glück zu einem Leben über der Armutsgrenze reicht.) 2. leiden zahlreiche Menschen unter nicht ganz so offensichtlichen Behinderungen, die ihre Leistungsfähigkeit und damit ihre Karrierechancen entscheidend schmälern. Wie sollten beispielsweise chronisch Kranke entschädigt werden, die zwar arbeitsfähig sind, aber immer wieder »aussetzen« und im Lauf ihres Lebens vielleicht nicht die Aura von kerngesunden Eichennaturen entwickeln? In Österreich sind 479 000 Menschen von depressiver Antriebslosigkeit geplagt, fast doppelt so viele leiden an Angsterkrankungen: Rund fünfzehn Prozent der Bevölkerung haben eine entscheidende Voraussetzung weniger, dem Leistungsideal zu gehorchen und nach – ökonomischem – Glück zu streben.[15] Müssten sie nicht eine Karriereeinschränkungsentschädigung erhalten? Was ist mit Menschen, deren Selbstvertrauen am Boden liegt, weil die Misshandlung durch die Eltern keine stabile Basis für die Persönlichkeit ermöglichte? Was mit jenen, die regelmäßig zu hören bekamen: »Du hast mein Leben zerstört!« Wie wird autoritäre Erziehung entschädigt? Manche lernen, sich klein zu machen, sie schauen zu Autoritäten auf. Für andere ist es schon mit zwanzig Jahren ganz selbstverständlich, in einer Fernseh-Talkshow vor Millionenpublikum mit dem Bundeskanzler über die Regierungspolitik zu streiten. Während für die einen die Schwerkraft nach oben wirkt, nehmen andere mit schwindsüchtigem Selbstvertrauen in der betrieblichen Hackordnung freiwillig die unterste Sprosse ein. Was ist mit Kindern, die in der Familie gelernt haben, Konflikte mit Fäusten zu lösen? Haben sie nicht ein Anrecht auf Entschädigung gegenüber AltersgenossInnen, die zur emotionalen Intelligenz, sozialen Kompetenz und Gewaltlosigkeit erzogen wurden? Oder zumindest auf kostenlose Psychotherapie?

Stehlen wir uns mit dem Hinweis, dass die Gesellschaft nicht für alles verantwortlich gemacht werden kann, was in den Familien an unterschiedlicher Veredelungsarbeit am Humankapital geleistet wird, nicht aus der Verantwortung? Jede vierte Frau wird in ihrer Kindheit sexuell missbraucht. Geht das die Gesellschaft nichts an? Die meisten Missbrauchs- und Vergewaltigungsopfer tragen schwere Traumen davon, deren Symptome sich über das gesamte Leben erstrecken und die »Leistungsfähigkeit« schwer beeinträchtigen können. Die Folgen reichen von Angstzuständen über schwere Depressionen bis hin zu Suizidgefährdung: hochwirksame Karrierebremsen. Wer statt der Karriere den Selbstmord plant, hat gar keine Chance. »Wenn wir wirklich an der Beseitigung unverdienter Ungleichheiten interessiert sind, dann ist die herrschende Auffassung von der Chancengleichheit unhaltbar«, meint Wim Kymlicka konsequent.[16]

Wenn der Kerngedanke der Chancengleichheit ist, dass es gerade nicht von der genetischen Ausstattung, von der Herkunft und vom Elternhaus – von den Umständen – abhängen soll, wie hoch jemand hinauskommen kann, dann müssen unverdiente Ungleichheiten vollständig ausgeglichen werden, so eine Gesellschaft frei sein möchte. Es ist nicht gerade logisch, körperliche Invalidität zu entschädigen und seelische Verstümmelung nicht; Menschen mit einem Bein schon, Menschen mit Panikattacken nicht. Wenn es darum geht, alle unverdienten Nachteile auszugleichen, ist es auch nicht gerecht, Hochtalentierte höher zu entlohnen als weniger Talentierte, weil sich weder die einen noch die anderen bewusst für ihre genetische Ausstattung und ihre Erziehung entschieden haben.

Der Leistungsansatz in der Parecon

Wenn wir Chancengleichheit so ernst nehmen würden, dass wir systematisch alle unverdienten Nachteile entschädigen, dann würden Einkommensunterschiede nur noch den unterschiedlichen persönlichen Einsatz abbilden, was einem liberalen Leistungsgedanken entspräche – und der Parecon. Die Parecon löst sowohl das Problem der unverdienten Ungleichheit – durch die prinzipielle Gleichbezahlung aller Arbeitsstunden – als auch das der verdienten Ungleichheit – durch die Belohnung von freiwilligem Einsatz: Wer aus freien Stücken einen längeren Ausbildungsweg auf sich nimmt, länger arbeitet, eine gefährlichere Arbeit übernimmt oder mehr Verantwortung: wer ein größeres »Opfer« erbringt, eine wirkliche Leistung, soll dafür auch höher entlohnt werden. Für diese Regel würde vermutlich eine breite Mehrheit stimmen.

Dennoch widerspricht der Parecon-Ansatz einer heute akzeptierten Faustregel von Rawls: Ungleichheiten sind dann erlaubt, wenn es damit allen besser geht als bei völliger Gleichheit. Oder anders: Eine Gesellschaft ist dann gerecht, wenn es den Ärmsten besser geht als in jeder anderen Verteilungsform, auch wenn einige für die gleiche Arbeitszeit mehr erhalten als andere. Wenn die Besserbezahlung der Talentierten auch den Untalentierten nütze, sei sie erlaubt. Doch dieser Ansatz geht von einem höchst fragwürdigen Menschenbild aus, nämlich dem, dass Talentierte ihre Talente nur dann entfalten, wenn sie dafür einen höheren Lohn erhalten als Untalentierte. Ist das logisch? Würden Talentierte auf die Ausübung ihres Talents verzichten, wenn sie dafür nur gleich hoch entlohnt würden wie für die Ausübung einer Tätigkeit, für die sie kein Talent mitbringen? Wäre Mozart Bäcker geworden, wenn er dafür einen gleich hohen Stundenlohn bekommen hätte wie als Komponist? Ich meine, dass Menschen ausreichend Anreiz vorfinden und glücklich sind, wenn sie die Freiheit erhalten, ihr Talent zu entfalten, und dafür gerecht entlohnt werden. Erhalten sie auch noch gesellschaftliche Anerekennung dafür, besteht keine Gefahr, dass sie ihr Talent nicht zur Anwendung bringen. Wir sollten uns hüten, der kapitalistischen Ideologie auf den Leim zu gehen, dass Menschen mit reichen Gaben diese nur dann zum Einsatz bringen, wenn sie dafür besser bezahlt werden als der »Durchschnitt«.

Gaben sind Geschenke und somit unverdiente Vorteile. Welche Logik ist es, Beschenkte dafür zu belohnen, dass sie ihre Geschenke annehmen? Dass jemand aufgrund höherer Intelligenz mehr verdient, ist nicht nur ein Verstoß gegen die Gleichwertigkeit aller Menschen – wieso sollen Talentierte von der Gesellschaft besser behandelt werden als Untalentierte? –, sondern bei näherem Hinsehen auch ein klarer Verstoß gegen die »Leistungsgesellschaft«. Denn Talentiertsein ist noch keine Leistung.

Wenn wir nach Rawls dieser Ungerechtigkeit stattgeben in der Hoffnung, dass dadurch die Taltentierten erst so viel Wohlstand erzeugen, dass auch für die wenig Taltentierten mehr davon abfällt, gehen wir in die Falle eines Menschenbildes, das uns als Wesen ohne Eigenantrieb betrachtet, das mit starken materiellen Anreizen dazu gebracht werden muss, seine natürlichen Gaben zur Anwendung zu bringen. Fast klingt das so, als müsse man Fische fürs Schwimmen belohnen und Vögel fürs Fliegen, absurd. Wenn alle machen dürfen, was sie wollen und können und dafür gerechten Lohn und Anerkennung erhalten, ist eine Gesellschaft frei. Das war weder im Realsozialismus noch im Kapitalismus der Fall. Dort mussten wir uns zentralen Plänen fügen, hier werden unsere Talente nicht per se geschätzt, sondern für die Kapitalvermehrung instrumentalisiert und missbraucht.

Wenn wir den Blick vom Kapital zum Menschen schwenken, schaffen wir vielleicht den Übergang von einer Ökonomie der Knappheit, in der nur ein Teil für den Dienst an der Kapitalvermehrung anerkannt wird, zu einer Ökonomie der Fülle, in der alle für das persönliche Menschsein anerkannt und die Talente aller gefördert werden.

Konkurrenz an sich verhindert Chancengleichheit

Doch selbst wenn wir sämtliche unverdienten Ungleichheiten ausgleichen würden – vom chronischen Asthma bis zum Selbstwertdefizit, vom Vergewaltigungstrauma bis zur Depression –, das Erbrecht abschaffen und ein frei zugängliches Bildungssystem einrichten würden, selbst dann hätten wir immer noch nicht umfassende Chancengleichheit. Denn die Chancengleichheit bezieht sich nur auf den »freien Markt« und nicht auf das ganze Leben. Der Begriff selbst und die politische Debatte um ihn herum dienen dazu, den Markt – jene soziale Institution, die Ungleichheit schafft, weil alle gegeneinander »kämpfen dürfen« – zu legitimieren. Bewährung auf dem »freien« kapitalistischen Markt setzt Bereitschaft für den Konkurrenzkampf voraus und die Fähigkeit, sich unter Druck zu behaupten – also ganz bestimmte Charaktereigenschaften, die manche Menschentypen bevorzugt und andere benachteiligt. Das Abhängigmachen der materiellen Existenz von einer bestimmten Charakterform ist ein Verstoß gegen den Gleichwertigkeits- und den Gleichbehandlungsgrundsatz, weil nicht alle Menschen die gleiche Chance erhalten, ihre materiellen Bedürfnisse zu decken. Die Idee der »Chancengleichheit« ist ein Versuch, die per definitionem diskriminierende Konkurrenzveranstaltung zu legitimieren.

Chancengleichheit ernst gemeint, hieße, dass Menschen gleiche Chancen im Leben erhalten und nicht nur auf dem Markt. Dass Menschen entweder generell oder zumindest unter bestimmten Umständen vom Zwang, sich auf dem Markt zu verkaufen, befreit werden. Alle Menschen haben ein unerschöpfliches Potenzial des Wachsens, Lernens und der Kreativität. Anstatt einen möglichst offenen Rahmen zu schaffen, in dem sich alle Menschen in ihrer Unterschiedlichkeit entfalten können, setzen wir eine bestimmte Regulierungsidee um – Marktkonkurrenz und Gewinnstreben – und bestrafen mit geringeren Einkommen oder sogar Armut und Existenznot all jene, die für diese willkürliche Regulierung nicht die nötigen Gaben oder nicht die richtige Einstellung mitbringen. Ihr gesellschaftlich diagnostizierter Mangel an Leistungswillen kann 1. Folge einer geringeren Begabung sein; 2. Ausdruck einer geringeren Fähigkeit, sich mit anderen zu messen; 3. Ausdruck eines Widerstands, sich in diese zwanghafte Schablone pressen zu lassen. Dieser Widerstand ist gerade aus liberaler Sicht legitim, weil sich Menschen nicht zu einer bestimmten Lebensform zwingen lassen. »Freiheit bedeutet die Abwesenheit von Zwang«, sprach Hayek.

Vielleicht sind viele dieser »Faulen« hochgradig kooperativ, sozial intelligent, aber eben nicht gemacht für die Konkurrenz und nicht fähig oder willens, bei Bewerbungsgesprächen gegen 155 andere KandidatInnen anzutreten oder als UnternehmerIn sich in einer unerbittlichen Preisschlacht auf Kosten von Mensch und Umwelt zu schlagen. Vielleicht bräuchten sie eine gesicherte Existenz und menschliche Wärme, wodurch sie erst in der Lage wären, aus der Muße heraus die besten Leistungen für die Gemeinschaft zu bringen. Wäre es nicht klüger, alle Menschen im materiellen Bereich von Angst und Stress zu befreien und somit Raum und Freiheit für Kreativität, freiwillige Leistung, intrinsische Motivation und (soziale) Innovation zu öffnen?

Frauen haben weniger Chancen (am Markt)

Für 51 Prozent der Menschheit ist der »freie« Markt eine besonders einschränkende Regulierung: Frauen haben durch ihre Doppel- und Mehrfachrolle in der Gesellschaft ganz einfach nicht die gleichen Chancen wie Männer. Obwohl Frauen siebzig Prozent aller Arbeitsstunden weltweit verrichten, erhalten sie nur zehn Prozent des globalen Einkommens und besitzen gar nur ein Prozent des globalen Vermögens.[17] Frauen sind die strukturellen Verliererinnen einer Wirtschaftsform, die auf Privateigentum, Eigennutzstreben und Konkurrenz aufbaut. Ihre gesamtgesellschaftliche Leistung steht in krassem Missverhältnis zu ihrem finanziellen Verdienst. Spätestens aus der Gender-Perspektive wird klar, dass das Konstrukt »Chancengleichheit« vor allem dazu dient, die männlichen Werte Konkurrenz und Gewinnstreben zu legitimieren. Das Sozialforschungsinstitut der UNO schreibt zehn Jahre nach der Weltfrauenkonferenz in Peking von 1995: »In einer Welt, in der das dominante Modell soziale und ökonomische Ungleichheit vertieft (...), ist Geschlechtergerechtigkeit nicht gewährleistet.«[18]

Damit die, die in der Regel sozial verdienstvoller sind und in lebenswichtigen Bereichen zumeist mehr vermögen als Männer, von Verdienst und Vermögen ausgeschlossen werden können, müssen nicht nur die Wirtschaftsbücher von Männern geschrieben, sondern auch die ökonomischen Steuerräder männlich besetzt werden. Die erste Führungsebene in deutschen Großunternehmen (mehr als fünfhundert Beschäftigte) ist zu 96 Prozent mit Männern besetzt.[19] Bei den achtzig DAX- und MDAX-Unternehmen ist die Testosteronkonzentration noch höher: 414 der 419 Vorstände tragen Penis. Eine einzige Frau hat es in den Vorstand eines DAX-Konzerns geschafft.[20] In Österreich sitzen in 176 der zweihundert größten Kapitalgesellschaften keine Frauen in der Geschäftsführung.[21] Wir schreiben das Jahr 2007. Was zählt, ist der Trend, ließe sich einwenden, doch der ist rückläufig: Die Spitzenpositionen europäischer

Konzerne (Vorstand, Geschäftsführung, Prokura, Aufsichtsrat) waren 2004 zu elf Prozent von Frauen besetzt, 2006 waren es nur noch zehn Prozent. Der Anteil der gänzlich von Frauen geführten Unternehmen sank von 2004 bis 2006 von einem auf null Prozent.[22] Bei der Gesamtheit aller österreichischen Unternehmen ist der Anteil der weiblichen Führungskräfte seit 2000 von 30,3 auf 26 Prozent gesunken.[23] Weltweit waren 1996 knapp fünfzig Prozent der über 15-jährigen Frauen in Beschäftigung; 2006 waren es nur noch 48,9 Prozent.[24] Unter den 946 globalen MilliardärInnen finden sich 97 Frauen. Davon haben 91 geerbt, nur sechs haben sich aus eigener Kraft das Milliarden-Vermögen angeeignet.[25] Das Wirtschaftsmagazin *Format* konnte 2007 unter Österreichs Selfmade-Multimillionären »trotz intensiver Recherche« keine einzige Frau ausfindig machen.[26]

Auch am unteren Ende der Einkommenspyramide schaut es nicht gut für Frauen aus. Von den 90 000 österreichischen Vollzeitbeschäftigten, die weniger als tausend Euro im Monat verdienen, sind drei Viertel Frauen.[27] Auf dem österreichischen Arbeitsmarkt ist das Geschlecht die »Karrierebremse Nummer eins«[28]. Mütter haben automatisch einen Karrierenachteil. Allein die Schwangerschaft und das Stillen des Säuglings bedeuten den sicheren Aufstiegsstopp. Wollen sie ihr Kind nicht nur die ersten Monate, sondern einige Jahre lang ins Leben begleiten, haben sie oft gar keine Chance mehr auf Rückkehr in den Arbeitsmarkt. Wenn kein ernährender Mann dabei ist, zählen Frauen mit Kindern zu den am stärksten armutsgefährdeten Gruppen in den reichen Ländern. Die Armutsgefährdung von Alleinerzieherinnen in Österreich liegt bei 31 Prozent.[29]

Durch die extreme männliche Dominanz bei den Chef-Posten werden männliche Werte in der Erwerbswirtschaft reproduziert. Frauen kommen oft nur hoch, wenn sie männliche Werte übernehmen, was die sexistischen Strukturen konserviert. Echte Chancengleichheit zwischen den Geschlechtern kann es auf einem freien, kapitalistischen Arbeitsmarkt nicht geben.

Kommunikative Geschenkwirtschaft

Es ist also noch nicht damit getan, dass wir a) egalitären Bildungszugang schaffen, b) das Erbrecht abschaffen, c) sämtliche unverdienten Nachteile ausgleichen und d) für gleichen Einsatz gleichen Lohn zahlen, denn Frauen scheitern schon am Zugang zum Erwerbsarbeitsmarkt. Es geht noch grundlegender um die Vereinbarkeit der Welt der materiellen Produktion mit der Welt der menschlichen Reproduktion. Um die relative Unterbewertung der einen Sphäre im Verhältnis zur anderen. Und – erneut – darum, ob die Werte der Wirtschaft auch in der Sphäre des Lebens und seiner Neuerschaffung gelten sollen oder nicht doch umgekehrt. Der radikalste Integrationsvorschlag stammt von der US-Sprachwissenschaftlerin und Millionenerbin Genevieve Vaughan. In ihrem Buch »Geschenkökonomie« schlägt sie vor, dass der zentrale Wert der Natur-Mensch- und der Mutter-Kind-Beziehung, nämlich das Schenken, Vorbild und Standard für alle Beziehungen werden sollte, gerade auch für materielle Wirtschaftsbeziehungen. Das wäre die radikalste vorstellbare Revolution. Und andererseits nichts anderes als das, was wir alle in unseren Freundschaftsbeziehungen täglich praktizieren und was unsere größten Vorbilder – Jesus oder Gandhi – vorlebten.

Wie grundlegend Menschen zum Einander-Beschenken fähig sind, zeigt Vaughan am Urgeschenk der »Kommunikation«. Den lateinischen Wortstamm bildet »munus«, das Geschenk. Gemeinsam (»cum«) schenken ist kommunizieren. Jeder kann der/dem anderen Worte schenken. Wenn wir uns ein wenig umorganisieren würden, könnten wir auch Dinge schenken. Wir bräuchten dazu nur ein wenig geistige und emotionale Flexibilität – also genau das, was die Gewinner der Globalisierung stoisch von uns einfordern. »Kommunismus« erhielte in dieser Sprachanalyse die neue Bedeutung, dass wir alle einander beschenken – als Standard. Stellen Sie sich das nur einmal in Ruhe und ohne Panikattacke vor: Wer schenkt, ist hochangesehen; mit zunehmendem Geiz sinkt, mit wachsender Großzügigkeit steigt die gesellschaftliche Wertschätzung. Die Gesetze verstärken diese Werte: Wer gibt, kriegt noch eins drauf. Wie unendlich fremd und doch gleichzeitig vertraut uns so eine Gesellschaft ist, zeigt das Faktum, dass Schenken ein zu allen Zeiten in allen menschlichen Kulturen reales Phänomen ist. Selbst die reichsten Personen können nicht umhin, zumindest ein bisschen zu spenden und zu stiften, weil der Wert des Schenkens selbst im Shareholder-Kapitalismus offenbar nicht auszurotten ist. Warum sollten wir nicht in der Lage sein, diese Ethik systematisch auszuweiten vom Basisbereich der Reproduktion und Rekreation in das Segment der Produktion und Kreation?

Voraussetzung für die »Integration« im Sinne Vaughans wäre, dass wir die gegenwärtige Dominanz der Erwerbssphäre in jeder Hinsicht verringern: bezüglich des Zeitaufwands, bezüglich der materiellen Absicherung und, vor allem, bezüglich der Be-Wert-ung: »Ökonomischer Erfolg« darf in Zukunft nichts sein, was von der Reproduktions- und (Re-)Kreationssphäre abgekoppelt ist oder auf deren Kosten angestrebt wird: kein männlicher Wert.

Ein Weg zur Verringerung der zeitlichen Dominanz der Erwerbssphäre wäre die Zwanzig-Stunden-Woche als Norm. Sie würde die Aufteilung der Reproduktionsarbeit zwischen Frauen und Männern erleichtern, weil je ein Elternteil einer Halbtagslohnarbeit nachgehen könnte. Wir haben die Verkürzung von achtzig auf rund vierzig Stunden geschafft, da sollte das letzte Drittel des Weges auch noch zu schaffen sein.

Ein zweites Element der materiellen Absicherung aller Menschen ist das angesprochene Großangebot von Gemeinschaftsgütern, die ich später als moderne Allmenden vorstellen werde (Kapitel 10). Wenn die Bildung frei ist, die Gesundheitsversorgung, die Kinder- und Altenbetreuung, der öffentliche Verkehr, dann fallen für (alleinerziehende) Eltern(teile) hohe Fixkosten weg und das zum Leben nötige Geldeinkommen wird kleiner.

Ein dritter Aspekt wäre, die reproduktive Arbeit prinzipiell gleich zu entlohnen (bewerten) wie die produktive. Niemand kann glaubhaft argumentieren, dass die Reproduktion des wichtigsten aller Produktionsfaktoren – des Menschen – eine geringere Leistung darstellt als die Produktion einer Ware oder Dienstleistung. Diese Lösung birgt die Gefahr, dass Frauen wieder stärker in die Mutterrolle gedrängt werden, wenn auch besser honoriert als heute. Dem ließe sich wiederum vorbeugen, indem die faire Aufteilung der Reproduktionsarbeit mit finanziellen Anreizen gefördert wird: Wenn sich Papi und Mami die Erziehungsarbeit teilen, was durch die Zwanzig-Stunden-Woche erleichtert würde, erhalten sie ein höheres Karenzgeld, als wenn Mami alles alleine macht. Das größere Problem läge, wie in Kapitel 4 angedeutet, darin, dass die zentralen zwischenmenschlichen Beziehungen in Geld gemessen werden müssten und dadurch die Herrschaft der Geldwertlogik über noch mehr Lebensbereiche ausgeweitet würde. Andererseits hat dieser Prozess mit dem Kindergeld schon begonnen. Es ist ein kleiner Sprung vom Kindergeld zum Erziehungslohn. Die Reproduktion ist auch Teil der materiellen Lebensgrundlagen. Und wenn die Kindererziehung als gesellschaftliche Leistung definiert würde, kämen die astronomischen Managergehälter zusätzlich unter Rechtfertigungsdruck. Sie würden früher oder später als sexistische Diskriminierung erkannt werden und fallen.

Wie uferlos das Thema Chancengleichheit ist, zeigt die globale ökologische Dimension. Derzeit verbraucht eine Minderheit der Menschheit den Großteil der planetaren Ressourcen. Für die Mehrheit der Menschen bleibt zu wenig übrig, und auch die zukünftigen Generationen finden nicht dieselben Lebenschancen vor wie die Konsumelite in den reichen Ländern heute. Wer Chancengleichheit also wirklich ernst nimmt und nicht als Schlagwort benützt, um den Markt und männliche Macht zu legitimieren, muss sich mit ebensolchem Eifer für globale ökologische Gerechtigkeit einsetzen. Ohne die Reduktion des Ressourcenverbrauchs in den Industrieländern um drei Viertel haben die Mehrheit der Menschen auf diesem Planeten und unsere Kinder nicht die gleichen Lebenschancen wie wir.

Zusammenfassende Thesen

→ Chancengleichheit ist ein Mythos und ein Konstrukt, um den männlichen Konkurrenzkapitalismus zu legitimieren.

→ Wenn eine Gesellschaft, die materielle Ungleichheiten zulässt, dennoch frei und gerecht sein will, muss sie zumindest vollkommene Chancengleichheit herstellen. Dazu zählen

a) freier Zugang zu einem erstklassigen öffentlichen Bildungssystem, inklusive Bildungsberatung, um die Kinder aus ärmeren Haushalten zu ermutigen;

b) die vollständige Entschädigung aller unverdienten Nachteile – sowohl bei den Sozialgütern (Herkunft, Erbe, Beziehungen der Eltern) als auch bei den Naturgütern (genetische Ausstattung, körperliche und seelische Gesundheit, Talente).

- Das würde wiederum bedeuten: die gerechte Aufteilung des Erbes einer Generation an die nächste, damit am Start alle gleiche Chancen haben.

- Talente sind ein Geschenk des Ganzen, die zum Wohl des Ganzen wirken sollen und nicht einseitig zum Wohl des Beschenkten. Sie sind keine Leistung und dürfen keinen Anspruch auf Besserbehandlung als Menschen, die geringer beschenkt wurden, begründen.

→ Ohne die (bessere) Integration der Lebenssphäre und der Erwerbssphäre (über soziale Anerkennung, Zeitverteilung und materielle Absicherung) beschränkt sich Chancengleichheit nur auf den Markt und bleibt damit ein sexistischer Euphemismus.

→ Echte Chancengleichheit hat auch eine ökologische Dimension. Ohne globale ökologische Gerechtigkeit gibt es keine Freiheit auf dem Weltmarkt.

1 FRIEDMAN, 232.
2 WirtschaftsWoche, Februar 1981. Wiederveröffentlicht in Nr. 3/1996.
3 KYMLICKA, 60.
4 Accenture-Studie »Expectations and Achievement: Empowering Women from Within«, Kurier, 22. März 2007.
5 Statistik Austria: »Einkommen, Armut und Lebensbedingungen. Ergebnisse aus EU-SILC 2005«, Wien 2007.
6 Die Presse, 24. März 2007.
7 LAUTERBACH, 31 und 33.
8 Wiener Zeitung, 17. April 2007.
9 Gastkommentar in Die Presse, 30. April 2007.
10 LAUTERBACH, 16.
11 Der Standard, 2. August 2007.
12 Spiegel online, 30. Juni 2004.
13 SPIEGEL online, 30. Juni 2004.
14 http://www.zitate-online.de/autor/trump-donald
15 ORF online, 3. April 2007.
16 KYMLICKA, 61.
17 UNDP: World Development Report 1995, New York.
18 Zitiert in Christa Wichterich: »Der Anspruch der Frauen auf Geschlechterge-rechtigkeit«, in eins 4/2007, Dossier Frauenrechte, IV.
19 IAB Kurzbericht, Aktuelle Analysen aus dem Institut für Arbeitsmarkt- und Berufsforschung der Bundesagentur für Arbeit, Ausgabe Nr. 2, 24. Februar 2006.
20 Studie von LAB & Partners, Der Standard, 18. September 2007.
21 Untersuchung der Arbeiterkammer Wien, Der Standard, 3. März 2007.
22 European Women's Management Development International Network (EWMD)/APA, 29. Dezember 2006.
23 Der Standard, 8. März 2007.
24 ILO-Presseaussendung, 25. Januar 2007 (ILO/07/02).
25 Forbes Magazine, 19. Juli 2007.
26 Format 13/2007.
27 Studie der Arbeiterkammer Oberösterreich, Kurier, 15. September 2007.
28 Accenture-Studie »Expectations and Achievement: Empowering Women from Within«, Kurier, 22. März 2007.
29 Bundesministerium für Soziale Sicherheit, Generationen und Konsumenten-schutz: »Bericht über die soziale Lage 2003–2004«, Wien 2004, 219 und 223.

7. Eigenverantwortung

Freiheit bedeutet Verantwortung; das ist der Grund,
weshalb sich die meisten vor ihr fürchten.
GEORGE BERNARD SHAW

Es gibt keinen Ersatz für die persönliche Verantwortung.
AMARTYA SEN

Wenn es so etwas wie einen Wortverbrauchszähler gäbe, dann hätte er in den vergangenen Jahren beim Begriff Eigenverantwortung ausgeschlagen. Ob bei Gesundheitsreform, Rentenvorsorge, am Arbeitsmarkt oder in Parteiprogrammen: Alle fordern »mehr Eigenverantwortung.[1] Der Grund für das flächendeckende Erwachen: »Vater Staat« habe sich angeblich übernommen, die Zeiten der »Vollkaskomentalität« seien vorbei. Verantwortungsbewusste BürgerInnen nehmen ihr Leben nun in die eigene Hand und schmieden ihr Glück selbst. Jeder möchte sich rüsten für die schärfer werdende globale Konkurrenz, mobiler, flexibler und leistungswilliger werden, und lebenslänglich lernen. Fast gewinnt man den Eindruck, als würde eine zweite Aufklärung heraufdämmern. Doch geht es wirklich um das Mündigmachen von Menschen, um das Auf-die-eigenen-Beine-Stellen und um die dadurch erlangbare größere Freiheit für alle?

Sehen wir uns an, was gemeint ist, wenn zur Eigenverantwortung gemahnt wird. Zunächst heißt es mantrahaft, es sei nicht Aufgabe des Staates, sich um alles zu kümmern. Anstatt die Menschen väterlich zu versorgen, solle er sich auf seine »Kernaufgaben« beschränken (als wären die irgendwo definiert). »Wir stärken Eigenverantwortung statt Staatsgläubigkeit«, heißt es im aktuellen Regierungsprogramm von CDU und CSU.[2] Das könnte von Milton Friedman inspiriert sein: »Der Staat ist dazu da, den Bürger vor anderen Bürgern zu schützen, nicht dazu, die Leute vor sich selber zu beschützen.«[3] Deshalb sollen die Menschen selbst vorsorgen: für die Rente, für die Gesundheit, für die Pflege und für die Ausbildung ihrer Kinder. Von neoliberaler Seite wird die Verantwortung der Gesellschaft grundsätzlich in Frage gestellt. Das geht am leichtesten, indem man nicht das gesunde Maß, sondern die letzte Konsequenz gesellschaftlicher Verantwortung beschwört. Ein knapper Hinweis auf DDR oder UdSSR genügt zumeist, um die Einforderung von Eigenverantwortung salon- und mehrheitsfähig zu machen. In umgekehrter Richtung führt die Debatte allerdings – in letzter Konsequenz – dazu, den solidarischen Gesellschaftsvertrag vollends aufzulösen. Am radikalsten formulierte es Margaret Thatcher: »There is no such thing as society«[4], war ihre Antwort auf den Sozialismus. Wo keine Gesellschaft, da naturgemäß auch keine kollektive Verantwortung, kein Generationenvertrag, keine Gewerkschaften und keine Sozialversicherung.

Auf einer zweiten Ebene wird mit Sachzwängen »argumentiert«. Aufgrund des demografischen Wandels sei der Staat mit Aufgaben wie Gesundheitsversorgung oder Alterssicherheit überfordert. Besonders logisch ist dieses Argument nicht, denn die Privatisierung des Gesundheits- und Rentensystems ändert ja nichts an der Alterung der Bevölkerung. Während im ersten Fall die steigenden Kosten von der Versicherungsgemeinschaft – solidarisch – getragen werden, müssen sich im zweiten Fall die Individuen selbst teuer privat versichern. Dabei kommt es zur Selektion: Wer es sich leisten kann, wird gut versorgt, die Ärmeren schauen durch die Finger.

Sachzwang Nummer zwei: Die Standortkonkurrenz zwinge zum Rückbau der sozialen Sicherungssysteme. Um im globalen Wettbewerb bestehen zu können, müssten alle Staaten ihre Steuerforderungen zurückschrauben und die Sozialleistungen kürzen. Eigenverantwortliche Zeitgenossen und -genossinnen passen sich diesen neuen Verhältnissen an. »Die Menschen müssen bereit sein zu mehr Mobilität in den Hirnen, aber auch in den Beinen«, mahnt Günter Verheugen.[5] »Nur wer flexibel, mobil, lernbereit und leistungswillig ist, kann jenes Maß an Eigenverantwortung in die Waagschale werfen, das künftig noch stärker über Wohl und Wehe auf dem Arbeitsmarkt entscheiden wird«, meint der bayrische Wirtschaftsstaatssekretär Hans Spitzner.[6]

Ein Zuwiderhandeln gegen die eigene Mobilisierung wäre nicht nur der drohende Bankrott der Ich-Aktie oder das De-Listing vom globalen Arbeitsmarkt, sondern auch sozial unverantwortlich, denn es könne den Tüchtigen und Leistungstragenden nicht angetan werden, die Verlierer der globalen Konkurrenz zu ernähren und mit herumzuschleppen. So mancher erkennt diesen Trend blind: »Die Relation zwischen jenen, die produktiv zum Wohlstand beitragen, und jenen, die daraus alimentiert werden, verschiebt sich täglich ein Stück zu Lasten der verbliebenen Leistungsträger«, beobacht der Publizist Christian Ortner, ohne irgendeine Statistik zu bemühen.[7] Ist auch nicht nötig, wenn man als Zeitgeist auftritt. Hauptsache, wir strengen uns täglich mehr an und werden immer noch ein wenig produktiver, innovativer, flexibler, mobiler und leistungswilliger und lernen lebenslänglich. Unter dem Titel Eigenverantwortung prasselt ein Dauerfeuer von Imperativen auf uns ein, das uns auffordert, uns bestimmte Fähigkeiten und Qualitäten anzueignen, fast schon: bestimmte Charakterzüge anzunehmen. Und spätestens hier wird es absurd. Denn Eigenverantwortung kann nicht heißen, dass ich mir vorgegebene Charakterzüge aneigne, dass ich mich an ein normatives Menschenbild anpasse. Das ist Unterwerfung – nicht Freiheit. Wir werden unablässig dazu ermahnt, uns in den Dienst der Wettbewerbsfähigkeit des Standortes oder unseres Unternehmens, der eigenen Beschäftigungsfähigkeit, Konkurrenzfähigkeit, Wirtschaftlichkeit, Versicherbarkeit und Verwertbarkeit zu stellen. Alle Ziele dienen nicht unserer Menschwerdung und Verfeinerung im Sinne von Humanismus und Aufklärung, sondern der Verinnerlichung kapitalistischer Werte, unserer Be- und Verwertung nach Maßgabe des Geldes.

197

Eigenverantwortung ist ein politisches Programm zur Einberu-
fung möglichst vieler Mitglieder der Gesellschaft in den höheren Dienst, in den einzelnen Zweck der Kapitalvermehrung. Unter dem Tarnwort Eigenverantwortung wird Strukturgehorsam
von uns verlangt.

Freiheit und Mündigkeit würden bedeuten, dass ich mein
Leben in den Dienst stelle, den ich mir aussuche – und mich
nicht fremden Zwecken unterwerfe, an eine abstrakte Logik anpasse oder vorgeblichen »Sachzwängen« füge. Das ist allerdings
gar nicht so leicht in Zeiten globaler Konkurrenz, denn die
Gleichsetzung von Wettbewerbsfähigkeit und Eigenverantwortung ist nicht einfach eine Mode, sondern schiere Erpressung:
Wenn ich den Imperativen nicht gehorche und nicht innovativer, flexibler und produktiver werde, dann gehe ich unter, wird
mir gedroht, ich habe keine Chance in der globalen Konkurrenz,
wenn ich nicht charakterlich genüge. »Wir müssen wettbewerbsfähig sein, wenn wir gut leben wollen«, stellt uns Telekom-
Austria-Chef Boris Nemšić vor die Wahl.[8] »Globalisierung bringt
Vorteile für flexible Personen«, meint Wifo-Chef Aiginger. Und
für nicht-flexible? Für Unbeugsame? Für Tauschverweigerer?

Verantwortung ist nicht delegierbar

Ursprünglich, im Sinne der Aufklärung, heißt Eigenverantwortung etwas ganz anders: dass ich mündig werde und selbst Antwort geben kann auf das, was ich tue, dass ich für die Folgen
meines Handelns einstehen kann. Ver-*Antwort*-ung, *response-
ability*, hier steckt schon die Antwort drin, die von mir gefragt ist,
die ich geben können muss. Verantwortung setzt voraus, dass ich
a) einen freien Willen habe und frei entscheiden kann: Ich hätte
auch anders handeln oder die Handlung unterlassen können;
b) im kritischen Denken geschult bin und eigenständig von meiner Vernunft Gebrauch machen kann; dass ich mich aus Prinzip
permanent hinterfrage – meine Gefühle, Gedanken, Handlun-

gen; c) dass ich mündig bin, dass ich meinen freien Willen auch selbst artikulieren kann, ohne den Mund eines anderen zu gebrauchen. An diesen Kriterien wird klar: Verantwortung ist die Zwillingsschwester der Freiheit.

Freier Wille und Mündigkeit bringen mit sich, dass ich Verantwortung nicht delegieren kann.[9] Was ich tue, dafür muss und kann nur ich geradestehen. Die Antwort auf die Folgen meiner Handlungen kann nur ich selbst geben. »Ant«-Wort ist das »Gegen«-Wort auf das Wort, das an mich gerichtet ist. Jemand anders ist gar nicht angesprochen. Es war auch ich und niemand anders, der/die die Handlung gesetzt hat. Würde jemand anders für mich antworten, wäre das Entmündigung. Ich wäre nicht frei.

Verantwortung ist auch dann nicht delegierbar, wenn ich auf Befehl oder nach dem Gesetz handle. Die Rechtfertigung des österreichischen Innenministers Günther Platter, der gut integrierte Familien aus ihrem Lebensumfeld reißt und abschiebt, er habe sich nur an das Gesetz gehalten, hält nicht. Denn wenn die Gesetze unrecht sind, dann darf sich ein Mensch mit Eigenverantwortung nicht darauf berufen. Das hatten auch prominente Nationalsozialisten versucht, zum Beispiel Adolf Eichmann. Bei seinem Prozess in Israel stellte er sich als »gesetzestreuen« Bürger dar, alles Morden hätte auf legaler – gesetzlicher – Grundlage stattgefunden. Würde diesem Argument stattgegeben, hätte kein Nationalsozialist zur Verantwortung gezogen werden können. Barbara Brank meint daher: »Es ist unerheblich, ob auf Befehl gehandelt wurde oder nicht. Würden wir den Menschen die Eigenverantwortlichkeit für ihr Tun absprechen, dann würde Rechtsprechung einen ›theologischen‹ Charakter annehmen und sich erübrigen.«[10]

Wer sich an Gesetze hält, die die Menschenwürde und -rechte verletzen, handelt unverantwortlich und ist zur Verantwortung zu ziehen. Eigenverantwortung bedeutet somit, dass, sobald meine ganzheitliche Vernunft – mein Verstand, mein Herz, meine Intuition – mir sagen, dass die herrschenden Verhältnisse ungerecht sind, ich die Verpflichtung habe, für andere Verhältnisse einzutreten, auch gegen die gültigen Gesetze. Mein Nicht-tätig-Werden käme nicht nur einer Selbstverleugnung gleich: ich unterdrückte meine Gefühle, Überzeugungen und Werte; es wäre auch verantwortungslos: »Wer zuschaut, macht mit.«

Ökonomische Zivilcourage

Es waren eigenverantwortliche Menschen, die die französische Revolution getragen haben, die indische Unabhängigkeitsbewegung, die südafrikanische Anti-Apartheid-Bewegung, die US-Bürgerrechtsbewegung oder den Widerstand gegen das Nazi-Regime, Menschen, die nicht den jeweils gültigen Gesetzen gehorcht, sondern auf ihren Verstand und ihr Herz gehört haben. So paradox es klingen mag: Sozialer Fortschritt wurde regelmäßig durch den Bruch geltenden Rechts erreicht. Das ist selbstverständlich keine Einladung, geltendes Recht zu brechen, keineswegs, aber das geltende Recht sollte immer mit den eigenen Werten überprüft werden; bei Übereinstimmung helfen eigenverantwortliche Menschen mit, das Recht zu verteidigen, während sie bei ungerechten Gesetzen die Verantwortung nicht blind an diese delegieren, sondern sich für eine Änderung einsetzen.

Die ungerechten Gesetze von heute finden sich auf dem kapitalistischen Markt. Egoismus wird mit Erfolg kurzgeschlossen, und als eigenverantwortlich gilt, sich rücksichtslos um das eigene Fortkommen zu kümmern. Wer nur die Kapitalvermehrung anstrebt, andere Menschen dabei als Mittel zum Zweck benützt, Machtgefälle in Verträgen ausnützt und die Verantwortung dafür an Märkte delegiert, gilt als eigenverantwortlich und erfolgreich. Die marktwirtschaftliche Theorie gibt uns dabei recht, sie adelt uns für dieses Verhalten mit den Prädikaten effizient und rational. Verantwortungslosigkeit und Erfolg gehen heute prima zusammen. Hoffentlich werden diese Marktgesetze einmal als illegal angesehen.

Echte Eigenverantwortung könnte damit beginnen, dass wir in den Grundeinheiten des Wirtschaftens unsere Verantwortung nicht delegieren, sondern selbst wahrnehmen – indem wir die Macht, die uns – legale – Vertragsbeziehungen anbieten, nicht ausnützen; dass ich als mündige Person die Verantwortung für mein ökonomisches Handeln nicht an den Markt delegiere, der menschenunwürdige Preise, Löhne, Zinsen oder Mieten bildet, sondern selbst urteile, was ein fairer Preis, eine faire Miete, ein fairer Zins oder ein fairer Lohn ist, der die Würde beider – meine und die der MieterIn, KreditnehmerIn, ArbeitnehmerIn, ProduzentIn oder KonsumentIn – wahrt. Ich überlasse nicht dem Markt die Antwort darauf, was ein gerechter Preis ist, sondern bestimme diesen selbst nach Rücksprache und unter Achtung der Würde meiner TauschpartnerIn. Der Markt wird dadurch nicht abgeschafft, aber sein inhumanes, illiberales, unökologisches und sehr oft auch ökonomisch zutiefst irrationales Preisdiktat. Wir könnten diese Form der Eigenverantwortung auch Markt-Ungehorsam nennen. Im global legalen Kapitalismus braucht es ökonomische Zivilcourage.

Ein aktuelles Beispiel: In ganz Europa formieren sich derzeit Milchbauern und -bäuerinnen, weil der »freie Wettbewerb« den Marktpreis für Milch in den Keller gestürzt hat. Täglich sperren allein in Österreich neun Milchbetriebe zu[11], was nicht nur den politischen Beteuerungen und Bekenntnissen zum »Feinkostladen Österreich« und einer bäuerlichen und nachhaltigen Landwirtschaft widerspricht, sondern auch dem Mehrheitswunsch in der Bevölkerung nach gesunden Bauernhöfen statt riesigen Agrarfabriken. Doch die unsichtbare Hand zwingt die Mehrheitswünsche in die Knie: Der Marktmilchpreis sinkt und sinkt, 2007 hält er bei 27 Cent pro Liter Milch. Eine Initiative europäischer Milchbauern möchte nun den Preis bei vierzig Cent pro Liter stabilisieren, damit die noch verbliebenen Bauern überleben können. Sie müssten dazu allerdings mit den KonsumentInnen oder den Molkereien und Supermärkten kooperieren und die Marktgesetze außer Kraft setzen. Für diesen

Ungehorsam hat sich die IG Milch gegründet – in eigenverantwortlicher Selbstinitiative. Eigenverantwortung würde bedeuten, dass alle Menschen, egal ob Molkerei-Mensch, Supermarkt-Mensch, Konsument-Mensch, Medien-Mensch, Politik-Mensch oder Bauer-Mensch, die das Überleben der Bauern wollen, die Initiative nach einem Fairness-Preis von vierzig Cent unterstützen. Der Marktglaube ist so ausgeprägt, dass maßgebliche Akteure nicht mitmachen. »Man muss sich dem Markt stellen«, winkt NÖM-Vorstand Alfred Berger ab.[12] Er lebt vor, wie man heute problemlos Verantwortung an den Markt delegieren und auf diese Weise unverantwortlich handeln kann. Wie wir gesehen haben, wurden ungerechte Rechtszustände historisch immer wieder durch die Initiative eigenverantwortlicher Menschen überwunden.

Gleichheit als Voraussetzung von Freiheit

Jesus hat seine Botschaft der Nächstenliebe unter widrigsten Umständen verkündet; er ging den Weg der Eigenverantwortung konsequent zu Ende. Eigenverantwortung hieß für ihn, die eigene Würde zu wahren: den Respekt vor dem eigenen Denken, Fühlen und Handeln. In seinem Fall schloss das die Würde aller anderen Menschen mit ein. Denn für ihn waren alle Menschen von gleichem Wert, da von Gott nach dessen Ebenbild geschaffen. Wenn alle aus derselben Quelle kommen, folgt aus der Anerkennung der eigenen Würde, dass auch alle anderen Menschen und Lebewesen in ihrer Würde, in ihrem Wert an sich zu achten sind. Das mag theologisch klingen, gilt aber unterschiedslos in liberalen und sozialistischen Gesellschaften. Überall wird der gleiche Wert aller Menschen grundsätzlich anerkannt, egal ob man dies nun auf die (theologische) Würde oder die (liberale) Freiheit zurückführt.

Die Anerkennung der Gleich*wert*igkeit aller Menschen ist Kern des politischen Gleichheitsprinzips »égalité« und des kategorischen Imperativs von Immanuel Kant; dieser beruht auf der unantastbaren Menschenwürde, die auch den universalen Menschenrechten zugrunde liegt. Freiheit kann sich nur auf der Grundlage dieser fundamentalen Gleichheit im Sinne von Gleichwertigkeit entfalten. Freiheit darf nur in dem Maße verwirklicht werden, in dem sie die Gleichwertigkeit der Menschen nicht verletzt. Weil alle Menschen gleich wert und gleich frei sind, muss die Freiheit eines Menschen dort enden, wo die des anderen beginnt. Damit sind wir bei der Definition eines wichtigen Aspektes von Freiheit: Freiheit bedeutet, dass ich meine Bedürfnisse so befriedige, meine Lebensziele so verwirkliche und mit anderen so in Kontakt trete, dass meine eigene Würde und die Würde aller anderen gewahrt bleibt. Freiheit ist der gelebte Respekt der Gleichheit in dem Sinne, dass alle Menschen von gleichem Wert sind. Aus dieser Grundprämisse für eigenverantwortliches Handeln folgt, dass ich mit meinem Handeln niemandes Würde verletzen darf, unabhängig davon, welcher Rechtsrahmen gerade gilt; und dass ich Gesetze, die die Menschenrechte brechen, nicht befolgen darf. Diese Form der über das jeweils gültige Gesetz hinausgehenden Verantwortung führt zu höherer Freiheit – und mitunter zu gerechteren Gesetzen und Gesellschaftsordnungen.

Regeln kommen nicht von allein

Da Verantwortung mit Beziehungen zu anderen Menschen zu tun hat, ist die Reduktion der Verantwortung auf Eigenverantwortung an sich schon verdächtig. Zwar lässt sich noch nachvollziehen, dass jede/r das Schicksal in die eigene Hand nehmen soll und niemand einer/m anderen gebieten kann: »Sorge du für mein Leben.« Aber die angedeutete Beziehungslosigkeit eines Menschen, der sich angeblich ganz um sich selbst kümmert, ist eine naive Illusion. Kein Mensch ist unabhängig, wir hängen alle voneinander ab. Die eigenverantwortliche UnternehmerIn ist ganz besonders abhängig von unterschiedlichsten Menschen und Kollektiven: von den KundInnen, den Beschäftigten, den ZulieferInnen, vom Gesetzgeber, der die rechtlichen Grundlagen für die wirtschaftliche Freiheit schafft, und vom demokratischen Gemeinwesen, das ihr erst das Recht auf freies UnternehmerInnentum verleiht; schließlich, in vielen Fällen, von Familienangehörigen oder FreundInnen, die sie wieder aufmuntern und trösten, wenn der Wind auf dem freien Markt rauh pfeift. Selbst ein erfolgreicher Homo oeconomicus steht also in intensiven Beziehungen mit anderen Menschen – und Beziehungen sind stets von geregelten Rechten und Pflichten gekennzeichnet. Regeln müssen aber erst einmal erstellt werden, bevor sie ökonomisches Verhalten steuern können. Das heißt aber, dass die Voraussetzung dafür, dass ich mein Glück in die eigene Hand nehmen kann, die Errichtung von gesellschaftlichen Regeln, die Klärung der Rechte und Pflichten ökonomischer AkteurInnen ist.

Alle Regeln in einer demokratischen Gesellschaft – von den Menschenrechten bis hin zum Freihandel – gibt es, weil eigenverantwortliche Menschen sie geschaffen haben, sie sind das Ergebnis des Wahrnehmens von Verantwortung. Verantwortung hat somit immer auch eine kollektive Dimension, es wäre irreführend und unredlich, Verantwortung auf die individuelle Dimension zu reduzieren. Vollständige Verantwortung beinhaltet, dass ich mich als mündiges Mitglied der demokratischen Gemeinschaft mitverantwortlich fühle für die Regelung des Zusammenlebens, dass ich die jeweiligen gesellschaftlichen Verhältnisse nicht als gottgegeben oder Naturgesetze hinnehme, sondern mithelfe, dass die optimalen Bedingungen für das Gesamtwohl geschaffen werden; dass ich mich – mit Zivilcourage und politischem Engagement – dafür einsetze, dass gerechte Regeln erstellt und ungerechte Regeln geändert werden.

Ohne dieses bewusste Einmischen und Engagieren kann Demokratie nicht funktionieren. Die suchthafte Konsum- und Anästhesiegesellschaft macht uns vergessen, dass die Demokratie eine Beteiligungsstaatsform ist. Sie lebt davon, dass sie von möglichst vielen Menschen mitgetragen und mitgestaltet wird; dass sie täglich erneuert werden muss, um fortzubestehen. Die Nicht-Selbstverständlichkeit von Demokratie, scheint mir, ist heute vielen Menschen nicht bewusst. Demokratie wird oft als das Normalste in der Welt angenommen, so dass viele übersehen, wie jung und fragil sie ist. Die Demokratie steckt noch in den Kinderschuhen – in Österreich gibt es sie noch keine hundert Jahre – und ist zugleich schon wieder in der Krise, weil sie von den meisten als selbstverständlich angenommen, als bequeme Möglichkeit zur Delegation von Verantwortung missverstanden und dadurch ineffektiv und unbefriedigend wird.

Doch: »Wer in der Demokratie schläft, wacht in der Diktatur auf«, erkannte bereits Goethe. Demokratie funktioniert als »Staatsform« nicht von selbst, weil ihre Form die Menschen sind. Die periodische Wahl von VertreterInnen ist zu wenig, weil Verantwortung nicht delegiert werden kann. Genauso wenig, wie jemand anderer für die Folgen meines Handelns geradestehen kann, kann mich auch niemand anderer von meiner Verantwortung entbinden, das Zusammenleben mitzugestalten, dazu bin ich als Mitglied einer freien Gesellschaft aufgerufen. Ich muss selbstverständlich nicht alles im Detail mitregeln, es wäre Humbug, dass jede/r bei jedem Gesetz mitschreibt und mitentscheidet, ein gewisses Maß an Repräsentation muss es geben; es geht um die grundsätzliche Pflicht, sich in einer freien Gemeinschaft für das Gemeinsame – die Werte und die Gesetze – zuständig zu fühlen und zu engagieren: die kollektive Dimension der Verantwortung. Nur wenn sich alle prinzipiell zuständig fühlen, kommen auch breit akzeptierte Werte und Gesetze zustande. Wenn sich niemand zuständig fühlt oder nur wenige, bleibt ein Gemeinwesen ohne Regeln oder die Regeln bleiben ohne Legitimation und Beachtung. Oder die Demokratie wird zum Selbstbedienungsladen jener Gruppeninteressen, die über die nötigen Ressourcen verfügen, um die Gesetze in ihrem Sinne zu gestalten: neoliberale Postdemokratie.

Sauerstoff der Demokratie

Die Reduktion von Verantwortung auf Eigenverantwortung passt perfekt ins neoliberale Menschen- und Gesellschaftsbild. Menschen sollen sicht nicht mehr für das Wohlergehen aller und für gerechte Regeln des Zusammenlebens engagieren, sondern nur noch für das eigene Wohl. Die Regeln macht der Markt. Auch für das Zusammenleben. Das ist eine brutale Verstümmelung des Verantwortungsbegriffs, die zu Egoismus und sozialer Verantwortungslosigkeit führt. Die Zielsetzung dahinter ist, uns zu öffentlichkeitsscheuen Biedermeier-Menschen zu machen, zu unpolitischen, passiven Zahnrädern und Produktionsmitteln. Schon Perikles sagte aber: »Ein Bürger, der sich nicht in die allgemeinen Angelegenheiten einmischt, ist kein stiller Bürger, sondern ein schlechter Bürger.«[13] Erstaunlicherweise finden wir diesen Gedanken auch bei Hayek: »Gleichheit vor dem Gesetz führt zu der Forderung, dass alle Menschen auch gleichermaßen an der Gesetzgebung beteiligt sein sollten.«[14] So ist es: Wenn sich nicht jede/r Einzelne einmischt, wer soll dann die Gesetze machen? »Je mehr Öffentlichkeit hergestellt wird, desto mehr Sauerstoff wird in die Demokratie hineingepumpt«, meint Günter Wallraff.[15] Öffentlichkeit wird aber nur von Menschen geschaffen, die die soziale Dimension von Verantwortung leben. Unpolitische Menschen wurden im alten Griechenland »idiotes« genannt (griechisch »idios« = eigen, privat), sie sind der Stickstoff der Demokratie. Und die wertvollsten Verbündeten des Kapitalismus, weil sie ihn mit ihrem mächtigsten Mittel – der Demokratie – nicht in Frage stellen.

Das Mindeste, was ich – im Sinne von Verantwortung – tun kann, wäre, dass ich diejenigen, die ich wähle, ständig zur Rechenschaft ziehe, weil der Umstand, dass sie jetzt regieren, eine Folge meiner Handlung, meiner Stimmabgabe ist. Wenn ich mich abwende und enttäuscht bin, weil mein Mandat nicht ausgeübt wird, anstatt die Beauftragten zur Verantwortung zu ziehen, handle ich verantwortungslos. Ich muss mich einerseits organisieren und die Mandatare »an der Leine halten«, mit ihnen in Verbindung bleiben; sonst lösen sie sich unweigerlich aus ihrem demokratischen Auftrag. Genau das ist passiert: Wenige Gewählte treiben mit Hilfe massenmedialer Manipulation Machtspiele, ohne einander zuzuhören und ohne diejenigen zu vertreten, die sie gewählt haben, weil diese glauben, das Abgeben eines Stimmzettels reiche aus. So sieht Demokratie heute leider oft aus, entsprechend groß ist die Frustration.

Zum anderen muss ich mich für die Weiterentwicklung der Demokratie einsetzen, um die eingeschlafene Demokratie wiederzubeleben und sie von unten her zu stärken. Die repräsentative Demokratie muss um partizipative und direkte Elemente ergänzt werden. Das Ausmaß der Repräsentation (Delegation) sollte möglichst klein und das der direkten Verantwortung möglichst groß gehalten werden, gemäß dem Prinzip der Subsidiarität: Entscheidungen sollen so nahe wie möglich bei den Betroffenen fallen; was auf lokaler Ebene entschieden werden kann, wird nicht an größere Einheiten delegiert. Nach südamerikanischem Vorbild sollten wir unsere Verfassungen um eine vierte Gewalt, die staatsbürgerliche Gewalt, erweitern.

Ich glaube, dass Menschen gerne Verantwortung übernehmen, wenn es gute Vorbilder gibt. Daran mangelt es derzeit, weil der neoliberale Zeitgeist einen vollständigen Verantwortungsbegriff frontal angreift. Menschen werden zu unabhängigen Einzelwesen isoliert. Ergebnis dieser falsch verstandenen Individualisierung ist neben wachsender Ungleichheit und Unsicherheit auch Entpolitisierung. »Unter der existenziellen Verunsicherung, die auch in den reichen Ländern um sich greift, leidet auch die Bereitschaft der Menschen, Langfristverantwortung zu nehmen.«[16] Die neoliberale »Idiotisierung« hat Erfolg.

Freiheit des Vogels im Käfig

Die Halbierung des Verantwortungsbegriffs gebiert so manchen peinlichen Widerspruch: Der neoliberale Zeitgeist ermutigt uns, Individualisten zu sein, an uns zu glauben, nichts unversucht zu lassen und alles für möglich zu halten. »Sei frei«, lautet der Schlachtruf des Marktes: »Mach alles aus dir!« Gleichzeitig entzieht er die Marktordnung selbst und den globalen Konkurrenzzwang der Diskussion, indem er sie als unabänderliche Naturgesetze darstellt. »Niemand kann die Globalisierung aufhalten, aber man kann von ihr profitieren«, leitet die *Süddeutsche Zeitung* das Dossier ein. Das ist höchst widersprüchlich: Entweder ich bin frei in aller Konsequenz, das heißt, dass ich eine andere Form der Globalisierung und des Wirtschaftens erdenken, ausprobieren und gemeinsam mit anderen umsetzen kann, oder ich bin es nicht, dann bin ich aber nicht frei. Entweder ich darf mitentscheiden, wie der EU-Binnenmarkt gestaltet wird und was die Welthandelsorganisation, der Währungsfonds und die Weltbank machen, dann kann ich auch Verantwortung übernehmen; oder ich werde von den Entscheidungen ausgeschlossen, dann kann ich aber auch keine Verantwortung übernehmen.

Die Grundvoraussetzung für eigenverantwortliches Handeln ist die Mitbestimmung des Entscheidungsrahmens, innerhalb dessen ich mir Handlungsziele setzen und freie Entscheidungen treffen kann. Wenn die (globale) Arbeitslosigkeit zunimmt, dann nützt mir das schönste Handlungsziel nichts, ich werde es nicht erreichen. Die »Chance«, von der Globalisierung zu profitieren, ist schal, wenn ich nicht gefragt werde, wie die Globalisierung überhaupt aussehen soll. 195 Millionen Menschen sind weltweit offiziell auf Arbeitssuche. Haben sie verantwortungslos gehandelt? Oder handelt es sich hier um Frotzelei?

Die Totalermutigung zur individuellen Verwirklichung bei gleichzeitiger Totalentmachtung in der Gestaltung der herrschenden Verhältnisse – innerhalb derer individuelle Verwirklichung erlaubt ist – kommt der Aufforderung gleich, das Schicksal nur in ausgesuchten Kapiteln des Lebens in die eigene Hand zu nehmen. Das ist die Freiheit des Vogels, im Käfig zu singen.

KonsumentInnendemokratie?

Der Bereich, in dem Verantwortung derzeit am stärksten individualisiert wird, um die kollektive Ebene für die Festigung bestehender Machtverhältnisse freizuspielen, ist der tägliche Einkauf. Um die Welt zu retten, werden wir zu kritischem – eigenverantwortlichem – Konsum animiert. Das ist grundsätzlich begrüßenswert, aber das Verdächtige daran ist, dass wir von denen dazu aufgefordert werden, die uns in der Wirtschaftspolitik jede Mitbestimmung und jede Mitgestaltung verweigern, damit sie in Ruhe ungerechte Gesetze beschließen können (auch wenn sie sich dabei rhetorisch hinter »natürlichen Marktgesetzen« verstecken). Wir werden vom eigentlichen Platz des politischen Geschehens ferngehalten und in die Supermärkte gelotst, wo wir unsere demokratische Verantwortung ausleben sollen, in einem zugewiesenen Reservat der Wahlfreiheit als Ersatz für echte Demokratie. Die Supermarktfreiheit, die Autonomie vor dem Kaufregal, hat den schalen Beigeschmack der Bufettfreiheit: Ich darf zwischen diversen Häppchen wählen, aber nicht über die Arbeitsbedingungen in der Küche, bei den ZulieferInnen in der Landwirtschaft, im Transport. Die Mikroentscheidungen sind frei, die Makroentscheidungen tabu: schöne Autonomie.

Für eine gut verdiendende Ober- oder Mittelschicht mag die Bufettfreiheit eine entlastende Handlungsoption sein, weil sie sich damit von ihrer demokratischen Pflicht der öffentlichen Einmischung freizukaufen meint, doch viele Menschen haben nicht einmal diese Option. Denn am Supermarktregal fehlt zahlreichen Menschen die zentrale Voraussetzung für kritischen und ethischen Konsum: die Kaufkraft. Einkommen sind nicht annähernd so gerecht verteilt wie Stimmrechte. Und wenn die billigen Weltmarktpreise dadurch zustande kommen, dass die HerstellerInnen, selbst die »Markenfirmen«, weltweit die Löhne und Sozialstandards drücken, wodurch die Realeinkommen in Nord und Süd sinken – wie sollen sich dann die Massen die teureren, ethisch korrekten Produkte leisten können? Die ökonomische Stimmabgabe an den Supermarktregalen ist kein Ersatz für die demokratische Mitbestimmung darüber, was überhaupt in den Supermarktregalen angeboten wird und wie diese Produkte erzeugt werden. Politisch könnten die Ärmsten entscheiden, dass erst gar keine unfairen Produkte in den Kaufhausregalen landen und dass bei Rekordprofiten keine Hungerlöhne bezahlt werden dürfen; ökonomisch sind sie von der Mitsprache darüber weitgehend ausgeschlossen. Die Hervorhebung der KonsumentInnendemokratie ist gefährlich, weil wir nur als KäuferInnen adressiert werden und nicht in unserer demokratischen Hauptrolle als StaatsbürgerInnen, als Citoyens und Citoyennes, die für gerechte Regeln und Gesetze eintreten können. Sie ist einer der vielen Versuche, wirtschaftliche Freiheit über die politische zu stellen: Neoliberalismus.

Eine weitere Voraussetzung für Eigenverantwortung ist Information. Was nützen die schönsten Entscheidungsabsichten, wenn die dafür nötige Information nicht vorhanden ist? Der Markt gibt ethisch relevante Informationen nur widerstrebend preis, weil es seinem Grundauftrag widerspricht, möglichst billige Preise zu bilden. Kaum jemand weiß über die Arbeitsbedingungen der Menschen Bescheid, die unsere T-Shirts und Laptops herstellen oder unseren Kakao und Kaffee ernten.

Umgekehrt werden wir mit Informationen, die uns zu unverantwortlichem Handeln auffordern, regelrecht zugeschüttet. Pausenlos werden wir mit Sonderangeboten und Schnäppchenpreisen gelockt. Für die »Geiz ist geil«-Kampagne gab Saturn mehr als eine halbe Milliarde Euro aus.[17] In der Gentechnik zeigt sich am klarsten, wie wenig der Markt von freien KonsumentInnenentscheidungen hält: Zwei Drittel der Menschen in Europa lehnen Gentechnik im Essen ab. Dennoch sind bis heute

Fleisch, Milch und Eier, die mit Gentech-Futter produziert wurden, nicht gekennzeichnet. Die USA versuchen über die Welthandelsorganisation WTO sogar, die Information der KonsumentInnen zu verbieten, indem sie die Kennzeichnungspflicht von Gen-Food als »Handelshindernis« bezeichnen und als Freihandelsverletzung zu Fall bringen wollen. Dann würde eine Voraussetzung für Eigenverantwortung zum Verstoß gegen das Völkerrecht. Wieder ein Beispiel, dass die Wirtschaftsfreiheit der Stärkeren über jede andere Freiheit geht. Wir werden aufgefordert, eigenverantwortlich zu handeln und via Kaufentscheidung die globalen Konzerne zu verantwortungsvollem Handeln zu zwingen, doch die globalen Konzerne verfügen über eine überlegene Kommunikationsmacht; mit Werbung, PR und CSR haben sie Instrumente in der Hand, die sehr oft stärker sind als die kritische Vernunft, zumal wenn diese nicht über die nötigen Informationen verfügt. Paart sich der (strategisch hergestellte) Informationsmangel mit (strategisch hergestelltem) Kaufkraftmangel, schaut es mit der Eigenverantwortung schlecht aus. Zieht man auch noch den (strategisch hergestellten) Zeitmangel in Betracht, führt sich KonsumentInnendemokratie ad absurdum. Denn für die Beschaffung der Information und noch viel mehr für die Organisation einer Kampagne gegen einen Konzern braucht es vor allem eines: Zeit. Und die schenkt uns der freie Markt immer weniger. Die Hamsterräder auf den Arbeitsmärkten drehen sich infolge der Globalisierung wieder schneller, und wir werden durch kapitalistische Werte – Karriere, Anhäufen, Konsumieren – so auf Trab gehalten, dass uns für politisches Engagement schlicht keine Zeit bleibt. Fazit: Als Zusatz ist kritischer Konsum ein richtiger Weg, als Ersatz für Demokratie ungeeignet und ein politischer Freiheitsraub. (Probieren Sie es nur als Gedankenspiel: Sie erhalten die Information, dass der Weltkonzern Nr. 35 392 in Laos die Menschenrechte verletzt. Kein Problem! Sie brauchen ja nur eine kleine Kampagne starten – neben Job, Familie und Hobbys. Alles klar?)

Soziale Risiken kollektiv versichern

In den USA ist der Wert der ökonomischen Eigenverantwortung sicher stärker verankert als in jeder anderen Gesellschaft der Welt, nirgendwo wird der American Dream so intensiv geträumt wie zwischen New York und Los Angeles, und dennoch erreichen ihn in keiner anderen Gesellschaft so viele nicht wie in den USA. 45 Millionen Menschen sind nicht krankenversichert, die Armutsrate in den USA liegt höher als in allen anderen Industrieländern. Die Kriminalität hat beängstigende Ausmaße angenommen. Seit 1980 stieg die Zahl der Gefängnisinsassen von einer halben auf über zwei Millionen.[18] Zwölf Prozent der afroamerikanischen Männer zwischen zwanzig und 34 Jahren sitzen heute hinter Gittern – bei einem Freiheitsgrad von null.[19] »Der amerikanische Traum ist geplatzt«, meint der Ökonomie-Professor Robert Shiller aus Yale.[20] Offenbar ist die neoliberale Form von Eigenverantwortung nicht der beste Weg, auf dem Menschen erfolgreich nach Glück streben. Offenbar ist es ineffizient, das Glücksstreben primär auf den Markt zu konzentrieren, weil es bei vielen nicht klappt und alle in Stress geraten, wodurch zu wenig Zeit bleibt, um das individuelle Glück auch in anderen Tätigkeiten als dem Geldvermehren zu suchen: Die Menschen in den USA, die sich aufgrund ihres hohen Wohlstandes eigentlich die meiste Freizeit leisten können sollten, arbeiten um ein Fünftel länger als die Menschen in Europa: Im kapitalistischen Hamsterrad wird das Reich der Notwendigkeit nicht kleiner, sondern zum Gefängnis.

Ein Blick auf jene Länder, die stärker auf gesellschaftliche Solidarität und die kollektive Verantwortung bauen, erhärtet diesen Verdacht: Die Länder mit den höchsten Steuerquoten und den besten sozialen Sicherungsnetzen – Dänemark und Schweden – erfreuen sich der geringsten Armutsraten weltweit und der größten gesellschaftlichen Chancengleichheit. ÖsterreicherInnen glauben, dass die Lebensqualität in den skandinavischen Ländern deutlich höher ist, während von den USA das

Gegenteil vermutet wird. Dennoch schwappt gerade das US-Modell von Eigenverantwortung auf Europa über: Menschen, die hierzulande schon bei Löhnen Zurückhaltung geübt haben (zugunsten der Gewinne), auf Sozialleistungen verzichten und chronisch Überstunden machen, sollen jetzt noch flexibler, sprich beugsamer werden. Das ist nicht »Stärkung von Eigenverantwortung«, sondern kollektiver Freiheitsentzug.

Ganz besonders absurd ist die Forderung nach Eigenverantwortung in der Rentenvorsorge. Denn Altern beruht nicht auf einer freien Entscheidung, es ist nicht Folge meines Handelns und kein individuelles Verschulden, sondern trifft unweigerlich alle: ein »soziales Risiko« par excellence. Deshalb sollte es auch gemeinschaftlich versichert werden. Das ist im Umlageverfahren der öffentlichen Rentenversicherung am sozialsten, kostengünstigsten und am risikoärmsten. Private Versicherung ist teurer, unsicherer und unsozialer. Es gibt keinen vernünftigen Grund, der hier für mehr Eigenverantwortung in Form von Selbstversicherung spricht, außer, dass die private Versicherungsindustrie gewaltige Gewinne machen kann. Ich habe diese Argumente ausführlich diskutiert.[21] Zusammenfassend möchte ich hier nur sagen, dass in Gesellschaften mit teilprivatisierter Rentenvorsorge hohe Altersarmut herrscht und die finanzielle Entlastung des Staates fraglich ist. Dass es gar nicht um Eigenverantwortung geht, sondern ums Geschäft, zeigt ein jüngstes Kuriosum. Infolge der steigenden Klimaschäden und der sich daraus ergebenden explodierenden Versicherungskosten fordert der Verband der österreichischen Versicherungen die Verstaatlichung der Klimaschadensversicherung. Amüsant: Während die steigenden Kosten der Rentenversicherung als wichtigster Grund für ihre Privatisierung ins Treffen geführt werden – der Staat müsse entlastet werden –, gilt hier plötzlich die umgekehrte Logik: Private seien mit der Versicherung von Klimaschäden überfrachtet, der Staat müsse einspringen und die Kosten übernehmen. Mal so, mal so. Der Widerspruch rührt daher, dass sich die Rentenvorsorge profitabel privat versichern lässt, Klimaschäden hingegen nicht. Dann sollte man aber auch die Wahrheit sagen: Es geht nicht um Eigenverantwortung, sondern um Gewinn.

Ein weiteres Bespiel, wo Eigenverantwortung alias Risikoprivatisierung bereits erfolgreich stattgefunden hat, ist die Mobilität. Diese wird zunehmend individuell gelöst. Das ist für kurze Wege, für Fußwege und Fahrradstrecken, auch sinnvoll. Das Problem kommt mit der Motorisierung, weil motorisierte Mobilität einen Rattenschwanz von sozialen und ökologischen Schäden anrichtet, für die diejenigen, die sie anrichten, nicht geradestehen. Sie müssen niemandem antworten für die Folgen des Gasgebens. Die Umwelt-, Gesundheits-, Klima- und sozialen Kosten des motorisierten Verkehrs werden auf die Allgemeinheit und auf die Schwächsten abgewälzt: auf die Kinder, Senioren, die Nichtmotorisierten, die Ökosysteme und die zukünftigen Generationen. Auf die BewohnerInnen des brasilianischen Regenwaldes, aus dem das Erz für unsere Autos stammt, genauso wie auf die BewohnerInnen des Niger-Deltas in Nigeria, wo die Erdölförderung zu blutigen Konflikten führt, und auf die älteren Menschen und Kinder, die sich fast nirgendwo mehr frei und unbeaufsichtigt bewegen können. All das beziehen AutofahrerInnen nicht oder zu wenig in ihr Handlungskalkül ein, ein Großangebot aus vorgefertigten Entlastungsargumenten ermutigt uns zur universalen Verantwortungslosigkeit. Die Gewinne des Auto-Öl-Komplexes und der zugehörigen Werbe-Industrie sind wichtiger als die Wahrung der Freiheit der jeweils anderen. Echte Eigenverantwortung hieße, dass ich für alle Folgen meines Handelns, in diesem Fall der individuellen Mobilitätslösung, geradestehe, dass ich die BewohnerInnen im brasilianischen Regenwald nicht schädige, dass ich Kindern Raum zum Spielen lasse, dass ich das Weltklima nicht gefährde und mich nicht daran beteilige, dass in der EU jährlich 40 000 Menschen getötet und 1,7 Millionen verletzt werden. Dass nur eine Minderheit solche Erwägungen anstellt und die Konsequenz daraus zieht, zeigt, wie gemütlich wir es uns in der Verantwor-

tungslosigkeit gemacht haben und wie ferngesteuert der Eigen-
verantwortungsbegriff ist.

Das Beispiel Verkehr ist auch ein gutes Beispiel dafür, dass
individuell verantwortliches Handeln oft stark von kollektiven
Entscheidungen abhängt. Was nützt es, wenn ich bereit bin, auf
ein Auto zu verzichten, aber keine öffentliche Alternative zur
Verfügung steht. In diesem Fall muss ich auf der politischen
Ebene Rahmenbedingungen einfordern, die verantwortliches
Handeln auf der individuellen Ebene erst ermöglichen. Ohne
die kollektive Dimension von Verantwortung, die uns die neoliberalen Eigenverantwortungseinmahner austreiben wollen,
kann ich in vielen Bereichen individuelle Eigenverantwortung
gar nicht wahrnehmen. Meine prinzipielle Bereitschaft zu kor-
rektem Mobilitätsverhalten bringt noch keine Öffi-Haltestelle,
keine komfortablen Waggons und keine kurzen Intervalle (und
schon gar kein Nahversorgungsgeschäft). All das muss von ge-
samtverantwortlichen Menschen erstritten werden.

Ökologische Eigenverantwortung

Das Mobilitätsbeispiel zeigt auch noch einmal, wie selektiv die
Eigenverantwortungsrhetorik vorgeht. In der Sozialversicherung lautet das Argument, jede/r solle die Folgen des eigenen
»Handelns« – das Älterwerden – selbst tragen und der Gemeinschaft keine Last aufbürden. In der Umweltnutzung gilt das Gegenteil: Jeder darf unbegrenzt Häuser bauen, Auto fahren und
fliegen, und die Schäden auf die Allgemeinheit abwälzen. Die
Reichsten kaufen derzeit Großraumflugzeuge für private Zwecke. Hier übernimmt die Gesellschaft die Kosten und bezahlt die
Schäden, der Staat springt als Mündel ein. Keiner von den Ru-
fern nach mehr Eigenverantwortung spricht die extreme ökologische Unverantwortlichkeit unseres Lebensstils an, mahnt
ökologische Eigenverantwortung ein. Das beliebte Einfamilien-
haus mit Ölheizung, das private Automobil – der European Way

of Life ist ein Musterbeispiel ökologischer Verantwortungslosigkeit und keinesfalls globalisierbar. EU-BürgerInnen verbrauchen fast zwanzig Prozent der globalen Ressourcen, obwohl wir weniger als acht Prozent der Menschen ausmachen und die Menschheit insgesamt schon mehr Ressourcen verbraucht, als der Planet erneuern kann. Diese Totalverweigerung von (globaler) Verantwortung kommt nicht einmal als Fußnote im Refrain derer vor, die uns tagtäglich zu mehr Eigenverantwortung anfeuern. Im Gegenteil. Die österreichische Wirtschaftskammer rühmte sich in einer internen Mitteilung, die den Medien zugespielt wurde, dass sie in der Regierungsvorlage zum neuen Umwelthaftungsgesetz das Verursacherprinzip praktisch hinauskicken konnte.[22] Das Verursacherprinzip ist die konsequente Anwendung von Eigenverantwortung in der Wirtschaft: Für die Behebung von Umweltschäden muss derjenige aufkommen, der sie angerichtet hat. Die österreichische Wirtschaftskammer, die so leidenschaftlich das Lied von der Eigenverantwortung singt, versucht durchzusetzen, dass die Allgemeinheit die Umweltschäden reparieren und bezahlen muss. Sie lobbyiert für eine Staatshaftung bei Umweltverschmutzung durch private Unternehmen; für die gesellschaftliche Verantwortung individuellen Risikoverhaltens.

Das Wort Verantwortung wird so lange gedreht und gebeugt, bis es auf die Interessen der Mächtigen zugeschnitten ist. Von der Privatisierung der Sozialversicherung profitieren die Reichen und Starken und von der Vergesellschaftung der Umweltschäden ebendiese. Wenn Wolfgang Clement meint, dass Eigenverantwortung unsere Volkswirtschaften groß gemacht habe, liegt er doppelt falsch: Der Erfolg des europäischen Wohlfahrtsmodells beruht auf vergleichsweise starken sozialen Sicherungssystemen, also auf kollektiver Verantwortungsübernahme, wo sie angemessen und richtig ist (im Gegensatz zu den USA); hingegen waren wir säumig, wo wir Eigenverantwortung wahrnehmen hätten müssen: beim Umweltverbrauch und der Belastung der Ökosysteme.

Eigenverantwortung und Haftungsbegrenzung

Ein letzter Widerspruch in der unsäglichen Eigenverantwortungsdebatte: Die Eigentümer und Manager von Aktiengesellschaften können heute tun und lassen, was sie wollen, sie steigen am Ende fast immer mit Millionenabfindungen oder Großpaketen von Aktienoptionen aus, siehe Merrill-Lynch-Chef O'Neal oder Jürgen Schrempp. Würde Eigenverantwortung nicht bedeuten, dass die Personen, die in Unternehmen Entscheidungen treffen – im Gegensatz zu anderen – oder die Aufsicht ausüben, auch vollständig dafür zur Verantwortung gezogen werden können? Wer heute im Supermarkt eine Tafel Schokolade klaut, wird sofort angehalten und angezeigt. Vorstände und Aufsichtsräte hingegen haben in der Regel wenig zu befürchten, obwohl sie alle Macht haben.

Das Prinzip, dass Verantwortung nicht delegiert werden kann, stellt ganz prinzipiell Unternehmensrechtsformen in Frage, in denen die Haftung beschränkt ist. Wozu? Gesellschaften mit beschränkter Haftung sind eine Einladung zu verantwortungslosem Handeln. Die Haftung über die Haftungsbeschränkung hinaus übernimmt – die Gesellschaft. Würde konsequente Eigenverantwortung nicht bedeuten, dass es keine Haftungsbeschränkung auf dem »freien Markt« gibt? Ist nicht die logische Zwillingsschwester der Unternehmensfreiheit die Pflicht der Unternehmer, für das, was sie tun, geradezustehen? Haben Sie schon irgendeinen von denen, die nicht müde werden, von uns mehr Eigenverantwortung einzufordern, sagen hören, dass die beschränkte Haftung bestimmter Unternehmensformen hocheigenunverantwortlich ist? Eben. Das kann nur daran liegen, dass die, die notorisch »Mehr Eigenverantwortung!« dröhnen, nicht selbstständig denken können. Dann sollten wir aufhören, ihnen zuzuhören. Oder aber sie wollen gar nicht, dass Menschen wirklich verantwortungsbewusst werden, weil sie sich selbst und uns alle nur mit dem Schlagwort der Eigenverantwortung betäuben, um die strukturellen Zwänge, in denen wir gefangen sind, nicht hinterfragen zu müssen oder uns bewusst unter Kontrolle zu halten.

Dreihundert Jahre nach der Aufklärung scheint eine ihrer grundlegenden Errungenschaften, der Zusammenhang zwischen Freiheit und Verantwortung, schwerer Manipulation anheimgefallen zu sein. Unter dem Schlachtruf der Eigenverantwortung findet unser kollektiver Rückzug in die selbstverschuldete Unmündigkeit statt. Wie kann ein zentraler Wert so korrumpiert werden? Ein Grund liegt in der ethischen Kolonisierungsarbeit des Kapitalismus: Er versucht, alles, was uns lieb und teuer ist, gerade auch unsere heiligsten Werte, zu vereinnahmen und in seine eigene Logik einzupassen. Dieser semantische Betrug wird durch die »große Abspaltung« des Geistes von der Materie, des Intellekts von unseren Gefühlen und unserem Körper erleichtert. Die Nichtwahrnehmung von sozialer und ökologischer Verbundenheit – zu der wir erzogen werden – hat maßgeblich dazu beigetragen, dass wir für die Folgen unseres Tuns nicht »haften« wollen. Ganzheitliches – verbundenes – Menschsein würde uns für die Wirkungen unserer Handlungen sensibilisieren, eine wichtige Grundlage für Verantwortung. Dazu müsste aber die Ganzheitlichkeit des Menschseins – inklusive Körperwahrnehmung, Gefühlskunde und Herzensbildung – ein zentrales kulturelles Bildungsanliegen sein. Heute ist es ausreichend, wenn wir uns einseitig mit Wissen oder »Qualifikation« für die globale Konkurrenz fit machen und als individuelle Einzelkämpfer darin bestehen. Einseitig verkopfte und abgespaltene Menschen sind anfällig dafür, zwischen Wort und Tat, zwischen Verstand und Gefühl, zwischen Handlung und Verantwortung, zwischen Wort und »Ant«-Wort zu trennen. Sie wissen oft nicht, was sie tun.

Zusammenfassende Thesen

→ Eigenverantwortung ist ein zentraler humanistischer Wert, wenn damit das Mündig-Sein und die Fähigkeit, Antwort auf meine Aussagen und Handlungen geben zu können, gemeint ist.

→ Die Voraussetzung für Verantwortung ist Freiheit.

→ Wenn unter der Flagge der Eigenverantwortung Menschen dazu genötigt werden, sich an die angeblichen Erfordernisse einer globalen Konkurrenz anzupassen, dann handelt es sich um Unterwerfung und Zwang.

→ Verantwortung ist nicht delegierbar.

→ Eigenverantwortung führt dazu, dass ich die Würde aller Menschen und Wesen achte und mich sowohl durch Zivilcourage als auch durch politisches Engagement für eine ständige Korrektur der Rechtslage in diese Richtung einsetze.

→ Auf dem Markt erfordert die systematische Achtung der Menschenwürde kapitalistischen Ungehorsam.

→ Die KonsumentInnendemokratie ist kein Ersatz für die politische Gestaltung der Wirtschaft, nur eine ergänzende Möglichkeit der Wahrnehmung von Verantwortung.

→ Bei der Versicherung sozialer Risiken – Gesundheit, Rente, Pflege – hat Eigenverantwortung nichts zu suchen. Beim Umweltschutz und beim Verhalten von Unternehmen umso mehr.

→ Die beschränkte Haftung von Unternehmen ist ein Widerspruch zum Wert der Eigenverantwortung.

→ Die »Heilung« des Verantwortungsbegriffs liegt in der Wiederzusammenfügung seiner individuellen und kollektiven

Dimension. Ganzheitlich verantwortliche Menschen kümmern sich nicht nur um ihr eigenes (Über-)Leben, sondern gestalten die Gemeinschaft mit.

1 »Böse Bürger, arme Bürger und eine fettarme Politik«, Markenpost.de, 14. Mai 2007.
2 2005–2009. http://www.regierungsprogramm.cdu.de/download/ regierungsprogramm-05-09-cducsu.pdf
3 Der Standard, 17. November 2006.
4 Women's Own Magazine, 31. Oktober 1987.
5 Globalisierung. Die Neue Welt, Der Spiegel Spezial 7/2005, 145.
6 Mittelbayerische, 17. April 2007.
7 Wiener Zeitung, 23. Dezember 2006.
8 Der Standard, 10. März 2007.
9 WEISH, 12.
10 Barbara Brank: »Der Eichmann-Prozess«, Seminararbeit, Universität Salzburg, Institut für Geschichte, WS 1996/97.
    http://www.aurora-magazin.at/wissenschaft/brank.htm
11 Angaben der IG Milch: http://www.ig-milch.at
12 Der Standard, 10. Mai 2007.
13 Thukydides: Der Peloponnesische Krieg, Band II, 40.
14 HAYEK (2005), 132.
15 Telepolis, 6. September 1998.
    http://www.heise.de/tp/r4/artikel/2/2454/1.html
16 WEISH, 19.
17 Süddeutsche Zeitung, 30. Mai 2007.
18 RIFKIN, 65.
19 RIFKIN, 53.
20 Der Spiegel 23/2007, 53.
21 REIMON/FELBER (2003), 135–165. FELBER, 68–88 und 236–256.
22 Der Standard, 15. Juni 2007.

8. Soziale Verantwortung

*The TNCs have launched the CSR movement and
they say it stands for »Corporate Social Responsibility«.
I say it stands for »Corporate Self-Regulation«.*
SUSAN GEORGE

Während von den Menschen, den Individuen, mehr Eigenverantwortung eingefordert wird, wird bei den Unternehmen der
Ruf nach sozialer Verantwortung lauter. Wie passt das zusammen? Haben die Unternehmen die Eigenverantwortung zu weit
getrieben? Lässt sich Eigenverantwortung überhaupt übertreiben?

Eigenverantwortung wird im zeitgenössischen Kapitalismus
mit Erfolg kurzgeschlossen und Erfolg mit Gewinn. Ein eigenverantwortliches Unternehmen achtet daher auf seinen Profit.
Je höher der Gewinn, desto eigenverantwortlicher ein Unternehmen – und desto sozial unverantwortlicher?

Was sind Unternehmen überhaupt? Unternehmen sind Instrumente der Wirtschaft, die helfen sollen, ihre Ziele zu erreichen. Das Generalziel der Wirtschaft ist die Befriedigung der
menschlichen Bedürfnisse und das damit einhergehende Wohl
aller. Unternehmen stehen im Dienst der Wirtschaft, und die
Wirtschaft steht im Dienst der Gesellschaft. Damit stehen auch
Unternehmen im Dienst der Gesellschaft. Technisch gespro-
chen sind sie juristische Personen, die von den demokratischen
Institutionen auf die Ziele der Gesellschaft hin programmiert
werden. Metaphorisch gesehen sind sie »Wohlstandsmaschinen«. Von daher ist es eigentlich absurd, dass von Unternehmen
üerhaupt gesellschaftliche Verantwortung eingefordert werden
muss, da sie zu nichts anderem ins Leben gerufen wurden. Die
Möglichkeit zu sozial *un*verantwortlichem Verhalten können sie

221

nur von der Gesellschaft selbst erhalten haben. Denn sie sind gesellschaftliche Konstrukte, Geschöpfe der Politik. Sie dürfen nur das tun, was wir – der Souverän – ihnen erlauben, wir statten sie mit Rechten und Pflichten aus. Hier liegt der Hund begraben: Die heutigen Gesetze erlauben Unternehmen, der Gewinnmaximierung zu frönen, die Menschenwürde zu verletzen und das Gemeinwohl außer Acht zu lassen. Die Rechtsformen der Aktiengesellschaft und der Gesellschaft mit beschränkter Haftung beruhen auf Gesetzen, die ihnen erlauben, sich aus ihrer sozialen Verantwortung zu stehlen, indem sie ihr legales Ziel, das Gewinnemachen, verfolgen. Stärker noch: Die Gesetze zwingen Unternehmen zur Maximierung des Gewinns (in einem Regime der Konkurrenz) und damit tendenziell zur sozialen Verantwortungslosigkeit: Sie machen aus Wohlstandsmaschinen Profitmaschinen – unter der mythologischen Annahme, dass das der Gesellschaft nütze. Am Anfang der CSR-Debatte steht also erneut der Widerspruch zwischen dem Gewinn- und dem Gemeinwohlmotiv – aufgrund eines Regulierungsversagens, eines »Programmierfehlers« –, den Adam Smith durch tiefes Vertrauen in die unsichtbare Hand elegant aufzulösen versuchte und die Wirtschaftskammer mit der Behauptung »Geht's der Wirtschaft gut, geht's uns allen gut« zudeckt. (Man könnte ja gleich die These aufstellen: Geht's den Reichen gut, geht's allen gut. Das haben Trickle-down- und Pferdeäpfeltheorie auch gemacht.)

Von der »bottom line« zum Management-Tool

In den letzten 150 Jahren gelang es Konzernen, ihre Rechte beständig auszudehnen und sich zunehmend selbst zu programmieren und zu regulieren. In historischen Wellen wurden sie zur Rückkehr unter gesellschaftliche Kontrolle gerufen. Die CSR-Debatte beginnt in den fünfziger Jahren. Howard Bowen definiert CSR 1953 als die »Verpflichtung von Geschäftsleuten, solche Politiken zu wählen, solche Entscheidungen zu treffen und solchen Handlungslinien zu folgen, die mit den Zielen und Werten der Gesellschaft übereinstimmen«[1]. Anspruch genug, um – etwas später – von den neoliberalen Theoretikern heftig angefeindet zu werden. Milton Friedman nannte CSR eine »subversive Doktrin«. Soziale Verantwortung könne nur von Personen wahrgenommen werden, nicht von Unternehmen. Die Manager seien ihren Arbeitgebern, den Aktionären, verantwortlich, die in der Regel »so viel Gewinn wie möglich« wünschten. Folgerichtig bestünde die Verantwortung der Manager in der Gewinnsteigerung, zu einem anderen »Dienst« seien sie gar nicht qualifiziert: Ein einzelnes Unternehmen könne gar nicht wissen, was »sozial« ist.[2]

Bis in die siebziger Jahre standen CSR und das Leitparadigma des Gewinnstrebens von Unternehmen einander feindlich gegenüber. »The business of business is business«, hieß es schroff. Friedman und Hayek argumentierten, wenn sich Manager in den Dienst des Gemeinwohls stellten, kämen sie letztendlich Staatsbeamten gleich und CSR somit der Abschaffung freier Märkte: der Supergau für die Neoliberalen.

Doch als mit der neuen Welle der Globalisierung Ende des 20. Jahrhunderts Unternehmen immer größer und mächtiger und der Widerspruch zwischen ihrem Gewinninteresse und ökologischen Werten und gesellschaftlichen Bedürfnissen immer sichtbarer wurde, nahm auch der Druck auf globale Konzerne zu, sich verantwortungsvoller zu verhalten. In der UNO gibt es seit den sechziger Jahren Bestrebungen, das Verhalten transnationaler Unternehmen zu regeln. So richtig laut und unüberhörbar wurden die Rufe nach ihrer gesetzlichen Regulierung im Vorfeld des ersten Erdgipfels 1992 in Rio de Janeiro. Nach dem Motto Angriff ist die beste Verteidigung eigneten sich globale Konzernkreise, nationale Wirtschaftsverbände und die EU-Kommission das CSR-Konzept an, um a) globale Regeln zu verhindern und b) das ramponierte Image gewinnorientierter Weltkonzerne zu sanieren.

Für diese Doppelstrategie unterzogen sie den CSR-Begriff

einer radikalen Umdeutung. Sie bogen ihn so zurecht, dass er nicht mehr in Widerspruch zur grundlegenden Gewinnorientierung von Unternehmen, der sogenannten »bottom line«, steht, sondern – Hokuspokus – in ihren Dienst gestellt wurde. CSR mutierte von einem normativen Wert und Unternehmensziel zu einem strategischen Instrument, einem »Management-Tool«, um die Gewinne zu erhöhen und die Wettbewerbsfähigkeit zu stärken. Aus einem hehren Zweck wurde ein Mittel für einen unhehren. Die »Attacke auf den Kapitalismus durch CSR« wurde erfolgreich pariert, schreiben Amaeshi und Adi.[3] Umgekehrt ist aber CSR in dem Moment tot, in dem es nicht mehr Selbstzweck ist. Caritas-Präsident Franz Küberl sieht das Ende von CSR, »wenn man es aus Gründen der Werbung und nicht aus Gründen der Mitmenschlichkeit tut«.[4]

Auf der anderen Seite hat die Eingliederung von CSR in das Zielsystem gewinnorientierter Unternehmen, seine Verwandlung in ein »Management-Tool« und PR-Instrument, zu seiner breiten Akzeptanz in Businesskreisen geführt. Heute verweist jedes Markenunternehmen stolz auf einen Ethik-Manager, eine CSR-Strategie und zumindest einen Nachhaltigkeitsbericht. Die Energie so mancher Nichtregierungsorganisation ist heute darin gebunden, CSR-Maßnahmen zu diskutieren, zu evaluieren und zu kritisieren. Allein, am »bottom line«-Motiv der Unternehmen – dem Gewinnstreben – hat sich nichts verändert, es wird einfach behauptet, dass beides unter einem Hut vereinbar wäre, sich sogar gegenseitig verstärken würde. CSR helfe »insbesondere, profitabel zu agieren«, glaubt die EU-Kommission.[5] »Wirtschaftlicher Erfolg und gesellschaftlich verantwortliches Handeln sind kein Widerspruch, sondern ein Wettbewerbsvorteil für Österreichs Unternehmen«, erklärt respACT austria, die CSR-Initiative von Wirtschaftskammer, Industriellenvereinigung und Wirtschaftsministerium.[6] Laut CSR Europe finden zwei Drittel aller Studien zum Thema einen positiven Zusammenhang zwischen CSR und der Gewinnentwicklung von Unternehmen. Eine Studie des Institute for Business Ethics hat sogar herausgefunden, dass sozial verantwortliche Unternehmen einen um achtzehn Prozent höheren Gewinn machen. CSR scheint also die lang gesuchte Kunst zu sein, Gott und dem Mammon zu dienen. Doch wäre CSR tatsächlich der goldene Weg zum Profit, müsste gelten: Je sozial verantwortlicher sich ein Unternehmen verhält, desto größer ist sein Gewinn: absurd. Es müssten alle Manager umgehend gefeuert werden, die CSR nicht mit höchster Priorität umsetzen. Studien, die nicht von CSR-Vereinen stammen, zeichnen auch ein anderes Bild: In den letzten dreißig Jahren (!) konnte kein Zusammenhang zwischen CSR-Maßnahmen und Profitabilität eines Unternehmens gefunden werden.[7] Der Bundesverband der deutschen Industrie will »gewährleistet haben, dass die Grundlage für CSR – die Wettbewerbsfähigkeit und der wirtschaftliche Erfolg eines Unternehmens – nicht gefährdet wird«. Das klingt schon ehrlicher.

Freiwillig oder verbindlich?

Damit sind wir beim zweiten Knackpunkt: Brächten CSR-Maßnahmen die Gewinne zum Sprudeln, würden Unternehmen und Verbände gesetzliche Maßnahmen zur Umsetzung von CSR euphorisch willkommen heißen. Doch dem ist nicht so, im Gegenteil: Die CSR-Konzepte von EU-Kommission, CSR Europe, respACT austria oder des Global Compact – eine Vereinbarung zwischen Weltkonzernen und Ex-UNO-Generalsekretär Kofi Annan – weisen eine entscheidende Gemeinsamkeit auf: Jede soziale Verantwortung hat unverbindlich und freiwillig zu sein. Das ist ein Kuriosum der ganz besonderen Art.

Denn erstens gelten für alle Mitglieder der Gesellschaft verbindliche Gesetze und Regeln. Die Straßenverkehrsordnung schreibt nicht jeder Autofahrer selbst, sie ist verbindlich für alle. Das Steuerzahlen – die finanzielle Basis des Gemeinwohls – ist keine Frage des individuellen Gutdünkens, sondern eine Pflicht. Der Respekt von Privateigentum beruht nicht auf marktkonformen Anreizen, sondern zieht bei Verletzung Anklage und Strafe nach sich. Der Schutz von Leib und Leben ist ebenfalls keine Frage von Freiwilligkeit. Und nun soll das ausgerechnet für die stärksten Mitglieder der Gesellschaft anders sein? Globale Unternehmen haben – in ihrem Streben nach (höheren) Gewinnen – in zahllosen Fällen die Menschenrechte verletzt, Arbeitsstandards missachtet, die Umwelt zerstört, die Gesundheit der Bevölkerung gefährdet und sich um ihre Steuerpflicht gedrückt – für sie sollen Verhaltensregeln unverbindlich sein? Müssten nicht gerade die Stärksten und Mächtigsten stärker reguliert werden als alle anderen, weil ihr Potenzial, die Freiheit anderer zu verletzen, ungleich größer ist?

»Zwischen dem Starken und dem Schwachen ist es das Gesetz, das befreit, und die Freiheit, die unterdrückt«, wusste Jean-Jacques Rousseau schon zu einer Zeit, als es noch keine Weltkonzerne gab. In einer liberalen Demokratie müssen für die Starken mindestens genauso strenge Gesetze gelten wie für die Schwachen. Die EU-Kommission schreibt hingegen über CSR: »Es geht um Chancen, nicht um Pflichten oder neue Regeln.« Nur Chancen, keine Pflichten: In welcher Welt lebt die Kommission eigentlich? Schon einmal etwas von Rechtsstaat gehört? Über Freiheit nachgedacht? Auffälligerweise sind die Freunde der Freiwilligkeit und Pflichtvermeidung umgekehrt die vehementesten Befürworter verbindlicher Regeln – wenn es um ihre eigenen Interessen geht. Heerscharen hauptamtlicher Lobbyisten sind tagaus, tagein mit nichts anderem beschäftigt, als Gesetze und Regulierungen im Interesse von Unternehmen einzufordern. (Die EU-Kommission bastelt daraus eifrig Gesetze.) Sei es das WTO-Patentschutzabkommen TRIPS, das Dienstleistungsabkommen GATS oder die staatliche Förderung privater Rentenvorsorge und von Aktienoptionen: alles Lobbying-Erfolge der Industrie – und keine freiwilligen und unverbindlichen Chancen. Wenn Investoren sich heute enteignet fühlen, weil zum Beispiel ein neues Gesetz eines souveränen Staates ihre Gewinne schmälert, können sie globale Gerichte anrufen und ihren Rechtsanspruch auf Schadenersatz in barer Münze durchsetzen – ihre Regulierungswut hat zum für alle gültigen internationalen Recht geführt.

Die schon in Kapitel 2 ausführlich beschriebene Erfahrung, dass Wirtschaftsverbände im Forcieren von gesetzlichen Regulierungen sehr erfolgreich sind, bedeutet auch: Wenn ihnen die soziale Verantwortung tatsächlich am Herzen läge, dann hätte – derzeit – niemand mehr Macht als sie, Gesetze im Dienst des Gemeinwohls durchzusetzen: Arbeitsstandards, Sozialstandards, Steuerstandards, Umweltstandards, ökologische Kostenwahrheit – inklusive der Einrichtung globaler Gerichte, bei denen diese Standards einklagbar sind. Wieso sind das keine Anliegen derer, die das CSR-Konzept so öffentlichkeitswirksam propagieren? Die Forderungen, die üblicherweise aus den Häusern der Industrie kommen, stammen aus einer anderen Tonleiter: Liberalisierung, Privatisierung, Deregulierung und Flexibilisierung (der Schwachen). Nur ja keine Regulierung und vor allem bitte keine Steuern! Wo war noch gleich die gesellschaftliche Verantwortung? Hier handelt es sich entweder um akute Schizophrenie oder um eine Doppelstrategie.

Globale Konzerne schmücken sich in Hochglanzbroschüren mit wohltätigen Projekten abseits ihrer regulären Geschäftstätigkeit und verfolgen diese mit unveränderter sozialer Rücksichtslosigkeit weiter. Es kommt zum auffälligen Widerspruch, dass Unternehmen einerseits ihre CSR-Projekte (zum Beispiel Hilfe für Straßenkinder oder Waisenhäuser) groß bewerben und gleichzeitig ihre Steuerleistung durch Gewinnverschiebung minimieren (mit der ein Dutzendfaches an Sozialprogrammen finanzierbar wäre) und Druck auf den Abbau des Sozialstaates machen (wodurch die Zahl der Obdachlosen und Straßenkinder steigt).

Die Unversöhnlichkeit zwischen dem »bottom line«-Ziel des höchstmöglichen Gewinns und heißen CSR-Bemühungen lässt sich an zahlreichen prominenten Beispielen dokumentieren.

- *Novartis.* Vorstandsvorsitzender Daniel Vasella sieht »unser spezielles Engagement für die armen Bevölkerungsgruppen in Entwicklungsländern als unseren Beitrag zu einem weltweiten Gesellschaftsvertrag für eine friedliche globale Gesellschaft«. Selbst der kritische Schweizer Wirtschaftsethiker Peter Ulrich attestierte dem Konzern 2005 »eines der weltweit überzeugendsten Beispiele gelebter Corporate Citizenship«.[8] Ein Jahr später hätte er vermutlich nicht mehr ganz so euphorisch geurteilt: Fast eine halbe Million Menschen aus aller Welt protestieren gegen den Konzern, von der Schweizer Bundespräsidentin Ruth Dreifuss bis zu Nobelpreisträger Desmond Tutu. Der Aufreger: Novartis hatte gegen Indiens Patentgesetz geklagt: Der Konzern will die Verschärfung von Monopolrechten auf Medikamente durchsetzen, wodurch Millionen von Menschen vom Zugang zu leistbarer Medizin ausgeschlossen werden könnten, weil die indische Generikaindustrie keine billigen Medikamente mehr produzieren dürfte. Der »Apotheke der Armen« droht die Schließung. Novartis erzielte 2006 mit 7,2 Milliarden US-Dollar den zehnten Rekordgewinn in Folge.[9] Zu wenig: Sechs Tage vor Weihnachten 2007 wurde der Forschungsstandort Wien geschlossen. 240 hochqualifizierte MitarbeiterInnen erhielten ein Kündigungsvideo: »That's it.«

- *Flughafen Wien.* Der Vienna International Airport (VIE) hat sich die Mühe gemacht, auf achtzig Hochglanzseiten einen Nachhaltigkeitsbericht für die Jahre 2003/04 zu verfassen. Es könnte auch ein Wachstumsbericht sein: »Als *der* Flughafen Mitteleuropas bereiten wir uns auf überdurchschnittliches Wachstum vor. Das Gesamtpassagierwachstum 2003 betrug mehr als das Dreifache der Wachstumsraten der wichtigsten europäischen Airports.« Vorstandssprecher Herbert Kaufmann begründet, warum es sich eine Aktiengesellschaft nicht leisten kann, nicht zu wachsen: »Gerade bei Pensionsfonds gibt es große Nachfrage nach Flughafen-Investments.

Die sind sicher und haben ein hohes Wachstum. Allein in den ersten vier Monaten 2007 stieg die Zahl der Passagiere um 9,2 Prozent.«[10] Das gilt auch für die Management-Gehälter: Die Vorstände verdienten 2006 um vierzig Prozent mehr als 2005. Resümee des Nachhaltigkeitsberichts: »Insgesamt stehen die Zeichen auf Wachstum.«

• *Andritz.* Der Anlagenbauer mit Hochglanz-Nachhaltigkeitsbericht liefert technische Herzstücke für Wasserkraftwerke. Manche davon verursachen riesige ökologische, kulturelle und menschliche Zerstörung. Für den gigantischen Ilisu-Staudamm in der Türkei werden Tausende von Menschen zwangsumgesiedelt. Der Tigris wird auf einer Länge von mehr als 130 Kilometern aufgestaut, das Wasser an der Mauer an die Höhe des Wiener Stephansdoms heranreichen. 289 archäologische Fundorte werden überflutet, darunter das zehntausend Jahre alte Kulturjuwel Hasankeyf. Die Weltbank-Standards sind nicht erfüllt, der Irak, in den der Tigris abfließt, wurde erst gar nicht konsultiert. Schweizerische, schwedische und britische Partner sind aus dem Katastrophenprojekt ausgestiegen. Andritz, das im ersten Halbjahr 2007 einen Rekordgewinnsprung von über fünfzig Prozent verzeichnete, baut trotzdem. Und verweist auf seine soziale Verantwortung: Das Unternehmen finanziert ein SOS-Kinderdorf in Bhopal.

• *Nokia.* Der Film »A Decent Factory« begleitet eine konzerninterne CSR-Beauftragte, die Fabriken in China besucht und ein blaues Wunder nach dem anderen erlebt: schwere Ausbeutung der ArbeiterInnen, nichtausbezahlte Löhne, unter Androhung von Polizeieinsätzen verhinderte Gewerkschaften. Die ArbeiterInnen hausen unter sklavenähnlichen Bedingungen. Von Freiheit können die achtzehn- bis 25-jährigen Frauen nur träumen. Die CSR-Beauftragte gibt auf, weil sie kein Gehör findet. Der Gewinn geht dem Konzern vor.

Würden CSR-Konzerne und Wirtschaftsverbände verbindliche globale Standards unterstützen, hätten wir schon morgen eine gemeinwohldienlichere Wirtschaft. Was die wenigsten wissen: Die Subkommission der Vereinten Nationen für den Schutz und die Förderung die Menschenrechte hat bis August 2003 einen Katalog von achtzehn Normen ausgearbeitet, der globale Konzerne zu sozial verantwortlichem Handeln verpflichtet: von Arbeits-, Sicherheits-, Gesundheits- und Menschenrechtsstandards über umfassende Gleichstellungspflichten bis hin zu KonsumentInnen- und Umweltschutz. Bei Nichteinhalten gibt es Schadenersatz und Sanktionen, die Konzerne haften auch – man beachte – für die gesamte Zulieferkette, da bei ihnen die Macht liegt.[11] Das Problem: Die globalen Wirtschaftsverbände, voran die Internationale Handelskammer (ICC) und die Internationale Arbeitgeberorganisation (IOE), lehnen die UN-Normen als »nicht positiv« und sogar »kontraproduktiv« ab.[12] Diese Verhinderungspolitik der westlichen Wirtschaftsverbände hat System: Als die chinesische Regierung im Oktober 2006 mit einem Gesetzesvorhaben die Gewerkschaften stärken und die Arbeitsbedingungen verbessern wollte, legte die American Chamber of Commerce Protest ein, mehrere Unternehmen drohten mit dem Abzug von Investitionen aus China.[13] Auch die Handelskammer der EU drohte: »Die strengen Verordnungen im neuen Gesetz werden die Beschäftigungsflexibilität der Arbeitgeber in hohem Maße beschränken und damit die Produktionskosten in China erhöhen [und] die ausländischen Unternehmen zwingen, weitere Investitionen und den Ausbau ihrer Chinageschäfte zu überdenken.«[14] Es gibt ja noch Vietnam.

Auf mein Argument, Unternehmen und Unternehmensverbände könnten ihre soziale Verantwortung am wirkungsvollsten unter Beweis stellen, indem sie sich für verbindliche Sozial-, Umwelt- und Steuerstandards stark machen, antwortete der CSR-Experte und Leiter der Abteilung Gesellschaftspolitik der österreichischen Industriellenvereinigung, Christian Friesl, in einer Zeitungsdebatte, dies wäre »nicht wünschenswert«, weil es nicht die Aufgabe von Unternehmen sei, sondern der Politik – ich hätte »Demokratie schlecht verstanden«[15]. Erstaunlich. Erstens: Für die Senkung von Löhnen, Sozial-, Steuer- und Umweltstandards macht sich die IV (so wie andere Wirtschaftsverbände) ja auch stark, offenbar ganz im Widerspruch zu ihrer demokratischen Rolle. Zum anderen dürfte der CSR-Experte der Industrie noch nie etwas von Corporate Citizenship gehört haben. Gemäß dem Schweizer Wirtschaftsethiker Peter Ulrich umfasst soziale Unternehmensverantwortung drei Dimensionen: 1. »ethische« Produkte entwickeln und auf dem Markt plazieren; 2. sich gegenüber allen Anspruchsgruppen fair verhalten (Beschäftigte, KonsumenInnen, MitwerberInnen, ZulieferInnen); 3. sich in staatsbürgerlicher Verantwortung (Corporate Citizenship!) für faire und allgemeinverbindliche Regeln – Sozial-, Umwelt- und Steuerstandards – einsetzen. Die Trennung von staatsbürgerlicher Verantwortung und CSR deutet auf die strategische Verstümmelung des Verantwortungsbegriffs durch die Industriellenvertreter hin: soziale Verantwortung nur im Sinne von Eigenverantwortung, aber ja nicht kollektiv. Der Punkt ist, dass es gerechtere Gesetze leichter hätten, wenn Unternehmensverbände ihre soziale Verantwortung auch politisch wahrnehmen würden (kohärente Ethik), statt sich – wie derzeit – neben der CSR-Propaganda für Deregulierung, Steuersenkung und Lohnkürzung einzusetzen. Vielleicht habe nicht ich Demokratie schlecht verstanden, sondern die Industriellenvereinigung soziale Unternehmensverantwortung?

Zur Klarstellung: Für sich gesehen, als eigenverantwortliche Maßnahmen, sind fast alle CSR-Projekte positiv und ein wertvoller Beitrag. Zahlreiche Kleinunternehmen bemühen sich – infolge stabilerer Eigentumsverhältnisse, stärkerer lokaler Verankerung und größerer gesellschaftlicher Einbindung – traditionell um soziale Verantwortung, zumindest in Europa, wo der Kapitalismus nach dem Zweiten Weltkrieg etwas gebändigt wurde. Diese Bemühungen sind zu honorieren, es gibt zahlreiche vorbildliche Projekte und Preise. Allerdings stammt das CSR-Konzept nicht von ihnen, sondern von globalen Konzernverbänden, die es für ihre Zwecke umgedeutet, entpolitisiert und zahnlos gemacht haben. Den vorbildlichen Kleinunternehmen wäre besser gedient, wenn ihre Bemühungen nicht nur mit moralischen Kampagnen, sondern auch durch die Kraft des Gesetzes gefördert würden. Eine lesenswerte Studie der Universität Graz brachte zutage, dass nur vierzehn Prozent der untersuchten Unternehmen einen freiwilligen CSR-Ansatz bevorzugen. »Der Großteil der Unternehmen ist für verpflichtende Standards im Bereich der Menschenrechte, grundlegender Arbeitnehmerrechte und des Umweltschutzes entlang der gesamten Wertschöpfungskette«, so das Resümee der Studie.[16]

Die Guten sind die Dummen

Ein weiteres beliebtes Argument für CSR lautet, diese würde es den KonsumentInnen leicht machen, die »Guten« von den »weniger Guten« zu unterscheiden. Dieser Ansatz hat gleich mehrere Haken. Erstens wird Verantwortung von den Unternehmen auf die KonsumentInnen abgeschoben. Wieso sollen die einen eigenverantwortlich handeln, damit die anderen von ihrer Verantwortung befreit werden? Verantwortung ist wie gesagt nicht delegierbar. Alle müssen verantwortlich handeln, KonsumentInnen und Unternehmen. Es ist ein taktisches – und falsches – Argument, dass die Verantwortung über alles Wirtschaften letztendlich die KonsumentIn trägt. Schuldhaftes Verhalten kann an allen Stationen der Wertschöpfungskette stattfinden und nicht nur am letzten Ende; entsprechend fällt die dazugehörige Verantwortung an jeder Station an und kann nicht auf ein anderes Glied abgewälzt werden. Wenn ein Konzern die Menschenrechte verletzt, ist nicht letztendlich der Konsument daran schuld. Die Multis machen es sich zu einfach.

Zweitens setzt eine KonsumentInnen-Entscheidung ausreichende und objektive Information voraus. Diese gibt es auf

Märkten oft nicht. Wenn Tonnen von Prospekten das billigste Produkt bewerben, ohne Informationen über deren Entstehungsgeschichte preiszugeben – die Arbeitsbedingung der HerstellerInnen, die Umweltauswirkungen der Produktion, die Steuerleistung der Unternehmen oder Menschenrechtsverletzungen wie zuletzt beim Bananenkonzern Chiquita in Kolumbien und beim Gentechnikkonzern Syngenta in Brasilien –, dann fehlt den KonsumentInnen eine wesentliche Entscheidungsgrundlage. Wenn es den Unternehmen obliegt, selbst über ihre freiwillige soziale Verantwortung zu informieren, wird – angesichts der PR-Möglichkeiten von Konzernen – die Objektivität leiden. Enron war ein CSR-Musterbeispiel, das von zahlreichen Vorsorgefonds als »alternatives Investment« beworben wurde. Wenn schon die Banken die geschönte Selbstdarstellung nicht durchschauen (wollten), wie soll es den KonsumentInnen gelingen? Drittens nützen einer wachsenden Zahl von KonsumentInnen Informationen über »freiwillig gute« Unternehmen wenig, wenn sie sich die teureren Produkte nicht leisten können, weil ihre Realeinkommen sinken, zumal die Industrieverbände weltweit – an allen Standorten – Druck auf Löhne und Sozialleistungen machen, da sie Ethik und Unternehmenspolitik sauber trennen. Es sind die großen Wirtschaftsverbände, die zuerst dazu beitragen, dass die Kaufkraft weiter Teile der Bevölkerung sinkt, und ihnen sodann die Entscheidung anlasten möchten, bei den »Guten« zu kaufen – anstatt mitzuhelfen, alle Anbieter mit Gesetzen zu »Guten« zu machen, womit die »weniger Guten« vom Markt verschwänden und die »ethischen« Produkte durch größere Verteilungsgerechtigkeit für alle leistbar wären. Die unnötige und für viele KonsumentInnen unleistbare Übung, »Gute« von »weniger Guten« zu unterscheiden, könnte entfallen.

Gerade auf globaler Ebene fiele mit der Einführung verbindlicher Regeln jeder Wettbewerbsvorteil der Skrupellosen und jeder Nachteil der »Guten« weg, weil alle gut sein müssten – wie zum Beispiel im Straßenverkehr. Das würde einen verbindlichen Global Compact stark machen: Endlich könnten Unternehmen nirgendwohin mehr ausweichen, weil überall dieselben Regeln gelten. Solange hingegen CSR-Maßnahmen nicht verbindlich sind, werden im Konkurrenzkapitalismus immer einige die Gesetzlosigkeit ausnützen – und die Guten die Dummen sein.

Der moralische Appell, Unternehmen mögen sich sozial verantwortlich verhalten, scheitert an der Systemdynamik. Im kapitalistischen Wettbewerb gewinnt weder das sozialste noch das ökologischste Unternehmen, sondern das mit dem höchsten Gewinn. Das kann im Ausnahmefall zusammengehen, in der Regel tut es das nicht. Wir selbst sind es, die mit einer schizophrenen Ethik die globalen Unternehmen zur Gewinnmaximierung aufpeitschen und gleichzeitig von ihnen erwarten, derselben abzuschwören. Haben wir schon wieder vergessen, dass die Wettbewerbsfähigkeit zum höchsten Wert der Europäischen Union aufgestiegen ist, dass wir »nationale Champions« hochrüsten und diese mit geradezu patriotischem Eifer anfeuern, sich in der globalen Konkurrenz durchzusetzen? Das wettbewerbsfähigste Unternehmen der Welt ist nicht das mit der größten sozialen Verantwortung, sondern das mit dem höchsten Gewinn. Die Hoffnung auf freiwilliges GutunternehmerInnentum innerhalb des Kapitalismus ist nicht müßig, sondern peinlich!

Wohlstandsmaschinen statt Profitmaschinen

David C. Korten beschreibt den Aufstieg von Konzernen in der US-Geschichte. Bis ins 18. Jahrhundert wurden die Rechte von »corporations« in eigenen Chartas klar definiert, vom Landbesitz über die Kreditaufnahme bis hin zum Gewinn. Konzern-Lizenzen waren oft zeitlich begrenzt und wurden im Falle von Pflichtverletzungen entzogen oder nicht verlängert. Korten beschreibt den US-Bürgerkrieg als den Wendepunkt, seit dem es den Konzernen gelang, ihre Rechte systematisch zu erweitern und »die Gesetze umzuschreiben, die ihre eigene Erschaffung regelten«. Präsident Abraham Lincoln sah diese unheilvolle

Entwicklung voraus: »Konzerne sind an die Macht gekommen …
Eine Ära der Korruption an höchster Stelle wird folgen … und
die Geldmacht wird alles daransetzen, seine Herrschaft zu verlängern … bis der Reichtum in wenigen Händen konzentriert ist
… und die Republik zerstört.« In der Folge entwickelte sich der
Schutz von Konzernen und ihrer Rechte »zu einem Herzstück
des Verfassungsrechtes«, so Korten. Der vielleicht wichtigste
Meilenstein beim Aufstieg der Konzerne war 1886 die Verlei-
hung gleicher Rechte wie natürlichen Personen durch das US-
Höchstgericht, darunter das Recht auf freie Meinungsäußerung,
das zum heute selbstverständlichen Lobbyismus führte.[17]

Systematisches Lobbying in eigener Angelegenheit hat wie
beschrieben dazu geführt, dass Konzerne und ihre Verbände die
Spielregeln der Globalisierung durchgesetzt haben. Umgekehrt
sind die Multis auf globaler Ebene heute völlig frei von jeder
Pflicht. Es gibt keine globalen Regeln zur Einhaltung von Ar-
beits- und Menschenrechten, über soziale Sicherheit, zu Steuern oder zur Verhinderung oder Wiedergutmachung angerichte-
ter Umweltschäden. Da Konzerne – gleich Kleinkindern – nur
Rechte, aber keine Pflichten genießen, könnte man sie als »ethische Säuglinge« bezeichnen.[18]

Eigenverantwortung würde bedeuten, dass sich die Eigentümer und Manager globaler Konzerne mächtig ins Zeug leg-
ten für die Wiedereinbettung juristischer Personen in die Ziele
und Kontrolle der Gesellschaft, für die Neuschreibung ihrer
Chartas, wie die UNO es versucht. Das wäre ein Zeichen von
Mündigkeit und staatsbürgerlicher Reife. Wirklich erwachsene
und eigenverantwortliche Unternehmensstaatsbürger drängen
ihre Regierungen auf die Einführung allgemeinverbindlicher
und ehrgeiziger Sozial-, Arbeits-, Steuer-, Umwelt- und Trans-
parenz- und Mitbestimmungsstandards. Wirklich verantwor-
tungsvolle Unternehmenspersönlichkeiten werden initiativ und
rufen: »Hey, Global Players, lasst uns uns zusammentun, dann
schaffen wir es, dass alle Menschen gute Löhne erhalten, dass
alle in den Genuss sozialer Sicherheit kommen, dass wir alle

faire Steuern zahlen und dass niemand die Umwelt kaputtmacht.« Die ersten Manager erkennen das: »Die proaktive Mitgestaltung der Entwicklungsbedingungen unseres Wirtschaftssystems«, schreibt Investkredit-Chef Wilfried Stadler, »wird für unternehmerische Verantwortungsträger zum entscheidenden Ort der sozialethischen Bewährung.«[19] Setzt sich diese Sicht durch, würden juristische Personen von ethischen Säuglingen zu erwachsenen Corporate Citizens reifen. Als solche könnten sie mithelfen, den Kernwiderspruch zwischen Unternehmensund Allgemeininteressen – das Gewinnstreben – aufzulösen, indem sie selbst die Forderung aufstellen, das Generalziel der Wirtschaft – das Gemeinwohl – zum Ziel aller Einzelakteure zu machen. Das wäre das sozial intelligenteste, was UnternehmerInnen tun können, die letzte Konsequenz sozialer Verantwortung. Es wäre die Antwort auf die Frage, die Bowen 1953 gestellt hat, »wie die Gesellschaft *institutionelle Veränderungen* vornehmen kann, um CSR zu fördern«: indem sie juristische Personen mit Gemeinwohlorientierung schafft und nicht mit Gewinnorientierung. Juristische Personen sind dazu da, der Gesellschaft zu dienen. Gesellschaftliche Verantwortung kann nicht zu einer Funktion des Eigennutzes degradiert werden, sie ist das Ziel und der Daseinsgrund von Unternehmen. Die logische Schlussfolgerung ist daher, die »bottom line« so auszurichten, dass Unternehmen (wieder) auf den Dienst an der Gesellschaft programmiert werden. Ist das Unternehmensziel das Wohl aller, dann gibt es kein Antwort-Problem, weil keinen fundamentalen Zielkonflikt zwischen Unternehmen und Gesellschaft.

Smith' Satz über Bäcker, Metzger und Brauer muss umgekehrt werden: Vom Wohlwollen – von der sozialen Verantwortung – des Bäckers, des Brauers und des Metzgers erwarten wir alle unsere tägliche Mahlzeit, nicht von der Verfolgung ihrer Eigeninteressen. Das Wohl der UnternehmerInnen ist systemischer Miteffekt ihres Gemeinwohlstrebens, weil ihr Wohl im Wohl aller inbegriffen ist, und nicht umgekehrt das Wohl aller ein Nebeneffekt privaten Gewinnstrebens ist.

In keinem anderen gesellschaftlichen Bereich würden wir so einen Satz akzeptieren: »Nicht vom Wohlwollen der LehrerInnen/ÄrztInnen/PolitikerInnen/Eltern erwarten wir unsere Gesundheit/Bildung/unser tägliches Brot, sondern davon, dass sie ihr eigenes Interesse verfolgen.«

Zusammenfassende Thesen

→ Der Konflikt zwischen Unternehmenstätigkeit und gesellschaftlichen Bedürfnissen erwächst aus der falschen Zielsetzung von Unternehmen: dem Gewinnstreben.

→ Juristische Personen haben der Gesellschaft zu dienen.

→ Wir können die Freiheit natürlicher Personen erhöhen, wenn wir die Freiheit juristischer Personen begrenzen. (Und nicht ihre Verantwortung.)

→ CSR wurde von globalen Konzernverbänden zu einer Zeit erfunden, als es darum ging, verbindliche Gesetze zum Schutz der Gesellschaft vor dem Gewinnstreben abzuwehren.

→ Wirtschaftsverbände, die CSR lancieren, kämpfen verbissen *für* verbindliche globale Gesetze in ihrem Interesse und ebenso leidenschaftlich *gegen* globale Regeln, die sie zu sozialer Verantwortung verpflichten würden wie die »Draft Norms« der UN-Menschenrechtskommission. Das macht ihren Einsatz für freiwillige CSR unglaubwürdig.

→ Wenn soziale Verantwortung zu einem »Tool« für das Gewinnziel von Unternehmen verzweckt wird, zu einem Management-Werkzeug, dann ist sie tot. Strategische Verantwortungsübernahme funktioniert genauso wenig wie strategische Philantropie. Strategische Menschlichkeit ist das Ende der Menschlichkeit.

→ In einer Demokratie müssen für die stärksten Mitglieder die strengsten Gesetze gelten.

→ Das sozial Verantwortlichste, was Unternehmen machen können, ist, sich für gerechte Rahmenbedingungen für das Werteschaffen einzusetzen.

→ Die gerechteste Rahmenbedingung für den Markt ist die Übereinstimmung des Zieles der Einzelakteure mit dem Ziel der Gesamtveranstaltung.

1 Zitiert in LEE, 8ff.
2 Milton Friedman: »The social responsibility of business is to increase its profits«, The New York Times Magazine, 13. September 1970.
3 AMAESHI/ADI, 10.
4 Die Furche 23/2007.
5 http://ec.europa.eu/enterprise/csr/campaign/index_de.htm, eingesehen im Dezember 2007.
6 http://www.respact.at und http://www.trigos.at/content/trigos/uebertrigos/untverantwortung/index.html
7 LEE, 22.
8 ULRICH, 133.
9 Christian Felber: »Die Apotheke der Armen«, Die Presse, 24. August 2007.
10 Der Standard, 12. Mai 2007.
11 United Nations, Sub-Commission on the Protection and Promotion of Human Rights der Commission on Human Rights, E/CN.4/Sub.2/2003/12/Rev.2, 26. August 2003.
12 UN Doc.E/CN.4/Sub.2/2003/NGO/44 vom 29. Juli 2003.
13 New York Times, 13. Oktober 2006.
14 21st Century Economic Journal, 11. Mai 2006.
15 Die Debatte lief in Die Furche 26/06, 45/06 und 51–52/06.
16 Bernhard Ungericht/Thomas Korenjak/Dirk Raith: Corporate Social Responsibility und gesellschaftliche Unternehmensverantwortung. Eine Evaluation von Aktivitäten, Einstellungen und Unterstützungsbedarfen im Bereich gesellschaftlich verantwortlicher Unternehmensführung, Institut für Internationales Management der Universität Graz, Juli 2007.
17 KORTEN, 58–59.
18 WEISH, 12.
19 Wilfried Stadler: Die offene Gesellschaft und ihre Werte, in Thomas Köhler/Christian Mertens/Michael Spindelegger (Hg.): Stromaufwärts. Christdemokratie in der Postmoderne des 21. Jahrhunderts, Böhlau, Wien 2007, 182–192.

9. Ökologische Ethik

Alle Schwierigkeiten entstehen aus Trennung.
I GING

Euer Glück werdet ihr in der mitmenschlichen
Verbundenheit und nirgendwo anders finden.
ALFRED ADLER

Kommen wir nun zum großen blinden Fleck des Abendlandes: ökologische Ethik. Sie hilft uns, den humanistischen Wertekanon zu ergänzen, und bildet zusammen mit diesem ein breites und stabiles Fundament für eine neue – menschlichere und ökologischere – Form des Wirtschaftens. Wenn wir das »Werteschaffen« auf den im Folgenden skizzierten Werten aufbauen – statt auf Gewinnstreben, Kontrakurrenz und Wachstum –, werden wir freier und verbundener sein und ein umfassenderes Wohlsein begründen als in kapitalistischen Marktwirtschaften.

Neues Paradigma: Allverbundenheit – Abhängigkeit

Die ökologische Grunderkenntnis lautet: Alles hängt mit allem zusammen, alles ist miteinander verbunden. Das Leben ist ein großer Zusammenhang, ein Lied: Uni-versum. Der Mensch ist Teil der planetaren Lebensgemeinschaft. Great Chief Seattle sagte: »Der Mensch hat das Netz des Lebens nicht gewoben, er ist nur ein Faden in diesem Netz.« Und Fritjof Capra schreibt: »Wir alle sind Mitglieder des Erdhaushalts, einer Gemeinschaft, in der Menschen und Mikroorganismen, Pflanzen und Tiere in ein Netzwerk von Verknüpfungen und gegenseitiger Abhängigkeit eingebunden sind.«[1] Die menschliche Gesellschaft ist –

239

auch im Zeitalter von Allradautos, Kernkraftwerken und Klon-Schafen – untrennbar eingebettet in die planetare Biosphäre, in das ökologische Ganze, eingeschrieben in einen größeren Zusammenhang, und nicht unabhängig (von wegen »Mein Auto fährt auch ohne Wald«). In einem Netz hängen alle voneinander ab. Verbundenheit bedeutet Abhängigkeit. Davor sollten wir nicht Angst haben, sondern es als Chance wahrnehmen, uns als Sozialwesen weiterzuentwickeln und zu verfeinern; und das Geschenk annehmen, dass diese unermessliche Intelligenz und Vielfalt, die dem evolutionären Prozess innewohnt, auch in uns – als Teil der Evolution – ist. Gregory Baetson meint, die systemische Sichtweise der Verbundenheit aller Lebewesen und alles Seienden sei der »größte Bissen vom Baum der Erkenntnis seit 2000 Jahren«[2].

Die Erkenntnis der universalen Verbundenheit und Abhängigkeit hat eine einfache Konsequenz. Niemand kann ohne die anderen leben oder überleben. Wir brauchen einander.

Darum ist das Besser-sein-Wollen als andere und das Streben nach dem eigenen Vorteil auf Kosten anderer – in der Hoffnung auf systemische Effizienz – ein absurder Ansatz. Es führt zu einem »heillosen« Gegeneinander. Menschliche Gesellschaften werden nicht effizienter, wenn jeder nur auf sich selbst schaut, weil aus der Gier vieler nicht das Wohl aller erwächst, sondern durch das Gegeneinander negative Emotionen entstehen, Bindungen geschwächt werden und Vertrauen zerstört wird, was den Gesamtwohlstand einer Gesellschaft vermindert. Selbst die, die aus dem emotionalen Gegeneinander mit finanziellem Gewinn hervorgehen, bleiben auf einer tiefen Beziehungsebene isoliert und unterversorgt. Unverbundenheit macht krank und erzeugt Konflikte. »Frieden setzt voraus, dass die Trennung zwischen Mensch und Mensch und Mensch und Natur überwunden wird«, schreibt Franz-Theo Gottwald.[3]

Der Ökonom und Wanderer Gregor Sieböck berichtet von einer Begegnung mit einem mächtigen Baum. Ihm war danach, den Riesen zu umarmen. Der Baum gab ihm so viel Energie, dass er sie weitergeben musste. Aus systemischer Sicht fließen Liebe und Energie, die alle investieren (lateinisch »hineingießen«), an alle zurück. Und wenn alle zur Fülle beitragen, ist auch für alle genug da. Deshalb ist Großzügigkeit die intelligenteste soziale Strategie und Geiz die dümmste. Geiz und Gier beruhen auf dem fehlenden Urvertrauen, dass Geben und Nehmen einander ausgleichen, auf der Angst, zu wenig zurückzubekommen, zu kurz zu kommen. Eine Gesellschaft, die allen Mitgliedern versichert, dass niemand zu kurz kommt, ist das beste Heilmittel gegen Geiz und Gier. Schaffen wir es, uns gegenseitig von diesen Ängsten zu befreien, sind wir zusammen freier.

Entscheidend ist, dass wir jene Qualitäten, die das Zusammenleben erleichtern, durch institutionelle und gesetzliche Anreize fördern. Eine intelligente Ökonomie belohnt das Geben und nicht das Nehmen. Wird das Nehmen belohnt, entstehen Knappheit und Angst. Wird das Geben belohnt, entstehen Verbundenheit und Sicherheit.

Wieder ganz machen

Heil sein heißt ganz sein. Etwas ist unheil, wenn es zerbrochen ist. Die Herauslösung des Wirtschaftens aus dem Bett der Gesellschaft und der Ökosphäre ist ein unheiler Prozess. Sie ist eine Folge der großen Abspaltung des Geistes von der Materie im mechanistischen Weltbild der neuzeitlichen Wissenschaft. Die Trennung des Intellekts vom Leib und den Gefühlen, der menschlichen Kultur von der Natur hat dazu geführt, dass die Wirtschaft abstrakte Ziele verfolgt – Gewinn, Effizienz, Wachstum, Wettbewerb –, die in keinem notwendigen Zusammenhang mit der Befriedigung menschlicher Bedürfnisse und kollektivem Wohlstand stehen und die auf der Illusion beruhen, dass die Wirtschaft von der Natur unabhängig wäre. Dass dies ein unheilvoller Irrtum ist, lässt sich schon am Wort Ökonomie ablesen. Ökonomie kommt vom griechischen »oikos« – dem

Haushalt. Vom Oikos kommt aber auch die Ökologie. Der Oikos ist der gemeinsame Ursprung von Ökologie und Ökonomie. Während die Ökologie die Lehre und das Verständnis vom (Natur-)Haushalt ist, befasst sich die Ökonomie mit den Gesetzen, den Sitten und der Ordnung des Oikos. Die Ökologie will verstehen, die Ökonomie regeln. Beides ist notwendig. Zusammen sind sie stark. Wenn das Regeln auf dem Verstehen aufbaut, der Nomos auf dem Logos, sind Ökologie und Ökonomie eins. Heute haben sich Ökonomie und Ökologie auseinanderentwickelt, entfremdet. Die – vorgeblich rationale – Ökonomie will regeln, ohne – emphatisch – zu verstehen. Ohne Logos ist die Ökonomie aber im wahrsten Sinne ohne Vernunft und Sinn. Wenn das ökonomische Gesetz die natürliche Vernunft ignoriert, rächt sich die Natur, zum Beispiel in Form des Klimawandels.

Es wäre das Gleiche, als würden wir versuchen, einen anderen Menschen nur mit dem Verstand zu verstehen.

Bedürfnis- statt Gewinnorientierung

Die Bedürfnisse des Menschen sind eng mit dem Oikos verbunden; der Oikos ist *die* Institution, die der Befriedigung menschlicher Bedürfnisse dient, und der Primärort des Ökonomischen: Hausen, wohnen, waschen, kochen, essen, tanzen, lieben, gesellig sein. Durch die Abspaltung der Ökonomie von der Ökologie sind die menschlichen Bedürfnisse auf die schiefe Bahn geraten. Die Ökonomie hat ihre eigenen Bedürfnisse und Ziele entwickelt – Rendite, Wachstum, Konkurrenz – und versucht, die Bedürfnisse der Menschen daran anzupassen. Heute kann es der Wirtschaft gutgehen und den Menschen schlecht. Erich Fromm befand, dass im gegenwärtigen Kapitalismus »eine gesunde Wirtschaft nur um den Preis kranker Menschen möglich ist«[4].

Heilung würde bedeuten, dass die Ziele der Wirtschaftspolitik – Bedürfnisbefriedigung, das Wohl aller – direkt angestrebt werden und dass die gewählten Mittel nicht den Zielen widersprechen. Die Wirtschaft muss menschliche Bedürfnisse nicht nur mit Gütern befriedigen, sondern auch bei ihrer Herstellung. Das ist gegenwärtig das große Unheil: Wir versuchen unsere Bedürfnisse mit Waren und Dienstleistungen zu befriedigen, deren Produktionsbedingungen unsere Grundbedürfnisse systematisch verletzen. Wir sollten die Wirtschaftsakteure nicht in eine mörderische Konkurrenz um den höchsten Gewinn hetzen, sondern die Beziehungen zwischen den werteschaffenden Menschen so gestalten, dass sich alle dabei ohne Angst und Stress entfalten können. Aufmerksamkeit, Wertschätzung und Anerkennung sollten wir uns in den Wirtschaftsbeziehungen genauso schenken wie in nichtökonomischen Beziehungen. Vertrauen sollte durch ökonomische Beziehungen aufgebaut und gestärkt werden, nicht geschwächt und abgebaut. Wenn die Mitbestimmung und die Kreativität aller gefragt ist, fühlen sich Menschen eingebunden und sind motiviert: Sie werden gute Leistungen bringen.

Wir sollten die materielle Produktion so organisieren, dass alle sowohl ausreichend mit Gütern als auch mit freier Zeit versorgt werden. Das Reich der Notwendigkeit sollte so klein wie möglich bleiben, um dem Reich der Freiheit größtmöglichen Raum zu belassen. Oder noch besser: Die Bedingungen im Reich der Notwendigkeit sollten so angenehm gestaltet sein, dass es unmerklich zum Reich der Freiheit wird.

Und wir sollten Rohstoffentnahme, Produktion, Konsum und Rückführung der Reststoffe in die biologischen Kreisläufe so gestalten, dass unsere Lebensgrundlagen intakt bleiben, dass das Regenerationspotenzial der Natur für uns Menschen erhalten bleibt: saubere Luft, trinkbares Wasser, Bademöglichkeiten in Seen und Flüssen, artenreiche Ökosysteme, erholsame Wälder und Stille.

Ganzheit, Einheit in der Vielfalt

Ziel ist also Heilung im Sinne von Ganzheit. Wir müssen Ökonomie und Ökologie in ihrer gemeinsamen Wurzel wieder vereinen. Die Regeln für die Wirtschaft müssen auf dem Verständnis der Natur und lebender Systeme aufbauen. Wirtschaft muss ganzheitlich Werte schaffen, ohne Werte zu zerstören. Und die Werte des Marktes dürfen nicht in Widerspruch zu den allgemeingültigen gesellschaftlichen Werten stehen. »Ethik ist unteilbar«, darin hat der Kardinal recht.

Die Tiefenökologie sagt, dass Lebenspraxis, politisches Engagement und Wertvorstellungen eine Einheit bilden sollen. Es wäre sinnlos, politisch etwas zu fordern, was man selbst nicht lebt oder was den eigenen Werten widerspricht. Es wäre »unheil«, einem gewinnorientierten (Straßen-)Baukonzern vorzustehen und gleichzeitig auf das persönliche Engagement für »Ethik, Moral und Moraltheologie« hinzuweisen, wie es Strabag-Chef Hans-Peter Haselsteiner macht.[5] George Soros ist Spekulant und Philantrop, das passt nicht zusammen. Der Versuch, unter dem Titel CSR Spendenprojekte mit Profitstreben zu kombinieren, ist scheinheilig. Heilig kommt von heil sein, ganz sein. Die Erde ist ein heiliger Ort, sie ist schon als physischer Körper vollkommen: rund. Ihre Unterteilung in Nationen oder Wettbewerbsstandorte bringt Unheil. Die Sicht von der Erde als lebendem Organismus könnte unseren Blick auf unsere gemeinsame ökologische Heimat verändern und unser Überleben sichern. Gemessen an den Kriterien lebender Systeme erfüllt die Erde alle Anforderungen: Sie organisiert und reguliert (managt) sich selbst (im Gegensatz zum Markt), sie ist ständig in Bewegung, sie unterliegt einer kreativen Entwicklung, alle Komponenten hängen zusammen und voneinander ab. Warum sollten wir die Vorstellung des Planeten als Lebewesen oder zumindest als lebendiges Ganzes zurückweisen? Von Mutter Erde sprechen wir ja auch – wer würde einen leblosen Himmelskörper zu seiner Mutter erklären? Die Gaia-Hypothese, sie sieht die Erde als Lebewesen, würde unsere Wahrnehmung dahingehend verändern, dass wir nicht eine runde Immobilie oder ein totes Rohstofflager bewohnen, sondern Teil eines lebenden Körpers sind, der aus Gebirgen und Meeren, Wüsten und Wiesen, Mooren und Wäldern besteht und voller Leben ist, an seinen Polen kalt wie ein Gefrierfach und in seinem Bauch heiß wie die Hölle. So neu ist diese Sicht auch gar nicht. Schon Leonardo da Vinci verglich die Erde mit einem menschlichen Organismus: »Ihr Fleisch ist der Boden; ihre Knochen die Anordnung und Zusammensetzung der Felsen, die die Berge formen; ihre Knorpel sind der Kalkstein; ihr Blut die lebendigen Flüsse.«[6]

Das Allerheiligste, die vollkommene Ganzheit, könnten wir – bitte erschrecken Sie nicht, betrachten Sie es als Übung – Gott nennen. In Gott ist alles eins. Gott ist der Quell aller Würde, wenn man so will, die einzige Wertschöpfungsquelle. Was wiederum allem Seienden Wert und Würde verleiht.

Die kapitalistische Wirtschaft gefährdet das Ganze, indem finanzielle betriebswirtschaftliche Ziele und das rücksichtslose Verfolgen der Eigeninteressen die sozialen und ökologischen Bindungen auflösen. Und die Beziehung zu uns selbst. Diese Dynamik ist unheil. Das blinde Gewinnstreben fragt nicht nach dem Wohl aller, nach dem Ganzen. Freier Handel nimmt keine Rücksicht auf lokale Märkte, kulturelle Vielfalt, ökologische Kostenwahrheit, Menschenrechte, Arbeitsbedingungen, Umweltschutz oder KonsumentInnenrechte. Die WTO will, dass ein Land nur Brote bäckt und ein anderes nur Autos baut: absurd! Um dauerhafte Werte zu schaffen, müssen Wirtschaft, Ethik, Wissenschaft, Technologie und Lebenspraxis auf einer ethischen Linie zusammenlaufen, das Universum zu einem Ganzen verheilen.

Naturverbundenheit

Heilung bedeutet, die Verbindung mit der Natur in einer möglichst tiefgehenden Weise wieder aufzunehmen. Das Wirtschaften muss wieder in den natürlichen Schoß von Gaia oder Pachamama – so nennen die Indigenen Südamerikas die Erde –
zurückkehren. Ohne ihre genetische Heimat, ohne fruchtbare
Erde, ohne die lebenspendende Biosphäre von der Atemluft
über das Regenwasser bis zu den Pflanzen und Tieren kann die
Menschheit nicht überleben. Menschen waren immer in unter-
schiedlichem Maße naturverbunden: Selbst die Ermordung von
neun Millionen als Hexen bezeichneter, teils sehr naturverbun-
dener Frauen im mittelalterlichen Europa; selbst die große Abspaltung im Zuge der neuzeitlichen Wissenschaft und der nach-
folgenden Industrialisierung bewirkten keine völlige Trennung.
Immer blieben viele verbunden. Tiefenökologische Werte sprechen auf der ganzen Welt immer mehr Menschen an. Aus den
modernen Großstädten pilgern Millionen Menschen in die Natur, um sich zu erholen, zu entspannen, zu meditieren, zu erkennen. Wer es sich leisten kann, flüchtet am Wochenende in grüne
Erholungsräume, auf Berge und an Gewässer. Menschen tanken
auf – was eigentlich? –, offenbar eine Form von Energie und Verbundenheit. In unseren Worten verbergen sich so viele Hinweise: Wir re-ligieren und re-sourcen uns. Wir nehmen Verbindung auf und gehen zurück zur Quelle.

Diese offensichtliche Abhängigkeit ist ein erfreulicher Hinweis darauf, dass wir unsere Wurzeln nicht abschneiden oder
vergessen können, dass wir auch im 21. Jahrhundert aus Mutter
Erde kommen und nicht aus der Retorte oder dem Gen-Labor.
Doch die »Re-ligion« am Wochenende ist zu wenig. Genauso wenig, wie es für ein wirklich spirituelles Leben ausreicht, am
Sonntag die Kirche zu besuchen und unter der Woche verantwortungslos beim Kapitalismus mitzumachen, ist es für echte
Naturverbundenheit zu wenig, am Wochenende – mit dem Auto
– aufs Land zu flüchten und während der Woche durch Auto fah-

ren dazu beizutragen, dass Städte an Lebensqualität einbüßen und ihre BewohnerInnen chronisch in die Flucht geschlagen werden. Tiefe Verbundenheit lässt sich nicht trennen. Tiefe Verbundenheit ist nachhaltig und führt dazu, dass wir das Ganze in den Alltag holen und das Leben zur Messfeier machen, indem wir alle Lebensbereiche, selbstverständlich auch die Wirtschaft, in Einklang bringen mit unseren humanen Werten und unserem ökologischen Lebensbett, mit Pachamama. Die Wiedereinbettung der Wirtschaft ist gleichermaßen eine soziale wie eine ökologisch-spirituelle. Karl-Heinz Brodbeck sieht »den *eigentlichen Grund*, weshalb die kommunistischen und liberalen Experimente immer wieder gescheitert sind und sogar das Leiden der Menschen noch vermehrt und die ökologischen Systeme in wachsendem Umfang zerstört haben«, darin, dass sie »versuchen, aus rein materiellen Prinzipien wirtschaftliches Handeln zu erklären und zu begründen«. Sie würden »Materie nur *in Differenz* zu ›Geist‹« definieren.[7]

Die Sicht der universalen Verbundenheit, das Eingebettetsein und die Zugehörigkeit zu einem größeren Ganzen sind die Schnittstellen tiefenökologischer und spiritueller Wahrnehmung. Zwischen ökologischen Werten und dauerhaften Weisheitsschulen gibt es große Übereinstimmung. Frühere Gesellschaften haben die Grenzen der Natur sehr viel stärker respektiert, als wir das heute tun: Mythen, Naturreligionen und Spiritualität dienten der Bewahrung der artübergreifenden Lebensgemeinschaft und der Achtung von Pflanzen und Tieren. Beispielsweise verpflichteten sich die Algonkin-Indianer im Norden Amerikas, die Biber achtsam zu behandeln, weil sie ihnen sonst Fleisch und Felle versagen würden.[8] Im Taoismus heißt es: »Seid menschlich mit den Tieren, tut auch den Insekten, den Pflanzen und den Bäumen nicht weh. Als Unrecht soll gelten, die Insekten aus den Löchern zu vertreiben, die Vögel, die auf den Bäumen schlafen, zu erschrecken, Insektenlöcher zu verstopfen und Vogelnester zu zerstören.«[9] Im industriell-kapitalistischen Westen glauben die Menschen, ohne Insektengifte sei Landwirtschaft gar nicht möglich. Es gilt als ganz normal, wenn der französische Atomkonzern Areva Uran aus dem Boden des Niger kratzt und menschliches, pflanzliches und tierisches Leben im Umkreis kränkt, um selbst Gewinn zu machen. In der Massentierhaltung werden Lebewesen industriell vernichtet, weil das effizient ist und kapitalistischen Wert schöpft. Die Würde der Tiere, ihr Wert als Lebewesen, liegt hier bei null. Diese Abspaltung des Menschen von seinen Mitwesen und sein hierarchisches Machtverhalten sind ein evolutionärer Rückschritt, der sich bitter rächen wird, weil er einen selbstmörderischen Austritt aus dem Netz des Lebens, ein Verlassen der ökologischen Lebensgemeinschaft darstellt. Der Mensch kann, auch wenn ein pervertierter Teil der Wissenschaft sich das wünscht, nicht unabhängig von allen anderen Wesen und vom Schöpfungsganzen leben. »Was ist der Mensch ohne Tiere?«, fragt Häuptling Seattle. »Wenn die Tiere alle verschwänden, würden die Menschen an einer großen Einsamkeit des Geistes sterben, denn was immer mit den Tieren geschieht, geschieht auch mit den Menschen. Alle Dinge sind miteinander verbunden. Alles, was der Erde widerfährt, widerfährt auch den Söhnen und Töchtern der Erde.«

Ökologisches Selbst

Die Ausweitung unserer Achtsamkeit und Wahrnehmung auf den ganzen Planeten, das ganze Universum wird von der Ökophilosophie als »ökologisches Selbst« bezeichnet. Schon Aristoteles sprach vom sozialen Selbst, wenn Menschen nicht nur sich selbst wahrnahmen – das waren die »idiotes« –, sondern alle Menschen. Die Ökophilosophie geht noch einen Schritt weiter und dehnt die Identifikation auf alle Lebewesen, Tiere, Pflanzen und alles Seiende aus. »Ihr seid größer als ihr glaubt«, ruft uns Arne Naess augenzwinkernd zu. Die Ausweitung unserer bewussten Wahrnehmung macht uns zu reiferen und sozialeren: zu ökologischen Menschen. Ganzheitliche Wahrnehmung schließt mich selbst, alle anderen Menschen und die Mitwelt mit ein. Diese reife Einstellung könnten wir von vielen Kindern lernen: Sie bauen sehr enge Beziehungen zu vielen Lebewesen auf; wenn sie zeichnen und malen, wimmelt es nur so von Getier und Gestirn. Die ChinesInnen nennen diese All-Verbundenheit Tao, die BuddhistInnen Atman/Brahman, in Europa sprechen viele Menschen vom ozeanischen Gefühl, jede/r mag einen eigenen Namen dafür finden.

Nur der Homo oeconomicus kennt das nicht, er hat ein sehr bescheidenes Selbstverständnis. Sein Selbst reicht nur bis an den Rand seines Egos. Er ist ein emotionaler und spiritueller Protektionist und schottet sich gegen Verbundenheit ab. Geldmenschen haben es leicht, sich mit oberflächlichen Beziehungen einzuspinnen, aber in der Tiefe wird es schwer, daher korreliert Reichtum stark mit Unglück und Einsamkeit. Materialisten sitzen nur allzu oft im emotionalen Käfig. Die ökologisch-humanistische Gesellschaft überwindet die Trennung zwischen Menschen und ihrer Mitwelt, sie heilt die Bindungsschwäche. Beziehungslosigkeit ist eine der schwersten Strafen für Menschen, Isolation die schlimmste Folter. Aus (öko)psychologischer Sicht ist der Homo Ichsucht, der nur auf sein Eigenwohl achtet, ein einsamer Autist, ein heilloser Idiot.

Arne Naess meint, dass die Identifikation des Selbst mit dem Ego eine »maßlose Unterschätzung des menschlichen Selbst« darstelle. Und legt noch eins drauf: »Ein ausreichend weites und tiefes Gefühl vom Selbst scheidet Schritt für Schritt ego und alter als Gegensätze aus.« So neu ist das auch nicht. Wenn Jesus sagte: »Alles, was du deinem Nächsten hast getan, das hast du auch mir getan«, spricht er genau diese tiefe Verbundenheit aller Wesen oder sogar alles Seienden an, die es sinnlos macht, sich voneinander emotional abzuschotten. Jesus war emotionaler Freihändler oder besser: Universalist. Sein Gebot der Nächstenliebe ist in der Tiefenökologie die Fürsorge, die aus Mitgefühl erwächst. Das Mitgefühl – »die Basis, die Menschen menschlich macht« (Arno Gruen)[10] – wächst mit der Verbundenheit. »Die notwendige Fürsorge fließt ganz natürlich, wenn das Selbst weiter und tiefer wird«, schreibt Naess.[11] Wenn wir uns mit unserem ökologischen Lebenszusammenhang identifizieren, werden Mitmenschen, Mittiere, Mitpflanzen, aber auch Flüsse, Berge und alle anderen Ökosysteme ein Teil von uns selbst. Nehmen wir die anderen als Teil unseres (weiteren) Selbst wahr, ist es geradezu absurd, ihnen nicht zu helfen, ihnen etwas wegnehmen oder vorenthalten zu wollen. David Bohm folgert aus der inneren Beziehung von allem, »dass es für den Menschen sinnlos ist, die Bedürfnisse anderer zu ignorieren«[12]. Die Bedürfnisse des Planeten und die des Individuums werden bei der Ausweitung unseres Selbst zu einem Kontinuum, meint auch Theodore Roszak.[13] Die Belohnung von Verbundenheit und Fürsorge ist, dass das Gefühl von Isoliertheit und Einsamkeit weicht. Wenn wir mit unserem größeren Selbst fühlen (wir bestehen ja nicht nur aus Fleisch und Blut, sondern auch aus Gefühlen, Intuition und Geist), werden Freude und Schmerz anderer für uns wahrnehmbar, im Extremfall, als wäre es unser eigener Körper. Pachamama wird ein Teil von uns, wir fühlen mit ihr. Das Schürfen von Rohstoffen aus Mutter Erdes Kruste ist wie ein Schnitt unter die eigene Haut, der Kahlschlag eines Waldes, als risse man uns alle Haare aus und die Verpestung der Atmosphäre wie die Vergiftung unserer eigenen Lungen. »Wir hängen im Inneren so tief mit der Natur zusammen, dass wir die Natur nicht zerstören können, ohne uns selbst zu zerstören«, meint Arne Naess.[14] Umweltschutz ist dann nicht eine Last, lästige Pflicht, die das Leben erschwert, sondern wird zum Bedürfnis, das von innen kommt, um gleichzeitig mich selbst zu schützen. Für den Homo oecologicus wird Umweltschutz zum Selbstschutz und Umweltzerstörung zur Selbstzerstörung. Aus der universalen Verbundenheit und dem Mitgefühl ergibt sich Gewaltlosigkeit. Denn frei nach Jesus tue ich die Gewalt, die ich dir antue, gleichzeitig mir selbst an. Was du nicht willst, das man dir tu, das füg auch keinem andern zu. Auch Gandhi meinte: »Ich glaube an Nicht-Dualität, an die essenzielle Einheit der Menschheit und allem, was lebt.«[15] Offenbar kommen alle, die wirklich tief nachspüren, zur selben Quelle.

Empathie und Mitgefühl

In der kapitalistischen Marktwirtschaft sind Empathie und Mitgefühl keine Kategorien, dort herrschen Konkurrenz und Effizienz. Manager lernen nicht, die Gefühle und Befindlichkeiten ihrer MitarbeiterInnen zu erfassen, sondern diese auszublenden, ihnen das Primärgeschenk – die ganzheitliche Wahrnehmung – zu verweigern. Im Namen der Rationalität, der ihre Verantwortung gilt. Sie müssen dem Aufsichtsrat nicht glückliche Menschen vorweisen, sondern schwarze Zahlen. Emotionale Abschottung, das Nichtzulassen von Empathie, das Verdrängen der zwischenmenschlichen Verbundenheit sind die Voraussetzungen für Erfolg im Kapitalismus. Das ist krank.

Das Mitgefühl wäre eine wirksame Sozialversicherung. Wenn Menschen miteinander verbunden sind, helfen sie einander spontan und verhalten sich solidarisch. Es gibt kein Wegschauen, kein Delegieren von Verantwortung, keinen falschen Gehorsam und keine Übernahme abstrakter Ziele. Weil das Unmittelbarste, das menschliche Sein, vorgeht. Viele Menschen berichten, dass spontanes Helfen ein gutes Gefühl hinterlässt und uns menschlich weiterbringt: Es macht uns glücklich, weil Beziehungen gelingen.

Wir leben derzeit weit unter unseren emotionalen und intuitiven Fähigkeiten, weil uns kapitalistische Werte und mechanistische Wissenschaft das gründlich ausgetrieben haben; sie haben uns emotional voneinander abgekapselt, offline geschaltet, verstümmelt. Der Kapitalismus vergeudet wertvolle menschliche Gaben. Er lässt humanes Potenzial brachliegen und verkümmern. Aus ganzheitlich menschlicher Sicht ist er hochineffizient.

Der Weg in eine postkapitalistische Gesellschaft bedarf eines kollektiven seelisch-emotionalen Wiederaufbaus und konsequenter Weiterentwicklung des Sozialwesens Mensch. Wir müssen das ökologische und soziale Netz heilen und weiterknüpfen, re-ligieren, wir haben eine Menge Beziehungsarbeit vor uns. Gemeinschaftlicher Zusammenhalt, Geborgenheit und Sicherheit werden unser Lohn sein. Über Geldgier und Ego-Gefangene werden wir lachen.

Gleichzeitigkeit von Individuen und Ganzem

Nicht allen wird es mit diesen Überlegungen gutgehen. Einige sehen womöglich ihre Persönlichkeit in einem gesellschaftlichen Ganzen dahinschmelzen und sich auflösen in der Ursuppe: Gleichmacherei und Uniformierung dräuen hinter schönklingender Öko-Idylle. Oder schlimmer noch: Ökofaschismus. Hitler hatte die Metapher der Volksgemeinschaft bemüht, um a) einen vermeintlichen Volkskörper gegen den anderen Volkskörper aufzuhetzen und b) das Individuum darin einzukochen. Doch das ist durchschaubar, und darum geht es nicht. Die Ausweitung unseres Selbst auf die ökologische Lebensgemeinschaft bedeutet keineswegs das Ende des Individuums, sondern lediglich seine Verankerung in einer größeren – universalen – Identität als Voraussetzung seiner Entfaltung, die nicht auf Kosten anderer geht. Soviel Dialektik muss zumutbar sein. Die Einbettung des Individuums in die ökologische Gemeinschaft, in die spirituelle Ganzheit ist der beste Boden für das Gedeihen des Individuums. Joanna Macy beschreibt das »Paradox der Individuation« so: »Je mehr ich werde, was ich bin, desto mehr kann ich zum schöpferischen Teil des Ganzen werden.«[16] An diesen Worten ist erkennbar, dass die Selbstverwirklichung nicht an den bornierten Grenzen des Egos enden soll. Macy spricht eine Einladung aus, als Teil des Ganzen am Netz des Lebens mitzustricken, als bewusster Teil an der Evolution teilzunehmen. Mit wachsendem Bewusstsein wird die Evolution zu einem partizipativen Prozess.

»Erwachsen werden bedeutet das Zurandekommen mit Ambivalenz«, sagt eine Volksweisheit. Der dualistische Diskurs »Entweder wir fördern das Individuum (Freiheit) oder die Gemeinschaft (Gleichheit)« ist nicht differenziert-integriert und führt zu den Extremen Kapitalismus und Kommunismus. In beiden Systemen leiden das Individuum und seine Freiheit. Im Kommunismus, weil die persönliche Initiative, Kreativität und Mitbestimmung nicht gefragt sind; und im Kapitalismus, weil die Anpassung an materialistische Erfolgsziele selbstgesetzte Lebensziele verdrängt, weil das soziale und ökologische Kapital aufgezehrt wird und weil viele selbst in materieller Not bleiben.

Die Fragestellung muss sein: Wie kann ich die Bedingungen des Zusammenlebens gestalten, dass jedem und jeder dabei ein größtmögliches Maß an Freiheit bleibt, ohne die Freiheiten anderer und ihre Würde einzuschränken. Freiheit ist kein absoluter, sondern ein relativer Begriff.

Aus der Evolution lernen wir, dass enge Verbundenheit nicht zu Gleichmacherei und individueller Auflösung führt, sondern im Gegenteil: Der unermessliche Beziehungsreichtum in der Natur – der vermeintliche Kampf ums Dasein – hat nicht Einförmigkeit oder Uniformität zum Ergebnis, sondern Fülle und Vielfalt. Gibt es einen schöneren Beweis dafür, dass Verbundenheit und Individualität kein Widerspruch sein müssen?

Vielfalt und Ko-Evolution

Die Evolution strebt nach Vielfalt und Komplexität, nach Beziehungsreichtum und verschiedenen Erscheinungsformen. Die Kreativität der Evolution bringt nicht nur immer tiefere Formen der Schönheit hervor, die entstandene Vielfalt dient auch der Stabilität. »Je mehr Vielfalt ein System besitzt, desto stabiler ist es«, schreibt Geseko von Lüpke.[17] (Die Natur ist ästhetisch und funktional zugleich.) Auch Leopold Kohr kam zur Ansicht, dass »Kleinheit die Grundlage für Stabilität und Dauerhaftigkeit« ist.[18] Agrarische Monokulturen brechen ebenso zusammen wie Herrschaftssysteme, in denen nur einer das Sagen hat. Zu große Moleküle zerfallen, zu große Sterne implodieren. Größe und Einfalt sind kein evolutionäres Erfolgsrezept. Im Gegensatz dazu führt kapitalistische Globalisierung zu einem radikalen Verlust an lokaler, kultureller und ökologischer Vielfalt. Wir verlieren wildlebende Arten, Kulturpflanzen, Nutztierrassen, lokale Bräuche, Weisheiten und Spiritismen. Dem Weltmarkt wohnt nur scheinbar eine Tendenz zur Förderung von Vielfalt inne, weil bestimmte Waren, Technologien und Konsumgewohnheiten ausgetauscht werden und so in Regionen kommen, in denen es sie vorher nicht gab. Dafür werden ganze Regionen, die reichhaltig an Spezialitäten und Traditionen sind, lokale Märkte, gewachsene Technologien und Lebensweisen eingeebnet, kulturelle Unterschiede ausgelöscht. Sobald der Weltmarkt zwischen einer Handvoll Oligopolisten aufgeteilt ist, wirkt er wie eine gigantische Gleichschaltungsmaschine. Die großen Lebensmittelketten von Wal-Mart bis Pycra fördern keine Vielfalt, sondern Uniformität. Wenn eine kleine Softwareschmiede kreativer ist als Microsoft, wird sie geschluckt. Die Welthandelsorganisation (WTO) erteilt der Ferne und dem Zentralismus völkerrechtlichen Vorrang vor Nähe und Vielfalt. Während Wachstumszwang und Vernichtungskonkurrenz am Markt kulturelle Einöden schaffen, erzeugt die Natur immer größere Artenvielfalt. Korallen metzeln einander nicht ab, sondern sie gedeihen in einer konzertanten Aktion. Sie demonstrieren Diversität und Farbenpracht. Im Regenwald gedeihen unter Bedingungen extremer Knappheit die artenreichsten Lebensgemeinschaften auf der Erde. Was aus sozialdarwinistischer Perspektive zum Sieg der stärksten Arten und ihrer Dominanz führen müsste, hat die größtmögliche und immer weiter wachsende Vielfalt zur Folge.

Mit diesen Naturvergleichen möchte ich nicht sagen, dass wir es der Natur gleichtun sollen, sondern dass wir a) die Natur verstehen sollen, um mit ihr zu arbeiten, und b) falsche Bilder von der Natur, auf denen die neoliberale Ideologie aufbaut, hinterfragen sollen. Wir sollten uns fragen, warum westliche Wirtschaftstheorie im 21. Jahrhundert mit Raubtier- und Tigermetaphern arbeitet. Diese einseitige und unheile Sicht liegt unserer ökonomischen Kontrakurrenz-Veranstaltung zu Grunde. In der Evolution geht es aber nicht um das Auslöschen der Konkurrenz wie am Markt, sondern um komplexe Abhängigkeit und Kooperation, um Ko-Existenz in der Vielfalt. Aus der Perspektive des ökologischen Selbst gilt: »Je größer die Vielfalt, desto größer auch die Selbstverwirklichung.«[19] In der Wirtschaftspolitik sollten wir Regeln zur Förderung lokaler, kultureller und ökologischer Vielfalt finden. Kontrakurrenz und Gewinnstreben sind ungeeignete Wege dorthin.

Nähe und Dezentralsierung

Ein Beispiel: Vielfalt und Dezentralität in der Energieversorgung würden bedeuten, dass wir viele unterschiedliche lokale Quellen nützen, anstatt die Energieversorgung räumlich zu zentralisieren und auf fossile oder atomare Lösungen zu fokussieren. Dazu müsste die Forschungsenergie von Öl und Kernkraft abgezogen und auf das breite Angebot an erneuerbaren Energiequellen umgelenkt werden. Der Binnenelektrizitätsmarkt der EU müsste ganz neuen Zielen folgen: Dezentralisierung, Effizienz, Vielfalt, Nachhaltigkeit, Nichtgewinnorientierung. Derzeit fährt der Zug in die Gegenrichtung. In wenigen Jahren wird es in der EU nur noch eine Handvoll riesiger privater gewinnorientierter Energieversorgungsunternehmen geben, deren Ziel die Maximierung des Verbrauchs ist: »Es ist pervers, dass jemand, der davon lebt, ein Gut, nämlich elektrische Energie zu verkaufen, Kunden auffordern soll zu sparen. Wir leben ja davon, dass wir mehr umsetzen«, sagte Hans Haider, ehemaliger Chef des größten österreichischen Energieversorgungskonzerns.[20]

Eine andere Lehre, die wir aus dem Oikos ziehen können, ist, dass horizontale Mobilität einen enormen Energieaufwand darstellt. Das ist einer der Gründe, warum in Ökosystemen mit ausreichend Wasser, zum Beispiel im tropischen Regenwald, 99,99 Prozent der Biomasse pflanzlich sind und weniger als ein Promille tierisch: Herumlaufen ist hochgradig ineffizient. Pflanzen bedienen sich vertikaler Transportmechanismen – Haarröhrchenwirkung, Transpiration und Schwerkraft –, während Säugetiere mit jedem Schritt gegen die Schwerkraft arbeiten. Entsprechend hoch ist ihr Energieverbrauch, das geht sich nur für einen minoritären Teil der Biomasse aus. Die Lehre, die wir daraus ziehen können, ist: horizontale Transportvorgänge gering halten und Siedlungsstrukturen der kurzen Wege errichten. Wir sollten unsere täglichen Ziele so gut wie möglich integrieren: arbeiten, einkaufen, wohnen, Freizeit, Erholung; Nähe würde zum obersten Planungsprinzip – mit der Schwerkraft arbeiten statt gegen sie. Das hat schon Goethe empfohlen: »Wozu in die Ferne schweifen ...« Goethe war ein Kenner des Oikos. Heute gilt das Motto: Je höher der Grad der internationalen Arbeitsteilung, je höher die Exportquote, desto besser; die Freihandelsgesetze sind Vorrangschilder für die Ferne. Wir fördern die Entfernung von Produktion und Konsum, die Trennung von Produktion und Reproduktion und die Distanzierung der Ökonomie von der Ökologie.

Eine dritte Lehre: Wachstum ist in der Natur nur ein *Mittel*, um die optimale Größe zu erreichen.

Zyklisch gedeihen statt wachsen

Der Kapitalismus ist auf ewiges und exponentielles Wachstum ausgerichtet. Jedes neu entstandene Kapital möchte seinerseits genauso schnell wachsen wie dasjenige, aus dem es hervorgegangen ist. Das kann nicht mehr lange gutgehen. Die Natur geht da nicht mit. Und auch die Menschen nicht: Irgendwann muss sich das Kapital künstlich menschliche Bedürfnisse organisieren, damit es weiterwachsen kann. In der Lissabon-Strategie hat sich die EU nicht das Ziel gesetzt, menschliche Bedürfnisse zu befriedigen oder mit der Natur zu gehen, sondern jährlich um drei Prozent zu wachsen. Das wäre bis 2050 – wenn das Ziel beibehalten wird – ein Wachstum von 346 Prozent (gegenüber 2008). Das sich dann auftürmende Vermögen möchte sich aber, da sich am Grundmechanismus nichts geändert haben wird, ebenso schnell vermehren wie das heutige Vermögen (das Vermögen der Reichsten will derzeit bis zu dreißig Prozent pro Jahr wachsen). Diese exponentielle Wachstumslogik ist der vielleicht deutlichste Hinweis, dass der Kapitalismus ein abstraktes, abgespaltenes Ziel ist, das unser Zusammenleben und Überleben gefährdet.

In der Natur sind alle Wachstumsprozesse zyklisch. Auf Phasen des organischen Aufbaus folgen ebenso lange Phasen des Abbaus. Kein Baum wächst in den Himmel, kein Lebewesen wird größer, als sein genetischer Bauplan es vorsieht, beim Elefanten und beim Wal ist Schluss. Größere Individuen wären für die Ökosysteme nicht tragbar. Augenzwinkernd könnte man sagen, dass das Prinzip der Gewaltenteilung – das Prinzip, dass niemand zu mächtig werden darf – in den Lebensgemeinschaften der Ökosysteme, den Biozönosen, eingehalten wird; im Gegensatz zum Markt, wo einzelne physische und juristische Personen unendlich und unverhältnismäßig groß werden können – zum Schaden der Vielfalt, der Demokratie und der Zusammenlebensqualität.

»Riesige Größe passt nicht in die Schablone der Schöpfung«, erkannte Leopold Kohr.[21] Eindrücklich beschreibt er, wie zu große Konstrukte, seien es Staaten, Sterne oder Moleküle, immer wieder zerfallen. Während kapitalistische Fressketten linear und pyramidal sind – Unternehmen wachsen ohne Ende –, verlaufen natürliche Nahrungsketten kreisförmig: Es gibt keinen Anfang und kein Ende. Jedes größere Säugetier wird unmittelbar zur Mahlzeit der Zerleger: negative Rückkopplung. Der

Markt kennt keine Zerleger, die Kartellgesetze funktionieren nicht annähernd so effizient wie die Bakterien in Biozönosen. Wäre aber der Wettbewerb wirklich ein Entmachtungsprozess, wie er von neoliberaler Seite idealisiert wird, dann müssten die großen Unternehmen beständig von neuen, innovativeren Unternehmen übertroffen und zersetzt werden. Josef Schumpeters Metapher von der schöpferischen Zerstörung klingt sehr nach einer Anleihe aus der Natur, und manchmal trifft sie auch zu, bloß: Der große Trend sieht anders aus: Die fünfhundert größten Konzerne steigern ihren Anteil am Welt-BIP rasant, die Zahl der Global Players verdoppelte sich zwischen 1990 und 2003 von 37 000 auf 64 000, während die große Masse der Kleinen in feudale Abhängigkeit von ihnen gerät oder geschluckt wird.[22]

Auch Menschen wachsen nicht unendlich wie das Kapital. Wir erreichen nach einer anfänglichen Phase organischen Wachstums unser physisches Maximum, danach bleiben wir materiell auf stabilem Niveau und sollten – zumindest dem humanistischen Ideal nach – emotional, sozial und geistig weiterreifen und an Tiefe gewinnen.

Die Wirtschaft ist aus menschlicher Sicht im Pubertätsstadium steckengeblieben. Der Materialdurchsatz wächst unaufhörlich an. Die Wirtschaft gleicht einem Bodybuilder, der immer mehr Muskelmasse zulegen will, egal wie viel er schon hat, anstatt sich in vielen Dimensionen zu verfeinern.

Wachstumsprozesse bedürfen der negativen Rückkopplung, sonst brechen Kreisläufe und Systeme zusammen; genauso wenig, wie die Einkommen und Vermögen der einen grenzenlos wachsen dürfen, darf der Gesamtkuchen nicht in alle Ewigkeit wachsen, weil die Wirtschaft nur ein Teil der Natur ist und deren Grenzen auch das Ende der – physischen – Wertschöpfung bestimmen. »Wer in einer begrenzten Welt an unbegrenztes exponentielles Wachstum glaubt, ist entweder ein Idiot oder ein Ökonom«, meinte der Ökonom Kenneth Boulding trefflich. »Wachstum um des Wachstums willen ist die Ideologie der Krebszelle«, schrieb auch Edward Abbey. Dennoch kennen gegenwärtig fast alle Parteiprogramme und Regierungsstrategien vor allem ein Ziel: wachsen. Die Kapitalwachstumsreligion ist umso erschreckender, weil Wachstum bestenfalls ein Mittel sein sollte, um die eigentlichen Ziele der Wirtschaftspolitik zu erreichen: Bedürfnisbefriedigung, Lebensqualität, sinnvolle Arbeit, soziale Sicherheit, ökologische Nachhaltigkeit. Heute machen wir immer öfter die Erfahrung, dass trotz Wachstums keines der genannten Ziel erreicht wird, sondern im Gegenteil bei sogar hohem Wachstum die Arbeitslosigkeit steigt, die Ungleichheit wächst, die soziale Sicherheit abnimmt, die Lebensqualität sinkt und die ökologischen Grundlagen zerstört werden. (Österreich wuchs 2007 rasante 3,3 Prozent; die Nettorealeinkommen der arbeitenden Menschen stiegen durchschnittlich um 0,0 Prozent.)

Die Lehre, die wir aus dieser Religion ziehen sollten, ist eine doppelte: Zum einen sollte Wachstum sowohl als Ziel als auch als Mittel der Wirtschaftspolitik aufgegeben werden. Die Ziele der Wirtschaftspolitik sollten auf direktem Weg erreicht werden, zum Beispiel durch öffentliche Investitionen in sinnvolle Arbeitsplätze, was direkt Einkommen und soziale Sicherheit schaffen würde; oder durch Arbeitszeitverkürzung, die gerechte Aufteilung des vererbten Vermögens, die Erhöhung der Ressourcenproduktivität und andere Maßnahmen. Ob am Ende eine höhere oder niedrigere finanzielle Wertschöpfung entsteht, kann uns egal sein, weil Zahlen zu wenig über die eigentlichen Ziele, Wohlstand, Nachhaltigkeit, soziale Sicherheit, Freiheit und Zufriedenheit, aussagen.

Zum anderen sollten wir endlich einen Indikator für diesen – ganzheitlicheren – Wohlstand entwickeln. Das BIP misst nur Geldströme, völlig unabhängig davon, ob sie Nutzen bringen oder Schaden anrichten. Wir sollten einen Indikator finden, der unser Glück, unsere Freiheit und unsere Zufriedenheit misst. Wir fliegen zum Mars, wir sollten auch in der Lage sein, unser Wohlbefinden zu messen.[23]

Kreativität

Kennzeichen der Evolution ist nicht Wachstum – das Körpergewicht von Pachamama ist seit zwei Milliarden Jahren mehr oder minder konstant –, sondern Schaffung von Vielfalt und Komplexität – durch Kreativität. Kreativität ist nicht nur dem Gesamtprozess eingeschrieben, sondern auch den einzelnen Wesen. Joanna Macy hat uns eingeladen, am Schöpfungsprozess aktiv teilzunehmen. Der Mensch kann im Kleinen bewusst entscheiden, wofür er seine Kreativität einsetzt. Allerdings ist Kreativität selbst ein unbewusster Prozess. Bewusst können wir nur einen günstigen Rahmen legen. Goethe meinte, dass Kreativität die »frische Luft des freien Feldes« brauche[24]; Nietzsche sagte: »Traue keinem Gedanken, der nicht unter freiem Himmel entstanden ist.« Aber ob, wann und vor allem welcher Gedanke uns kommt, das können wir nicht steuern. Unbewusst sind wir permanent kreativ. Wir verarbeiten andauernd Informationen, bewegen uns überwiegend unwillkürlich und handeln immer wieder auch spontan und nicht nur vorsätzlich und überlegt. Dabei schaffen wir beständig Neues.

Kreativität ist somit nicht nur ein menschliches Grundbedürfnis, sondern, noch tiefer, eine menschliche Grundanlage; ein Ausdruck des Lebens und des Lebendigseins. Es mag ein Grundbedürfnis sein, diese Grundanlage zu kultivieren und nicht einzuschränken oder zu instrumentalisieren. Wenn Kreativität nicht blockiert wird, findet menschliche Entwicklung statt, evolutionäres Gedeihen.

Kreativ können Menschen in freien und unfreien Situationen sein, aber Freiheit ist aus liberaler Sicht der menschlichere Nährboden für Kreativität. Freiheit von Zwang jeder Art: Freiheit von Erwerbszwang, Konkurrenzzwang, Produktivitäts- und Innovationszwang. Im Kapitalismus ist nicht grundsätzlich Kreativität gefragt, sondern eine ganz bestimmte Form von Kreativität: nur solche, die dem Ziel der Kapitalvermehrung dient. Kreativität im Kapitalismus ist nicht frei, sondern instrumentalisiert. Die grundlegendste Dimension der Kreativität, nämlich »die Kreativität der Selbsterfahrung und Selbstgestaltung, wird im ökonomischen Betrachtungshorizont ausgeklammert«[25].

Für ein alternatives Wirtschaften sollten wir danach trachten, möglichst viel Spielraum für freie Kreativität zu schaffen und zu lassen. Wenn wir sie schon belohnen und »instrumentalisieren«, dann für das richtige Ziel: das Gemeinwohl. Zum gegenwärtigen Zeitpunkt der Geschichte bedarf es eines enormen Potenzials kollektiver menschlicher Kreativität, um unser Überleben zu sichern, um unsere Teilnahme am Evolutionsprozess nachhaltig zu gestalten. Wir sollten suchen:

- eine Form des Wirtschaftens und der Bedürfnisbefriedigung ohne materiellen Wachstumszwang
- ökonomische Freiheit, die nicht auf Kosten anderer geht
- Unternehmensformen, die nicht Gewinn anstreben, sondern das Gemeinwohl
- freiwillige Formen der Kooperation, die Menschen motivieren
- Formen des Wirtschaftens, die die Beziehungsqualität verbessern
- und Bewusstsein für das ökologische Selbst schaffen

Es ist vielsagend, dass eine Wirtschaft, die einerseits Innovationen fetischisiert – und damit implizit Kreativität zu einem hohen Wert erhebt –, andererseits zentrale Dimensionen der menschlichen Kreativität gar nicht erkennt und ihr deshalb die genannten Ziele nicht zutraut. (Der Kapitalismus unterschätzt uns schon wieder.) Wir werden von Alternativlosigkeitsbehauptungen regelrecht zugeschüttet – so als wäre die Geschichte in der kapitalistischen Demokratie westlichen Zuschnitts zum Stillstand gekommen und die Evolution zu Ende. Der Evolutionsprozess verfügt aber nicht über eine Stopptaste, auch wenn sich das Francis Fukuyama (»Das Ende der Geschichte«) so vorstellt. Es geht kaum widersprüchlicher: Der menschliche Innovationsgeist wird als unendlich angesehen, wenn es um die Entwicklung marktfähiger Produkte (und das Wecken neuer Bedürfnisse) geht; wenn es aber um die Neugestaltung des Zusammenlebens, der Beziehung mit unserer ökologischen Mitwelt geht oder um unsere Selbsterschaffung als Individuen, dann erlischt der neoliberale Glaube an die menschliche Neuerungskraft. Dieser Widerspruch verrät, dass der Kapitalismus zum Totalitarismus neigt; es geht ihm gar nicht um Freiheit, Entwicklung oder Kreativität, sondern darum, dass alle seine schnöden Werte und Ziele verinnerlichen und sich anpassen: Herrschaft.

Zielreichtum und Zeitwohlstand

Kapitalismus und Materialismus sind siamesische Zwillinge. Wenn Dingen ein so hoher Wert zuerkannt wird und Menschen danach bewertet werden, was sie an materiellen Dingen besitzen (die Menschenwürde an Eigentum gekoppelt ist), sind Gier und Geiz die logischen Folgewirkungen. Diese übertragen sich von den Warenbeziehungen auf die emotionalen und geistigen Beziehungen und untergraben den Humanismus.

Eine ökologische Gesellschaft strebt nicht nach dem materiellen Maximum, sondern nach dem ganzheitlichen Optimum. Menschen verwirklichen sich nicht über Eigentum, sondern über funktionierende Beziehungen, soziales Lernen, geistiges Reifen und freie Kreativität. Wichtiger als viel Geld ist viel Zeit für sich selbst und für die Verfolgung eigenständiger Lebensziele: eine zentrale Bedingung von Freiheit.

»In welcher Situation erfahre ich die höchste Befriedigung meines ganzen Wesens?«, fragt Arne Naess. Und kommt zur Antwort, dass wir das meiste (Materielle), von dem wir annehmen, dass wir es brauchen, gar nicht benötigen. Dadurch eröffnen wir uns die Chance auf ein Leben, das »einfach an Mitteln, aber reich an Zielen ist«, regt Arne Naess an.[26] Die Glücksforschung hat herausgefunden, dass Menschen – nach der Befriedigung einfacher Bedürfnisse – mehr durch Aktivitäten als durch Dinge glücklich werden. Schon Aristoteles schrieb in der Nikomachischen Ethik: »Reichtum ist gewiss nicht das gesuchte oberste Gut. Er ist nur ein Nutzwert: Mittel für andere Zwecke.«

Aus ökologischer Sicht ist es umsichtig, einen möglichst geringen Fußabdruck, eine möglichst geringe physische Spur auf der Erde zu hinterlassen. Einerseits, um die Schöpfung zu achten und anderen Geschöpfen Raum zum Leben zu lassen; andererseits, um bedürftigeren Menschen nichts wegzunehmen: »Alles, was du besitzt und nicht benötigst, hast du jemand anderem, der es braucht, aber nicht hat, gestohlen«, lautet eine Volksweisheit. Um keine Missverständnisse zu erzeugen: In einer ökologischen Gesellschaft werden die Dinge hochgeschätzt, vielfach sogar höher als in der Konsum- und Wegwerfgesellschaft, allein schon deshalb, weil wir die ökologische Entstehung der Dinge mit in den Blick nehmen. Und: Je länger die Lebensdauer der Dinge und je vertrauter die Personen, die sie herstellen, desto stärker ist die Bindung an sie, desto mehr wird aber auch darauf geachtet, dass wir uns nur mit solchen Dingen umgeben, die wir wirklich benötigen, und umso achtsamer gehen wir mit den (liebgewonnenen) Dingen um.

Die Befriedigung materieller Grundbedürfnisse hat in einer ökologischen Gesellschaft vielleicht sogar höhere Priorität als heute; wenn jemand von einem bestimmten Gut etwas mehr haben möchte, sei ihm oder ihr dies neidlos vergönnt. Doch im Blick ist immer die Befriedigung des Bedürfnisses. Ab dem Moment, wo Dinge nur noch dazu da sind, um soziale Anerkennung zu heischen und somit gar nicht das Ziel sind, sondern ein Mittel für ein anderes Bedürfnis, wird diese Funktion entlarvt und erlöst. Wenn niemand mehr mit gesellschaftlicher Aufmerksamkeit für nutzlosen Reichtum rechnen kann, verliert dieser rapide an Attraktivität.

Auch ökologische Schranken müssen der Eigentumsfreiheit gesetzt werden. Die Globalisierungsgewinner kaufen heute Großraumflugzeuge um 150 Millionen US-Dollar – für private

Zwecke. Dieser rücksichtslosen Maßlosigkeit muss mit Gesetzen genauso begegnet werden wie mit neuen Werten. Wer mehr Natur verbraucht, mehr Land besetzt und mehr Schadstoffe produziert, muss dafür immer mehr bezahlen, ab einer Grenze geht wiederum gar nichts mehr: negative Rückkopplung. Der Physiker Hans Peter Aubauer hat ein attraktives Modell einer ökologischen und sozialen Steuerreform bis ins kleinste Detail ausgearbeitet. Gebühren für die Naturnutzung werden aufkommensneutral an die Allgemeinheit rückvergütet. Wer mehr verbraucht als der Durchschnitt, verliert; wer weniger verbraucht, gewinnt ein zusätzliches Einkommen. Der Anreiz, weniger zu verbrauchen, wird mit zunehmendem Verbrauch immer stärker. Und je stärker die ökologische Lenkungswirkung des Modells ist, desto stärker ist auch seine soziale Lenkungswirkung, weil die Umverteilung zu den Sparsamen steigt.[27]

Studien zeigen, dass sozial zu ökologisch führt. Gesellschaften, in denen Materialismus keinen hohen Stellenwert hat, achten mehr auf den Schutz ihrer Lebensgrundlagen. Der Sozialforscher Ernst Gehmacher berichtet: »Die Klassen, in denen ein höherer sozialer Zusammenhalt herrschte, nahmen am Ende die ökologischen Ideen viel bereitwilliger auf und setzen sie auch in ihrem Alltagshandeln konsequenter um.«[28]

Viele Menschen berichten aus eigener Erfahrung, dass der empfundene Reichtum und das Glück mit der Befreiung von Eigentum und Waren zunimmt. Wer die tiefe und nährende Befriedigung eines beziehungsreichen und geistig erfüllenden Lebens gekostet hat, dem/der vergeht in aller Regel der Appetit auf umfangreichen Besitz. In der Schlichtheit kann mehr Schönheit wohnen als in überladener Fülle. Ein Sonnenuntergang in universaler Verbundenheit, die Süße der Nähe zwischen zwei Menschen oder die kollektive Kreativität einer Gruppe kann durch keinen Millionenbetrag und kein Großraumflugzeug kompensiert werden. Umgekehrt schon.

Kontemplation

Ein Weg, die einseitig materielle Orientierung in kapitalistischen Gesellschaften auszugleichen, besteht im Finden einer neuen Werte-Balance. Viele Menschen spüren und artikulieren, dass im gegenwärtigen Kapitalismus »das rechte Maß« verlorgengegangen sei. Wirtschaftswachstum, Kapitalrendite, Gewinn oder wachsender Energieverbrauch sind kranke Maßstäbe, weil sie weder unsere Werte widerspiegeln noch mit unserem Wohlbefinden korrelieren. Besonders leiden Menschen unter der zunehmenden Geschwindigkeit: Beschleunigung von Innovationszyklen (zugunsten der Kapitalrendite), Beschleunigung der Arbeitsrhythmen (zugunsten der Kapitalrendite), Beschleunigung der Transportvorgänge (zugunsten zentraler Akkumulation und zu Lasten der Ökosysteme). Obwohl wir so reich sind wie noch nie, leiden so viele wie noch nie unter Burn-out und Stress. Die Seele kommt nicht mit, die Natur schon gar nicht.

Für eine nachhaltige Gesellschaft von hoher Lebensqualität wäre es daher ratsam, das rechte Maß wiederzufinden. Wo könnten wir die Suche beginnen? Der Benediktiner-Mönch David Steindl-Rast schlägt »Kontemplation« vor. Das meint er so: In der Kontemplation steckt »templum«, der Tempel, zunächst ein Sternbild. Dieses ist aber nur Abbild des irdischen Tempels. Die gleichzeitige Betrachtung des himmlischen und des irdischen Tempels, die »con«-templatio, ist die Zusammenschau materieller und immaterieller Werte – der wichtigste Schritt zu einem neuen Wohlstandsmaß. Steindl-Rast geht noch einen Schritt weiter. Im »Tempel« steckt »tempus«, das Maß. Das rechte Maß können wir finden, wenn wir auf unser Herz hören, die »Schnittstelle« zwischen den beiden Dimensionen. Wer hört heute noch auf sein Herz? Drei Prozent Wachstum pro Jahr als Lissabon-Ziel der EU, dreißig Prozent Rendite für KKR, sechzig Prozent Exportquote sind der österreichischen Wirtschaftskammer noch nicht genug, fossile Ressourcen werden 300 000 Mal schneller verbrannt, als sie sich nachbilden. Wir wirtschaften heute nicht kontemplativ, sondern distemplativ. Würden wir auf unser Herz hören, als Schnittstelle der Bedürfnisse von Gaia, Pflanzen, Tieren, Mitmenschen und zukünftigen Generationen, dann fänden wir vielleicht mehr Balance.[29]

Humanisierung der Wirtschaft

Das aktuelle Entwicklungsstadium des Kapitalismus – der Neoliberalismus – zeichnet sich dadurch aus, dass immer mehr Lebensbereiche von sogenannten ökonomischen Werten durchdrungen werden. Voraussetzung für diese Durchdringung ist, dass die Wirtschaftsethik überhaupt eine andere sein kann als die allgemeine gesellschaftliche Ethik. Dem liegt wiederum die Annahme zugrunde, dass Marktsphäre und Lebenssphäre zwei trennbare und getrennte Sphären wären. (Es ist ein Erfolg des Neoliberalismus, dass wir das Wirtschaften mehr der Natur zuordnen als der Gesellschaft.) Als könnten wir in der einen Sphäre die blinde Effizienz walten lassen und das grenzenlose Gewinnstreben, während in der anderen die Menschlichkeit erhalten bleiben soll, die solidarische Fürsorge, das Helfen und das Teilen. Das geht nicht zusammen, Ethik ist unteilbar.

Das Verhängnis, in der Ökonomie andere Werte gelten zu lassen als in unseren zwischenmenschlichen Beziehungen (obwohl die Wirtschaft nur aus zwischenmenschlichen Beziehungen besteht), ist ein Produkt der wissenschaftlichen Ökonomie, die den Markt als etwas Abstraktes, Autonomes, vom gesellschaftlichen Ganzen Losgelöstes fantasiert, das eigenen und anderen ethischen Regeln folgen kann als die Gesellschaft. Die kulturelle Leistung des Kapitalismus bestand darin, diese Abstraktion in einen legitimen und legalen Rahmen zu gießen – der Kapitalismus ist heute Gesetz. Es ist heute gute Sitte, Menschen nach Markturteilen zu behandeln, die Würde im Namen der Rationalität zu verletzen und ökologische und soziale Bindungen im Namen der Effizienz und des Gewinns zu zerstören. Den

Aktienkurs mit Beschäftigungsabbau zu steigern, gilt als Erfolg, und andere für sich arbeiten zu lassen, als Leistung. Dieser Ungeist muss in die Flasche zurück. Diese Unwerte gehören auf den ethischen Komposthaufen der Geschichte.

Da die Wirtschaft ein Teil der Gesellschaft ist, der sie dienen und deren Werten sie gehorchen soll, müsste es genau umgekehrt sein: Diejenigen Werte, die sich in den Nuklei der Gesellschaft bewähren, das, was zwischenmenschliche Beziehungen – zwischen Eltern, Kindern, Freunden und Nachbarn – glücklich gelingen lässt: das Kooperieren, Helfen, Teilen und Heilen, müssen wir auch in die Wirtschaft hineintragen, in den ökonomischen Beziehungen leben. Was sich in der Gesellschaft bewährt, ist auch für die Wirtschaft gut.

Die Wirtschaft ist integraler Teil des gesellschaftlichen Alltags und wie dieser ein Geflecht aus zwischenmenschlichen Beziehungen. Die Wirtschaft besteht sogar aus einem extrem dichten Beziehungsgeflecht – umso mehr müssen wir darauf achten, dass die Werte in diesen Beziehungen stimmen. Geht's den Menschen gut, stimmt die Wirtschaftsform.

Das Argument, dass menschliche Werte nur im Kleinen, Privaten, Familiären funktionieren, ist wieder eine grobe Unterschätzung des Menschen. Warum sollten wir nicht dazu fähig sein, auch Menschen in der Ferne achtsam zu behandeln. Fairer Handel ist ein klarer Gegenbeweis zu der Annahme, dass sich Menschen, sobald ihre Beziehungen global werden, in böse Raubtiere verwandeln. Er ist eine vernünftige Entscheidung freier Menschen – noch ohne Unterstützung durch das Gesetz! Sehr wohl mag die Anonymität des Marktes manche von uns verlocken, den eigenen Vorteil auf Kosten anderer zu suchen. Gerade das gilt jedoch auch auf engstem Raum, im kleinsten Unternehmen. Daran ist nicht so sehr die Ferne der Globalisierung schuld, sondern der Glaube an die Effizienz des Marktes und die Umwandlung zwischenmenschlicher Vertrauensbeziehungen in rechtlich legale Ausbeutungsverträge. (Analog funktioniert das Patriarchat in der Kleinfamilie genauso gut wie in globalen Wirtschaftsstrukturen.) Wäre alle Moral auf globaler Ebene zwecklos, dann müssten wir jeden Versuch einer Weltinnenpolitik stoppen, die UNO zusperren und die universale Erklärung der Menschenrechte widerrufen. Umgekehrt muss es sein: Was sich lokal bewährt, globalisieren wir!

Die besten Anreize nützen

Heute hängen viele Menschen dem Glauben an, dass der Mensch von Natur aus nach Macht, Erfolg, Reichtum oder Ruhm strebe. Das ist der Charakter des sozialdarwinistischen Homo oeconomicus. Doch probieren Sie es ruhig aus, kein einziges dieser Ziele wird Sie glücklich machen, im Gegenteil: Besonders mächtige oder (erfolg)reiche Menschen sind auffallend oft unglücklich, bei vielen hängen die Mundwinkel herunter. Der Grund, warum Macht, Erfolg, Reichtum und Ruhm nicht glücklich machen, liegt darin, dass sie nur Mittel sind auf der Suche nach dem eigentlichen Ziel: soziale Anerkennung, Zuwendung, Liebe. »Gelingende Beziehungen sind das unbewusste Ziel hinter allem menschlichen Bemühen«, schreibt Joachim Bauer.[30]

Das sollten sich intelligente Gesellschaften zunutze machen. Genauer: Wir tun es die ganze Zeit, alle Gesellschaften funktionieren so, auch der Kapitalismus folgt dieser Logik, indem der Homo oeconomicus von der Gesellschaft geschätzt und durch Anreizstrukturen belohnt wird und sich gerade deshalb so verhält – Menschen streben nicht nach Eigennutz und Besitz, weil es ihre Gene befehlen (auch wenn uns das noch so oft erzählt wird), sondern um der Anerkennung willen, die sie erhalten, wenn sie einseitig diese Optionen des Menschseins entwickeln. Gewinnstreben und das Besser-sein-Wollen sind keine fixen biologischen Programmziele des Menschen, sondern eingeübte soziale Verhaltensmuster – auf Kosten anderer. Nicht nur dank unserer Instinktentbundenheit, sondern gerade aufgrund unserer freien Vernunft, die die Neoliberalen notorisch unterschätzen, haben wir die Wahl. Manfred Sliwka spitzt es ironisch zu: »Nachdem wir vom Baum der Erkenntnis gegessen haben, müssen wir jetzt selber wissen, was gut und böse ist.«[31]

Wenn aber das Akkumulieren und Konkurrenzieren nicht in den menschlichen Genen ankert und obendrein keinen erfolgreichen Anreiz im menschlichen Zusammenleben darstellt, dann können wir es getrost der Geschichte überantworten, es ganz darwinistisch negativ selektieren. Wir müssten bloß eine kleine Umpolung vornehmen: Menschen, die mit Ellbogen auftreten und nur den eigenen Vorteil suchen, ohne Rücksicht auf andere, erhalten keinerlei soziale Anerkennung für dieses Verhalten mehr. Sie werden tendenziell geächtet: Nicht genügend, setzen. Hingegen wird reichlich Zuneigung und Anerkennung jenen Menschen zuteil, die sich solidarisch, kooperativ und gemeinnützig verhalten. Auch und gerade in der Wirtschaft. Sodann würde sich menschliches Streben und Kreativität in diesen Möglichkeiten entfalten, auch um zum Eigentlichen – Liebe von der Gemeinschaft – zu gelangen. Kluge Gemeinschaften belohnen das, was sie stärkt und zusammenhält.

Jesus genießt heute weltweites Ansehen, gleichzeitig gelten in der Wirtschaft die exakt gegenteiligen Werte, die er predigte und lebte. Er gab und heilte. Materieller Reichtum bedeutete ihm nichts. Menschen, die beim Werteschaffen diese Werte leben, müssten auf die Titelseiten der Zeitungen und in die Schulbücher. Nicht die Raffgierigen, die schon Millionen haben und immer noch mehr wollen, sollten von den Medien belichtet werden, sondern Menschen, die Solidarität, Zivilcourage, Mitgefühl, Empathie und echte innere Freiheit leben. Es ist entscheidend, ob von der Titelseite ein nimmersatter Finanzinvestor lacht oder Ute Bock, die in Wien AsylwerberInnen Unterschlupf bietet.

In der Menschennatur sind alle Möglichkeiten vorgesehen, das ist der Kern unserer Freiheit. Wir können kultivieren und entwickeln, was immer wir wollen. Ein Gleichnis: Was für die allermeisten von uns absolut undenkbar und unmöglich erscheint, nämlich mit einer Zehe in der Nase zu bohren, die dem eigenen Fuß angehört, der hinter dem Rücken hochkommt und über die Schulter schaut, ist für gymnastische Schlangenmenschen ganz normal. Genauso gut können wir unsere Herzen bilden: in der Gier, im Geiz, im Phlegma – oder in der Achtsamkeit, in der Großzügigkeit und im Mitgefühl. Die Menschennatur ist ein weites Möglichkeitsspektrum, und wir haben den freien Willen, diejenigen Charaktereigenschaften und Umgangsformen zu wählen und zu leben, die wir wollen. Wer die Menschennatur als Vorwand bringt, dass Menschen nicht gut, großzügig oder solidarisch sein können, greift willkürlich Optionen aus diesem Möglichkeitsspektrum heraus und versperrt den Zugang zu allen anderen. Er macht uns unfrei. Freiheit heißt somit in einem ganz grundlegenden Sinn, dasjenige Menschsein zu wählen und zu entwickeln, das wir wollen.

Wir sollten die mächtigsten gesellschaftlichen Anreizsysteme: Anerkennung und Wertschätzung einerseits und die Gesetze und Institutionen der Wirtschaftspolitik andererseits so gestalten, dass sie reife und soziale Persönlichkeiten belohnen; dass sich diese Charaktere innerhalb des wirtschaftspolitischen Anreizrahmens genauso verwirklichen und Anerkennung finden können, wie es heute für unreife und infantile Persönlichkeiten der Fall ist.

Zusammenfassende Thesen

→ Alles ist verbunden.

→ Egoismus ist sinnlos. Geiz ist dumm, Großzügigkeit ist die intelligentere soziale Strategie.

→ Wir sind größer, als wir glauben.

→ Mit der Verbundenheit wächst das Mitgefühl.

→ Mitgefühl führt zu Hilfsbereitschaft, Solidarität und Gewaltlosigkeit. Und zum Verlust von Einsamkeit.

→ Verbundheit mit der Natur macht Umweltschutz zum Selbstschutz und Umweltzerstörung zur Selbstzerstörung.

→ Verbundenheit und Individualität sind kein Widerspruch.

→ Evolution führt zu wachsender Komplexität und Vielfalt, kapitalistische Konkurrenz zu Gleichschaltung und Monokultur.

→ Vielfalt ist eine Bedingung von Stabilität.

→ Ewiges Wachstum – die Funktionslogik des Kapitalismus – ist unmöglich.

→ In der Natur verlaufen Lebensprozesse zyklisch. Wachstum ist ein Mittel zur Erreichung optimaler Größe. Ziel ist das Gedeihen des Lebens in Vielfalt und Fülle.

→ Die grundsätzlichen Dimensionen der Kreativität – Selbsterschaffung und Selbsterfahrung – werden in der ökonomischen Betrachtungsweise nicht erkannt.

→ Die Werte, die sich in den Mikroeinheiten des sozialen Lebens bewähren, sind auch gut für die Makrobeziehungen und nicht umgekehrt.

1 Fritjof Capra: »Tiefenökologie – Eine neue Renaissance«, in GOTTWALD/ KLEPSCH, 123–136, hier 130.
2 »Die Welt als Geliebte«, Gespräch mit Joanna Macy in VON LÜPKE, 97.
3 GOTTWALD/KLEPSCH, 20.
4 FROMM, 169.
5 Der Standard, 19. Mai 2007.
6 Fritjof Capra: »Tiefenökologie – Eine neue Renaissance«, in GOTTWALD/ KLEPSCH, 123–136, hier 134.
7 BRODBECK (2002), 88–89.
8 BOOKCHIN, 75.
9 Aus dem Buch Kan-Ying-P'ien, zitiert in WEISH, 5.
10 GRUEN, 25.
11 Arne Naess: »Selbst-Verwirklichung: Ein ökologischer Zugang zum Sein in der Welt«, in GOTTWALD/KLEPSCH, 137–148, hier 147.
12 Zitiert in: Geseko von Lüpke: »Das systemische Weltbild«, in GOTTWALD/ KLEPSCH, 85–95, hier 94.

13 Theodore Roszak: Ökopsychologie. Der entwurzelte Mensch und der Ruf der Erde. Kreuz Verlag, Stuttgart, 11–18, 59–62, 441–444, wiedergegeben in GOTT-WALD/KLEPSCH, 149–165.

14 »Wir müssen unsere Fürsorge ausdehnen. Im Gespräch mit dem Ökophilosophen Arne Naess«, in VON LÜPKE, 105.

15 Zitiert in Arne Naess: »Selbst-Verwirklichung: Ein ökologischer Zugang zum Sein in der Welt«, in GOTTWALD/KLEPSCH, 137–148, hier 143.

16 »Die Welt als Geliebte«, Gespräch mit Joanna Macy in VON LÜPKE, 100.

17 Geseko von Lüpke: »Das systemische Weltbild«, in GOTTWALD/KLEPSCH, 85–95, hier 92.

18 KOHR, 48.

19 »Einfach an Mitteln, reich an Zielen«, Interview mit Arne Naess von Stephan Bodian, in GOTTWALD/KLEPSCH, 41–59, hier 48.

20 Die Furche, 20. April 2004

21 KOHR, 45.

22 Group de Travail sur les nouvelles constributions financières internationales: »Rapport á Monsieur Jacques Chirac, Président de la République«, englische Version, Paris, Dezember 2004, 71.

23 Vgl. Vorschlag 46: »Alternativer Wohlstandsindikator« in FELBER, 299.

24 Johann Peter Eckermann: »Gespräche mit Goethe«, zitiert in BRODBECK (1999), 7.

25 BRODBECK (2002), 86.

26 »Einfach an Mitteln, reich an Zielen«, Interview mit Arne Naess von Stephan Bodian, in GOTTWALD/KLEPSCH, 41–59, hier 45.

27 Hans Peter Aubauer: »Ökologische, globalsolidarische und soziale Zügel für den Kapitalismus«, in KNOFLACHER/WOLTRON/ROSIK-KÖLBL, 268–341.

28 GEHMACHER.

29 Christian Felber: Innere Umwelt. Versuch einer ökologischen Spiritualität. http://www.christian-felber.at/mehr/pdf/oeko-spiritualitaet.pdf

30 BAUER, 61.

31 SLIWKA, 136.

10. Eine Alternative zu Kommunismus und Kapitalismus

[Der Kapitalismus] ist kein Erfolg. Er ist weder intelligent noch schön, er ist weder gerecht noch tugendhaft – und außerdem funktioniert er nicht (...) Wenn wir allerdings darüber nachdenken, was wir an seine Stelle setzen, sind wir völlig ratlos.

JOHN MAYNARD KEYNES

Das Ziel der Wirtschaft sollte das größtmögliche Wohl aller durch die bestmögliche Befriedigung menschlicher Bedürfnisse sein. Keine Ziele sind Wachstum, Gewinn, einseitige Kosteneffizienz oder Wettbewerbsfähigkeit. In der Wirtschaft, beim Werteschaffen, sollten wir unsere teils verfassungsmäßigen Mehrheitswerte Demokratie, Gleichheit, Freiheit im Sinne von Selbstbestimmung und Partizipation, Solidarität, soziale Sicherheit, Geschlechtergerechtigkeit, ökologische Nachhaltigkeit, kulturelle Vielfalt, Toleranz und Wahrung der Menschenwürde bestmöglich beachten und erfüllen.

Aufgabe der Wirtschaftspolitik ist es, Institutionen und Regeln zu schaffen, die diese gesellschaftlichen Werte und nicht private Laster (Egoismus, Materialismus, Kontrakurrenz) fördern. Die Instrumente der Wirtschaftspolitik dürfen zu ihren Zielen und den zentralen gesellschaftlichen Werten nicht im Widerspruch stehen. Die Anreize sind so zu setzen, dass die gewünschten Werte belohnt werden und umgekehrt gesellschaftlich unerwünschte Verhaltensweisen nicht begünstigt werden. Der Kernwiderspruch des Kapitalismus, das »Mandeville-Paradox«, dass die Förderung des Egoismus auf individueller Ebene zum Gemeinwohl auf kollektiver Ebene führen soll, muss aufgelöst werden. Die Bienenfabel ist umzuschreiben: private Tugenden als öffentliche Vorteile! Vom Wohlwollen des Metzgers, des Brauers und aller UnternehmerInnen erwarten wir unsere tägliche Mahlzeit!

Der Kapitalismus wird insofern überwunden, als die Vermehrung von Kapital nicht länger das Ziel des Wirtschaftens ist und – ganz wesentlich – auch nicht belohnt wird. Kapitaleinsatz muss zumindest ab einer gewissen Grenze dem Gemeinwohl dienen. Das Gemeinwohl ist von Natur aus nicht definiert, es ist weder absolut noch objektiv, es kann nur demokratisch ausverhandelt werden. Es verkörpert die jeweils zentralen Werte einer Gesellschaft und muss durch breite Partizipationsprozesse periodisch neu ermittelt werden. Umfragen, Studien und Wahlen kommen zu recht verlässlichen Anhalts- und Eckpunkten: Zu den oben genannten Werten kommen noch Zeitwohlstand, Beziehungsqualität und Förderung des Selbstwertgefühls der Individuen.

Durch die Neuorganisation der Wirtschaft soll größere Freiheit und weniger Zwang als im Kapitalismus und Kommunismus erreicht werden. Ausgangspunkt ist der liberale Grundsatz, dass meine Freiheit dort endet, wo deine beginnt. Du, das ist nicht nur Mensch, sondern das sind auch die anderen Lebewesen und die ganze Schöpfung. Das Du weitet sich vom Sozialen zum Ökologischen.

Eine positive Definition von Freiheit kann nie vollständig sein, weil Freiheit für jeden etwas anderes bedeutet und der Mensch sich immer weiterentwickelt. Einige Komponenten von Freiheit habe ich im Lauf der Kapitel gesammelt: Selbstbestimmung von Werten und Lebenszielen, Voraussetzungsgleichheit bei Markttäuschen, systematische Wahrung der Menschenwürde, demokratische Teilhabe und Mitgestaltung der Regeln für das Zusammenleben und in der Welt des Werteschaffens, bedingungslose Kreativität.

Der Freiheitsbegriff muss zum Teil offen bleiben, sobald er geschlossen wird, steigt die Gefahr seines Missbrauchs durch ein totalitäres Regime, das hat die Geschichte in Gestalt von Stalinismus und Kapitalismus gezeigt. Es geht hier daher nicht um eine vollständige Definition von Freiheit, sondern um Eck- oder Ausgangspunkte, die ein liberaleres, humaneres und ökologischeres Wirtschaften ermöglichen als bisher.

Private Unternehmen ja, gewinnorientierte Unternehmen nein

Die wichtigste Lehre, die wir aus den fehlgeschlagenen Experimenten Kommunismus und Kapitalismus ziehen können, ist, dass sie auf Anreizstrukturen und Systemdynamiken beruhten, die mit unseren Grundwerten in Widerspruch standen und diese auch deshalb nicht erreicht wurden. Wir haben nicht erreicht:

- Freiheit im Sinne von Autonomie und Selbstbestimmung von Lebenszielen
- Wahrung der Menschenwürde in ökonomischen Grundeinheiten
- Gleichheit im Sinne echter Chancengleichheit
- Gerechtigkeit in der Leistungsbewertung und Leistungsentlohnung
- globale Geschwisterlichkeit und Solidarität

Freiheit erlangen wir weder durch zentrale Entmündigung noch durch das Anstacheln zum individuellen Egoismus. Wo der Kapitalismus recht hat: Individuelle Freiheit darf und soll sich selbstverständlich auch beim Werteschaffen entfalten. Eigeninitiative ist ein Ausdruck selbstbestimmter und mündiger Personen und muss daher in der Wirtschaft so wie in allen anderen Lebensbereichen erlaubt und gern gesehen sein – solange sie die ökonomische oder politische Freiheit des Nächsten nicht einschränkt. Dieser Vorbehalt gilt nicht nur für die unmittelbare Interaktion zwischen TauschpartnerInnen, sondern auch für das Gesamtsystem: Die Folgen des Gewinnstrebens auf die emotionale Beziehungsqualität und die politischen Machtverhältnisse in der Gesellschaft müssen berücksichtigt werden.

Es bedarf somit einer Korrektur der Bedeutung ökonomischer Freiheit. Im Kapitalismus ist wirtschaftliche Freiheit mit Gewinnstreben, Wettbewerb und grenzenlosem Privateigentum kurzgeschlossen. Mit diesen Kurzschlüssen sind die Neoliberalen vom Pfad der Freiheit abgewichen. Ein wirklich liberales Freiheitsversprechen würde Wirtschaftsfreiheiten im Einklang mit politischen Freiheiten und Menschenrechten definieren. Es achtet den Freiheitserhaltungsgrundsatz, wonach die Freiheit einer Person dort enden muss, wo sie die Freiheit einer anderen Person einschränkt. Wirtschaftliche Freiheit im liberalen und humanen Sinn

- achtet den Freiheitserhaltungsgrundsatz (sozial und ökologisch)
- sieht alle Menschen als gleichwertig
- gibt ihnen nicht nur gleiche Chancen auf dem Markt, sondern gleiche Lebenschancen
- meint im Kern Autonomie und Selbstbestimmung

Aus der Autonomie/Selbstbestimmung erwächst wirtschaftliche Eigeninitiative, das ist der Unterschied zum Realsozialismus. Ob sich Eigeninitiative aber in einem Wettbewerbssystem oder in einer Kooperationsstruktur entfaltet; ob sie mit schrankenloser oder begrenzter materieller Ungleichheit kombiniert wird; ob für sie ein überwiegender Anteil von Gemeinschaftsgütern oder mehrheitlich private Güter zur Verfügung stehen, ist einerlei. Für Autonomie und Eigeninitiative sind weder grenzenloses Privateigentum noch freies Konkurrenzieren zentrale Kriterien. Wie wir gesehen haben, sind beide unverträglich mit dem liberalen Freiheitserhaltungsgrundsatz.

Die wichtigste Erkenntnis aus der Analyse war, dass die Gewinnorientierung von Unternehmen (als Ausdruck egoistischen Eigennutzstrebens) Freiheit zerstört. Deshalb sollte die gesetzliche Schaffung von gewinnorientierten Unternehmensformen als Fehler erkannt und zurückgenommen werden. Gewinnorientierte Unternehmen sind in der postkapitalistischen Wirtschaft nicht mehr vorgesehen.

Ökonomische Eigeninitiative sollte dasselbe Ziel verfolgen wie die Gesamtveranstaltung: das Gemeinwohl, in dem das eigene Wohl (der Eigennutz) inbegriffen ist. So lässt sich sicherstellen, dass wirtschaftliche Freiheit nicht auf Kosten der Gesellschaft geht. Wenn das Ziel der Einzelakteure mit dem der Gesamtveranstaltung übereinstimmt, haben wir die heute geteilte und schizophrene Ethik wieder zusammengeführt. Die Wirtschaftsethik entspricht wieder der Gesamtethik.

Jede und jeder, die oder der einen Beitrag zum Wohl aller leisten möchte, ist herzlich dazu eingeladen, ein neues Unternehmen zu gründen oder sich bestehenden Unternehmen anzuschließen. Die Gesetze und Institutionen der Wirtschaftspolitik werden dabei genauso behilflich sein, wie sie heute den ökonomischen Eigeninitiativen helfen, das Gewinnziel zu verwirklichen. Eckpunkte für die Gemeinwohlorientierung von Unternehmen, die durch gesetzliche Anreize systematisch gefördert werden, könnten sein:[1]

- Bestmögliche Arbeitsbedingungen, Arbeitsrhythmus nach Menschenmaß, gesunde, gut gelüftete und helle Arbeitsplätze. Möglichkeit zu Entspannung und Mittagsschläfchen.
- Hohe soziale Sicherheit in Form umfassender sozialer Risikoabsicherung: soziale Verantwortung dort, wo sie hingehört.
- Individuelle Kompetenz und Kreativität werden gefördert. Die Steigerung des Selbstwertgefühls durch Autonomie, Mitbestimmung und Freiraum für Kreativität sind Unternehmensziele. Sie stärken sowohl die Individuen als auch die Gesellschaft.
- Es werden nur solche Produkte und Dienstleistungen hergestellt und angeboten, die tatsächlich benötigt und gewünscht werden. Manipulative Werbung erübrigt sich. Enge

und gute Beziehungen liefern verlässliche Informationen über die reale Bedürfnislage. (KonsumentInnenvereine könnten bei der Regulierung der Produktion eine stärkere gesetzliche Rolle spielen.)

- Bestmögliche Qualität der Produkte. Der Innovationsstress entfällt. Motiv ist das Bedürfnis, den Mitmenschen das Beste zu bieten. Geht es den KonsumentInnen gut, geht es den ProduzentInnen gut.

- Höchste ökologische Standards, schonendster Einsatz lokaler Ressourcen, Anwendung biologischer Prozesse, Wiederverwertung, Nutzungskaskaden in allen Stufen der Wertschöpfung und Nahversorgung.

- Kooperation mit ZulieferInnen, MitanbieterInnen, öffentlichen Stellen und KonsumentInnen. Alle sind Menschen mit Würde.

- Exzellenz im Dienst an der Gemeinschaft. Exzellenz in der ökonomischen Demut (= Dien-Mut), im Mut, wirtschaftlich zu dienen!

Diese Aufzählung ist exemplarisch. Worin das Gemeinwohl genau besteht, muss demokratisch laufend verhandelt und neu definiert werden. (Da sich Grundwerte oft über Jahrhunderte nicht ändern, wird der »Kanon« langfristige unternehmerische Planung erlauben.) Entsprechend dem jeweils aktuellen Verständnis von Gemeinwohl werden steuerliche, ordnungspolitische und andere Anreizmechanismen entwickelt, dass sich Unternehmen in genau diesen Kriterien verbessern und verfeinern. In jedem einzelnen Fall haben wir gleichzeitig erfolgreichere Unternehmen und eine glücklichere Gesellschaft. Das erfolgreichste Unternehmen ist jenes, das den größten Beitrag zum Gemeinwohl leistet. Es erhält die höchste soziale Anerkennung.

Anreiz futsch?

Der vermutlich grundlegendste (Doppel-)Einwand auf diesen Vorschlag wird lauten, dass Menschen, wenn sie keine Gewinne erzielen dürfen, keinen Anreiz hätten, Unternehmen zu gründen, weil dies der Menschennatur widerspreche, und dass nicht-gewinnorientierte Unternehmen – nicht zuletzt deshalb – nicht funktionieren würden. Ein gigantischer Effizienz- und Wohlstandsverlust wird vorhergesagt, weil dem Wirtschaften die entscheidende Triebfeder – das Eigennutzstreben – entzogen würde. Dieses Argument hat eine technische und eine ideolgische Dimension.

Zunächst zur technischen: Ein nicht-gewinnorientiertes Unternehmen unterscheidet sich von einem gewinnorientierten im wesentlichsten aller Punkte: in der Zielsetzung. Das Ziel des Unternehmens ist nicht die Generierung von Gewinn für die EigentümerInnen, seien dies AktionärInnen, GesellschafterInnen, GenossenschafterInnen oder Einzelpersonen (und als Mittel zu diesem Zweck werden Menschen beschäftigt, Produkte erzeugt, Bedürfnisse gedeckt oder geweckt, Menschen mit Werbung manipuliert und wird auf den Finanzmärkten spekuliert); sondern einen Beitrag zum Gemeinwohl zu leisten, das demokratisch definiert und gesetzlich gefördert wird.

Allerdings, natürlich, unter Vermeidung von Verlusten. Ein nicht-gewinnorientiertes Unternehmen, zum Beispiel eine GenossInnenschaft, zahlt genauso Löhne und Gehälter, und es kann – für reale Investitionen – Kredite aufnehmen wie ein gewinnorientiertes. Es darf auch einige Jahre lang Überschüsse für spätere Investitionen oder magere Zeiten zurückstellen. Diese Rücklagen dürfen aber nicht auf den Finanzmärkten in Wertpapieren veranlagt werden und schon gar nicht an EigentümerInnen ausgeschüttet werden. Sie müssen an lokale Banken weitergegeben werden, damit diese anderen Unternehmen, die gerade investieren, zur Verfügung stehen. Hausbanken sollen ihre ursprüngliche Funktion von Investmentbanken zurückerhalten:

Sie leiten die Ersparnisse der Unternehmen und Haushalte direkt in Investitionen um. Eine andere Funktion haben sie nicht. Und andere – private – Banken gibt es nicht.

Menschennatur ist gestaltbar

Nun zur ideologischen Diskussion: Die vielleicht größte Freiheitseinschränkung des Kapitalismus ist die Behauptung einer ganz bestimmten Menschennatur – natürlich einer, die in das Konzept passt: der Mensch sei ichsüchtig, gierig und konkurrenzlüstern. Wie schon mehrmals festgestellt, ist der Mensch zu all diesen Untugenden fähig, wenn er dazu erzogen und darin bestärkt wird. In Zusammenarbeit mit Bildungsinstitutionen, Medien und Gesetzen wirkt der Markt als mächtige gesellschaftliche Gussform. »Die sozio-ökonomische Struktur einer Gesellschaft formt den Gesellschaftscharakter ihrer Mitglieder dergestalt, dass sie tun *wollen*, was sie *sollen*«, schreibt Erich Fromm.[2] Alle jedoch, die nicht eins zu eins nach Dagobert Duck geraten sind, wissen, dass der Mensch zu anderem zumindest ebenso fähig ist: zur Empathie, zum Mitgefühl, zum spontanen Helfen, zur Kooperation und zum Teilen. Entscheidend ist, welche Verhaltensweisen unsere gesellschaftlichen Institutionen fördern – und welche sie negativ sanktionieren, was wiederum Hand in Hand damit geht, wofür wir gesellschaftliche Anerkennung gewähren und an welche Welt- und Menschenbilder wir glauben. Wenn wir die Gesetze und Institutionen der Wirtschaftspolitik, aber auch zentrale Wertequellen wie Schulen oder Parteiprogramme, so umpolen, dass die gewünschten, reifen und sozialen Charaktereigenschaften des Menschen gefördert werden, dann wird sich nicht nur unser Bild vom Menschen wandeln (wie schon öfter im Lauf der Geschichte), sondern es wird sich vor allem das reale Verhalten der Menschen an das neue Menschenbild anpassen – so wie sich heute das reale Verhalten der Menschen immer stärker an den Homo oeconomicus anpasst. Wichtig ist: Das neue Menschenbild wird weder mit Gott noch mit der Natur begründet, sondern es ist eine freie Wert-Entscheidung für ein humaneres Zusammenleben, woraus sich größere Freiheit und bessere Bedingungen für das individuelle Glücksstreben ergeben. Auch diese Versprechen sind historisch weder präzedenzlos noch ungefährlich, ich sehe aber keinen anderen Weg, als die Vorschläge zu größerer Freiheit jeweils besser zu begründen als bisher. Warum sollten wir nicht aus Kapitalismus und Kommunismus lernen können?

Eine andere Konsequenz historischen Lernens ist: Individuen werden nicht bloß moralisch eingeladen, Wirtschaftsbeziehungen wie freundschaftliche zwischenmenschliche Beziehungen zu gestalten, sondern die Gesetze und kulturellen Institutionen helfen ihnen dabei genauso, wie wir in den letzten Jahrhunderten den Staat in seiner umfassenden Anreizfunktion zur Bestärkung, Subventionierung und Belohnung egoistischer Einzelkämpfer und erwachsener Säuglinge verwendet haben. Denn das haben wir gelernt: Moral und Werte sind wirkungslos, wenn sie nicht zu Gesetzen und Institutionen gerinnen und so den Gesellschaftscharakter mitformen.

Kreativität woandershin lenken

Wenn wir an den Menschen als kreatives und flexibles Wesen glauben, dann ist diese neue Rahmenbedingung nicht das geringste Problem. Im Gegenteil: Wenn wir wissen, dass Menschen sich in kooperativen Strukturen – in denen ihre Autonomie gewahrt bleibt – wohler fühlen als in zwangsverordneten Wettbewerbsmilieus, dann spricht nichts dagegen, dass sie ihre ganze Kreativität und Innovationskraft, ihren Geist und ihre Intelligenz in diesem neuen Rahmen verwirklichen, dass sie ihre Talente und Gaben unter diesen neuen Vorzeichen zur Entfaltung bringen. Für die Gesellschaft ist es allemal besser, wenn sich reifere Charaktere bewähren können als unreife, wenn umsichtige, rücksichtsvolle und vorausschauende Menschen bessere Gedeihensbedingungen vorfinden als verantwortungslose Egoisten. Das Anreiz- und Motivationsgefüge des Wirtschaftens wird derzeit gerade radikal umgekrempelt, indem sich alle auf die verschärfte globale Konkurrenz einstellen und daran anpassen müssen. Wir sollten unsere Flexibilität und unser Anpassungsvermögen stattdessen dafür nützen, die modernen sozialwissenschaftlichen Erkenntnisse über gelingende Beziehungen, die mit jahrtausendealten Weisheiten über das Menschsein übereinstimmen, auch anzuwenden. Wir müssen nicht hinaus in die künstliche zweite Natur des Weltmarktes, auf dem Gier und Konkurrenz herrschen, sondern dürfen – ethisch und emotional – zu Hause bleiben und im Gegenteil diese emotionalen und sozialen Wohlstandsgaranten in die Welt tragen: Diese Gobalisierung brauchen wir!

Der Rahmen für ökonomische Freiheit ist egal

Manche/r LeserIn wird sich fragen: »Was ist daran schlecht, dass Unternehmen Gewinne machen – sollen sie denn Verluste machen?« Nein, sie sollen kostendeckend wirtschaften. Und das nicht einmal jedes Jahr, sondern über einen mehrjährigen Investitionszyklus hinweg. Dann ist Geld – Kapital – nur ein Mittel und kein Zweck. Und ihre ganze Intelligenz, Kreativität und solidarische Energie auf ein anderes Ziel lenken: das Wohl aller zu fördern.

Aus heutiger Sicht klingt das für viele chinesisch: »Warum sollen Eigentümer etwas am Leben erhalten, was unprofitabel ist?«[3], fragt der Chef der Erste Bank, Andreas Treichl. Was nicht Profit abwirft, soll nicht am Leben erhalten werden, soll sterben. Diese Sicht ergibt nur im kapitalistischen Denken Sinn, weil der Profit das Ziel des Wirtschaftens und des Lebens ist. »Kapitalismus heißt, in Erwartung eines Gewinns Geld in ein Unternehmen zu investieren«, formuliert James Fulcher treffend.[4] Doch warum soll man nicht in ein Unternehmen investieren, das zwar keinen finanziellen Gewinn, aber auch keinen finanziellen Verlust und dafür hohen sozialen Mehrwert abwirft? Warum soll man so ein Unternehmen nicht am Leben erhalten oder ins Leben rufen? Der Kapitalismus hat uns ziemlich blind gemacht für alternative Formen des Wirtschaftens. Diese geringe geistige Flexibilität ist erstaunlich, zumal die, die hier ein wenig umdenken müssten, tagtäglich mehr Flexibilität von uns verlangen. »Ich werde nicht dafür bezahlt, wohltätige Veranstaltungen zu betreiben«, erklärt Andreas Treichl.[5] Genau, darum macht er es auch nicht. Wenn wir die Manager in Zukunft dafür bezahlen, dann werden sie mit gleicher Kunst Wohlstandsmaschinen betreiben wie heute Profitmaschinen. Mit ein bisschen Change Management sollte das kein Problem sein.

Wer die ökologische Zerstörungswirkung der kapitalistischen Marktwirtschaft kritisiert, erhält die lakonische Antwort: »Der Rahmen [für das Gewinnstreben] ist doch egal!« Man müsse bloß »ökologische Leitplanken«[6] einbauen, dann würde der »neutrale« Markt auf die Steigerung der ökologischen Effizienz hinwirken. Abgesehen vom Umstand, dass diese schöne Rahmenveränderungsidee seit mittlerweile dreißig Jahren an den kapitalistischen Kernmotiven scheitert, tue ich hier nichts anderes, als sie in ihrer Essenz zu fassen und weiterzuentwickeln: Der Rahmen muss fair sein, dann kann sich das unternehmerische Streben zum Wohle aller entfalten. Genau! Wir verändern nur diejenige Rahmenbedingung, die zu dem ganzen Schlamassel geführt hat: die Zielsetzung von Unternehmen. Die Umstellung von eigennützigem Gewinn- auf sozial verantwortliches Gemeinwohlstreben ist die sinnvollste Veränderung aller Rahmenbedingungen! Nur wenn der (kapitalistische) Rahmen – entgegen den Behauptungen – nicht egal ist, sondern der eigentliche Zweck, dann ist das Profitstreben unabänderlich und Unternehmen müssen bis in alle Ewigkeit Gewinne machen – das Kapital muss sich wie in einem Fluch endlos vermehren. Wenn der Rahmen hingegen tatsächlich nur der Rahmen ist, der das

Wirtschaften in die gewünschte Richtung lenken soll, dann kann man ihn beliebig ummodeln und auch die Zielsetzung von Unternehmen so verändern, dass sie effektiver als im Kapitalismus zur Erreichung dieses Ziels beitragen. Kapital kann wieder zu einem Mittel werden.

Bei der Relektüre von Hayeks Kernsatz: »Es stellt sich die Frage, ob wir Bedingungen schaffen sollen, unter welchen dem Wissen und der Initiative der Individuen der meiste Raum gegeben wird, auf dass diese so erfolgreich wie möglich planen können – oder ob wir besser alles wirtschaftliche Tun nach einer vorgegebenen Blaupause steuern und organisieren«[7], stimmen wir natürlich Ersterem zu. Bloß: Dieses Kriterium passt perfekt für den hier gemachten Vorschlag und impliziert mitnichten ein Wettbewerbssystem oder grenzenloses Privateigentum – Hayeks voreiliger Kurzschluss, der uns viel Freiheit gekostet hat.

Gewinn als Voraussetzung für soziale Sicherheit

Ein letzter Mythos zur Verteidigung des Kapitalismus lautet: Ohne Gewinn sei keine soziale Sicherheit finanzierbar. Erst müsse man Geld auf dem freien Markt verdienen, bevor man es für Wohlfahrtszwecke ausgeben kann. »Erarbeiten kommt vor verteilen«, schreibt der nordrheinwestfälische Ministerpräsident Jürgen Rüttgers in seinem neuen Buch.[8] Dieser Mythos sitzt sehr tief und folgt der Logik des »Mandeville-Paradoxs«: Kapitalbeziehungen sind die Voraussetzung für Sozialbeziehungen. Ohne das eine bekommen wir das andere erst gar nicht. Vergessen wird, dass die Menschheit sich seit Millionen Jahren ohne Kapitalbeziehungen entwickelt hat und diese sich erst seit rund dreihundert Jahren zu unserem Existenzzweck aufspielen. Am Anfang jeder Verteilung stehen die Geschenke der Natur. Nahrung, Energie, Atemluft, Trinkwasser, Baustoffe – all das haben wir nicht verdient, wir werden beschenkt. Pachamama ist mit ihren Früchten so großzügig wie eine gute Mutter. »Wie könnte man eine solche Nahrung jemals verdienen?«, fragt David Steindl-Rast.[9]

Begrenzung der Einkommensungleichheiten

Eines der größten Marktversagen besteht in der irrationalen und ungerechten Leistungsbeurteilung. Die Ungleichheit bei den Stundenlöhnen hat absurde Ausmaße angenommen – in den USA erreichen die bestbezahlten Manager Stundeneinkommen von bald einer Million US-Dollar, während Schwerarbeiter, die den Mindestlohn verdienen, wenig mehr als fünf US-Dollar erhalten. Dieses Leistungsverständnis des freien Marktes widerspricht zutiefst dem breiten Gerechtigkeitsempfinden.

Wir wollen aber zunächst nicht den Leistungsbegriff diskutieren, sondern die Gefahr, dass Unternehmensgewinne in nicht-gewinnorientierten Betrieben versteckt in Löhnen und Gehältern ausgeschüttet werden und so das Gewinnstreben auf Umwegen weiterbetrieben werden könnte. Um dieses Ausweichen zu verhindern, greife ich die »Gerechtigkeitsformel 20-10« auf[10]: Die Spitzeneinkommen dürfen maximal das Zwanzigfache der Mindestlöhne betragen, und niemand soll sich mehr als zehn Millionen US-Dollar Privatvermögen aneignen dürfen.

Auf nicht-gewinnorientierte Unternehmen übertragen, bedeutet das, dass weder ein selbstständiger Einzelunternehmer noch die bestbezahlte ManagerIn eines Privatunternehmens noch GenossenschafterInnen pro Kopf mehr als das Zwanzigfache des Mindestlohnes beziehen dürfen. Innerhalb dieses gesetzlich festgelegten Verdienstrahmens dürfen Unternehmen frei gestalten. Sie können entscheiden, ob sie die maximal erlaubte gesetzliche Ungleichheit ausschöpfen oder ob sie sich betriebsintern für eine geringere Ungleichheit entscheiden, wofür vieles spricht. Diese Begrenzung der Ungleichheiten verfolgt mehrere Ziele und hat zahlreiche Vorteile:

1. Die Kräfte des Marktes werden negativ rückgekoppelt; das Anwachsen der Ungleichheiten wird begrenzt.
2. Die irrationale Leistungsbeurteilung durch den freien Markt wird korrigiert. Die gering entlohnten Leistungen werden gegenüber den bestbezahlten stärker gewürdigt. Die Unterschiede zu den Nicht-Markt-Leistungen werden kleiner.
3. Das Verstecken des kapitalistischen Gewinnstrebens in nicht-gewinnorientierten Unternehmen in Form von Gehältern ist durch die Höchstgrenze für das Einkommen aller GesellschafterInnen und GenossenschafterInnen begrenzt.
4. Höchsteinkommen und Mindestlöhne werden schicksalhaft aneinandergekettet. Wenn die Spitzenverdiener mehr haben wollen, dann müssen auch die Mindestlöhne mitsteigen. Und umgekehrt: Wenn die Mindestlöhne steigen, dann können die Manager auch mehr bekommen. Und es geht allen besser. (Jetzt stimmt das Bild mit der Flut, die alle Boote hebt, ein wenig.)
5. Niemand kann weniger als das Existenzminimum verdienen, wenn der Mindestlohn mit dem Existenzminimum festgelegt wird. Es wäre das Ende einer wichtigen Form von Armut: der Einkommensarmut.
6. Indem Leistungen adäquater belohnt werden, wird niemand mehr allein aufgrund der Bezahlung einen Beruf wählen, der ihm/ihr eigenlich nicht liegt, aber viel besser entlohnt ist: Die Zufriedenheit wird steigen. Heute findet eine gewaltige Fehlallokation von Talenten und die Nichtbeachtung von Bedürfnissen statt: Viele Menschen studieren – aus Angst – Wirtschaftsinformatik, Schönheitschirurgie oder Nuklearphysik, weil sie hoffen, damit ausreichend Geld zu verdienen, obwohl sie eigentlich etwas ganz anderes im Leben viel lieber machen würden.
7. Für wenige Prozent der Bevölkerung gilt: Ab einer gewissen Grenze sind Menschen gezwungen, sich andere Ziele im Leben zu setzen, als noch mehr Geld zu verdienen. Das wäre gesamtgesellschaftlich ein großer Gewinn, weil das (mögli-

che, aber nicht sehr wahrscheinliche) private »Unglück« der wenigen, die von der Höchstgrenze betroffen wären, den Gesamtwohlstand der Gesellschaft nicht so stark vermindert, wie er durch das zusätzliche Glück derjenigen, die nicht mehr darben müssen, steigt. Und die Spitzenverdiener sind durch die allgemeingültige Höchstgrenze vom Zwang erlöst, mehr zu verdienen als die Konkurrenten und Mithirschen, was oft der stärkste Ansporn für die Gier ist. Gewinnen diese Menschen Lebenszeit und -energie für andere Erfüllungen, wird ihr Glück sehr wahrscheinlich zunehmen. Das sollten wir zumindest versuchen.

8. Die Wirtschaft würde so wieder etwas mehr ein Instrument für das gute Leben, und das Geldverdienen nicht mehr so sehr Selbstzweck. Viele Hamsterräder könnten zum Stillstand kommen. Viele könnten aussteigen.

Die Einwände werden dennoch nicht ausbleiben. Der Mythos, dass die Tüchtigen keine Arbeitsplätze mehr schaffen würden, wenn es einen Einkommensstopp gäbe, beruht auf der unplausiblen Annahme, dass Menschen nur dann Gutes tun, wenn sie sich damit selbst materiell nützen. Das ist historisch tausendfach widerlegt. Viele Menschen tun anderen aus innerem Antrieb Gutes. Die UnternehmerInnen und SchöpferInnen sinnvoller Arbeitsplätze und Einkommen erhielten zusätzlich einen starken äußeren Anreiz, dies zu tun, weil ihnen dafür soziale Anerkennung – das stärkste menschliche Lockmittel – zuteil würde. Sie könnten stolz darauf sein, gemeinwohlorientierte Betriebe aufzubauen, und mithelfen, Erfolg neu zu definieren: »Ich habe hundert Arbeitsplätze geschaffen. Die Menschen gehen einer Arbeit nach, die sie mit Sinn erfüllt, die gesellschaftlich wertvolle Leistungen erbringt und keine Zerstörung anrichtet.« Solche UnternehmerInnen braucht die Welt! Sie wollen wir belohnen. Hayeks Befürchtung: »Es ist unstrittig, dass wir das gesamte Wirtschaftssystem planen müssen, wenn wir bewusst darüber entscheiden wollen, wer was haben soll«[11], ist beim

20-10-Modell unbegründet: Es genügt, ein paar Leitlinien vor-
zugeben, der Rest reguliert sich dezentral von selbst. Was heute
definitiv nicht funktioniert, ist, dass wir gesetzlich keinerlei
Grenzen vorgeben und darauf vertrauen, dass »der Markt« die
Einkommensverteilung gerecht reguliert. Dieses Laissez faire
hat zur aktuellen Situation einer gleichzeitig wachsenden Zahl
von Multimilliardären und Obdachlosen geführt und der Trend
wird sich weiter verschärfen.

Der gegenwärtig vermutlich häufigste Einwand gegen jeden
Vorschlag zur Erhöhung der Gerechtigkeit ist die drohende
Flucht des Kapitals, in diesem Fall des sogenannten Human-
kapitals: Manager würden panikartig die Flucht ergreifen, wenn
sie hier nur das Zwanzigfache verdienen könnten und anderswo
keine Einkommensgrenzen gelten, die die Freiheit unterjochen.
Dieses Argument ist das schwächste. Einkommensunterschiede
zwischen europäischen und US-Managern gibt es schon heute,
und was für welche: Josef Ackermann verdient weniger als ein
Hundertstel des Gehaltes der bestbezahlten US-Kollegen. Warum ist er noch hier? Was macht er im Niedrigspitzenlohnland
Deutschland? An der Qualität kann es wohl nicht liegen. Keiner
kann ernsthaft glauben, dass die Spitzenmanager in Europa
hundertmal schlechter sind als ihre US-Kollegen. Blackstone-
Manager Stephen Schwarzman verdient exakt 1698 Mal so viel
wie ein durchschnittlicher österreichischer Manager der ersten
Führungsebene.[12] Und er ist bei weitem nicht der bestbezahlte.
Offenbar gibt es andere Gründe. Soziale Einbettung, kulturelle
Verwurzelung oder schlicht andere Lebensziele. Viele Manager
haben anderes im Kopf, als dem größtmöglichen Geldberg nach-
zulaufen, zumal wenn sie ohnehin schon mehr verdienen, als sie
ausgeben können. Andreas Treichl macht sich »nicht viel aus
Besitz«, Ronny Pecik »misst Reichtum nicht in Geld«, für Boris
Nemšić »ist Geld nicht ausschlaggebend für Erfolg«. Raiffeisen-
International-Zugpferd Herbert Stepic geht es »um das Recht
jedes Menschen auf Bildung, Arbeit, Nahrung, Kleidung, Wohnung, ärztliche Versorgung und notwendige soziale Leistun-

gen«[13]. In den USA sind diese Rechte schlechter verwirklicht als in den meisten EU-Staaten.

Vielleicht ist deshalb schon heute die breite Mehrheit der österreichischen Manager für eine Begrenzung der Ungleichheiten: Laut einer Umfrage sehen 62 Prozent die wachsende Kluft zwischen Spitzen- und Niedrigstgehältern als gefährlich an. 77 Prozent halten einen maximalen Gehaltsunterschied des Dreißigfachen für richtig. Nur fünf Prozent wollen mehr als das Hundertfache verdienen.[14] 81 Prozent der CDU-Mitglieder sind der Ansicht, dass die deutschen Manager zu viel verdienen.[15]

Das Argument, wir dürfen keine Einkommensobergrenzen festlegen, weil die betriebswirtschaftliche Intelligenzia geschlossen emigrieren würde, ist haltlos. Vielleicht schätzt die Elite gerade die Lebensqualität in Europa, die durch relative Verteilungsgerechtigkeit zustande kommt, und den sozialen Frieden, der auf relativ gut funktionierenden sozialen Sicherungssystemen beruht. Vielleicht ist es auch angenehmer und humaner, ohne Bodyguard und kugelsichere Weste auf die Straße gehen zu können und nicht von drei Dutzend Obdachlosen und Habenichtsen in unangenehme Situationen verstrickt und an das Elend erinnert zu werden, das man selbst – an der Spitze der Hierarchie – mitverursacht. Vielleicht fühlen sich die Bestverdienenden in einer friedlichen und sicheren Gesellschaft freier, auch wenn sie nur zwanzigmal und nicht 195 000 Mal mehr verdienen dürfen als die Ärmsten.

Der Magnetfaktor hoher sozialer Sicherheit wird völlig ausgeblendet. Es wird auf den geldgierigen Homo oeconomicus gezeigt, der davonlaufen könnte, wenn er sich nicht mehr als zehn Millionen Euro aneignen darf; aber es gibt ja auch den Homo socialis, der sich durch dieses Gerechtigkeitsprizip angezogen fühlen würde. Emotional reife und sozial kompetente Menschen, weise Persönlichkeiten – die neuen LeistungsträgerInnen – würden angelockt werden und beim Aufbau der solidarischen Gesellschaft helfen. Dieser Aspekt wird gar nicht diskutiert – ein Hinweis auf eine ideologisch blinde Debatte.

Schließlich ist anzunehmen, dass, sollte die EU zum Beispiel den Anfang machen, andere Länder nachziehen werden, weil die Vorteile offensichtlich würden, ähnlich dem Kyoto-Protokoll. Hier kamen auch immer mehr ins Boot, mittlerweile wird diskutiert, ob seine Nichtratifizierung nicht als Kriterium für die Einschränkung der Handelsfreiheit gelten sollte. Früher oder später werden wir nicht umhinkommen, eins und eins zusammenzuzählen: Auf der einen Seite wissen wir, dass Märkte die Ungleichheit erhöhen. Zum anderen wollen viele von uns ein globales Wirtschaften. Das geht nur zusammen, indem wir globale negative Rückkopplungsmechanismen einbauen. Die Gründung der WTO ohne begleitende Umverteilung war ein ebenso schwerer Fehler als würde man ein Fußballspiel anpfeifen, ohne vorher Foul-Regeln festgelegt zu haben. Nur geht es in der globalen Wirtschaft für viele um Leben und Tod.

Langfristig: Bezahlung nach Einsatz

Die bisher überzeugendste Argumentation von Leistungs- und Einkommensgerechtigkeit wurde in dem lesenswerten Buch »Parecon« dargelegt. Parecon steht für »Participatory Economics«: eine im Detail ausgearbeitete Alternative zu Markt- und Planwirtschaft, die gleichermaßen kritisiert werden. Parecon baut auf den Werten Selbstbestimmung, Gerechtigkeit, Solidarität und Vielfalt auf.

Im aktuell dominierenden Kapitalismus gibt es laut Parecon vier Möglichkeiten, Einkommen zu erzielen: 1. über Kapitalbesitz, indem andere für einen arbeiten; 2. über den Marktwert einer Leistung. Wenn ein Hedge-Fonds-Manager aus hundert Millionen Euro zweihundert Millionen Euro macht, wird er entsprechend der Wertsteigerung bezahlt und nicht nach Stundenlohn oder seiner Ausbildung; 3. über natürliche Vorzüge, den Gewinn in der »genetischen Lotterie«, zum Beispiel eine besonders schöne Stimme oder hohe mathematische Gaben; 4. über persönlichen Einsatz, indem jemand besonders hart oder länger arbeitet als andere, eine schwierigere Ausbildung in Kauf oder mehr Verantwortung übernimmt.

Laut Parecon soll das vierte Kriterium das einzige für unterschiedliche Leistungsentlohnung sein. Kapital (1) soll kein Kriterium sein: Wer erbt, aber nicht arbeitet, erhält kein Einkommen. Auch wer fünf Unternehmen besitzt, aber selbst nicht arbeitet, erhält nichts. Das würde »Müntes« flottem Spruch »Wer nicht arbeitet, soll auch nicht essen« eine ganz neue Bedeutung verleihen. Auch der Markt (2) soll nicht entscheiden, welche Arbeitsstunde wie hoch entlohnt wird. Weil die Arbeit eines Schönheitschirurgen sonst mit dem Hundertfachen der eines Müllarbeiters belohnt würde. Und die eines Hedge-Fonds-Managers noch tausendmal höher. Grundsätzlich soll gelten: Für eine Arbeitsstunde gibt es denselben Lohn, nur wer einen höheren Einsatz bringt – länger oder schwerer arbeitet oder eine höhere Ausbildung in Kauf nimmt – erhält mehr. Auch besonders Begabte beziehungsweise Beschenkte (3) sollen nicht höher entlohnt werden als Unbegabte, weil das nicht ihr persönliches Verdienst ist: Ein Glücksgewinn in der genetischen Lotterie muss nicht sozial belohnt werden. Das würde das Prinzip der Chancengleichheit brechen, das unverzichtbare Voraussetzung für eine freie Gesellschaft ist.

Die Parecon ist meines Erachtens das bisher überzeugendste Modell einer echten Leistungsgesellschaft. Ich schlage daher vor, Betriebe, die eine Leistungsbewertung nach tatsächlichem persönlichen Einsatz – zunächst freiwillig – vornehmen, besserzustellen als Betriebe, die das gesetzliche Maximum des Höchsteinkommens ausschöpfen und Leistung nach Talent, Marktwert oder gar Kapitalbesitz belohnen (in begrenztem Maße wäre das ja immer noch möglich, indem sich Unternehmensbesitzer das Zwanzigfache des Mindestlohns als Gehalt nehmen, auch wenn sie gar nicht voll arbeiten). Die 20-10-Betriebe stellen einen schonenden Übergang von der heute erzkapitalistischen zu einer leistungsgerechten Gesellschaft dar. Wirklich leistungsgerecht sind sie noch nicht, denn niemand kann in einer Stunde das Zwanzigfache eines anderen leisten. Wer statt vierzig Stunden freiwillig sechzig arbeitet und dafür zehn Jahre studiert hat, mag vielleicht das Drei- oder Vierfache verdienen gegenüber einer vollzeitbeschäftigten Person, die keinen zusätzlichen Einsatz zeigt. Aber das Zwanzigfache? Letztendlich drückt ja der Geldlohn auch den Wert und damit die Würde eines Menschen aus. Nichts sagt heute mehr über den Wert eines Menschen aus als Geld. Doch letzten Endes gibt es weder in einer aufgeklärten noch in einer christlichen, geschweige denn in einer sozialistischen Gesellschaft einen Grund, Menschen im Wert voneinander zu unterscheiden und zu diskriminieren. Außer sie leisten wirklich mehr, das soll auch in Zukunft honoriert werden und ökonomische Unterschiede begründen.

Erfolg neu definieren

Wir haben zwei Dinge gelernt. 1. Der Kurzschluss von Erfolg mit dem Gewinn natürlicher und juristischer Personen ist die zentrale Destruktivkraft des Kapitalismus. 2. Einer der Königswege zu menschlichem Glück sind gelingende soziale Beziehungen. – Was also liegt näher, als Erfolg genau damit neu zu definieren? Wer zum Gelingen sozialer Beziehungen beiträgt, gilt als erfolgreich. Personen oder Unternehmen, die solche Produktionsformen, Führungsstile, Bildungsmethoden oder Spiele praktizieren, aus denen Beziehungen gestärkt hervorgehen – nach den Kriterien Autonomie, Selbstwertfestigung, Vertrauen, Empathie, Solidarität –, sind die neuen Vorbilder.

Im gleichen Sinne sollten wir unser volkswirtschaftliches Leistungsverständnis neu definieren: Ökonomisch wertvoll sind jene Leistungen, die materielle Bedürfnisse befriedigen und dabei das soziale und ökologische Kapital bewahren oder stärken. Unabhängig davon, ob sie das Finanzkapital mehren oder mindern.

Weniger Innovationen?

Eines der starken Argumente für den freien Markt ist die rasche Durchsetzung von Innovationen. Doch ist weder eine hohe Geschwindigkeit von Innovation für das Wohl von Menschen von Bedeutung noch ihre Richtung unter Gewinn- und Konkurrenzbedingungen eine gemeinwohldienliche. Vieles, was der Markt hervorbringt, steigert das Glück der Menschen nicht, es zerstört vielmehr Werte und Freiheit. Der Innovationszwang, rasch wechselnde Generationen von Produkten, die uns erobern müssen, um die Gewinne zu sichern, verwickeln uns in eine Konsumspirale, die uns nicht glücklich macht. Die Beziehung zu den Dingen geht umso stärker verloren, je mehr und kurzlebigere Dinge auf uns einstürmen. Etwas weniger, dafür aber geschätzte Gegenstände, die länger in unserem Leben bleiben, würden uns glücklicher machen als die zahllosen Dinge, die wir ständig gegen neue austauschen oder zusätzlich um uns herum anhäufen und die uns – ab einer gewissen Dichte – nur noch Zeit rauben. Wer zu viel besitzt, wird besessen.

Im Kapitalismus wollen uns die meisten Unternehmen nicht glücklich machen, sondern ein Maximum an Dingen verkaufen, weil es nicht um unser Wohl, sondern um ihren Gewinn geht. Kapital kann sich nur vermehren, solange unsere Bedürfnisse nicht befriedigt sind. Kapital hat immer ein Interesse an unserem Unbefriedigtsein. »Ein Markt kann nur wachsen, wenn er Bedürfnisse NICHT befriedigt«, meint Robert Menasse.[16] Glückliche Menschen, die nichts brauchen, sind die schlechtesten KonsumentInnen und somit die Todfeinde des Kapitalismus. Und des Lissabon-Ziels: Drei Prozent Wachstum pro Jahr, das ist die kapitalistische Zwangsneurose der EU.

Es ist also nur gut, wenn wir einen neuen Anreizrahmen für Innovationen schaffen: Im Interesse nicht-gewinnorientierter Unternehmen ist es, Produkte und Dienstleistungen anzubieten, die einen Beitrag zum höheren Wohlbefinden der Menschen, vielleicht zum Glück leisten. Je länger dieses anhält, desto erfolgreicher das Unternehmen. Menschen sollen sich allerdings nicht nur durch den Kauf von Produkten wohl fühlen, sondern auch bei ihrer Herstellung befriedigende Beziehungen leben und Würde erfahren können. Gemeinwohlorientierte Unternehmen erzeugen gleichermaßen neue Produkt- wie soziale und organisatorische Innovationen. Sie finden aus Eigeninteresse diejenigen Herstellungsweisen, die die Umwelt so gering wie möglich belasten und das soziale Kapital stärken. Dafür werden sie von der GesetzgeberIn belohnt. Auch in Zukunft mag es schwarze Schafe geben, doch werden es BürgerInneninitiativen und Behörden leichter haben, die Missstände aufzuzeigen und abzustellen, weil ihnen das allmächtige Motiv des Gewinn- und Besitzstrebens nicht mehr entgegenwirkt.

Produkte, die sich nicht kostendeckend am Markt plazieren lassen, die aber gesellschaftlich wertvoll sind, wie zum Beispiel erneuerbare Energien, könnte man durch öffentliche Technologieagenturen fördern. Sie würden die privaten ErfinderInnen für die Entwicklungsarbeit entschädigen und die Produktion an öffentliche Betriebe zuweisen. Damit wird ein doppeltes Marktversagen korrigiert: Im Gegensatz zu heute werden a) ErfinderInnen von sinnvollen, aber auf kapitalistischen Märkten unrentablen Innovationen belohnt: eine gerechtere Leistungsbeurteilung. Und es werden b) sinnvolle, aber erst langsam rentable Produkte, wie zum Beispiel Solarenergie, schneller produziert und verbreitet als heute.

Die öffentlichen Technologieagenturen könnten eine zweite wichtige Funktion im Innovationssystem übernehmen. Sie schreiben Ideenwettbewerbe in gesellschaftlich wertvollen Bereichen aus, kaufen ErfinderInnen die Ideen ab und stellen das Wissen der Allgemeinheit, privaten und öffentlichen Betrieben, zur Verfügung. Es wird vergemeinschaftet anstatt wie heute privatisiert und eingesperrt. Damit wäre das doppelte Versagen des Patentrechtes korrigiert. Aus der Summe dieser Maßnahmen würde sich ein effektiveres Anreizsystem als heute ergeben: 1. Innovationen, die nur dem Gewinn dienen, würden entfallen; 2. wertvolle Innovationen, die heute am Markt scheitern, würden belohnt und entwickelt; 3. Wissen wäre ein öffentliches Gut.

Werbeterror gelindert

Wenn Unternehmen vom Gewinnzwang befreit wären, würde auch der Dauerterror der (manipulativen) Werbung gelindert. Das allgegenwärtige Drängen und Auffordern zum Kaufen und Konsumieren würde nachlassen. Mit einem beachtlichen Nebeneffekt: Nicht wenige Preise würden sinken. Denn manche Branchen geben bis zu einem Drittel ihres Umsatzes (!) für Werbung und Marketing aus, zum Beispiel die Pharmabranche. Die Schönheitsindustrie investiert ein Viertel ihres 160-Milliarden-Dollar-Umsatzes in die Werbung. In der privaten Rentenvorsorge machen die Werbekosten bis zu vierzig Prozent der Gesamtkosten aus, was die Rentenhöhe entsprechend senkt – eine enorme Vergeudung! Wenn die Werbekosten weitgehend eingespart werden könnten, wäre nicht nur die Wirtschaft effizienter und die Lebensqualität höher (weniger Terror), sondern auch das Vertrauen stärker. Denn das verbreitete Täuschen und Lügen in der Werbung zersetzt das gesellschaftliche Vertrauen, nicht nur in der Wirtschaft.

In einer gemeinwohlorientierten Wirtschaft würden alle relevanten Informationen auf den Produkten aufscheinen oder wären auf andere Weise leicht zugänglich, weil es das innerste Anliegen der Unternehmen wäre, die KonsumentInnen möglichst gut zu behandeln, dazu gehört auch: möglichst sachgerecht über Produkte zu informieren. Fällt das Gewinnstreben weg, sinkt der Anreiz, die KonsumentInnen zu belügen, und die Motivation, sie zu informieren, steigt.

Verantwortung

Für gelingende Beziehungen gibt es viele Faktoren. Einige davon haben wir gestreift: Menschen dürfen nicht instrumentalisiert werden; Vertrauen; Kooperation und Solidarität; Verantwortung. Dem Wert der Verantwortung habe ich besondere Beachtung geschenkt, weil er von neoliberaler Seite enteignet und umgedeutet wurde. Daher schlage ich einige Zurechtrückungen vor. Verantwortung ist ein hoher Wert und ein Zeichen reifer und freier Menschen. Würden wir in den Wirtschaftsbeziehungen wirklich umfassend Verantwortung übernehmen, hätte das eine kleine humanistische Revolution zur Folge.

Einige Aspekte: Da Verantwortung nicht delegiert werden kann, muss jede und jeder dort, wo er/sie bewusst Handlungen setzt, deren ethische Korrektheit selbst bestimmen. Wer sich am Markt als TauschpartnerIn beteiligt, muss selbst entscheiden, ob die Preise, Löhne, Zinsen, Mieten et cetera gerecht sind. Kriterium könnten die Leistung, die Bedürfnisse und die Würde der jeweils anderen sein. Der Markt als Ausrede gilt nicht.

Wo wir als kapitalistisch Wirtschaftende derzeit Verantwortung systematisch nicht wahrnehmen, sind die ökologischen Beziehungen. Wir nehmen einseitig, ohne zu geben, ohne den Wert, die Würde des Gegenparts – der Natur – überhaupt wahrzunehmen. Da Marktbeziehungen Verhandlungssache sind, bei denen der Stärkere oder Geschicktere die besseren Karten hat, verliert die Natur automatisch immer, weil sie kein Verhandlungsteam hat. Eine Möglichkeit, gerechte Täusche mit der Natur abzuwickeln, besteht darin, ihren Eigenwert zu sehen und diese Würde zu wahren. Dann steigt sie auch ohne verbale Stimme fair aus. Das ökologische Selbst hilft uns bei dieser heiklen Kommunikation. Wenn Umweltschutz zum Selbstschutz wird, hat die Natur bessere Karten.

Die konsequente Umsetzung von Eigenverantwortung in den ökologischen Beziehungen führt zum Verursacherprinzip:

Wer einen Umweltschaden anrichtet, muss dafür zur Gänze aufkommen. Zum Beispiel, indem die Umweltschäden eingepreist werden. So definierte ökologische Kostenwahrheit würde die Vermeidung umweltschädigender Aktivitäten bewirken, weil umweltschädliche Produkte gegenüber umweltfreundlichen teurer würden. Ein Beispiel: Derzeit zahlt der Lkw-Verkehr nicht einmal ein Viertel der Gesamtkosten, die er verursacht. Bei ökologischer Kostenwahrheit würden sich die Transportpreise vervielfachen, was Nähe und lokales Wirtschaften gegenüber dem Weltmarkt begünstigen würde.

Ein anderer Bereich: Bei der Renten- und Krankenversicherung brauchen wir nicht mehr Eigenverantwortung im Sinne von Risikoprivatisierung, Zusatzversicherung oder Selbstbehalten, weil niemand aufgrund bewusster Enscheidungen altert oder krank wird. Altern und krank werden sind soziale Risiken, deshalb müssen sie auch sozial versichert werden. Bei militärischen Angriffen würde niemand auf die Idee kommen, dass sich jeder – eigenverantwortlich – selbst verteidigen muss, da leuchtet es allen ein, dass die Verteidigung der Staat übernimmt und auch finanziert, weil es sich um ein kollektives Risiko handelt. SnowboarderInnen, die Lawinenabsperrungen übertreten, brauchen hingegen keine soziale Lawinenversicherung, weil die Absperrungsübertretung eine bewusste und freiwillige Entscheidung ist.

Wo es wiederum sehr wohl mehr Eigenverantwortung braucht, ist bei den Global Players auf dem Weltmarkt. Die Nutznießer der Globalisierung, die alle globalen Freiheitsrechte in Anspruch nehmen, müssen konsequenterweise auch Pflichten bei Arbeits- und Sozialstandards, Löhnen, Steuern und Umweltschutz einhalten. Wenn ein Konzern die Menschenrechte verletzt, die Regenwälder zerstört, die Gesundheit der Bevölkerung gefährdet, die Bildung von Gewerkschaften behindert oder gegen die geltenden Arbeitsgesetze verstößt, muss er genauso vor ein globales Gericht gebracht werden können, wie ein Ladendieb vor einem lokalen Gericht landet. Sonst ist nicht nur das Prinzip Verantwortung ad absurdum geführt, sondern der Rechtsstaat an sich!

Wie von der Subkommission der Vereinten Nationen für die Menschenrechte in den »Draft Norms on the Responsibilities of Transnational Corporations« vorgeschlagen, sollte die Verantwortung von Konzernen die gesamte Zulieferkette miteinschließen. Denn die größte Macht, etwas zu verändern, liegt bei den Konzernen. Den KonsumentInnen letztendlich die Schuld dafür in die Schuhe schieben, wenn in ihren Zulieferbetrieben Kinder arbeiten, ist unzulässig, weil Verantwortung nicht delegierbar ist und weil die KonsumentInnen aus verschiedenen, dargelegten Gründen oft keine Wahl haben. Ebenso wenig kann man die Zulieferbetriebe aus der Verantwortung entlassen, auch hier gilt dieselbe Logik. Doch die Bedingungen für die ZulieferInnen – vor allem die Preise – werden von den globalen Konzernen diktiert, sie sind in der Beziehung mit den ZulieferInnen selbst KundInnen. Im Unterschied zu den EndverbraucherInnen haben sie aber alle nötigen Informationen und vor allem die Macht, um das Verhalten der ZulierferInnen zu steuern. Wo die meiste Macht ist, ist auch die größte Verantwortung. Die Macht liegt individuell bei den Konzernen und strukturell in den Rahmenbedingungen. Deshalb wäre es das Naheliegendste, dass sich transnationale Konzerne für gerechte Rahmenbedingungen einsetzen, sprich für die verbindliche Umsetzung der UN-Normen. Und in weiterer Konsequenz für das Auslaufen gewinnorientierter Unternehmensformen.

Ökonomische EntscheidungsträgerInnen müssten schließlich die volle Verantwortung für ihre Entscheidungen übernehmen. Haftungsbeschränkungen von Unternehmen sind mit Eigenverantwortung nicht vereinbar. Die Haftung muss vollständig bei Management und Aufsichtsrat liegen, sonst haben sie keine Hemmung, den Gewinn auf Kosten anderer zu maximieren und sich selbst hinter juristischen Personen zu verstecken. Die Verantwortung ist die große Verliererin anonymer Wirtschaftsstrukturen. Mit dieser Überlegung befinde ich mich in wachsender Gesellschaft. Wirklich liberale ÖkonomInnen halten wenig von der Haftungsbegrenzung für wirtschaftende Menschen. Der Unternehmer und Philosoph Stefan Bannas plädiert dafür, nur noch reale Menschen zum Markt zuzulassen: »Juristischen Personen bleibt der Zugang zum Wirtschaftsverkehr verschlossen.« Das bedeutet, dass »im Wesentlichen das Aktien- und das GmbH-Gesetz ersatzlos abgeschafft werden«. Bannas: »Wer Geschäfte machen will, soll voll haften, sonst soll er die Geschäfte unterlassen.«[17] Ich bin nicht grundsätzlich gegen juristische Personen – auch GenossInnenschaften sind welche –, sie sollen allerdings nicht Gewinne für die Eigentümer erzielen, sondern einen Dienst an der Gesellschaft leisten.

Die konsequente Anwendung des Prinzips Verantwortung hätte nach Bannas zwei äußerst erwünschte Nebenwirkungen. 1. »Es werden wieder mehr Menschen wagen, eigene Unternehmen zu gründen, weil ja die Chancen fair verteilt sind; die heutige anonyme, abstrakte Riesenkonkurrenz in Form der Aktiengesellschaften wäre ja nicht mehr da.« Und 2. »Die Tendenz zur Regionalisierung und Dezentralisierung der wirtschaftlichen Verhältnisse wird automatisch erzeugt«, da »die volle Haftung Kontrollbedarf erzeugt, der eher nur nahe liegend (im räumlichen Sinn) geleistet werden kann.«[18]

In Umfragen und Zukunftsworkshops wünschen sich Menschen ganz überwiegend, über die Herkunft der Produkte Bescheid zu wissen, die HerstellerInnen persönlich zu kennen und die Herstellungsbedingungen beeinflussen zu können. Je größer Unternehmen, je intransparenter die Eigentumsstrukturen, je globaler Wertschöpfungsketten und je entfernter die EntscheidungsträgerInnen von den Betroffenen, desto geringer sind die Skrupel und die »Tötungshemmung« und desto anfälliger sind Wirtschaftsbeziehungen dafür, dass nicht von Mensch-zu-Mensch gehandelt und Verantwortung übernommen wird. Wenn wir das Prinzip Verantwortung ernst nehmen, müssen wir daher die Anonymisierung und Globalisierung von Wirtschaftsbeziehungen möglichst gering halten. Wir müssen Transparenz, Nähe und Mitbestimmung gegenüber Opazität, Ferne und Hierarchien Vorrang einräumen. Direkte Verantwortung sollte es so einfach wie möglich haben.

Um diese Ziele zu erreichen, sollten lokale Märkte und Nähe Vorrang erhalten vor der Ferne und dem Weltmarkt. Das Prinzip der ökonomischen Subsidiarität besagt, dass so regional wie möglich und sinnvoll gewirtschaftet werden sollte. Unter sinnvoll sind wieder Ziele der Wirtschaftspolitik zu verstehen: soziale Sicherheit und das Wohl aller, humane Handelsbeziehungen, ökologische Nachhaltigkeit, kulturelle Vielfalt. Effizienz ist auch ein Kriterium, aber sie muss mit allen anderen Kriterien abgewogen werden. Heute ist die Effizienz das alleinentscheidende Kriterium. Märkte werden geöffnet und dem Weltmarkt der blinde Vorrang gegenüber lokalen Märkten eingeräumt, weil behauptet wird, dies sei effizienter und erhöhe allein dadurch schon den Wohlstand aller.

Je lebenswichtiger die Güter, desto regionaler sollen die Wirtschaftskreisläufe sein. Vor allem Nahrungsmittel, Energie und Baustoffe sollen weitestgehend aus der Region kommen und in der Region entsorgt werden. Wenn die Dinge des täglichen Gebrauchs im unmittelbaren Lebensumfeld erzeugt und entsorgt werden, steigt in der Regel nicht nur das Verantwortungsbewusstsein aller Beteiligten; es ist auch ökologischer und krisensicherer. Es bringt Vielfalt und Stabilität. (Mexikos Entscheidung, seine jahrtausendealte Erfahrung mit der Maiskultur einzustampfen und auf den Freihandel mit den USA zu vertrauen, rächt sich jetzt bitter, weil die USA den Mais als Treibstoff für ihre Automobile brauchen.)

Derzeit kommen aus China: Bio-Knoblauch, Fertigsärge, Granit und Laptops. Ökologisch sinnvoll wäre, wenn in Zukunft der Knoblauch, die Särge und der Granit wieder aus der Nahversorgung kämen, während hingegen die Laptops ruhig aus China kommen dürfen – allerdings nur, wenn hohe globale Arbeits-, Sozial-, Umwelt- und Steuerstandards eingehalten werden, siehe die UN-Normen.

Die Prinzipien Nähe und Verantwortung kollidieren in vielen Fällen mit der Effizienz globaler Arbeitsteilung. Wenn der Preis der Effizienz die Verletzung der Menschenrechte, die Unterdrückung von Gewerkschaften, der Abbau von sozialer Sicherheit oder ökologische Zerstörung ist, müssen wir von ihr Abstand nehmen. Aber auch, wenn sie dazu führt, dass werteschaffende Menschen einander nicht mehr kennen und dadurch verantwortungsloser miteinander umgehen, sollten wir lieber die Verantwortung fördern als die Effizienz, und das heißt mehr Nähe, mehr Mitbestimmung, mehr Skrupel und weniger Anonymität. Idealerweise schaut jede TauschpartnerIn der anderen in die Augen, dann ist die Tötungshemmung am größten und die Verletzungsgefahr für die Menschenwürde am geringsten. Es passieren weniger Missverständnisse und weniger Kommunikationsfehler. Wenn du mich direkt ansprichst, kann ich dir direkt antworten, und wir können eigenverantwortlich unsere Würde wechselseitig wahren. Die Gesetze helfen uns dabei.

Die Eigentumsfrage

Marx und Engels sahen, dass – hochkonzentriertes – privates Eigentum großen gesellschaftlichen Schaden anrichten kann. Im Umkehrschluss vertraten sie die Ansicht, Privateigentum an Produktionsmitteln sei in jedem Fall schlecht. Dieser 180-Grad-Swing kommt dem Ausschütten des Kindes mit dem Bade gleich. So sehr das grenzenlose Privateigentum an Produktionsmitteln in einer kapitalistischen Marktwirtschaft abzulehnen ist, so sehr ist anzuzweifeln, dass die vollständige Ablehnung von Privateigentum an Produktionsmitteln mit dem Anspruch größtmöglicher Freiheit vereinbar ist. In einem vorsichtigen ersten Schritt würde ich sagen: Grenzen für Privateigentum müssen nur dort festgelegt werden, wo die Freiheit anderer bedroht ist. Das ist nach bisheriger Erfahrung dort, wo a) die Macht der Produktionsmitteleigner zu groß wird; wo b) zu viele Betroffene von der

Mitsprache ausgeschlossen werden; und wo c) die Kontrolle über Schlüsselressourcen oder -technologien in wenigen Privathänden liegt, statt unter demokratischer Obhut.

In der vorgeschlagenen Wirtschaftsordnung gibt es – ganz ähnlich wie heute – drei Formen von Eigentum an Produktionsmitteln: öffentliches, kollektiv-privates und individuell-privates. Lediglich die Relationen verschieben sich vom Letzten zu den ersten beiden, aufgrund der negativen Erfahrungen mit Kapitalist gleich Machtkonzentration.

Die öffentliche Hand bietet zum einen selbst eine größere Zahl öffentlicher Güter – vom Krankenhaus bis zur Grundschule – an, allerdings in demokratischerer Form als heute. Die öffentliche Hand ist nicht so sehr die Hand eines bevormundenden Obrigkeitsstaates, der es besser weiß als die zu Versorgenden; sondern eine Vielzahl eigenverantwortlicher Menschen wird selbst zur öffentlichen Hand, teils ehrenamtlich, teils hauptberuflich: moderne Allmenden.

Zum anderen fördert die Politik die Bildung von gemeinschaftlichem Privateigentum als Ausdruck von – freiwilliger – Kooperation. Die Menschen werden nicht zur Kooperation gezwungen, aber Kooperation wird gefördert.

Es wird sich rasch zeigen, welche Form von Eigentum an Produktionsmitteln sich bewährt und in welcher Gewichtung demokratisiertes öffentliches, gemeinschaftlich-privates und individuell-privates Eigentum am besten zusammenspielen. Das Ergebnis wird spannend, weil es aufgrund einer präzedenzlosen historischen Situation unvorhersehbar ist: Die ersten beiden stehen nicht in der unangenehmen Konkurrenz zum kapitalistischen Privateigentum an Produktionsmitteln, weil diesem der Giftstachel des Gewinnstrebens gezogen ist: Es existiert als solches nicht mehr.

Gemeinschaftseigentum fördern

Um die Werte Mitbestimmung, Kooperation und Kreativität, drei wichtige Komponenten von Freiheit, zu fördern, sollte gemeinschaftliches Privateigentum an Produktionsmitteln gegenüber Privateigentum, das weiterhin auf Lohnarbeit und maximal erlaubte Einkommensunterschiede (Faktor 20) setzt, begünstigt werden. Genossenschaften und ähnliche Unternehmensformen, in denen alle Beteiligten Miteigentümer sind, in denen sich die Rollen von ArbeitnehmerInnen und -geberInnen integrieren und dadurch auflösen, werden bessergestellt als Unternehmen, die in kapitalistischer Tradition GeberInnen und NehmerInnen von Arbeit trennen, was allein sprachlich nicht sehr überzeugend ist. Lohnarbeitsbetrieben soll das Leben nicht schwergemacht werden, darum geht es nicht; es geht darum, mit vielfältigen gesetzlichen Weichenstellungen die wirtschaftlichen Akteure dazu anzuspornen, die gesellschaftlichen Werte – Selbstbestimmung, Demokratie, Solidarität – auch in der Wirtschaft umzusetzen. Führt ein Lohnarbeitsbetrieb die Leistungsentlohnung nach Parecon (oder eine ähnliche) ein, erhält er dadurch eine Besserbehandlung (gegenüber einer Genossenschaft, die den Faktor 20 voll ausschöpft). Oder wenn er andere Gemeinwohlziele besonders vorbildlich umsetzt. Je sozialer, ökologischer, solidarischer, geschlechtergerechter und demokratischer sich ein Unternehmen verhält, desto mehr hilft ihm das Gesetz dabei – von steuerlichen Anreizen über öffentliche Aufträge bis hin zu Forschungskooperationen mit öffentlichen Universitäten. Ein Kriterienkatalog für Bonuspunkte (zum Beispiel gleich viele Frauen wie Männer in Führungspositionen, Bezug biologischer Vorprodukte oder Mitbestimmung der ArbeitnehmerInnen) schafft eine transparente und verlässliche Planungsgrundlage für alle Unternehmen.

Damit fördern die Gesetze nicht nur endlich die liberalen, christlichen und sozialistischen Grundwerte – Freiheit (Selbstbestimmung), Gleichheit (Würde und Wohl aller), Brüderlichkeit (Solidarität, Kooperation) –, sondern wir kommen auch der Situation näher, dass Lohnarbeit nur noch freiwillig eingegangen wird, weil den Menschen Alternativen zur Verfügung stehen. Werden GenossInnenschaften von der GesetzgeberIn gefördert, wird ihr Anteil an den Unternehmen einer Volkswirtschaft wachsen. Wer in eine GenossInnenschaft eintritt, kommt nicht nur in den Genuss einer Arbeitsstelle, sondern wird auch KapitalmiteigentümerIn – noch ohne Erbschaft oder staatliche Umverteilung. Das Erpressungspotenzial der ArbeitgeberInnen gegenüber Heerscharen von zur Erwerbsarbeit gezwungenen Besitzlosen schwindet oder verschwindet ganz. Lohnarbeitsverhältnisse werden dadurch attraktiver und öfter als heute freiwillig eingegangen.

Moderne Allmenden

In der Geschichte des Menschen ist Privateigentum die große Ausnahme. Die Natur gehörte die längste Zeit sich selbst, und Gemeinschaftsgüter waren weit verbreitet. Allmenden sind Güter, die allen gehören, öffentliches Eigentum. Im Mittelalter waren Allmenden zumeist ein Stück Dorfweide oder -wald, das von allen Mitgliedern der Gemeinde genutzt werden konnte. (Ein sprachliches Relikt dieses Eigentumsverhältnisses ist die Alm.) Moderne öffentliche Güter gibt es speziell in den Grundversorgungsbereichen: Bildung, Gesundheit, Trinkwasser, Energieversorgung, Telekommunikation, Alterssicherheit, Bibliotheken, Schwimmbäder oder Museen. Sie erfüllen mehrere essenzielle Funktionen. Zum einen sollen alle Menschen zu erschwinglichen Preisen und hoher Qualität versorgt werden. Das sind Gemeinwohlziele, die durch Profitorientierung nicht zu erreichen sind. Der Staat wurde nach dem Zweiten Weltkrieg hier verstärkt unternehmerisch-versorgerisch tätig, weil der Markt – gemessen an den Zielen – versagt hatte. Der öffentliche Sektor sollte darüber hinaus einen relevanten Teil der Menschen beschäftigen. Die guten Beschäftigungsbedingungen (Entlohnung, soziale Sicherheit, Mitbestimmung, Geschlechtergerechtigkeit) leisteten einen verlässlichen Beitrag zur Gesamtkonjunktur und hatten das Ziel, eine Vorbildwirkung auf den privaten Sektor auszuüben: Diejenigen Arbeits-, Mitbestimmungs- und Gleichstellungsrechte, die im öffentlichen Sektor durch starke Gewerkschaften erkämpft wurden, wurden vom privatwirtschaftlichen Sektor früher oder später nachvollzogen – bis zur neoliberalen Wende. Drittens stellen öffentliche Güter einen Teil der sozialen Sicherheit und des sozialen Zusammenhalts einer Volkswirtschaft dar. Sie lindern den Erwerbszwang. Werden sie in großer Vielfalt angeboten, sinken der Druck, eine Lohnarbeit anzunehmen, und das Armutsrisiko. Viertens geben öffentliche Güter Antwort auf nicht-organisierte kollektive Wünsche. Das kann der Markt nicht. Er kann nur organisierte Gruppenwünsche befriedigen, aber nicht unorganisierte. Kranke, RentnerInnen oder Mobilitätsbedürftige vereinen sich in der Regel nicht gegenüber privaten Rentenversicherern oder Verkehrsunternehmen. Auch das ist ein Argument für öffentliche Güter.

Trotz dieser überzeugenden Gründe werden öffentliche Güter seit Anfang der achtziger Jahre des 20. Jahrhunderts wieder zerstört oder privatisiert (lateinisch »privare«, rauben: Die Öffentlichkeit wird enteignet). Die Privatisierungswalze frisst sich immer tiefer in diese bisher nicht-gewinnorientierten Wirtschaftsbereiche, um sie für privates Profitstreben zu erschließen. Die begleitende Diskussion wird dabei mit sehr dumpfen Argumenten à la »Der Markt ist besser als der Staat« geführt; oder es werden Sachzwänge vorgeschoben, indem auf die leeren öffentlichen Kassen verwiesen wird: Ende der demokratischen Diskussion. Diese Ein- und Vorwände habe ich in früheren Publikationen ausführlich entkräftet. Die in den Jahrzehnten nach dem Krieg systematisch aufgebauten öffentlichen Güter hatten zweifellos ihre Mängel und Schwachstellen, doch die große Mehrheit der Privatisierungen zeigt, dass es mit dem Einzug des Profitmotivs und des Shareholdervalues noch schlechter wird.

Im »Schwarzbuch Privatisierung« haben Michel Reimon und ich mehrere Dutzend Beispiele aus aller Welt geschildert. In den »50 Vorschlägen für eine gerechtere Welt« beschrieb ich, wie öffentliche Güter in Form moderner Allmenden neu organisiert werden und dabei ihre zentrale Schwachstelle – die undemokratische Organisation, die so manche Ineffizienz erklärt – behoben werden kann. Die Idee ist: NutzerInnen und Beschäftigte ziehen über direkte Wahlen in die Führungsgremien der modernen Allmenden ein. Als neues Führungsgremium schlage ich ein demokratisches Viererkleeblatt vor, das sich zu je einem Viertel aus den VertreterInnen des öffentlichen Eigentümers, den Beschäftigten, den NutzerInnen sowie einem Gender-Gremium zusammensetzt.

Das demokratische Vierer-Kleeblatt moderner Allmenden

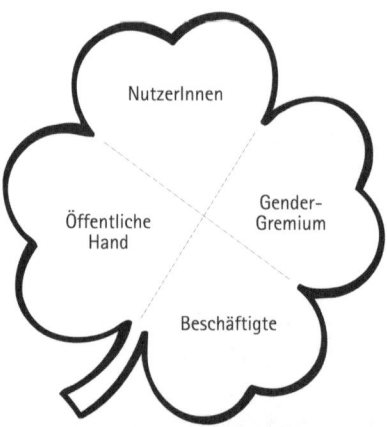

Von dieser Konstellation erwarte ich mir die optimale Kombination aus Gemeinwohlzielen und Effizienz. Die Beschäftigten wissen sehr gut, was es in einem solchen Betrieb braucht, zum Beispiel das Pflegepersonal in einem Krankenhaus, LehrerInnen, ZugbegleiterInnen, und die NutzerInnen können – mündig – mit ihrer eigenen Stimme mitgestalten und werden nicht nur als schmückender Beirat unverbindlich angehört. Da die NutzerInnen und Beschäftigten gleichzeitig die SteuerzahlerInnen sind, werden sie nur solchen Verringerungen der betriebswirtschaftlichen Effizienz zustimmen, die eine deutliche Gemeinwohlverbesserung bringen, zum Beispiel dem Anschluss aller Haushalte an das Breitband-Internet, der Ausweitung des Bahnnetzes in die Regionen, der Aufstockung des Pflegepersonals in Krankenhäusern, damit die Betreuungsqualität der PatientInnen auf ein menschliches Maß steigt und Burn-out verhindert wird. Das Gender-Gremium achtet auf die Gleichstellung von Männern und Frauen sowohl innerhalb der öffentlichen Betriebe (bei den Beschäftigten) als auch in der Außenwirkung (bei den NutzerInnen). Sie leisten einen wichtigen Beitrag zur Chancengleichheit auf gesamtgesellschaftlicher Ebene. 2007 kam in der österreichischen Verstaatlichtenholding ÖIAG eine Frau auf 22 männliche Vorstände; unter den achtzig Aufsichtsräten finden sich zwei Frauen.[19]

Die VertreterInnen der NutzerInnen und die Mitglieder des Gender-Gremiums werden direkt gewählt. Bei Versagen können sie abgewählt werden, wodurch ein starker Anreiz entsteht, die Interessen der Bevölkerung bestmöglich zu vertreten. Es gibt keine Pragmatisierung. Diese würde hier gar keinen Sinn machen, weil eine neue Regierung die direktdemokratisch legitimierten VolksvertreterInnen gar nicht absetzen kann! Das ist der nächste Vorteil: Ein wichtiger Teil der Politik inklusive Postenvergabe wird dem Zankspiel der Parteien entzogen und unter die direkte Kontrolle des Souveräns gebracht. Das Dilemma der WählerIn, einer Partei die Stimme zu geben, die in der Frage der Gemeinschaftsgüter nicht ihre Position vertritt, ist gelöst.

Die Delegierten und ihre WählerInnen erleben am Beispiel der Allmenden, dass Wirtschaft gestaltbar ist, dass die Grundversorgung nicht von transnationalen gewinnorientierten Konzernen abhängen muss, sondern dass man das Schicksal in die eigene Hand nehmen und einen grundlegenden Teil der Wirtschaft selbstbestimmt und lokal gestalten kann. (Und dass es absolut wert sein kann, nicht-gewinnorientierte Unternehmen am Leben zu erhalten.)

Die vielleicht wichtigste Nebenwirkung moderner Allmenden ist, dass Menschen wieder politisiert werden, dass sie Ohnmachterfahrungen in positive Gestaltungserfahrungen umwandeln: Gemeinsam können wir unser Zusammenleben selbst bestimmen. Wer auf der lokalen Ebene die Erfahrung gemacht hat, dass kapitalistische Märkte kein unabänderliches Naturgesetz sind, dass man sich nicht ohnmächtig einem gnadenlosen Kontrakurrenzregime fügen muss, um überleben zu dürfen, sondern dass man eigenverantwortlich auch anders handeln kann, lässt sich nie mehr einreden, dass es in irgendeinem Bereich der Wirtschaft so sein müsse. Im Gegenteil: Auf den Geschmack gekommen, dass sich grundlegende Wirtschaftsbereiche ohne kapitalistische Sachzwänge solidarisch und selbstbestimmt organisieren lassen, prüfen die Allmendeversammlungen, ob nicht neue Bereiche der Versorgung in öffentliche Gemeinschaftsgüter umgewandelt werden können. Prinzipiell gibt es keinen Wirtschaftszweig, der sich nicht solidarisch und partizipativ organisieren ließe. Die Parecon ist ein raffiniert und detailliert durchdachter Vorschlag für die gesamte Wirtschaft. Hierüber sollten wir heute diskutieren und nicht, wie wir uns der globalen Konkurrenz anpassen können. (Sollte sich herausstellen, dass die demokratischen Allmenden die Erwartungen nicht erfüllen, werden sie sich auch nicht ausweiten. Die Menschen dürfen selbst entscheiden, wie sie wirtschaften wollen.)

Eine Branche sollte jedenfalls und so schnell wie möglich zur Allmende werden: die Medien. Denn hier ist die Marktlogik völlig fehl am Platz. Die extreme Konzentration – siehe Murdoch, Berlusconi, Bertelsmann oder Mediaprint – gefährdet die Meinungsvielfalt und die Demokratie. Masseninformation und Medien müssen wieder ein öffentliches Gut werden. Radikale Entflechtung, Werbebeschränkungen und die öffentliche Förderung nach demokratischen Kriterien könnten die Medien unabhängig machen und die Vielfalt sichern.

Mitbestimmung nach dem Maß der Betroffenheit

Auch für Privatunternehmen muss ein demokratischer Grundsatz gelten: In dem Maß, in dem Menschen von Entscheidungen betroffen sind, müssen sie in die Entscheidungsfindung eingebunden werden. Ein kurzer Einblick in die aktuelle Form des Wirtschaftens genügt, um zu erkennen, dass wir von diesem eminent demokratischen, subsidiären und liberalen Prinzip meilenweit entfernt sind. Als (eingebildete) westliche Demokraten und Demokratinnen sollten wir uns dafür schämen.

Oder besser die Konsequenzen ziehen: Je größer Unternehmen sind, desto demokratischer müssen sie organisiert sein. Es ist nichts dagegen einzuwenden, dass ein passionierter Wirt seinen Lebenstraum verwirklicht und eine Bar oder ein Restaurant nach seinem persönlichen Geschmack eröffnet, ohne sich mit anderen abzustimmen. Oder dass eine SchreinerIn sich auf die Fertigung ganz bestimmter Möbel nach ihrer Fasson spezialisiert. Oder dass ein Software-Freak alleine tüfteln und Programme entwickeln möchte. Die große Vielfalt der Klein- und Mikrounternehmen, die Basis der Unternehmenslandschaft, soll es weiterhin ähnlich wie heute geben. Sie verfolgen mehrheitlich das Ziel, mit einer sinnvollen Tätigkeit ihr Einkommen zu erzielen. Das muss in einer freien Gesellschaft nicht nur möglich, das soll gern gesehen sein. Es ist nicht erklärbar, warum alle Produktionsmittel vergesellschaftet sein müssen. Die Eigentumsfreiheit kann – in dieser Größenordnung – bestehen.

Mit wachsender Unternehmensgröße ändert sich dies jedoch. Denn genauso wenig, wie es zu rechtfertigen ist, dass eine Dinkel-BäckerIn sich in ein Zwangskollektiv einfügen muss, so wenig ist es haltbar, dass wenige Aktionäre über die Geschicke von Milliardenkonzernen allein bestimmen oder Manager über Zehntausende von MitarbeiterInnen verfügen dürfen, ohne dass diese auch nur den Funken eines Mitspracherechts besäßen. Wenn das Management der Deutschen Telekom 50 000 Arbeitsplätze in ein Subunternehmen auslagern möchte, dann ist nicht einzusehen, warum die Beschäftigten nicht gleichberechtigt mitentscheiden dürfen. Es widerspricht ganz grundlegend dem Wesen der Demokratie, dass die größten Institutionen und Organisationen innerhalb der Demokratie undemokratisch organisiert sind. Es widerspricht dem Grundsatz, dass Ethik unteilbar ist. Schon in der Schule wird uns eingetrichtert, dass die Demokratie die zivilisierteste aller Staatsformen und sogar das Ende der Geschichte darstelle; wenn aber wichtige Grundeinheiten der Demokratie undemokratisch organisiert sind, zerfrisst das das demokratische Immunsystem und die Glaubwürdigkeit der Demokratie. Wenn Menschen täglich am Arbeitsplatz, der einen Großteil ihres Lebens einnimmt, die Erfahrung machen, dass Demokratie nicht existiert, dass ihre Mitsprache nicht gefragt ist, was sollen sie dann insgesamt von Demokratie halten und welche Werte sollen sie ihren Kindern weitergeben? Kohärenz ist auch hier unabdingbar. Entweder wir setzen Demokratie überall auch im Inneren der Gesellschaft um oder wir bekennen uns zur Wirtschaftsdiktatur und zum Zentralismus, was sich unweigerlich auch auf die politische Kultur auswirkt.

Mikrounternehmen dürfen auch weiterhin privat und hierarchisch sein (obgleich auch hier die nicht-hierarchischen, selbstbestimmten bessergestellt werden); größere Unternehmen gewinnen hingegen progressiv öffentlich-demokratischen Charakter. Automatisch. Als demokratische Rückkopplung und Notbremse: Je größer ein Unternehmen und je mehr Menschen betroffen sind, desto mehr Menschen müssen mitbestimmen dürfen. Je mehr die Betroffenen mitgestalten und mitbestimmen dürfen, desto menschlicher wird die Wirtschaft und desto stärker identifizieren sich die beteiligten Menschen auch mit ihrer Lohnarbeit.

Wenn wir dem Prinzip Demokratie grundsätzlich als zentralem Wert zustimmen, werden wir auch sinnvolle Schlüssel für die Umsetzung finden. Ab 50, 100, 1000, 5000 und 10 000 Beschäftigten kommen nach und nach VertreterInnen der Beschäftigten und der Gesellschaft in die Unternhemen hinein, bis sie mehrheitlich öffentlich sind. Auf diese Weise werden die Rechte eines Unternehmens und seine Pflichten gegenüber der Gesellschaft in der Balance gehalten. Gemäß den Prinzien der Verantwortung, der Nähe beziehungsweise Dezentralität und der ökologischen Kostenwahrheit wird stets darauf geachtet, ob es Unternehmen von dieser Größe überhaupt braucht. Die alarmierende Zahl, dass in den letzten zehn Jahren der Umsatz der fünfhundert größten Unternehmen im Verhältnis zum Weltwirtschaftsprodukt von einem Viertel auf ein Drittel angewachsen ist, zeigt, dass es so riesige Unternehmen erst seit kurzer Zeit gibt und allein deshalb gar nicht brauchen kann.

Als letzten, quasi automatischen Stabilisator schlage ich daher Größengrenzen für Unternehmen vor. Wenn in definierten Ausnahmefällen nicht demokratisch anders entschieden wird, soll kein privates Unternehmen eine bestimmte Größe übersteigen dürfen – nicht nur gemessen am Marktanteil, sondern auch gemessen am Volkseinkommen, da es um Macht geht. Ein demokratisches Gemeinwesen muss, im Sinne der Gewaltentrennung, darauf achten, dass kein einzelnes Mitglied, weder Person noch Unternehmen, ökonomisch und dadurch politisch zu mächtig wird. Der Regulator muss mächtiger bleiben als die zu Regulierenden. Die Gefahr der Herausbildung von Riesenkonzernen ist in der neuen Wirtschaft ungleich geringer als heute, weil Unternehmen nicht mehr dem Verdrängungswettbewerb um den höchsten Gewinn und dadurch nicht mehr dem Wachstumszwang unterliegen.

Kooperation

Kooperation wird, da sie emotional gesünder und systemisch effizienter ist als Kontraoperation, in der neuen Wirtschaft konsequent gefördert. Der gegenwärtige Leitwert der Kontrakurrenz und Wettbewerbsfähigkeit – wer schlägt wen aus dem Feld – wird abgelöst. Wettbewerb wird nicht verboten, das liefe auf die Rücknahme des Rechts auf freie Unternehmensinitiative hinaus, aber der Rahmen wird so verändert, dass der Anreiz, andere aus dem Markt zu drängen, absinkt oder sogar erlischt: Solidarische Koexistenz braucht keine Vernichtungskonkurrenz.

Kurioserweise zeichnen sich bereits heute inmitten der unerbittlichen globalen Konkurrenz Tendenzen zur Kooperation ab – auf lokaler Ebene. Die Cluster-Bildung zählt zu den großen Rennern in der Regionalentwicklung, sie beruht auf der Philosophie, dass man durch Kooperation lokale Strukturen erhalten oder sogar neu aufbauen kann. Die Motive dafür sind unterschiedlich: Manchen Clustern geht es um die gemeinsame Stärkung innerhalb der globalen Konkurrenz; anderen um lokale Entwicklung im Geiste des Erdgipfels von Rio de Janeiro 1992: um den Aufbau überlebensfähiger lokaler Strukturen – ganz bewusst als Alternative zum globalen Gegeneinander.

Und nun zur Schlüsselfrage: Wo ist die logische Größengrenze für einen Cluster? Wäre es nicht denkbar, dass die gesamte Weltwirtschaft zu einem einzigen Cluster, zu einer holarchischen Kooperationsstruktur zusammenwächst? Das wäre Burians Gedankenspiel, aus der Weltwirtschaft eine einzige Firma zu machen. Warum sollte die Weltwirtschaft nicht in der Art eines riesigen Organismus organisiert sein, in dem Zellen, Organe, Muskeln, Knochen und andere Elemente zusammenspielen: dezentral, netzwerkartig, rhizomatisch? Es geht aber auch ohne biologische Inspiration. Erfahrungswerte aus den Regionen liefern konkrete Hinweise, wie es beginnen könnte: Gastronomiebetriebe, GemischtwarenhändlerInnen und Gemeindeeinrichtungen kaufen die Produkte und Dienstleistungen der lokalen BiobäuerInnen und HandwerkerInnen; Genossenschaften stellen den landwirtschaftlichen Betrieben Produktionsmittel zur Verfügung und organisieren die Vermarktung; gemeinnützige Kreissparkassen finanzieren private Genossenschaften, Kooperativen und Mikrounternehmen mit günstigen Krediten: An der Basis der Wirtschaft steht schon heute vielfach die Kooperation nicht-gewinnorientierter (Klein-)Unternehmen.

Aber auch globale Handelsbeziehungen können schon heute auf solidarischer Kooperation beruhen, das stellen Fair-Trade-Netzwerke erfolgreich unter Beweis, obwohl sie politisch nicht begünstigt sind und ihre Produkte teurer (aus klassisch-blinder Ökonomenperspektive ineffizienter) als Produkte aus unfairem Handel. Fairer Handel ist eine Kooperation aus ProduzentInnen, HändlerInnen und KonsumentInnen. Den beteiligten TauschpartnerInnen geht es nicht um den maximalen persönlichen Vorteil auf Kosten der jeweils anderen, sondern um das Wohl und die Wahrung der Würde aller. Die Genehmigung des Marktes, billigere ErzeugerInnenpreise zu zahlen, wird dankend abgelehnt.

Der entscheidende Punkt ist: Wenn wir solche Unternehmen und Kooperationsstrukturen nicht nur durch Wertschätzung und ethische Honorare, sondern auch gesetzlich gegenüber kapitalistischen Kontrakurrenzstrukturen begünstigen, dann werden sie sich rasch durchsetzen.

Den stärksten Anreiz, einander nicht bis aufs Blut zu konkurrenzieren, haben wir bereits geschaffen, indem Unternehmen keine Gewinne mehr machen dürfen (müssen). Ein wichtiges Motiv von Unternehmen, den Gewinn zu steigern, ist zu verhindern, dass Konkurrenz-Unternehmen noch höhere Gewinne machen und man selbst zur ÜbernahmekandidatIn wird. Ist der Gewinndruck weg, sind alle Unternehmen auch vom Wachstumszwang erlöst. Anders als heute sind diese Vorbilder am globalen Schlachtfeld jedoch nicht die Dummen, sondern werden nach und nach durch Gesetze, die ihre ethischen Pionierleistungen nachvollziehen, begünstigt.

Die Unternehmensleitung – hierarchisch oder partizipativ – kann ihre ganze Kraft und Kreativität darauf verwenden, den Dienst an der Allgemeinheit zu verbessern: Produktqualität, KundInnenbeziehungen, Kooperation mit ZulieferInnen und Mit-Unternehmen, zum Beispiel in Form der gemeinsamen Organisation der Aus- und Weiterbildung oder durch Forschungskooperation und Technologie-Transfer. Wenn der Zwang, den anderen schlucken zu müssen, um nicht selbst geschluckt zu werden, entfällt und die sozialdarwinistische Konkurrenzneurose in solidarische Ko-Existenz mündet, steigt die Wahrscheinlichkeit, dass Unternehmen von Fress-Feinden zu Kooperations-Freunden werden, auch innerhalb von Branchen. Die Wahrscheinlichkeit ist sogar sehr hoch, denn für jede Form der Zusammenarbeit werden sie belohnt: Die kreativsten Beiträge zur globalen Kooperationsstruktur werden durch Innovationswettbewerbe (hier am richtigen Ort!) ausgezeichnet.

Damit sind wir bei der neuen Form des Wettbewerbs. Wer möchte, dass Unternehmen sich in einer anderen Disziplin als dem Gewinn bewähren, muss diese Disziplin zum Gegenstand des Wettbewerbs machen – und zum Ziel der teilnehmenden Unternehmen. Der Wettbewerb würde dann seine Wirkung in eine neue Richtung entfalten: Die Sozialsten überleben. Da die Sozialsten aber a) weder Gewinn anstreben noch dem Wachstumszwang unterliegen und b) einen ihrer Sozialdienste darin sehen, den Schwächeren zu helfen, indem sie ihnen ihr Knowhow zur Verfügung stellen oder anders mit ihnen kooperieren, gibt es kein kriegerisches globales Gemetzel wie heute (»Je ein Kapitalist schlägt viele tot.«), sondern die Unternehmenslandschaft mutiert zu einer Kooperationsgemeinschaft, in der alle gemeinsam auf das Ziel des maximalen Gemeinwohles hinlaufen. »Man gönnt den Konkurrenten ihren Platz auf dem Markt, ist weder bestrebt, ihnen Kunden wegzunehmen noch zu wachsen«, teilt Gil Ducommun die neue Sicht von Konkurrenz.[20]

Das Verhältnis von Kooperation und Konkurrenz würde sich umkehren: Heute bilden sich (Mikro-)Kooperationsstrukturen – Seilschaften, Cluster, Kartelle, Netzwerke – innerhalb der übergeordneten Struktur der Kontrakurrenz. In der neuen Wirtschaft findet (Ideen- und Innovations-)Wettbewerb innerhalb einer übergeordneten Kooperationsstruktur statt. Menschen versuchen sich innerhalb kooperativer Strukturen zu bewähren: mit neuen Ideen, mit besonderer Leistung (nach neuer Definition), durch die logistische Verfeinerung der Struktur: das Stricken am »Globalen Dorf«. Dafür erhalten sie Anerkennung, nicht dafür, dass sie sich gegen andere ökonomisch durchsetzen.

Wer eine neue – bessere – Idee innerhalb bestehender Strukturen nicht verwirklichen kann, aus welchen Gründen auch immer, soll auch in Zukunft ein eigenes Unternehmen gründen dürfen und auf diese Weise das Concurrere sinnvoll befruchten. Die Wahrscheinlichkeit dafür ist allerdings gering, weil durch einen wachsenden Anteil genossenschaftlicher und partizipativ geführter Unternehmen die Möglichkeit für kreative Menschen, ihre Ideen innerhalb bestehender Unternehmen umzusetzen, sehr viel größer ist als heute, wo die Kapitalbesitzer an eine unsichtbare Erbfolge gebunden sind und Hierarchie das vorherrschende Organisationsprinzip ist.

Der neue Wettbewerb wäre einer im olympischen Sinne: Alle TeilnehmerInnen werden gestärkt, weil nicht der individuelle Sieg das Ziel ist, sondern die Teilnahme am gemeinsamen Ziel. Um einen Mangel an TeilnehmerInnen müssen wir uns nicht sorgen. Denn für das Motiv der Teilnehmenden eines Wettbewerbs ist das Ziel des Wettbewerbs einerlei, es bleibt immer dasselbe: soziale Anerkennung. Ohne Anerkennung und Ehrung der TeilnehmerInnen würde kein Mensch an einem Wettbewerb teilnehmen. In welcher Währung honoriert wird, ist zweitrangig, es geht um die Ehrung. Wettbewerbe, in denen die Währung Ehre lautet, sind genauso überlaufen wie solche, in denen es um Geld geht. Ein TeilnehmerInnenmangel ist schon allein deshalb nicht zu befürchten, weil es auch in Zukunft menschliche Bedürfnisse zu befriedigen gilt. Und auch in Zukunft werden Menschen versuchen, ihr Einkommen mit der Gründung von Unternehmen zu erlangen.

Jedem Wettbewerb wohnt eine evolutionäre Kraft inne, weil die TeilnehmerInnen immer bessere Wege suchen, das Ziel des Wettbewerbs zu erreichen. Deshalb ist der allentscheidende Punkt, welches Ziel einem Wettbewerb gesetzt wird. Eine intelligente Gesellschaft macht das, was sie schlussendlich erreichen wird, zum Ziel des Wettbewerbs (innerhalb kooperativer Strukturen). Nach geeinter Auffassung von Smith, Marx, Hayek und Friedman ist das größtmögliche Wohl aller, das Gemeinwohl, das Ziel des Wirtschaftens. Wenn wir das Gemeinwohl zum Ziel des Wettbewerbs machen, dann spezialisieren sich die TeilnehmerInnen auf die umfassende Umsetzung der Menschenrechte, auf die Achtung aller Mitgeschöpfe, auf die humansten Arbeitsbedingungen und die höchstmögliche Qualität der Produkte. Es würde eine ganz andere Sorte von Führungsmenschen und Führungsqualitäten selektiert werden. Die SiegerInnenehrung gilt nicht dem Unternehmen mit dem höchsten Gewinn, sondern dem mit den raffiniertesten sozialen, ökologischen und humanen Innovationen. Es gewinnt, wer der Gemeinschaft am meisten nützt. Wir würden von der Säuglings- und Hamstergesellschaft zu einer Gesellschaft der ökologischen Verbundenheit und des Humanismus reifen.

Amüsanterweise haben wir bei dieser Vision Milton Friedman auf unsere Seite, und das nicht nur, weil er seine eigenen Kerngedanken nicht konsequent zu Ende denkt, sondern auch aufgrund seiner unbedachten Wortwahl: »Grundsätzlich gibt es nur zwei Arten, die wirtschaftlichen Aktivitäten von Millionen von Menschen zu koordinieren: Die eine ist zentral gelenkt, wobei mithilfe von Zwangsmaßnahmen gearbeitet wird; die zweite Art ist die freiwillig gesteuerte, also die Kooperation einzelner Individuen.«[21] Das unterschreiben wir zu hundert Prozent. Menschen sollen, begünstigt durch die Rahmenbedingungen, freiwillig kooperieren – so wie sie heute, begünstigt durch die Rahmenbedingungen, freiwillig kontraoperieren.

Um den Unterschied noch einmal zu verdeutlichen: Wer entscheidet heute über den Sieger im Wettbewerb?

1. Der Staat, indem er die Regeln vorgibt: Unternehmen sollen um den größten Gewinn konkurrieren. Die unethischeren setzen sich tendenziell durch, weil es auf globaler Ebene gar keine und auf nationalstaatlicher Ebene unterschiedliche Regulierungen gibt. Aufgrund ihrer Gewinnorientierung

verhindern die Unternehmen(sverbände) Regeln, die das Gewinnstreben mäßigen, und setzen sogar globale Regeln zur beständigen Ausweitung des Gewinnstrebens durch.

2. Die KonsumentInnen, indem sie auf Basis verfügbarer Informationen und des herrschenden Eigennutz-Paradigmas großteils die kostengünstigsten Produkte oder die mit dem besten Preis-Leistungs-Verhältnis auswählen. Ihnen werden allerdings von den gewinnorientierten Unternehmen entscheidende Informationen vorenthalten; zugleich werden sie mit irreführenden Informationen verführt und manipuliert. Aufgrund der extremen Einkommensunterschiede lässt die Kaufkraft vieler keine ethische Entscheidung zu.

3. Der Markt setzt aufgrund fehlender (zum Beispiel ökologischer) Regulierung und mangelnder (zum Beispiel ökologischer) Information falsche Preissignale, was die Präferenzen der KonsumentInnen prägt. Wenn unökologische Produkte billiger sind, werden sie stärker nachgefragt als ökologischere, obwohl die KonsumentInnen lieber ökologischere Produkte hätten: Es gewinnen die Falschen. Neun der zehn größten Weltkonzerne verkaufen Autos oder Öl.

Und wer entscheidet in der neuen Wirtschaft über die SiegerInnen des Wettbewerbs?

1. Der Staat, indem er die Regeln vorgibt: Je stärker ein Unternehmen das Gemeinwohl fördert – Mitbestimmung, Kooperation, soziale Sicherheit, Geschlechtergerechtigkeit –, desto stärker wird es gefördert. Dadurch gewinnen die ethischen Produkte gegenüber den weniger ethischen an Wettbewerbsfähigkeit, sie werden im Vergleich billiger.

2. Die KonsumentInnen, indem sie kritisch, mündig und eigenverantwortlich konsumieren. Sie sind nicht mehr durch manipulative Werbung gelenkt und verführt, sie besitzen objektivere Informationen über die Produkte. Das Bildungssystem, die Medien und die moralischen Autoritäten bestärken die Menschen darin, global verantwortlich zu handeln.

3. Der Markt sendet nicht mehr so falsche Signale, weil die Verletzung der Menschenrechte oder sozialversicherte Umweltzerstörung nicht mehr die Preise verzerren und sich dadurch keine falschen Präferenzen der KonsumentInnen bilden. Unter dem Paradigma der Verantwortung und des Gemeinwohls wirken die KonsumentInnen als zusätzliches Markt- und Preiskorrektiv, weil sie aus innerem Antrieb an gerechten Preisen und Löhnen (am Wohl aller) interessiert sind.

An dieser Gegenüberstellung wird noch einmal klar, dass die neue Welt nur durch ein Zusammenspiel von Werten und Gesetzen entstehen kann, moralische Appelle allein bewirken zu wenig. Genau diese Lehre können wir aus dem Kapitalismus ziehen: Er hat Werte geprägt und gleichzeitig Gesetze geschaffen, die uns zur Befolgung dieser Werte anreizen oder zwingen. So kam es zur schizophrenen Situation von heute, dass die Gesetze uns zu Werten erziehen, die unseren verfassungsmäßigen liberalen, christlichen und humanistischen Grundwerten widersprechen.

Wie schaffen wir den Übergang?

Viele werden sich fragen: Wie können wir den Übergang zu so einer Wirtschaft organisieren? Das geht einfacher, als die meisten vermuten: in einer schleichenden Metamorpohose. Am Start begründen nicht-gewinnorientierte Pionierbetriebe einen dritten Wirtschaftssektor – neben dem privat-gewinnorientierten und dem öffentlichen. Sie treten nicht in freie Konkurrenz mit den traditionellen Unternehmen, sondern werden durch eine Reihe von Schutz- und Fördermaßnahmen begünstigt, zum Beispiel durch:
- Steuererleichterungen
- Vorrang bei öffentlichen Aufträgen

- günstige Kredite durch öffentliche Banken
- Abschreibungsmöglichkeiten für Kooperationskosten
- Zusammenarbeit mit Universitäten und Forschungseinrichtungen
- Vorrang bei der Ansiedlungspolitik von Kommunen und Städten
- Wettbewerbe für humanes Management und soziale Innovationen
- Koordinationszentren für die Kooperation

Ein solches »Treibhausklima« für Pionierbetriebe wird in Brasilien derzeit erfolgreich geschaffen: Das Staatssekretariat für Solidarische Ökonomie nützt unterschiedlichste Instrumente, um die bereits mehr als 20 000 alternativen Unternehmen, die zwei Millionen Menschen beschäftigen, zu fördern. Genossenschaften gibt es auf der ganzen Welt, in Europa begannen die meisten Banken nicht-gewinnorientiert. Selbst im Kernland des Kapitalismus, in den USA, haben 30 000 Betriebe Erfahrung mit Selbstverwaltung durch die ArbeiterInnen.[22] Diese geförderten PionierInnen sammeln wichtige erste Erfahrungswerte, die von den NachfolgerInnen übernommen werden können. In dem Maße, in dem der Dritte Sektor innerhalb der Wirtschaft heranwächst, werden die Anreize erhöht, dass die traditionellen Unternehmen sich umwandeln. Nach vielleicht zehn Jahren würde das System kippen.

Nicht alle Unternehmen werden die große Transformation überleben. Wer flexibel ist, kommt auch mit den neuen Rahmenbedingungen zurecht. Nur die Unflexiblen, die so gar nichts vom Wohl anderer verstehen, werden der »schöpferischen Zerstörung« (Schumpeter) anheimfallen.

Für die große Masse der Kleinstunternehmen ändert sich vergleichsweise wenig: Weder erzielen sie hohe Gewinne noch beziehen die UnternehmerInnen astronomische Einkommen. Das bleibt, wie es ist. Sie werden allerdings auf vielfältige Weise angereizt, stärker als bisher dem Gemeinwohl zu dienen und miteinander zu kooperieren. Einige von ihnen werden zu Kooperativen verschmelzen, andere sich in losen und flexiblen Kooperationsstrukturen koordinieren, wieder andere für sich stehen.

Am meisten ändert sich für die Großen. Sie müssen nicht nur die Rechtsform ändern, sondern auch ihre inneren Strukturen demokratisieren. Gespräche mit Konzernmanagern haben eine erstaunliche Antwort gebracht: Die meisten Manager setzen ihre Ziele ohnehin nicht selbst, sondern bekommen diese vorgesetzt und werden belohnt, wenn sie sie erreichen. Für ihre Motivation ist es einerlei, ob das Ziel Gewinnmaximierung lautet oder Verlustvermeidung bei Gemeinwohlorientierung.

Für alle Unternehmensgrößen gilt: Eine Fülle von Anreizen hilft ihnen, die neuen Werte in jeder Phase der unternehmerischen Tätigkeit umzusetzen.

Investive Finanzmärkte

Wenn es keine gewinnorientierten Banken und keine Aktiengesellschaften mehr gibt, wird es auch den Finanzsektor in der heutigen Form nicht mehr geben. Banken braucht es sehr wohl, allerdings werden sie wieder zu echten »Investmentbanken«. Das heißt, dass ihr Kerngeschäft wieder in der Umwandlung von Spargeldern in Unternehmenskredite für Investitionen besteht. Ein flächendeckendes Netz aus regionalen, genossenschaftlichen und kommunalen Banken versorgt klein- und mittelständische Unternehmen zu günstigen Konditionen, ergänzt wird das Angebot durch öffentliche Großbanken für Spezialfinanzierungen.

Da Banken nicht jede Unternehmensidee mit Krediten ausstatten, fragt sich, wie Risikokapital bereitgestellt werden kann. Dafür könnte es entweder streng regulierte Risikokapitalmärkte geben, die aber klar von der allgemeinen Wirtschaft abgegrenzt bleiben, um Ansteckungseffekte und die unheilvolle Verquickung von Risikokapital und Rentenvorsorge zu vermeiden.

Alternativ dazu wäre ein öffentlich gespeister Risikokapitalmarkt denkbar. Eine Technologie- und Ethik-Jury beurteilt, ob hochriskante Projekte eine öffentliche Finanzierung erhalten oder nicht. Würde jemand eine sinnvolle neue Technologie wie dereinst die Eisenbahn oder heute Solarenergie oder eine Internet-Anwendung einreichen, würde dieses Unternehmen öffentliche Förderungen und Kredite erhalten. Diese Variante würde die beiden Werte Innovation und Demokratie miteinander kombinieren.

Werte- und Gefühlskunde, Naturerfahrung

Es ist klar geworden, dass es letztendlich Werte sind, auf denen gesellschaftliche Regeln und Institutionen beruhen. Umso wichtiger ist es, dass die Gesetze und Institutionen auch wirklich die demokratischen Grundwerte befördern und nicht diesen widersprechen, wie es heute der Fall ist: Die Institutionen und Regeln der Wirtschaftspolitik fördern nicht vorrangig Selbstbestimmung, Verantwortung, Kooperation und Demokratie; sondern Kontrakurrenz, Materialismus, Gier und Herrschaft. Wir sollten dies einerseits korrigieren und Institutionen, Gesetze und Werte wieder in Einklang bringen; andererseits sollten wir Vorbeugungen treffen, dass sich solche Widersprüche und Trennungen, die nur einer entfremdeten, abgespaltenen Gesellschaft gelingen können, wiederholen.

Ein zentraler Weg dorthin ist das Bildungswesen. Schulen entscheiden vermutlich wie keine andere Weiche in der gesellschaftlichen Systemsteuerung, welche Werte morgen gelten, wie wir morgen zusammenleben und wie wir morgen die Wirtschaft organisieren. Ich sehe drei große Chancen:

Werte können nur ein tragendes Fundament einer Gemeinschaft bilden, wenn sie ebenso tief reflektiert wie – im Zustimmungsfall – gemeinsam verinnerlicht sind. Die gegenwärtige Situation – am Sonntag hören wir Demokratie, Freiheit, Solidarität, Glück; und im beruflichen Alltag erfahren wir Kontra-kurrenz, Materialismus, Egoismus und Stress – ist nicht nur höchst unbefriedigend wie jeder Widerspruch, sondern auch ein alarmierendes Zeichen für die ethische Immunschwäche des Abendlandes. Wir verraten unsere Grundwerte, und keiner merkt was. Eine prominente Verankerung der rationalen Werte-diskussion im Bildungswesen könnte uns gegen solche Schizo-phrenien immunisieren. Wertekunde muss kein Hauptgegen-stand sein, aber fehlen sollte sie erst recht nicht.

Eine zweite Achillesferse des Abendlandes sind die Gefühle. Viele von uns haben keine lebendige Verbindung zum eigenen Körper, zu ihrer inneren Natur, ihren eigenen Emotionen. Wir, besonders die Männer, ganz besonders die erfolgreichen Män-ner, nehmen sie oft gar nicht oder nur schwach wahr und kön-nen kaum darüber sprechen. Wenn Geld oder Erfolg im Zen-trum stehen, herrscht am Seelenboden der menschlichen Existenz oft bittere Armut. Das Wahrnehmen und Mitteilen der eigenen Gefühle und Bedürfnisse sowie das Wahrnehmen und der achtsame Umgang mit den Gefühlen und Bedürfnissen der anderen ist eine Grundvoraussetzung für gelingende zwischen-menschliche Beziehungen, somit für Glück. Dazu leisten heute die Wissensabfüllanstalten keinen überzeugenden Beitrag. Der Einwand, was denn die Schulen nicht noch alles leisten sollen, geht doppelt ins Leere: Erstens wird die Stärkung der emotio-nalen Kompetenz ja nicht von den Mathematik-, Deutsch- oder BiologielehrerInnen erwartet, sondern von eigens geschulten PädagogInnen. Zweitens sind die Schulen mit Latein, Mathema-tik, Biologie oder Rechnungswesen ja auch nicht überfrachtet, warum nun ausgerechnet mit der Gefühlskunde? Ratsam ist al-lerdings eine Zusammenarbeit mit den Eltern(vereinen), weil das Sprechen über Gefühle in der Schule verständlicherweise unter Verdacht gerät, Gefühle zu bewerten – ein heikles Erzie-hungsterrain. Doch wenn bewusst *nicht* über Gefühle gespro-chen wird, wird erst recht normiert, indem Lehrpersonen ohne jede Kompetenz Gefühlsregungen bewerten oder verdrängen können und danach kein Raum existiert, um das gemeinsam Erlebte und die Gruppendymamik bewusst zu reflektieren. Das Darüber-Sprechen ist die beste Voraussetzung, dass bereits Kinder und Jugendliche sich ihrer Gefühle und Bedürfnisse stärker bewusst werden und einen reflektierteren Umgang lernen können, als wenn wir unsere inneren Regungen aus falscher Rücksicht auf eine angebliche elterliche Erziehungshoheit tabuisieren. Derzeit kommt in Wien auf achttausend Schulkinder eine SchulpsychologIn.[23] Und die kommt meistens erst, wenn es zu spät ist. Das sagt viel aus über den Stellenwert der Gefühle in unserer Gesellschaft.

Ohne Wiederaufnahme einer tiefgehenden und achtsamen Verbindung mit der Natur wird es keinen Frieden geben, weder Frieden mit der Natur noch zwischen den Menschen – darin sind sich Geistesschulen in allen Kulturen einig. Naturlernen durch Naturerfahren sollte zum schulischen Hauptgegenstand werden – besonders in Städten!

Wenn wir Gefühle und Werte – die Herzensbildung – sowie die Wiederverbindung mit der Natur in den Schulen nur annähernd so wichtig nehmen, wie wir heute versuchen, durch Bildung global wettbewerbsfähig zu werden, haben wir das Fundament für eine menschenfreundliche und ökologische Wirtschaft gelegt.

Freiheit?

Die Freiheit, die uns heute geschenkt wird, ist die Freiheit, uns innerhalb vorgegebener Zwänge zu bewähren – sehr oft auf Kosten (der Freiheit) anderer. Wer brav mitmacht, wird mit dem Prädikat der Eigenverantwortung belohnt. Verantwortung heißt Gehorsam. Selten hat sich Herrschaft so geschickt maskiert.

Echte Freiheit hieße, dass wir unser Leben selbst entwerfen können: individuell und kollektiv. Wir dürfen frei entscheiden, wie wir zusammenleben und Werte schaffen wollen: Wir können einander bekriegen oder globalen Frieden schließen. Wir können unsere Kinder zur Solidarität und zum Teilen erziehen oder zu Leistungskonkurrenz und Egoismus. Wir können in gewinnorientierten Unternehmen Geld-Werte schaffen oder in gemeinwohlorientierten ganzheitliche. Wir können uns das Ziel setzen, Kapital bis in den Himmel zu akkumulieren oder das Wohl aller zu heben.

Wir haben die Freiheit, den Rahmen für das Wirtschaften gemeinsam festzulegen. Wir sind ausreichend instinktentbunden, um uns bewusst für bestimmte Werte zu entscheiden. Für diese kollektive Entscheidung braucht es Reife und Verantwortung, die aus echter Autonomie erwächst. Autonomie ist kein Entwicklungsziel des Kapitalismus. Der Kapitalismus hält uns in einem Ziel- und Wertesystem gefangen, das uns am echten Freisein hindert. Allein deshalb sollten wir uns von ihm lösen.

Unsere größte Freiheit besteht darin, unserem Leben einen Sinn zu geben, eine Richtung. An der Basis der Sinngebung liegen die Werte. Auf ihnen gründen unsere Lebensziele. Wer diese Freiheit für sich gewonnen hat, in dessen/deren Leben ist alles möglich. Wenn wir diese Freiheit gemeinsam in Anspruch nehmen, können wir uns nicht nur vom Kapitalismus lösen, sondern von jeder sozialen Herrschaftsstruktur.

Die Frage »Was kann ich tun?« ist eine der radikalsten überhaupt, letztendlich bedeutet sie: Was heißt für mich frei sein? Sie geht an den Kern unseres Menschseins. Wenn wir die Wirtschaft verändern wollen, müssen wir unser Leben ändern: »Du musst selbst die Veränderung sein, die du in der Welt sehen willst«, sagte Gandhi. Derzeit tragen wir alle den Kapitalismus ethisch und praktisch mit, wir sind Teil des Systems. Wir können uns nur schrittweise zu einer neuen Wirtschaftsform weiterentwickeln, es ist eine lange, vielleicht lebenslange Wanderung, eine ethische Systemmigration. Es ist nicht damit getan, in den Bioladen zu gehen oder auf Ökostrom umzusatteln, wir müssen alle Lebensbereiche neu fundieren und konstruieren und unsere Beziehungen re-ligieren: die Beziehung zu uns selbst, die Beziehungen zwischen uns und die Beziehung zur Natur und zum großen Ganzen.

Der erste Schritt ist, dass wir die Wertstrukturen, in die wir eingebettet sind und die wir täglich gemeinsam reproduzieren, immer tiefer verstehen, um sie in den kleinsten Gedanken und Handlungen in unserem Alltag zu verändern. Da alles mit allem verbunden ist, hat jede kleinste Änderung in unserem Denken und Handeln sofort Auswirkungen auf alles andere. Schleichende Evolution, nicht brachiale Revolution bringt uns zu einer neuen Form des Zusammenlebens und Wirtschaftens.

Was also kann ich tun? Hinschauen, hineinhorchen, mitfühlen, Verantwortung übernehmen, solidarisch sein, kritisch bleiben, nichts als Naturgesetz hinnehmen, mich demokratisch einmischen. Auch und gerade im Ökonomischen.

Zusammenfassende Thesen

→ Wirtschaftliche Freiheit, die mehr Freiheit und weniger Zwang für die Mehrheit bringt, kann bedeuten, dass private Unternehmensformen zugelassen sind, jedoch dürfen sie – über den Investitionszyklus hinaus – keinen Gewinn erzielen und diesen auch nicht an Eigentümer ausschütten.

→ Unternehmen müssen einen Beitrag zum demokratisch definierten Gemeinwohl leisten. Je kooperativer, nachhaltiger, demokratischer und verantwortlicher sich Unternehmen verhalten, desto stärker werden sie mit vielfältigen Instrumenten der Wirtschaftspolitik gefördert. Es entsteht ein Sog zu gemeinwohlförderndem Verhalten. Die Sozialsten und Nachhaltigsten gewinnen den Wettbewerb.

→ Durch den Wegfall des Gewinnstrebens (und der sich daraus ergebenden Vernichtungskonkurrenz) sind Unternehmen vom Wachstumszwang erlöst. Aus der Kontrakurrenz wird tendenziell Kooperation.

→ Je größer Unternehmen werden, desto stärker müssen die Mitbestimmung der Beschäftigten und die gesellschaftliche Teilhabe an ihnen sein. Unternehmen sind kein Spielzeug, das Eigentumsrecht an Produktionsmitteln muss begrenzt – negativ rückgekoppelt – werden.

→ Leistung und Erfolg werden neu definiert: Wer den größten Beitrag zum emotionalen, geistigen und materiellen Wohl aller leistet, erbringt eine wertvolle Leistung. Sozial und ökologisch innovative Unternehmen, die Beziehungen stärken, gelten als erfolgreich.

→ Nicht-gewinnorientierte Banken verwandeln die Investitionsrückstellungen der einen Unternehmen (zusammen mit den Spargeldern der Haushalte) direkt in günstige Investitionskredite für die anderen.

→ In den Schulen werden neue Schwerpunkte auf das Wahrnehmen, Verstehen und Reflektieren von Gefühlen; auf die ausgewogene Reflexion und Diskussion von Werten; sowie auf die direkte Naturerfahrung gelegt.

→ Die größte Freiheit des Menschen besteht darin, unserem Leben selbst einen Sinn zu geben. An der Basis dieser Freiheit können wir die Werte, nach denen wir leben wollen, frei wählen.

1 siehe auch FELBER, 314.
2 FROMM, 129.
3 Kurier, 4. Januar 2007.
4 FULCHER, 8.
5 Der Standard, 22. September 2007.
6 Zum Beispiel die Grünen im Deutschen Bundestag: »Ökologische Leitplanken für die Globalisierung«, auf www.gruene-bundestag.de, 1. Februar 2007.
7 HAYEK (2004), 21.
8 Jürgen Rüttgers: »Die Marktwirtschaft muss sozial bleiben«, Kiepenheuer & Witsch, Köln 2007.
9 STEINDL-RAST, 16.
10 siehe FELBER, 276 ff.

11 HAYEK (2004), 36.
12 Format 25/2007.
13 Gastkommentar in Moment 2/2007.
14 Triconsult/Der Standard, 28. Februar 2005.
15 Süddeutsche Zeitung, 22. November 2007.
16 Der Standard, 14. August 2007.
17 BANNAS, 98 f.
18 BANNAS, 100 f.
19 Der Standard, 8. März 2007.
20 DUCOMMUN, 85.
21 FRIEDMAN, 36.
22 Gar Alperovitz: »Ameristroika Is the Answer; How to Really Share the Wealth
    With Employee-Owned Firms«, The Washington Post, 13. Dezember 1992.
23 Der Standard, 25. August 2007.

Literatur

ADAMOVSKY, Ezequiel (2007): »Antikapitalismus für alle. Die neue Generation emanzipatorischer Bewegungen«, Karl Dietz Verlag, Berlin.

ALBERT, Michael (2006): »Parecon. Leben nach dem Kapitalismus«, Trotzdem Verlag, Frankfurt.

AMAESHI, Kenneth M./ADI, Bongo: »Reconstructing the corporate social responsibility construct in Utlish«, in Business Ethics: A European Review, Volume 16, Nummer 1/Januar 2007, S. 3–18.

BAUER, Joachim (2006): »Prinzip Menschlichkeit. Warum wir von Natur aus kooperieren«, Hoffmann und Campe, Hamburg.

BOOKCHIN, Murray (1985): »Die Ökologie der Freiheit. Wir brauchen keine Hierarchien«, Beltz, Weinheim und Basel.

BRODBECK, Karl-Heinz (1999): »Entscheidung zur Kreativität. Wege aus dem Labyrinth der Gewohnheiten«, Wissenschaftliche Buchgesellschaft, 2. Aufl., Darmstadt.

BRODBECK, Karl-Heinz (2000): »Mut zur eigenen Kreativität. Wie wir werden, was wir sein können«, Herder, Breisgau.

BRODBECK, Karl-Heinz (2002): »Buddhistische Wirtschaftsethik. Eine vergleichende Einführung«, Shaker Verlag, Aachen.

BURIAN, Bertram (2007): »Konkurrenz ein förderliches oder ein behinderndes System? Und wie sollten wir den Kapitalismus umwandeln?«, unveröffentlichtes Manuskript, Wien.

DARWIN, Charles (1899): »Über die Entstehung der Arten durch natürliche Zuchtwahl oder die Erhaltung der begünstigten Rassen im Kampfe um's Dasein«, E. Schweizerbart'sche Verlagshandlung, 9. Aufl., Stuttgart.

DUCOMMUN, Gil (2005): »Nach dem Kapitalismus. Wirtschaftsordnung einer integralen Gesellschaft«, Verlag Via Nova, Petersberg.

FELBER, Christian (2006): »50 Vorschläge für eine gerechtere Welt. Gegen Konzernmacht und Kapitalismus«, Deuticke, Wien.

FRIEDMAN, Milton (2006): »Kapitalismus und Freiheit«, Piper Taschenbuch, 3. Aufl., München/Zürich.

FROMM, Erich (1992). »Haben oder Sein. Die seelischen Grundlagen einer neuen Gesellschaft«, dtv, 21. Aufl., München.

FULCHER, James (2007): »Kapitalismus«, Reclam, Stuttgart.

GEHMACHER, Ernst/KROISMAYR, Sigrid/NEUMÜLLER, Josef/SCHUSTER, Martina (Hg.) (2006): »Sozialkapital. Neue Zugänge zu gesellschaftlichen Kräften«, Mandelbaum, Wien.

GEHMACHER, Ernst (2007): »Zum Glücklichsein braucht man einen Freundeskreis«, Interview in Die Furche 1/2007.

GOTTWALD, Franz-Theo/KLEPSCH, Andrea (1995): »Tiefenökologie. Wie wir in Zukunft leben wollen«, Diederichs, München.

GRUEN, Arno (2005): »Der Verlust des Mitgefühls. Über die Politik der Gleichgültigkeit«, dtv, 6. Aufl., München.

HAUSKNOST, Daniel (2005): »Weg ist das Ziel. Zur Dekonstruktion der Ökologiebewegung«, LIT-Verlag, Wien.

HAYEK, Friedrich August (2004): »Der Weg zur Knechtschaft«, Deutsche Reader's-Digest-Ausgabe, Friedrich August v. Hayek Institut, Wien.

HAYEK, Friedrich August (2005): »Die Verfassung der Freiheit«, Mohr Siebeck, 4. Aufl., Tübingen.

HIRN, Wolfgang (2007): »Angriff aus Asien. Wie uns die neuen Wirtschaftsmächte überholen«, S. Fischer, Frankfurt am Main.

KASSER, Tim/COHN, Steve/KANNER, Allen/RYAN, Richard (2007): »Some costs of American corporate capitalism: A psychological exploration of value and goal conflicts«, Psychological Inquiry, 18, S. 1–22.

KLIMENTA, Harald (2006): »Das Gesellschaftswunder. Wie wir Gewinner des Wandels werden«, Aufbau-Verlag, Berlin.

KNOFLACHER, Hermann: »Zähmung des Kapitalismus? Warum wir die Religionen brauchen«, in Hermann Knoflacher/Klaus Woltron/Agnieszka Rosik-Kölbl (Hg.): »Kapitalismus gezähmt? Weltreligionen und Kapitalismus«, echomedia, Wien 2006, S. 40–69 .

KNOFLACHER, Hermann/WOLTRON, Klaus/ROSIK-KÖLBL, Agnieszka (Hg.) (2006): »Kapitalismus gezähmt? Weltreligionen und Kapitalismus«, echomedia, Wien.

KOHR, Leopold (1995): »Small is beautiful. Ausgewählte Schriften aus dem Gesamtwertk«, Deuticke, Wien.

KORTEN, David C. (1995): »When Corporations rule the World«, Kumarian Press/Berrett-Koehler Publishers, West Hartford/San Francisco.

KURZ, Robert (2000): »Marx lesen. Die wichtigsten Texte von Karl Marx für das 21. Jahrhundert«, Eichborn, Frankfurt am Main.

KURZ, Robert (2005): »Schwarzbuch Kapitalismus. Ein Abgesang auf die Marktwirtschaft«, Ullstein Taschenbuch, 4. Aufl., Berlin.

KYMLICKA, Will (1997): »Politische Philosophie heute. Eine Einführung«, Campus, Studienausgabe, Frankfurt/New York.

LAUTERBACH, Karl (2007): »Der Zweiklassenstaat. Wie die Privilegierten Deutschland ruinieren«, Rowohlt, Berlin.

LEE, Min-Dong Paul (2006): »The Conceptual Evolution of Corporate Social Responsibility«, Artikel in Arbeit.
http://mindong.lee.googlepages.com/EvolutionofCSR.pdf

LIESSMANN, Konrad Paul (2006): »Theorie der Unbildung. Die Irrtümer der Wissensgesellschaft«, Zsolnay, Wien.

MARX, Karl (1872): »Das Kapital. Kritik der politischen Ökonomie«, Voltmedia, Sonderausgabe, Paderborn.

MIES, Maria/SHIVA, Vandana (1995): »Ökofeminismus. Beiträge zur Praxis und Theorie«, Rotpunktverlag, Zürich.

NAGEL, Bernhard (2007): »Wettbewerb und Rechtsordnung«, Abschiedsvorlesung an der Gesamthochschule Kassel, 1. Februar 2007.
http://www.nachdenkseiten.de/?p=2109

NORBERG, Johan (2003): »Das kapitalistische Manifest. Warum allein die globalisierte Marktwirtschaft den Wohlstand der Menschheit sichert«, Eichborn, Frankfurt.

REIMON, Michel/FELBER, Christian (2003): »Schwarzbuch Privatisierung. Wasser, Schulen, Krankenhäuser – was opfern wir dem freien Markt?«, Ueberreuter, Wien.

RIFKIN, Jeremy (2006): »Der Europäische Traum. Die Vision einer leisen Supermacht«, Fischer Taschenbuch, Frankfurt.

SCHÖNBORN, Christoph (2006a): »Referat zu Weltreligionen und Kapitalismus«, in Hermann Knoflacher/Klaus Woltron/Agnieszka Rosik-Kölbl (Hg.): »Kapitalismus gezähmt? Weltreligionen und Kapitalismus«, echomedia, Wien 2006, S. 18–24.

SCHÖNBORN, Christoph (2006b): »Gott und der freie Markt«, Beitrag in der Wiener Zeitung vom 22. Dezember 2006.

SEN, Amartya (2002): »Ökonomie für den Menschen. Wege zu Gerechtigkeit und Solidarität in der Marktwirtschaft«, dtv, München.

SLIWKA, Manfred (2005): »Denkschule Evolution. Führungsintelligenz und Führungsverantwortung in Wirtschaft, Politik und Gesellschaft«, Books on Demand, Norderstedt.

SMITH, Adam (2005): »Der Wohlstand der Nationen«, dtv, 11. Aufl., München.

STEINDL-RAST, David (2005): »Die Achtsamkeit des Herzens«, Herder, Freiburg.

STIGLITZ, Joseph (2006): »Die Chancen der Globalisierung«, Siedler, München.

ULRICH, Peter (2005): »Zivilisierte Marktwirtschaft. Eine wirtschaftsethische Orientierung«, Herder, Freiburg.

UNDP (1999): »Bericht über die menschliche Entwicklung 1999«, New York.

UNDP (2005): »Human Development Report 2005«, summary, New York.
http://hdr.undp.org/reports/global/2005/pdf/hdr05_summary.pdf

VAUGHAN, Genevieve (2002): »For-Giving. A Feminist Criticism of Exchange«, Plain View Press/Anomaly Press, Austin.

VER.DI (2007): »Finanzkapitalismus. Geldgier in Reinkultur!«, Broschüre, 24 Seiten, Berlin, Oktober 2007.

VON LÜPKE, Geseko (2003): »Politik des Herzens. Nachhaltige Konzepte für das 21. Jahrhundert. Gespräche mit den Weisen unserer Zeit«, Arun, Engerda.

WILKINSON, Richard G. (2001): »Kranke Gesellschaften. Soziales Gleichgewicht und Gesundheit«, Springer, Wien/New York.

WILLKE, Gerhard (2003): »Neoliberalismus«, Campus, Frankfurt.

WOLF, Winfried (2007): »Treibmittel Öl & Milchmädchen-Logik. Zur Struktur der weltweit größten Konzerne 2005«, in Solarzeitalter 2/2007, S. 59–66.

WTO (2005): »Understanding the WTO«, 3. Version, September 2003, durchgesehen Oktober 2005. Abrufbar auf:
http://www.wto.org/english/thewto_e/whatis_e/whatis_e.htm

WUPPERTAL-INSTITUT (2005): »Fair Future. Begrenzte Ressourcen und globale Gerechtigkeit«, C. H. Beck, München.

Mein Dank gilt ...

... Pachamama (manche Werte bleiben): unersetzliche und unerschöpfliche Quelle der Inspiration und Regeneration.

... dem »Energiefeld« Attac, das mich trägt und motiviert.

... den LektorInnen: Ernst Aigner, Bertram Burian, Ulrike Csisinko, Sven Giegold, Daniel Hausknost, Ingrid Hörlezeder, Malte Klar, Peter Ulrich Lehner, Selma Mahlknecht, Moreau, Pier-Paolo Pasqualoni, Josef Reichholf, Michel Reimon, Peter Weish, Klaus Werner, Albert Wirthensohn, Petra Ziegler.

... den Betreuerinnen bei Deuticke, besonders Lektorin Bettina Wörgötter, die das Buch entscheidend aufgewertet hat; Katrin Wurch für die Medien- und Öffentlichkeitsarbeit; Johanna Tragler für die Büchertische; und Martina Schmidt, die schon wusste, dass sie das Buch will, als es noch eine Ziehharmonika war.

... dem großen Tanz, ohne den mein Geist nur halb so klar und mein Herz nur halb so offen wäre.

Christian Felber
50 Vorschläge für eine gerechtere Welt
Gegen Konzernmacht und Kapitalismus
Deuticke 2006. 336 Seiten

Der globalisierungskritischen Bewegung wird immer wieder vorgeworfen, sie würde nur Probleme aufzeigen, aber keine Lösungen bieten. Christian Felber entkräftet diesen Vorwurf eindrucksvoll: Er präsentiert 50 konkrete Alternativen zur neoliberalen Globalisierung und zur Ökonomisierung unseres Lebens. Die Lösungsmodelle reichen von der Neugestaltung der Finanzmärkte und des Welthandels über verbindliche Regeln für Konzerne bis hin zu sozialer Sicherheit und globaler Steuergerechtigkeit.
Ein flammendes Plädoyer dafür, die Gestaltung unseres Zusammenlebens aktiv in die Hand zu nehmen und die Spielregeln neu zu schreiben.

»Fundiert, faktenreich und aufgelockert mit erfrischenden Pointen formuliert Christian Felber seine ›Vorschläge für eine gerechtere Welt‹. Er stellt Zusammenhänge her, deckt ›ökonomische Mythen‹ auf und bezieht Position.«   Hans Holzinger, *Falter*

»Nicht Zukunftspessimismus und Resignation treiben ihn an, sondern der Glaube an die Demokratie, die Hoffnung auf ein kollektives Umdenken, vor allem aber: die Liebe zur Menschheit. Fundiert und einleuchtend beschreibt er seine Lösungsansätze, nicht mit dem erhobenen Zeigefinger des Weltverbesserers.«   Selma Mahlknecht, *ostschweizerinnen.ch*